CB041008

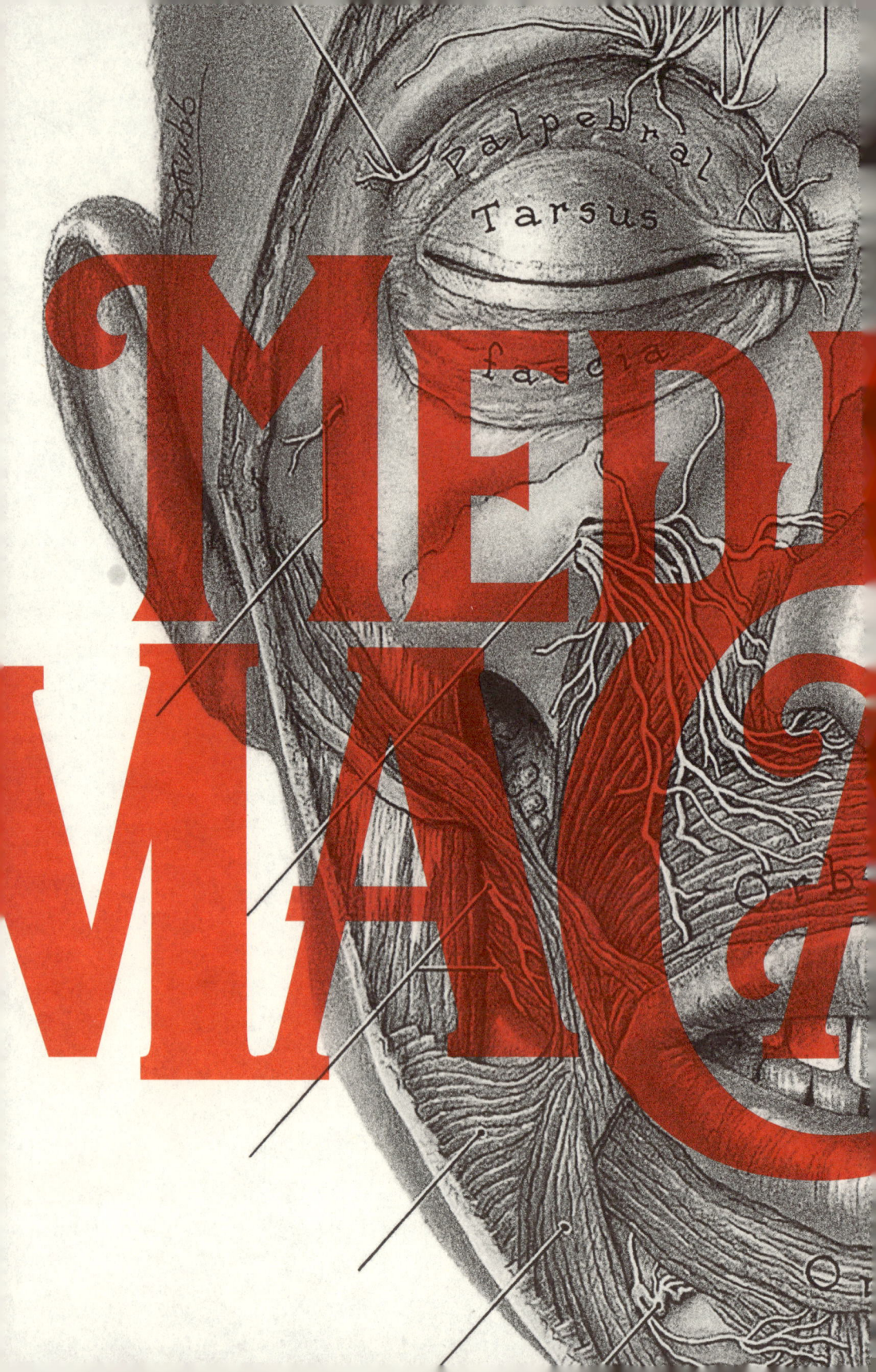

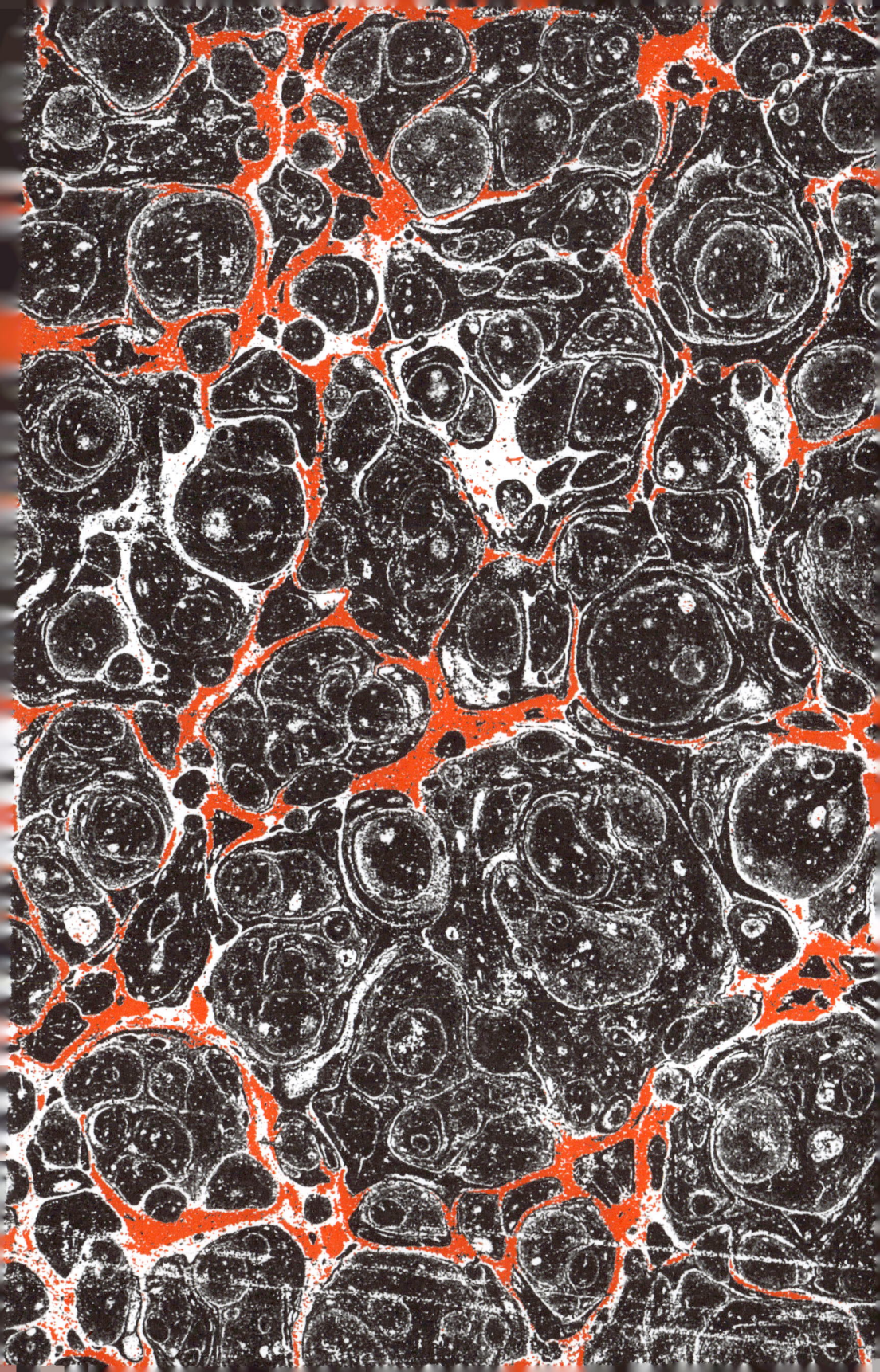

THOMAS MORRIS

THEATR

M ANATOMICUM,

MACABRE MEDICINAE

THE REWARD OF CRUELTY.

Behold the Villain's dire disgrace!
Not Death itself can end.
He finds no peaceful Burial Place;
His breathless Corse, no friend.

Torn from the Root, that wicked Tongue,
Which daily swore and curst!
Those Eyeballs, from their Sockets wrung,
That glow'd with lawless Lust!

His Heart, expos'd to prying Eyes,
To Pity has no Claim:
But, dreadful! from his Bones shall
His Monument of Shame.

Published according to Act of Parliament Feb. 1 1751.

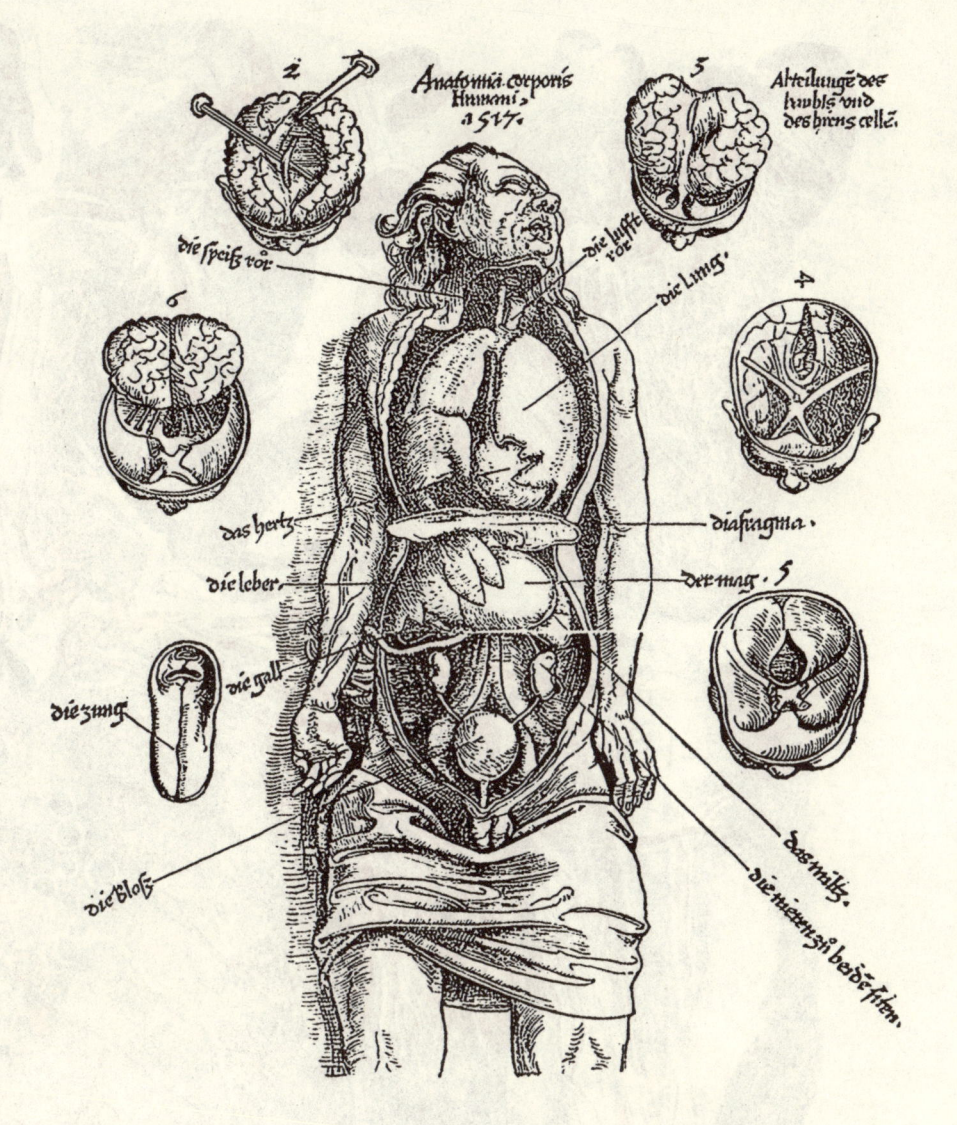

Anatomia corporis Humani. 1517.

Quando eu pensar que aprendi a viver, terei aprendido a morrer.

LEONARDO DA VINCI

¶ Ein spiegel binn ich gschickter ärtzt/
Eröffnet sonder allen schmertz/
Zů gůt/warlichem vnderricht
Des Menschen ynner glyder pflicht.
Vff dz mit Läſſz/Purgatzen/Tränck/
Syrup/larwergen/pillul gschwänck/
In Wundartzneyung/deſſzgleich mer/
In pflaster/salbē/wůd/stich/gschwär/
Materialen mercklich vil/
Nit überschest dich in yl/
Erlernest vor statt/art/natur
Eine reden glyds/als mein figur
(Mit zeügnuß sag ich dir fürwo:)
Hans wachßlin hat recht bey ein ho:
Ab contrafayt kunstlich vnd wol.
Den Hyrnschedel man teylen sol

Vnd sägen nach der rondigkeit/
Zwey Fell dann findest wolbereit
Darinn das Hyrn behalten ist.
Sein Cell vnd höly merck zůr frist
Gemeyn vernunffts Jnzginger
Jm vordern teyl růwent mit zyer.
Jm mittel ist Bedachtlich krafft.
Memory würt dahynden bhafft.
Der geyst hat wunderba:rlich gäng/
Vil Adren vßgond mit eim gdräng/
Als vß einr wurtzel prostzlen schöſſz/
Das Hyrnmarck hat auch sein gflöſſz
Vnd steigt ab von der hindern Cell
Jn Ruckgrat/da co hat sein quell.
Die Zung/der sybendt zsferzal/
Vff beyden Speiß vnd Lufftrö:rt sal

Jr Mundtloch/end den Lippel hätt/
Jr würckung wunderbar/end stätt/
Als von der böß/gůte gode vff/ab.
Lung/hertz/mit brustripp wie im grab
Beschlossen mit Diafragmate.
Mag/leber/miltz/gall/vnd darzů mee
Zwen Nyeren beyder seiten gleich
Der Blosen thůn vereyngen sich/
Der masß verodnet all mitein/
Das keins ons ander stand allein/
Geb leblich krafft/hulff/würckung do/
Also dann klärlich anzeygt Guido/
Den litz verteilischt ün feldtbüch frey/
Danckbar müst sein/sey wie yn sey.
Gedruckt zů Straßburg
durch Joann Schott.

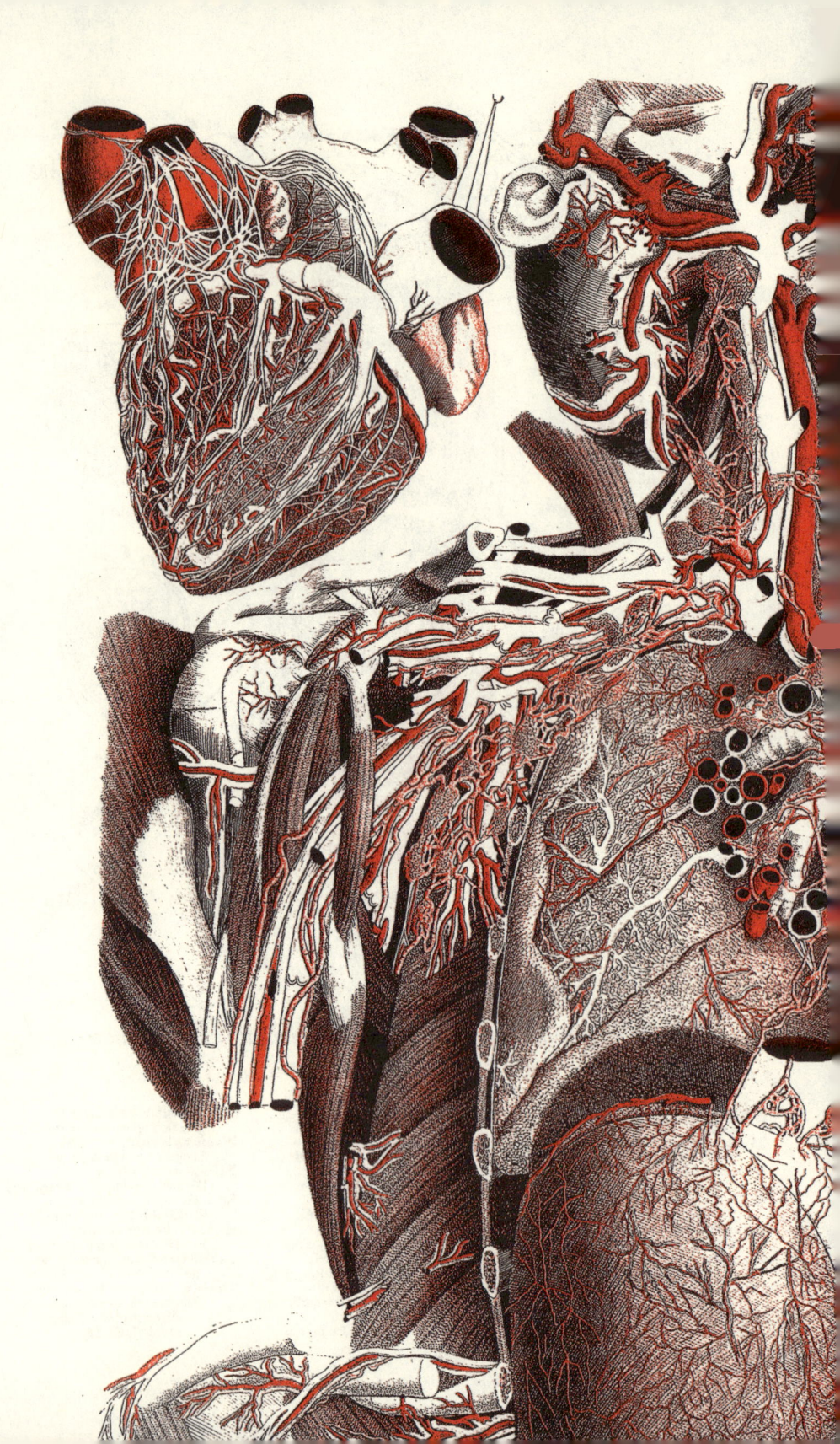

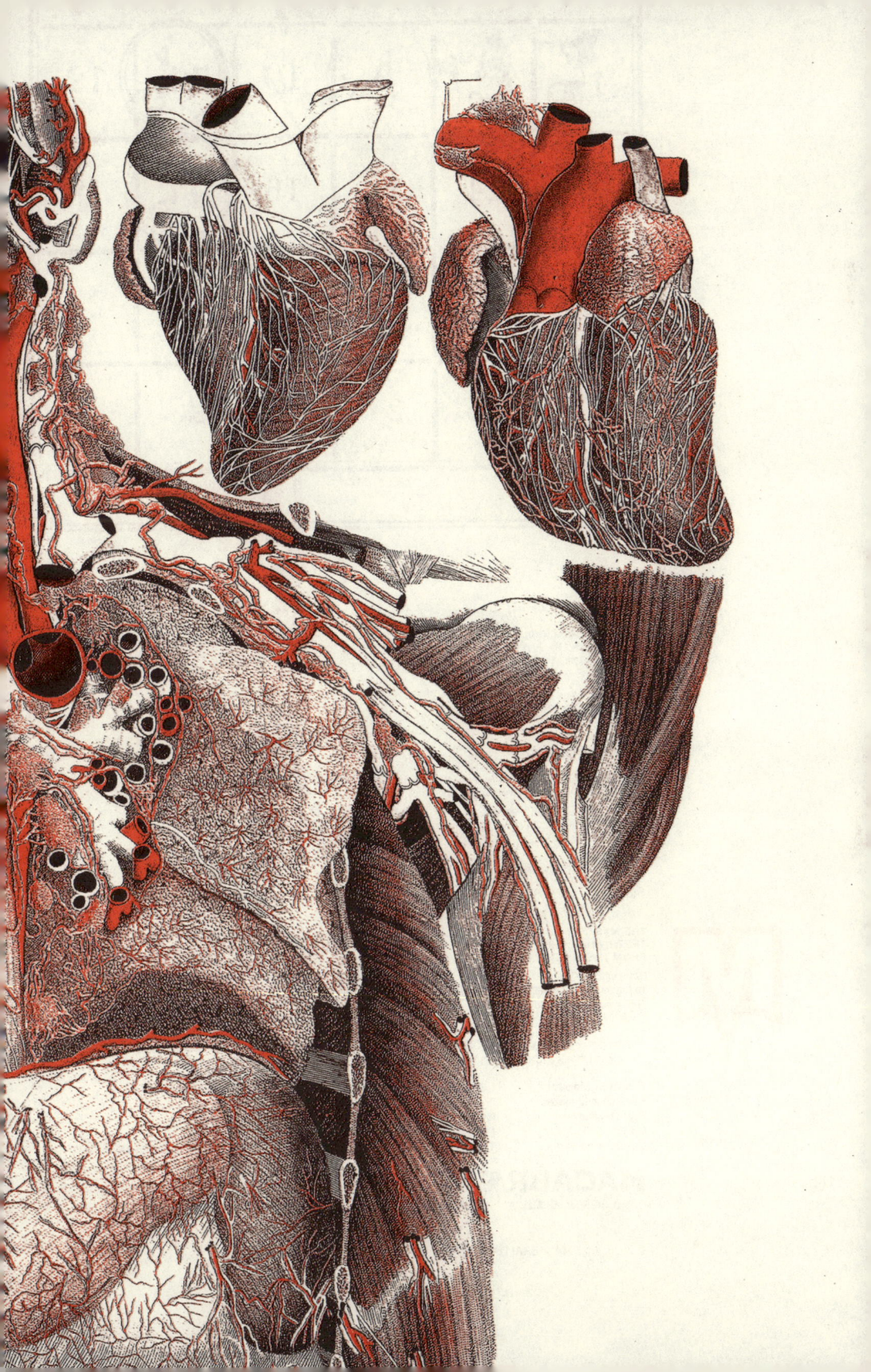

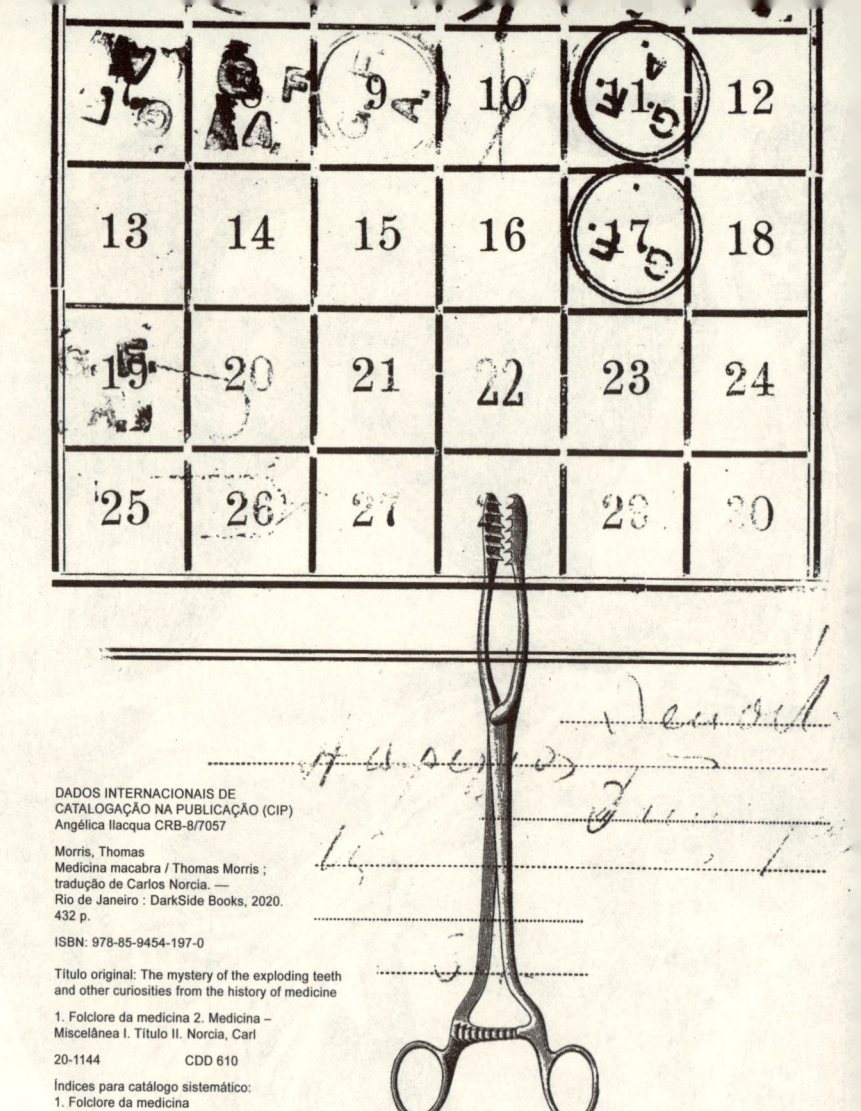

DADOS INTERNACIONAIS DE
CATALOGAÇÃO NA PUBLICAÇÃO (CIP)
Angélica Ilacqua CRB-8/7057

Morris, Thomas
Medicina macabra / Thomas Morris ;
tradução de Carlos Norcia. —
Rio de Janeiro : DarkSide Books, 2020.
432 p.

ISBN: 978-85-9454-197-0

Título original: The mystery of the exploding teeth
and other curiosities from the history of medicine

1. Folclore da medicina 2. Medicina –
Miscelânea I. Título II. Norcia, Carl

20-1144   CDD 610

Índices para catálogo sistemático:
1. Folclore da medicina

**THE MYSTERY OF THE EXPLODING
TEETH: AND OTHER CURIOSITIES
FROM THE HISTORY OF MEDICINE**

Copyright © 2018 by Thomas Morris
Todos os direitos reservados
Tradução para a língua portuguesa
© Carlos Norcia, 2020

A Fazenda Macabra saúda a primeira colheita de
2020 com os irmãos e irmãs que lavraram esta terra
e providenciaram o alimento vivo que nos levará à
renovação e cura. A beleza macabra da existência
será dissecada, contemplada e partilhada por todos
que evocam a montanha sagrada do saber.
A vida é sobrenatural. A vida é Macabra.

Acervo de Imagens© US Patent Office, Scientific American, The Bodleian Library, University of Oxford,
Wellcome Libraries, Creative Commons, Shutterstock, Getty Images e Alamy.

Fazenda Macabra
Reverendo Menezes
Pastora Moritz
Coveiro Assis
Caseiro Moraes

Leitura Sagrada
Frederico Hartje
Isadora Torres
Luciana Kühl
Tinhoso e Ventura

Direção de Arte
Macabra

Impressão
Gráfica Santa Marta

Colaboradores
Irmão Chaves
Irmã Heloisa

A toda Família DarkSide

MACABRA™
DARKSIDE

Todos os direitos desta edição reservados à
DarkSide® Entretenimento Ltda. • darksidebooks.com
Macabra™ Filmes Ltda. • macabra.tv

© 2020, 2025 MACABRA/ DARKSIDE

MEDICINE
HISTORY

THOMAS MORRIS

MEDICINA MACABRA

TRADUÇÃO
CARLOS NORCIA

MACABRA™
DARKSIDE

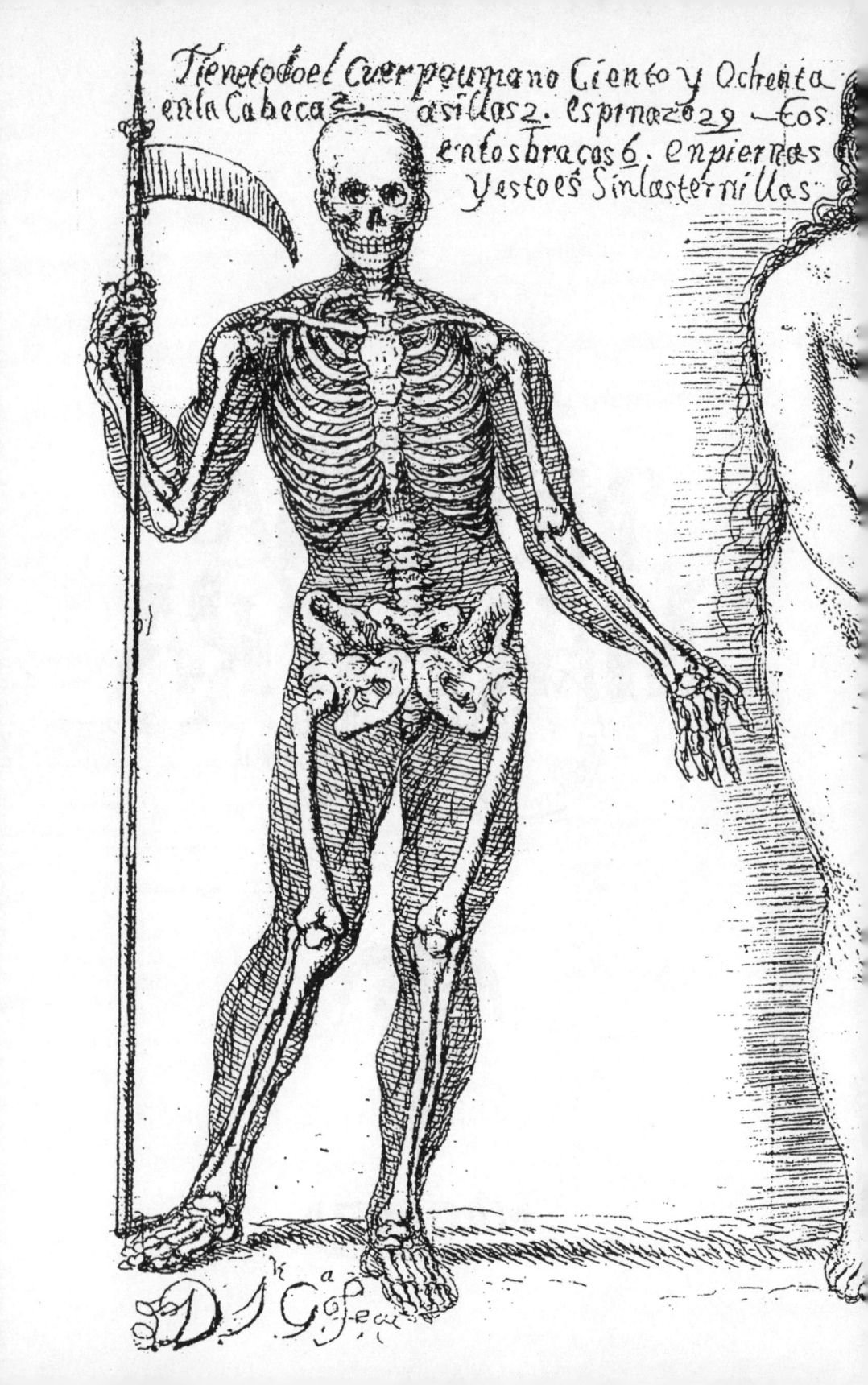

Tienetodoel Cuerpoumano Ciento y Ochenta
enlaCabeca2. — asillas2. Espinaco29 — Cos
enlosbracos6. enpiernas
Yestoes Sinlasternillas

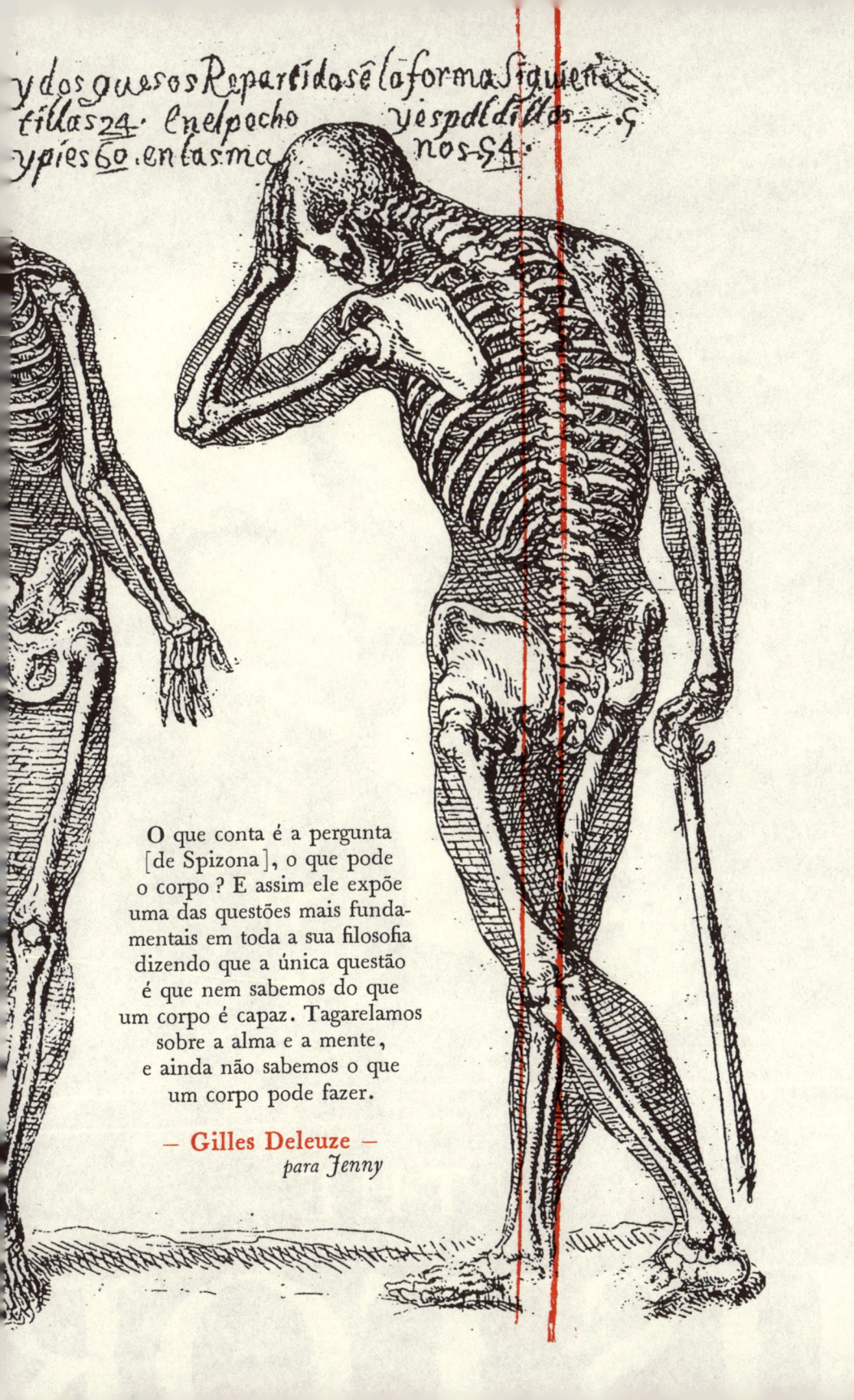

O que conta é a pergunta
[de Spizona], o que pode
o corpo ? E assim ele expõe
uma das questões mais funda-
mentais em toda a sua filosofia
dizendo que a única questão
é que nem sabemos do que
um corpo é capaz. Tagarelamos
sobre a alma e a mente,
e ainda não sabemos o que
um corpo pode fazer.

— **Gilles Deleuze** —
para Jenny

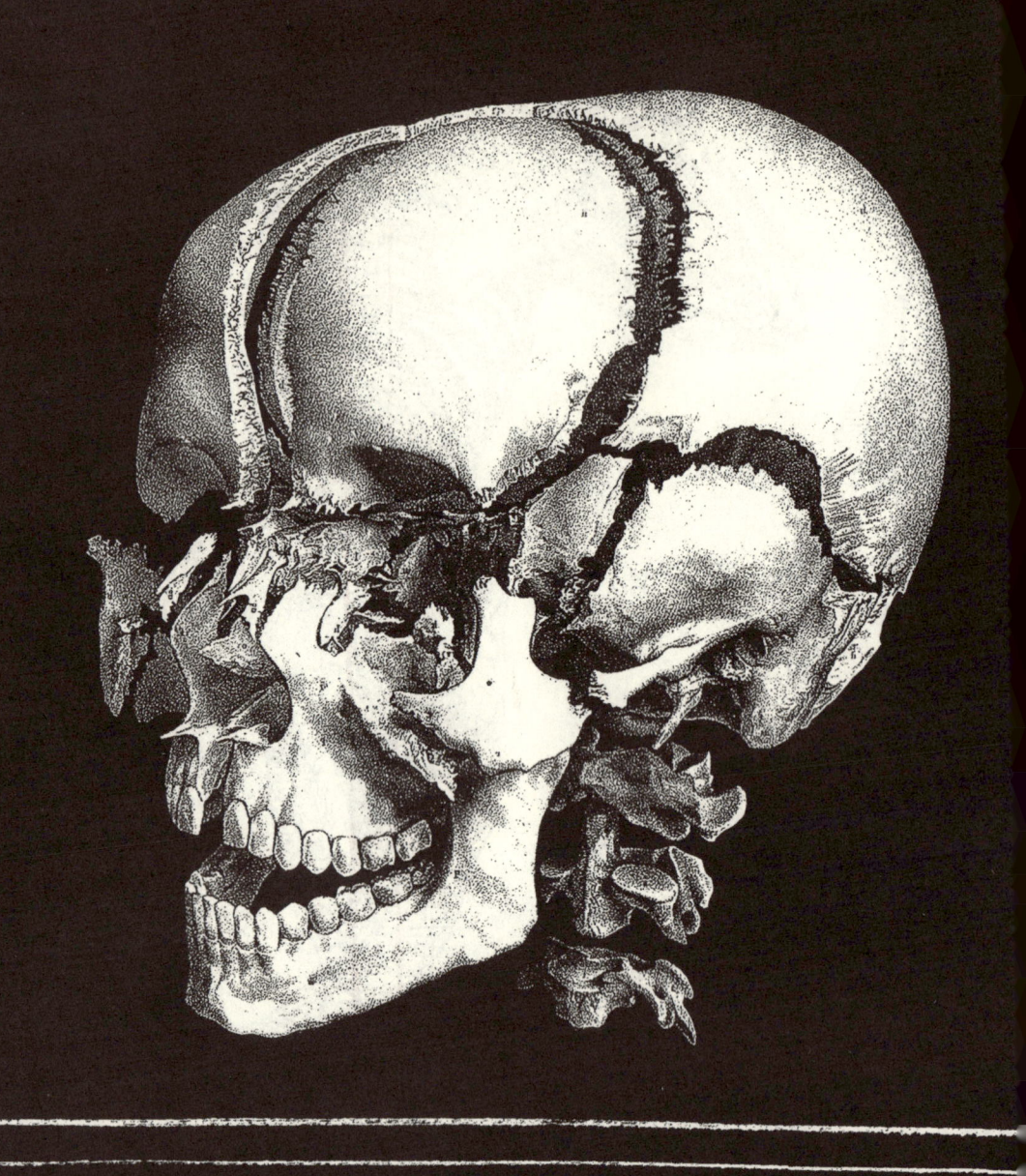

HISTOR

THOMAS MORRIS
MEDICINA MACABRA

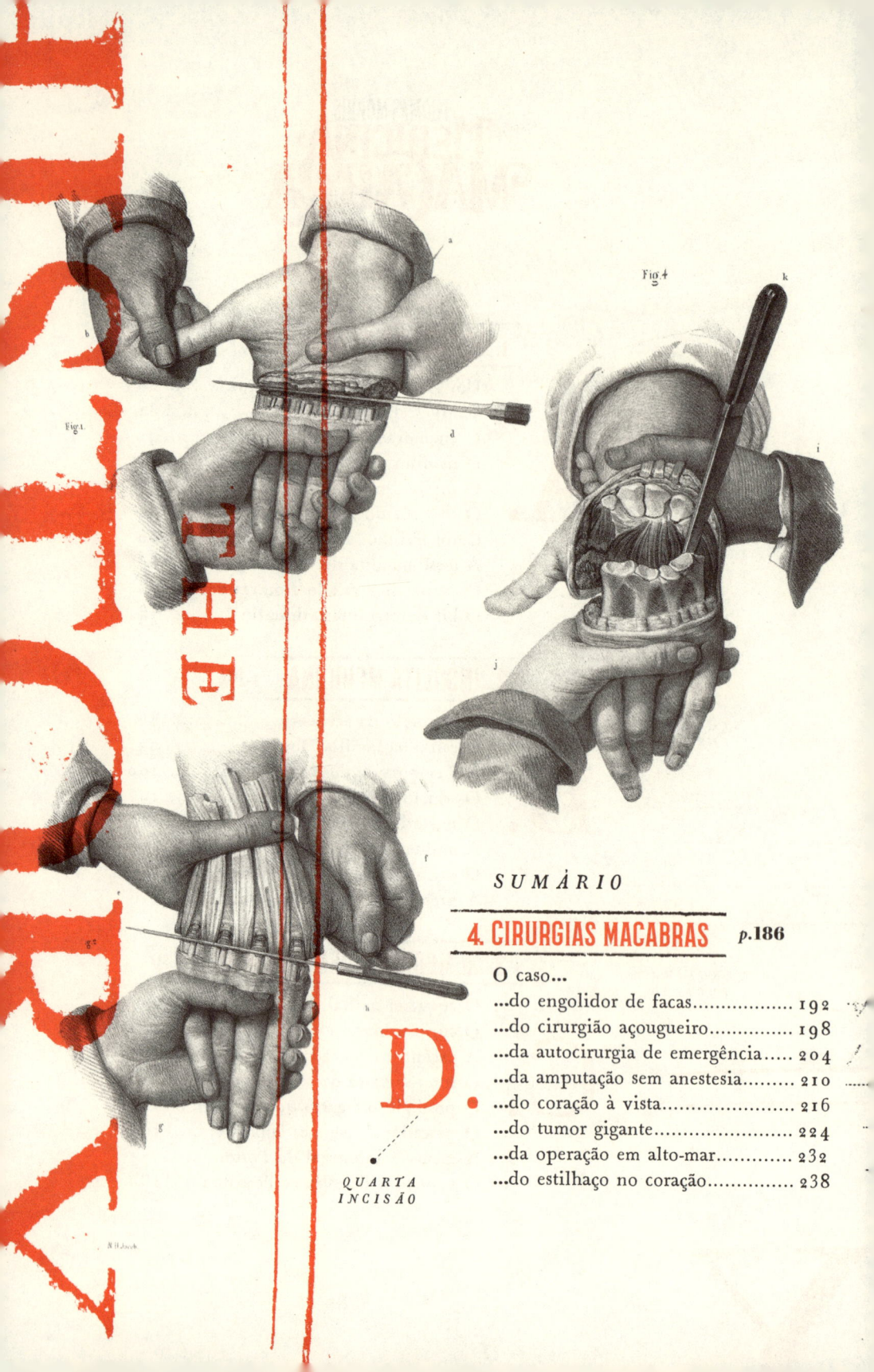

5. CURAS EXTRAORDINÁRIAS *p.246*

QUINTA INCISÃO

E.

6. HISTÓRIAS MACABRAS *p.298*

SEXTA INCISÃO

F.

7. PERIGOS ESCONDIDOS *p.356*

SÉTIMA INCISÃO

G.

MACABRE · MEDICINAE

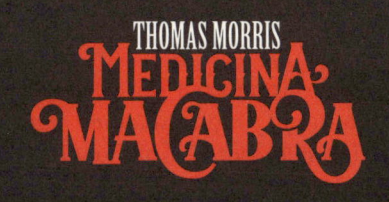

A VIDA É MACABRA

INTRO.

lguns anos atrás, eu estava numa biblioteca, lutando para terminar de ler um artigo bem chato sobre doenças cardíacas, datado do século XIX, quando deparei com algo mais interessante, bem na página anterior da revista médica que eu estava segurando. Sob uma chamada promissora, "Repentina protrusão dos órgãos intestinais para o escroto", encontrei a seguinte descrição:

John Marsh, cinquenta anos, trabalhador braçal, fora conduzido até o hospital logo após ter sido vítima de um atropelamento por uma carroça atulhada de tijolos. Ao ser examinado, notou-se que os testículos do indivíduo em questão haviam adquirido uma dimensão impressionante, estendendo-se até atingir um comprimento comparável a dois terços de suas coxas e uma circunferência de 43 cm. O escroto estava com uma coloração escura, da cor do azeviche. Em função do estiramento da pele, sua textura estava tão fina que mesmo o manuseio delicado traria riscos de rompimento cutâneo imediato.

Várias questões surgiram em minha mente. Por que os testículos daquele homem haviam ficado tão imensos? Como um médico poderia tratar aquela condição no ano de 1829? Quanto tempo o coitado do John Marsh sobreviveu daquele jeito? Eu estava horrorizado, mas também fascinado, e não conseguia parar de ler o artigo. As respostas às minhas dúvidas se mostraram ainda mais intrigantes. Quando as rodas da carroça passaram por cima da barriga do senhor Marsh, elas o apertaram com tanta força que seus intestinos foram espremidos pelo canal inguinal, uma conexão estreita entre a cavidade abdominal e o escroto. Àquela altura, o homem sofria as dores de uma verdadeira briga territorial entre suas tripas e seus testículos, e a tarefa dos médicos era uma só: fazer os intestinos voltarem para o lugar.

> Após deitar o paciente em seu leito, observou-se que as vísceras haviam retornado à posição natural sem muitas dificuldades, sendo necessário apenas elevar os quadris do paciente, abaixar seus ombros e aplicar uma cuidadosa pressão na região afetada, utilizando flanelas embebidas em infusão de papoula.

Para completar o tratamento, foram utilizadas garrafas de água quente, laxantes, ópio e sanguessugas — aplicadas nos testículos. Minha previsão sobre as chances de o senhor Marsh sobreviver àquilo se provou pessimista demais.

> No 12ª dia após a ocorrência da lesão, indicou-se que o paciente entrara em convalescência avançada, encontrando-se apto a sentar no próprio leito por algumas horas, contanto que, antes disso, fosse tomada a providência de fazê-lo vestir uma cinta. Ao fim da terceira semana, o paciente foi considerado curado e liberado.

Ele, no entanto, não estava *tão* curado assim, ao que tudo indica. Havia um adendo:

> Os médicos lhe convenceram a sempre usar sua cinta dupla, tanto de dia quanto à noite, sob o alerta de que o acessório impediria o risco iminente de que uma boa parte de suas vísceras descesse e invadisse novamente o escroto.[1]

Não demorei muito para perceber que é quase impossível folhear uma revista médica antiga sem encontrar pelo menos um relato irresistivelmente nojento, hilário ou bizarro. Escondidas entre as longas dissertações cheias de linguagem técnica, que discorrem sobre o sistema de saneamento de Londres ou o tratamento da febre amarela, há algumas pérolas bem divertidas e grotescas: histórias de pacientes que teriam engolido facas, conduzido procedimentos

cirúrgicos neles mesmos ou regurgitado lesmas ainda vivas. Alguns desses relatos são angustiantes ou comoventes, outros são macabros, mas todos oferecem algo a mais além de uma boa anedota. Por mais constrangedoras que sejam as enfermidades, por mais estranhos que sejam os tratamentos, todos esses casos expressam algo sobre as crenças e a sabedoria de uma época do passado. Ainda que superstições e tradições folclóricas tenham influenciado a medicina por um bom tempo, o passado também revela a existência de médicos capazes de encontrar soluções e aplicar tratamentos bem sofisticados. Por isso, comecei a juntar os incríveis relatos que encontrei pelos cantos esquecidos da literatura médica: histórias de tratamentos bizarros, cirurgias de cair o queixo e recuperações miraculosas depois de uma quase certeira sentença de morte.

Os casos narrados neste livro ocorreram num período de trezentos anos, desde o início do século XVII até a virada para o XX. Nesse ínterim, a medicina mudou muito, passando por uma transformação que fez de sua arte uma ciência. Os médicos que atuavam na Idade Moderna ainda eram muito influenciados pelas teorias da Antiguidade, sobretudo pelos escritos do médico grego Cláudio Galeno — mesmo depois de se popularizar a percepção de que suas teorias não eram infalíveis, o que resultou numa nova era de estudos e inovações. Ainda assim, vários tratamentos eram fundamentados na ideia proposta por Galeno de que a saúde depende do equilíbrio entre quatro fluidos corporais ou humores: sangue, fleuma, bílis amarela e bílis negra. Se houvesse uma suspeita de excesso de algum dos humores, o equilíbrio seria restaurado por meio da retirada desse excedente com o uso de sangrias ou purgativos. Não havia anestesias, e as operações eram curtas, dolorosas e brutais — médicos e boticários até dispunham de uma vasta gama de drogas, mas poucas delas tinham alguma utilidade real.

Três séculos depois, a invenção do microscópio provou que a maioria das doenças é causada por organismos pequenos demais para serem vistos a olho nu. Os médicos haviam aprendido a controlar infecções, a realizar operações em pacientes inconscientes, e haviam se tornado capazes de prescrever drogas que fossem eficazes contra um amplo espectro de condições clínicas, incluindo insuficiência cardíaca e epilepsia. No entanto, tratamentos e medicamentos ultrapassados persistiam. Procedimentos de sangria eram usados por médicos de mentalidade antiquada até 1894, fora o exagero na prescrição de laxantes por médicos da Era Vitoriana, que quase nunca se preocupavam em averiguar antecipadamente a saúde intestinal dos pacientes.

Sob uma perspectiva moderna, muitos dos tratamentos descritos nas histórias a seguir podem parecer absurdos, talvez até desumanos. Por isso, é importante lembrar que os médicos do passado eram tão inteligentes e dedicados quanto os de hoje em dia. Se há algo que esses relatos comprovam é o admirável senso de propósito, a determinação que beira o insensato, com que os médicos lutavam para tratar seus pacientes numa época em que a realidade do ofício em si ainda deixava muito a desejar. Quando não havia remédios eficazes, eles procuravam novas drogas, por isso é inevitável que tais pesquisas tenham dado em becos sem saída, até que se descobrisse um caminho. Os métodos utilizados naqueles tempos eram consistentes com o nível de compreensão de que dispunham sobre o funcionamento do corpo humano. Portanto, não é culpa dos médicos do passado o fato de o conhecimento da medicina ter avançado tanto antes de chegar aos nossos dias.

Em 1851, James Young Simpson, o pioneiro no uso do clorofórmio como anestesia, publicou um artigo no qual falava sobre quão estranhos eram os remédios usados pelos médicos romanos da Antiguidade. Nele, o autor adverte que é imprudente julgar a "extravagância e esquisitice" dos métodos antigos, sendo bem presciente ao adicionar que

> quiçá, no século vindouro ou naquele que o seguirá, nossos sucessores [...] observarão nossos materiais atuais, as doses imensas e desordenadas de pó vegetal, as copiosas doses de sais, as nauseantes infusões etc., e terão a mesma reação de assombro e fascínio com que nós mesmos olhamos para os métodos terapêuticos utilizados pelos antepassados que nos precederam em nossa profissão.[2]

Seria possível falar o mesmo sobre a medicina do século XXI, uma ciência cujo patamar ainda está bem distante da perfeição. Dito isso, alguns tratamentos antigos estavam tão errados que beiravam a perversidade, mesmo levando em conta os padrões da época. Por isso, não pude resistir ao impulso de tirar um pouco de sarro, de forma sutil, quando achei necessário.

A maioria dos casos a seguir saiu das revistas médicas, que proliferaram no fim do século XVIII e eram uma das principais maneiras pelas quais a classe médica compartilhava conhecimento e trocava experiências. Entre outras fontes, há também compêndios cirúrgicos e matérias de jornais. Ainda que alguns relatos sejam fraudes (no capítulo "Historietas Macabras"), a vasta maioria foi retirada de relatórios de casos verídicos, escritos por médicos que descreveram de forma honesta aquilo que testemunharam e o que fizeram. Algumas histórias foram incluídas na íntegra, ao passo que outras foram editadas para tirar os detalhes supérfluos ou desinteressantes, mas não aumentei nem embelezei nada.

Por fim, um aviso: não sou médico, portanto nada do que está descrito nestas páginas deve ser interpretado como opinião ou conselho clínico. O leitor que decidir se tratar com lavagens intestinais de vinho português, ingerindo excremento de cobra ou fumando cigarros embebidos em mercúrio, veja bem, estará agindo por sua própria conta e risco.

THOMAS MORRIS
Março de 2018

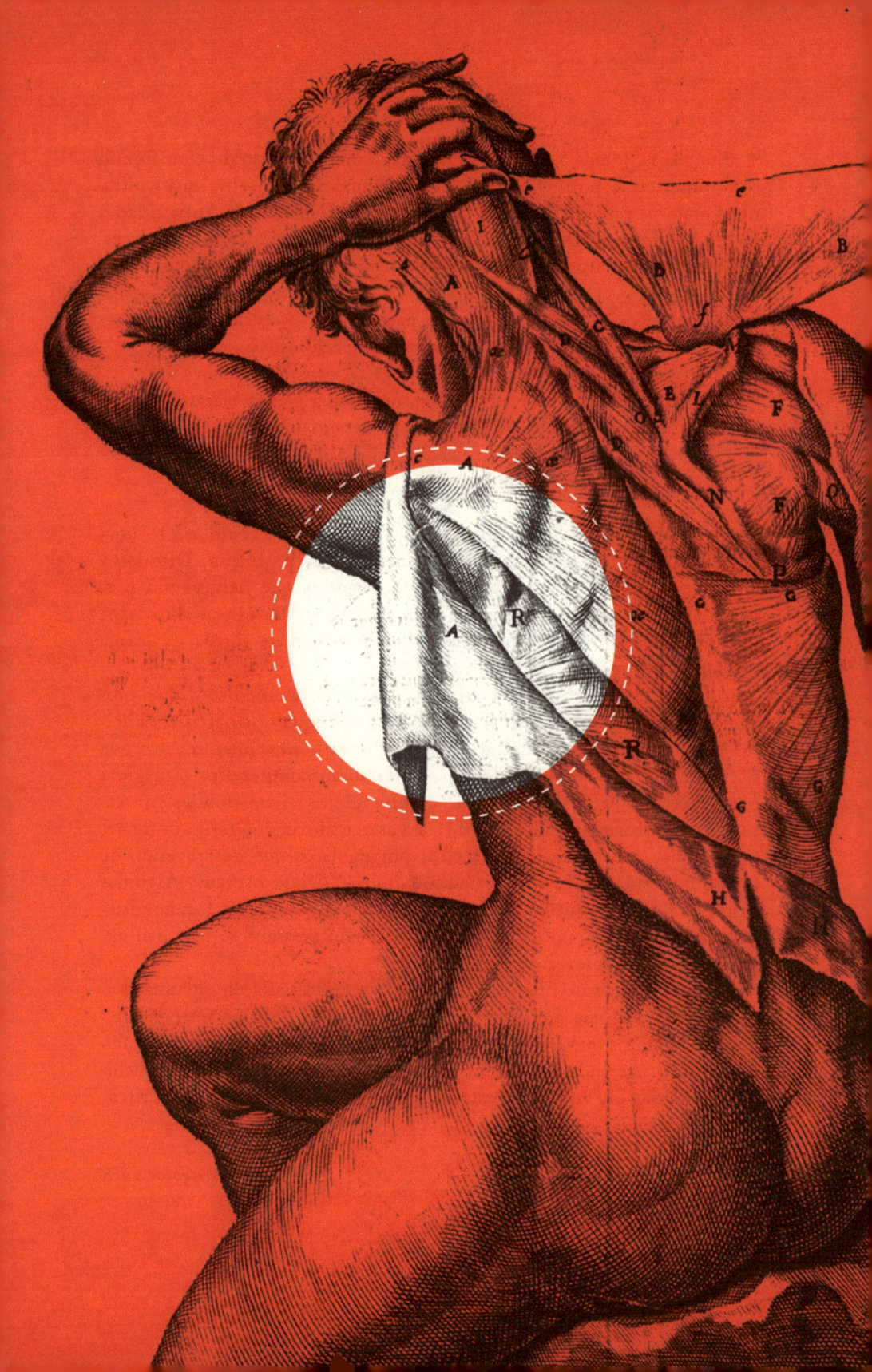

anatomical study

A.

PRIMEIRA INCISÃO

1. VERGONHA ALHEIA

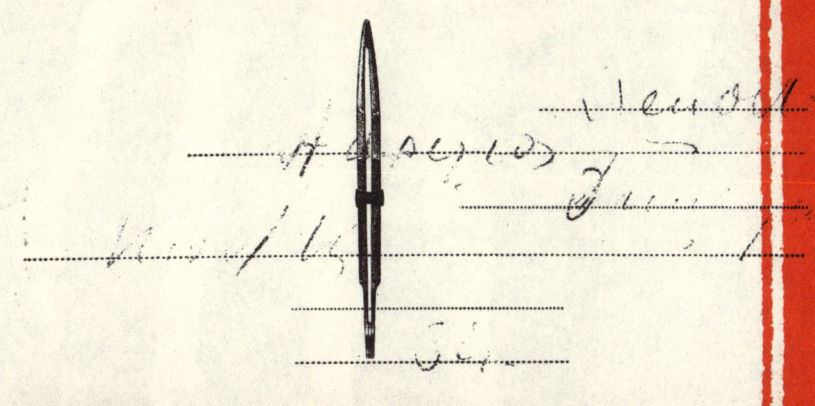

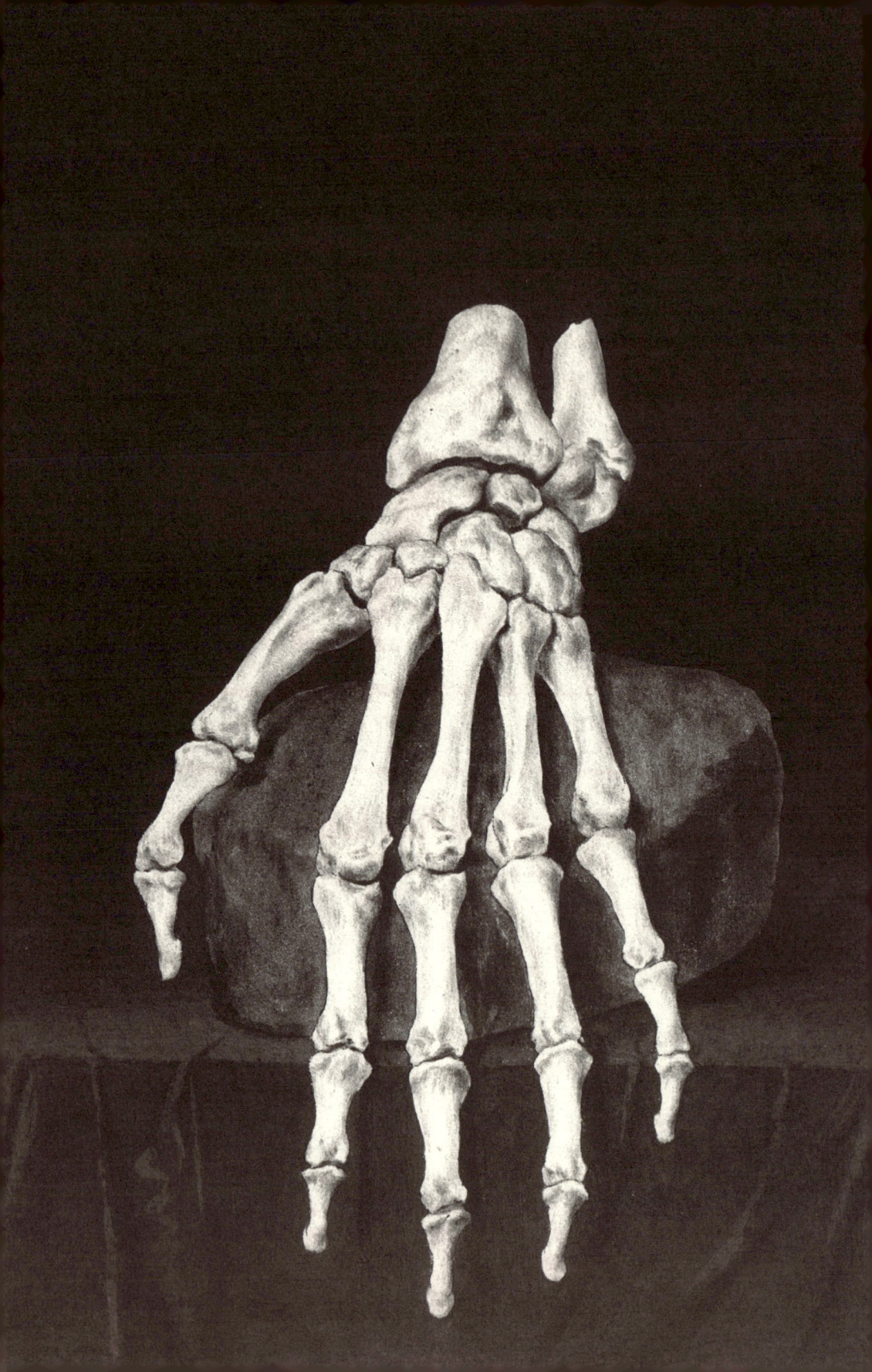

THOMAS MORRIS
MEDICINA MACABRA

VERGONHA ALHEIA

Uma situação clássica de qualquer departamento de emergência hospitalar é a do paciente que surge com uma lesão vergonhosa, algo que só pode ter sido causado por ele mesmo. Ao ser indagado sobre a natureza do seu incômodo e sua procedência, há o paciente que se cala, enquanto outro talvez improvise uma explicação que não faz sentido. Em 1953, um homem foi internado no hospital de Barnsley se queixando de fortes dores abdominais, que o atormentavam havia quase duas semanas. Ao examinar o paciente, os médicos encontraram um rompimento na parede do reto, cujos indícios apontavam para algo que ocorrera poucas horas antes. Eles conseguiram remediar a ruptura. Perguntado sobre como teria se ferido, o paciente alegou que estava próximo a um rojão "posicionado de forma inclinada" quando este disparou inesperadamente. Pressionado a contar a verdade, ele admitiu estar frustrado com a própria vida e ter estourado "um foguete no próprio traseiro". É o que sempre digo: cada um tem o próprio jeito de lidar com os problemas.

O que não falta na literatura médica são pessoas com ideias idiotas, os antecessores desse caso de pirotecnia proctológica, gente que colocou objetos esquisitos em lugares impróprios. Um dos relatos mais antigos fala sobre um monge que tentou apaziguar os gases de uma cólica acomodando um frasco de perfume no intestino; outro narra os feitos de um cirurgião para recuperar a dignidade de um fazendeiro que havia plantado um cálice no próprio reto. Tais façanhas, entretanto, são banais em comparação com o destemor das proezas registradas nas próximas páginas. O que mais impressiona nessas peripécias é a criatividade com que alguns se enfiam em situações adversas, uma capacidade de invenção que só se compara à astúcia de médicos e cirurgiões que tiveram de tratá-los.

Ainda que a medicina tenha evoluído de forma impressionante nos últimos séculos, certas coisas nunca mudam. Aparentemente, nem o progresso é capaz de fazer a humanidade deixar para trás seus traços de maldade, desgraça e completa idiotice.

HUNGRY FORK
MACABRE MEDICINAE

UM GARFO
ENGOLIDO
PELO ÂNUS

Robert Payne, cirurgião em Lowestoft.

Macabra Edition · 01 · DarkSide Books

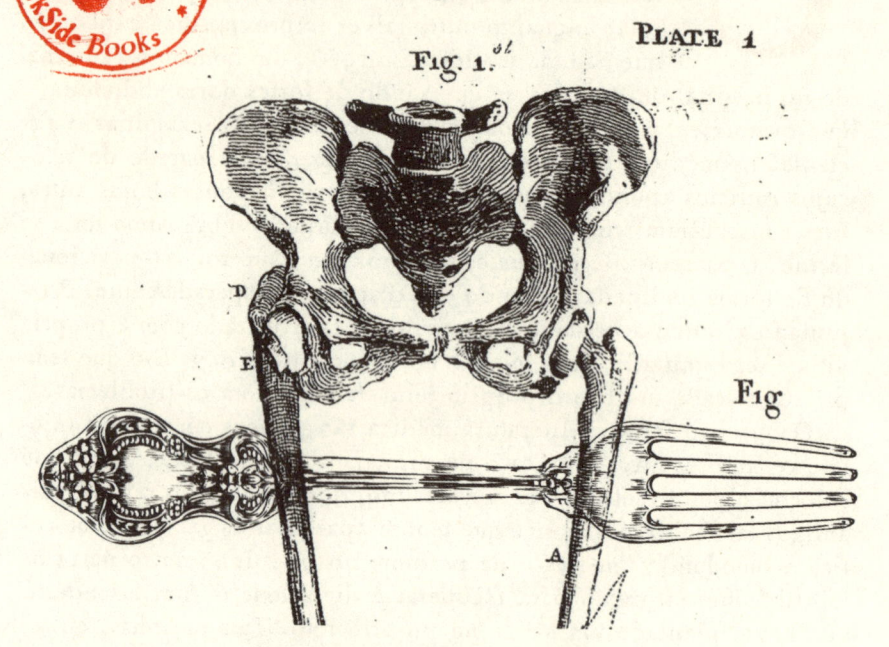

Fig. 1. PLATE 1

Fig

- 1724 -

O constrito relato sobre o homem que forçou demais a própria sorte ao tentar aliviar uma prisão de ventre com o auxílio do cabo de um garfo; um caso pungente cuja descrição fará você se sacudir na própria cadeira.

Philosophical Transactions • Macabre Medicinae

THOMAS MORRIS
MEDICINA MACABRA

CASO Nº 01

Revistas médicas modernas não são famosas por suas manchetes engraçadas. A terminologia da profissão também não ajuda, de modo que é difícil escrever algo que atraia o leitor se o assunto de seu artigo for algo como «retinopatia», «púrpura trombocitopênica» ou «fasciíte necrosante».

Há uns anos, entretanto, dá para notar o empenho de alguns pesquisadores contra o uso de um palavreado estéril, uma tentativa de atrair a atenção dos leitores com referências literárias, citações à cultura pop e trocadilhos questionáveis. Um artigo recente do *New England Journal of Medicine* [Revista Britânica de Medicina da Nova Inglaterra] apelava aos fãs de George R. R. Martin, ainda que de um jeito desesperado, com a seguinte chamada: «A Guerra de TOR: a proteína alvo da rapamicina comanda os quatro reinos». Outro, cujo assunto era corpos estranhos na uretra, tinha o título de «Uretra: permissão para expelir»*. Mas é difícil superar a audácia de «Super-trombose-venosa-mesentérica-expialidoce: a chance de sequelas clínicas não é nada doce», o inacreditável título de um artigo sobre complicações agudas de apendicite.

Minha manchete favorita foi escrita há quase três séculos. Em 1724, a *Philosophical Transactions* [Relatórios Filosóficos], uma revista britânica da Sociedade Real de Medicina, publicou uma carta de autoria do senhor Robert Payne, um cirurgião da cidade de Lowestoft, em Suffolk. O título é uma verdadeira obra-prima:

III. *Um relato sobre um garfo engolido pelo ânus,
o qual mais tarde foi extraído pela nádega;
narrado numa carta para o editor pelo senhor*
Robert Payne, *cirurgião em Lowestoft.*

---

* É por isso que os urologistas não são conhecidos pelo seu senso de humor.

James Bishop, um aprendiz de carpinteiro naval da cidade de Great Yarmouth, de aproximadamente dezenove anos, padeceu por seis ou sete meses de dores agudas na região inferior do abdômen. Não havia quaisquer indícios de cólicas, e a presença ocasional de sangue na urina induziu o senhor P. a cogitar que se tratava de um caso de pedras nos rins. A medicação trouxe pouca melhora ao paciente. A certa altura, um tumor rígido surgiu em sua nádega esquerda, sobre ou próximo ao glúteo máximo, a 5 ou 7 cm da borda do ânus, numa posição levemente inclinada para cima. Em dado momento, o ânus passou a expelir uma substância purulenta, que era excretada diariamente.

A palavra "tumor" foi usada em seu sentido antigo, que não significava exatamente um crescimento de um tecido de forma anormal, e sim algum inchaço, sem relação com câncer. Nesse caso, o "tumor" era um tipo de cisto cuja superfície na pele havia estourado. O cirurgião suspeitava se tratar de um caso de fístula anal, um canal anômalo entre o final do intestino e a pele. Os eventos que se sucederam, no entanto, logo provaram que esse primeiro diagnóstico estava redondamente equivocado:

> Pouco depois, detectou-se o surgimento dos dentes de um garfo no orifício da ferida, cujas pontas se elevaram cerca de 1 cm acima da pele. Assim que as saliências do objeto despontaram, as violentas dores cessaram. Abri a ferida entre os dentes metálicos, da melhor forma que pude, fiz uma incisão circular ao redor do ferimento e, utilizando uma pinça reforçada, com grande esforço, extraí o objeto na sua totalidade. O cabo do garfo, no instante de sua extração, se encontrava encardido de fezes.

Que maravilha! Além do mais, o talher em questão não era exatamente pequeno. Imagine essa garfada!

> Trata-se de um robusto garfo de bolso, cujo comprimento é de 16 cm. O cabo é de marfim, mas está enturvecido de um tom marrom-escuro. A parte metálica também está escurecida, ainda que lisa, sem sinais de oxidação.

O jovem paciente relutou em explicar como fora parar naquela situação. Mas, sob a ameaça de perder seu ordenado, acabou falando.

Um parente seu e Cavalheiro deste bairro, o Reverendo senhor Gregory Clark, reitor de Blundeston, cuja indicação o encaminhara para estar sob meus cuidados e de quem o paciente depende financeiramente, ameaçou passar a ignorá-lo caso não lhe fosse explicado como aquilo procedera. O paciente deu testemunho de que, estando obstipado,[†] decidira utilizar o garfo para desobstruir suas vísceras. Contudo, tendo o talher escorregado para além do seu alcance, tornara-se impossível recuperá-lo.

O senhor Payne ainda faz um adendo:

PS: O paciente afirma que, após o acidente com o garfo, não sentiu dores ou complicações por cerca de um mês ou mais.[1]

Essa informação adicional não altera a moral da história: se você estiver com prisão de ventre, não tente resolver a situação com uma garfada.

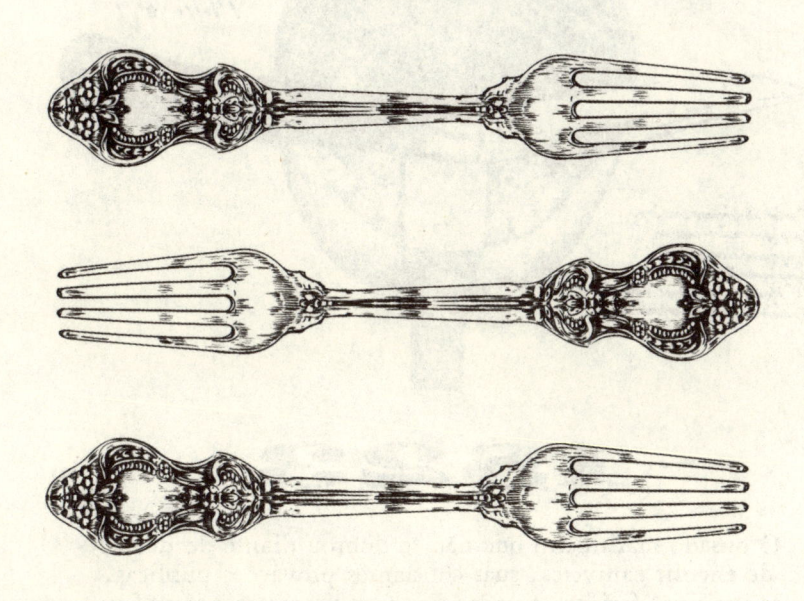

---

†   Constipado, com prisão de ventre.

BAD KNIVES

MACABRE MEDICINAE

CANIVETE

FAZ MAL

À SAÚDE

Alexander Marcet, doutor em medicina

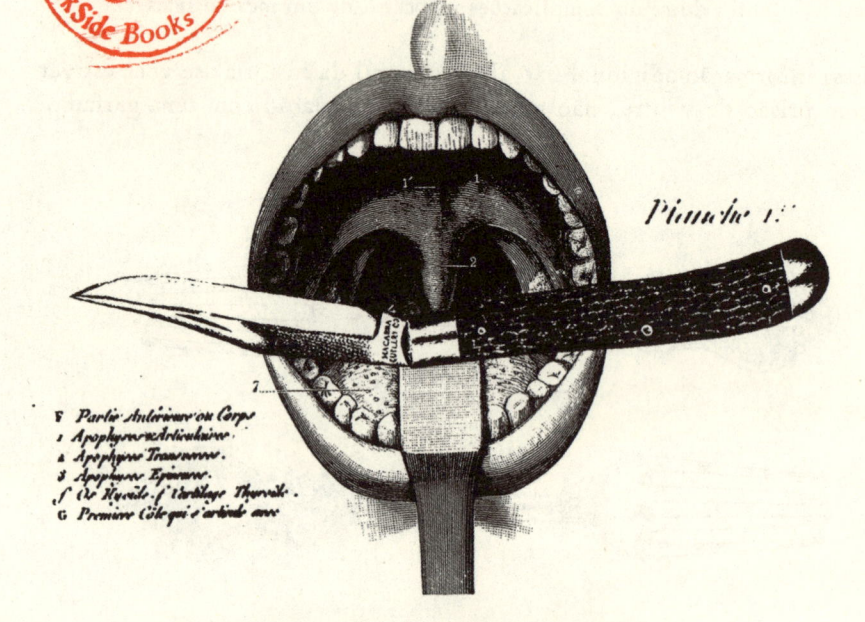

- 1823 -

O ousado marinheiro que não se dobrou diante do desafio
de engolir canivetes, suas constantes provações públicas,
as incisivas feridas causadas por seus desgostos e, por fim,
a maneira como terminou sua vida.

Medico-Chirurgical Transactions

CASO N° 02

Pessoas com compulsão por engolir objetos são uma constante na literatura médica. Há inúmeros casos nas revistas do século xix, mas a maior parte dos pacientes evidentemente sofria de algum transtorno mental. Este relato, publicado na *Medico-Chirurgical Transactions* [Relatórios Médico-Cirúrgicos], em 1823, é o primeiro que encontrei sobre um paciente que engolia canivetes por diversão.

> *Relato de um homem que viveu por dez anos após ter engolido diversas facas dobráveis, com uma descrição do estado do cadáver após a morte. Por Alex Marcet, doutor de medicina e membro da Sociedade Real, médico cirurgião do Guy's Hospital, falecido.*

No mês de junho do ano de 1799, o marinheiro norte-americano cujo nome era John Cummings, com cerca de 23 anos, estando ancorado na costa da França numa região situada a cerca de 3 km da cidade de Havre de Grace, decidiu desembarcar com alguns companheiros de bordo e visitar uma tenda que eles avistaram no campo, ao redor da qual havia um grupo de pessoas. Após se informarem de que havia uma peça sendo apresentada dentro da tenda, adentraram e depararam com um charlatão, que divertia a plateia presente fingindo engolir facas dobráveis. Ao retornarem à embarcação, após um dos membros da comitiva descrever para os outros marinheiros o feito do artista com as lâminas, Cummings, em estado de embriaguez, gabou-se de ser tão capaz de engolir canivetes quanto o francês.

Dizer algo assim já não era uma tentativa muito inteligente de se exibir entre os marinheiros, que o desafiaram a colocar suas palavras à prova. Para não desapontar os colegas, ele enfiou seu canivete na boca e, com a ajuda de uns goles de sua bebida, conseguiu engoli-lo.

Os espectadores, contudo, não se deram por satisfeitos com apenas uma única tentativa bem-sucedida, provocando o exibicionista com questões sobre se ele "seria capaz de engolir mais lâminas", ao que ele respondeu: "todos os canivetes que houver a bordo do navio". Imediatamente, surgiram mais três facas dobráveis, as quais ele engoliu utilizando o mesmo procedimento da primeira. Foi assim, "por meio de uma exibição de coragem de um homem embriagado", nas palavras do próprio, "que os marinheiros se divertiram naquela noite".

É de esperar que alguém que navega por aí saiba que ações têm consequências e que objetos estranhos ingeridos quase sempre trazem "consequências" em até doze horas. E eis que, segura essa, aquilo que entrou teve de sair.*

Na manhã seguinte, ao evacuar, nada se deu fora do comum. Pela tarde, ao evacuar uma segunda vez naquele dia, ele expeliu um canivete — que, todavia, não era a primeira lâmina que fora ingerida. No dia seguinte, ocorreu a expulsão de duas facas dobráveis de uma só vez, sendo uma delas a primeira engolida, pela qual ele dera falta no dia anterior. A quarta lâmina, até onde ele tinha consciência, nunca foi expelida e jamais lhe causou quaisquer inconveniências.

O que os olhos não veem, os intestinos não sentem, não é mesmo?

Após essa primeira performance de sucesso, passaram-se seis anos até que ele voltasse a contemplar a possibilidade de engolir canivetes mais uma vez. No mês de março de 1805, aportado em Boston, nos Estados Unidos, ele se sentiu tentado, enquanto bebia com uma comitiva de marinheiros, a se gabar de seus feitos e afirmou que seguia tão saudável quanto antes daquela brincadeira, além de se mostrar disposto a repetir a performance de anos antes. Em pouco tempo, alguém lhe apresentou uma pequena faca dobrável, que ele prontamente engoliu. No decorrer da noite, ingeriu mais cinco canivetes. Na manhã seguinte, uma pequena multidão de curiosos o procurou. Antes do pôr

---

* Nada como levar um ditado ao pé da letra ou, nesse caso, às últimas "consequências".

do sol, ele foi induzido a engolir mais oito facas dobráveis, perfazendo um total de catorze lâminas ingeridas.

A essa altura, não é difícil de calcular que a mente do senhor Cummings não era lá das mais afiadas.

> Dessa vez, entretanto, o preço que seus gracejos lhe cobraram foi alto. Na manhã seguinte, ele foi tomado por vômitos constantes e dores no estômago, tornando-se necessário levá-lo até o hospital de Charleston, onde, nas suas próprias palavras, "no decorrer daquele período até o 28º dia do mês vindouro, ele conseguiu descarregar seu fardo com segurança".

Por mais que eu imagine que ele tenha usado um eufemismo naval da época sem a intenção de fazer um trocadilho, também não pude deixar de descarregar um riso. Após "esvaziar o porão da embarcação", Cummings embarcou num navio a caminho da França. Na viagem de volta, contudo, o navio foi interceptado pelo *Isis* da Marinha Real Britânica e ele foi forçado a se alistar.

> Certo dia, estando na cidade de Spithead, na qual sua embarcação permaneceu por um tempo, ele se embriagou e, como de praxe, retomou o tópico de suas antigas brincadeiras. Ao ser desafiado ainda outra vez, repetiu o gracejo, "para se mostrar", segundo ele, "um homem de palavra".

Uma pessoa de respeito certamente mantém sua palavra, mas alguém sensato não ingere cinco canivetes só para se provar. Mas foi isso que o sem noção do americano fez naquela noite. E ele não parou por aí, nem de longe.

> Na manhã seguinte, quando os funcionários do navio expressaram o desejo de vê-lo repetir a performance, ele concordou de prontidão e, "entusiasmado pelo encorajamento do pessoal e com o auxílio de uma boa birita", teria engolido nove facas dobráveis somente naquele dia, algumas das quais eram bem grandes. Após o ocorrido, os espectadores afirmaram que ele havia ingerido mais quatro canivetes, dos quais não se recordava, muito provavelmente em função de seu estado de embriaguez durante o incidente, que o deixou incapaz de formar uma memória concreta de todo o sucedido.

É o fim da picada. Como pode, depois de tudo isso, ele não aprender ?

> Essa, todavia, fora sua derradeira performance de que se tem registro, perfazendo um total de pelo menos 35 canivetes ingeridos em diferentes momentos. Seria essa última exibição também aquela que, por fim, colocaria um ponto final em sua existência.

Sentindo-se mais para lá do que para cá e no mínimo um pouco arrependido, Cummings foi até o médico da embarcação para ser tratado com laxantes, mas a medicação não surtiu efeito.

> Por fim, após cerca de três meses, durante os quais consumiu altas quantidades de azeite, sentiu os canivetes (em suas palavras) "descerem até seu intestino", ainda que, após esse momento, não se recorde de tê-los evacuado. Ele se sentiu mais saudável até o vindouro 4 de julho (do ano de 1806), quando vomitou um dos lados do punho de uma faca, o qual foi reconhecido pelo marinheiro a quem a lâmina pertencera.

É de imaginar que o dono não estivesse lá muito ansioso para recuperar esse canivete.

> No mês de novembro daquele mesmo ano, ele evacuou inúmeros fragmentos das facas dobráveis, voltando a sofrer com essa ocorrência em fevereiro de 1807. Em junho do mesmo ano, foi exonerado do navio que o empregava, em virtude de sua condição ser considerada incurável. Imediatamente depois disso, ele veio a Londres, onde se internou no Guy's Hospital e se tornou paciente do doutor Babington.

Os médicos não acreditaram na história dele e o liberaram. Sua saúde melhorou até setembro de 1808, quando ele ressurgiu:

> Tornou-se então um paciente do doutor Curry, sob os cuidados de quem permaneceu — sua saúde gradualmente se tornava mais miserável a cada dia — até o mês de março de 1809, quando faleceu em decorrência de seu estado de completo definhamento.

Mesmo durante os estágios finais de sua condição, os médicos que lhe trataram se negavam a acreditar que ele havia ingerido mais de trinta canivetes, até que dado dia, os cavalheiros doutor Babington e *sir* Astley Cooper o examinaram conjuntamente. Eles chegaram à conclusão, após investigar as circunstâncias do caso e especialmente ao analisar suas dejeções alvinas,† cuja aparência tinha um profundo tom escuro, de que havia de fato uma acumulação de material ferruginoso em seus órgãos de digestão. Tal conclusão se confirmou pouco tempo depois pelo senhor Lucas, um dos cirurgiões do hospital, por meio da introdução de um dedo no reto do paciente, o que o levou a detectar o pedaço de uma lâmina, aparentemente alojada no intestino, mas que não pôde ser extraída em virtude das intensas dores de que o paciente se queixava enquanto o cirurgião tentava retirá-la.

Os médicos tentaram dissolver as lâminas — ou pelo menos diminuir suas pontas — com ácido nítrico e sulfúrico, o que deve ter causado ainda mais dano. Sem dispor de meios para ajudar o paciente, eles tiveram de assistir enquanto ele definhava até a morte. Os médicos dissecaram seu corpo e, ao examinar o abdômen, depararam com uma visão extraordinária: os tecidos estavam tingidos de uma tonalidade profunda de ferrugem. Vários canivetes foram encontrados nos intestinos, um deles atravessado no cólon. Só isso já seria o bastante para ter causado sua morte. Mas havia mais:

> A aparência externa do estômago não trazia evidências de alterações na estrutura. Num primeiro momento, o órgão não foi examinado internamente. Pouco depois, contudo, o estômago foi aberto na presença de *sir* Astley Cooper e senhor Smith, cirurgião da enfermaria de Bristol que calhou de estar presente no momento, e descobriu-se uma porção de lâminas, molas e cabos de facas. Havia entre trinta e quarenta fragmentos, sendo treze ou catorze deles evidentemente partes remanescentes de canivetes. Algumas estavam em estado de corrosão avançado, reduzidas em tamanho até atingir uma condição que só poderia ser descrita como prodigiosa, enquanto outras apresentavam uma aparência de preservação tolerável.

---

† Fezes.

Um exame aprofundado dos órgãos abdominais também respondeu a uma das questões que intrigavam os médicos: por que alguns canivetes atravessaram todo o sistema digestivo completamente inalterados, enquanto outros foram parcialmente digeridos?

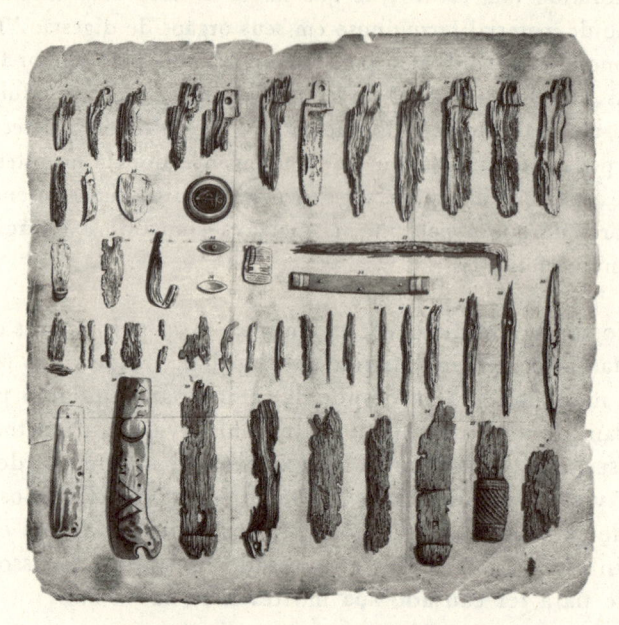

Uma ilustração dos fragmentos dos canivetes
encontrados no estômago do paciente.

Quando o estômago fora capaz de expelir as lâminas rapidamente, elas avançaram pelos intestinos, ainda guardadas dentro de seus cabos, passando pelo sistema sem se desgastar muito. Mais tarde, os canivetes ficaram presos no estômago por mais tempo, fazendo com que seus cabos, a maioria deles feita de marfim, acabassem se dissolvendo ou ao menos se desgastando a ponto de deixar as partes metálicas dos canivetes desprotegidas.[2]

Essa história traz algumas lições. A primeira delas é: tentar impressionar seus amigos durante ou após o consumo de quantidades industriais de álcool é uma má ideia. Mas o mais importante é entender que, caso surja a pergunta "Você consegue engolir canivetes?", a resposta *nunca* deve ser: "Todos os canivetes do navio."

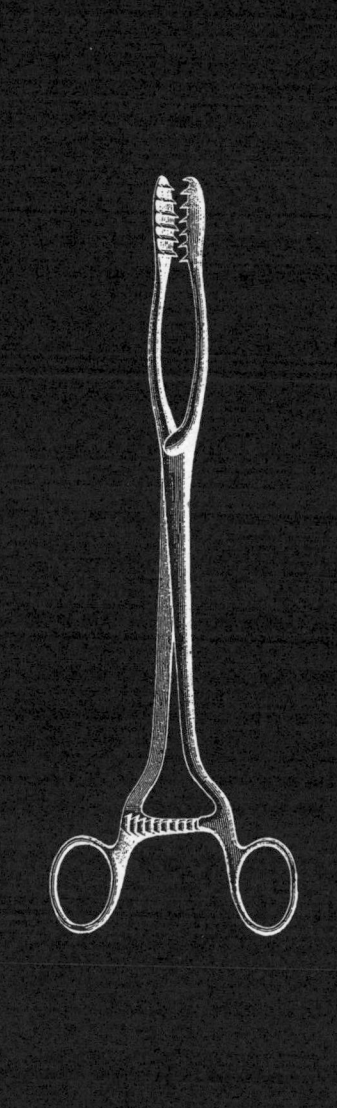

GOLDEN PADLOCK

MACABRE MEDICINAE

O ENAMORADO
CADEADO
DE OURO

Macabra Edition · DarkSide Books · 03

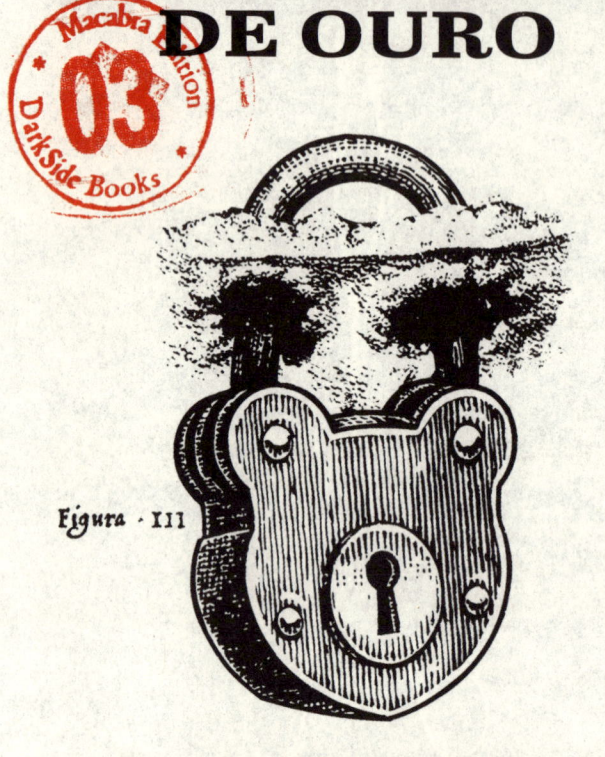

Figura · III

- 1827 -

O romântico nobre francês que carregava por aí o peso de um ocluso e infecionado testemunho de amor afixado por sua entusiasmada – e um tanto enciumada – amante portuguesa: um fino, vistoso cadeado dourado aferrado em seu membro.

London Medical and Physical Journal

THOMAS MORRIS
MEDICINA MACABRA

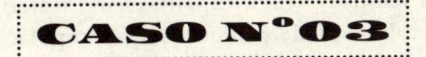

CASO Nº 03

Infibulação, s. f. O Ato de infibular; oclusão dos órgãos sexuais por um broche ou fecho.

Essa não é uma palavra do dia a dia, por isso tive de procurar no dicionário.* Ao que parece, a primeira vez que o termo apareceu foi na obra de John Bulwer, *Anthropometamorphosis* [Transformação da humanidade], um tratado sobre tatuagens, *piercings* e outras formas de modificação corporal, publicado em 1650. Bulwer revela que, na Grécia Antiga, a infibulação era usada para manter os jovens atores castos:

> Entre os Antigos, para prevenir os jovens e efeminados *innamoratos*, em especial os comediantes, de se envolverem em indulgências sexuais prematuras, e com isso alterarem o tom de suas vozes, eles eram obrigados a prender um anel ou uma fivela no prepúcio de suas vergas.†

Eu provavelmente ficaria na minha abençoada ignorância sobre essa prática se não fosse por este divertido artigo, publicado pela *London Medical and Physical Journal* [Revista Médica e Natural de Londres] em 1827:

Caso de infibulação, seguido por uma assombrosa infecção de prepúcio

Alguns anos atrás, *monsieur* Dupuytren se consultou com o doutor Petroz acerca do caso do seu paciente M, responsável por uma das mais ilustres manufaturas da França.

---

* Agora que você também aprendeu uma palavra nova, que tal tentar usá-la numa conversa com seus amigos?
† Pênis.

Esse é o equivalente do século XIX a um CEO da Airbus ou da Ford dar entrada num hospital com um problema vergonhoso. E o "problema" em questão de fato carregava bastante constrangimento.

Ele tinha cerca de cinquenta anos, uma boa e saudável compleição. Há tempos, vinha expelindo um material fétido pelo pênis, sentia dificuldade para urinar. O prepúcio estava bastante inchado, endurecido e tomado por uma série de ulcerações.

O prepúcio é a pele que cobre a glande do pênis. É de imaginar que o exemplar citado neste relato já tivesse passado por dias melhores.

Até então, o caso não apresentava nada de extraordinário. O que estimulou uma análise mais aprofundada por parte dos médicos foi a observação de que o prepúcio havia sido perfurado em diversos lugares, bem como que aberturas e bordas desses pequenos orifícios, os quais atravessavam o órgão, estavam completamente cobertas por um tecido cutâneo perfeitamente organizado.

"Perfeitamente organizado" significa que uma nova camada de pele havia se formado ao redor das feridas, da mesma forma que um furo na orelha cicatriza em poucas semanas, a menos que se mantenha um brinco ou um rebite atravessando o buraco, para que este não se feche. Essa observação se tornou importante para o caso.

Monsieur Dupuytren sentiu a necessidade, antes mesmo de iniciar qualquer tratamento, de confirmar a maneira como as perfurações no prepúcio teriam ocorrido. O paciente declarou que, durante sua juventude, visitara Portugal, onde permanecera por uma série de anos. Lá, formara um laço de afeição com uma jovem de vívidas paixões e dona de um ciúme igualmente inflamado. Sua profunda devoção a ela fez com que a jovem em questão adquirisse uma absoluta influência sobre ele.

Uma relação carinhosa entre um bem-sucedido homem de negócios francês e sua ardente amante portuguesa. Mas que história adorável!

Certo dia, transportado pelo exercício de suas paixões mútuas, ele sentiu uma sutil pontada em seu prepúcio. Entretanto, transportado pelas carícias de sua amada até um estado próximo ao da abstração, não investigou a causa da sensação adversa que lhe trespassara. Ao se afastar dos braços de sua dama, todavia, descobrira que seu prepúcio estava aferrado por um pequeno e vistoso cadeado dourado, cuja chave ficara sob os cuidados da amante.

Calma! Mudei de ideia sobre ser uma história adorável. Talvez até seja romântico, mas não é o tipo de prova de amor que se popularizaria, espero.

> É de se concluir que a dama em questão era uma mulher deveras eloquente, pois manteve seu amante de bom humor por meio de sua retórica, a qual fora aplicada em conjunção com carícias ocasionais, terminando por convencê-lo não só a permitir que o cadeado ficasse onde ela o havia colocado, mas também a apreciá-lo como um rebuscado adereço. Ela chegou a conquistar o direito de recolocá-lo toda vez que a região perfurada da pele se tornava fraca demais para sustentar o peso do cadeado. Por incrível que possa parecer, com o tempo, a fim de "ter o dobro de segurança", ela passou a empregar *dois* cadeados.

Um segundo cadeado já parece exagero! É surpreendente que seu amante tenha aceitado a situação até ali. Por outro lado, não seria de admirar que "M" tenha achado essa brincadeira mais prazerosa do que viria a admitir para os médicos.

> M permaneceu em tal estado por quatro ou cinco anos, trajando ao prepúcio um ou dois cadeados, cujas chaves permaneciam caprichosamente em posse de sua amante. Por fim, a consequência de tal hábito foi o adoecimento de seu prepúcio, o qual foi tomado por uma condição cancerosa, que levou M a se consultar com *monsieur* Dupuytren.

O termo "Canceroso(a)" era usado para descrever ulcerações que não cicatrizam, e não tecidos com crescimento de tumores cancerígenos. Podia ser, portanto, apenas um caso de infecção crônica numa região para lá de delicada.

> Decidiu-se, então, adotar o procedimento mais seguro e efetivo. O prepúcio foi removido numa cirurgia bastante similar ao procedimento de circuncisão. Sob os cuidados de *monsieur* Sanson, o paciente se curou totalmente em menos de três semanas. Desde então, ele permanece em perfeita saúde.[3]

Vamos torcer para que esse figurão industrial da França tenha conseguido esconder esse episódio dos ouvidos de seus funcionários. Imagina se uma anedota dessas se espalha pelo escritório e depois vira assunto durante a festa de fim de ano da firma...

CANDLESTICK

MACABRE MEDICINAE

Macabra Edition · 04 · DarkSide Books

O MENINO DE PAVIO CURTO

Guillaume Dupuytren, cirurgião francês

Fig. 17.

- 1827 -

Um renomado cirurgião francês do século XIX realiza uma delicada operação e salva a vida de seu paciente; um rapaz que estivera por três dias incapacitado de urinar por estar com o membro estrangulado; por fim, um banho de gratidão.

Repertoire general d'anatomie et de physiologie pathologiques, et de clinique chirurgicale

CASO Nº 04

O cirurgião mais celebrado e bem-sucedido na França do início do século XIX, Guillaume Dupuytren, tinha muito de que se orgulhar. Ele era mestre em todas as operações do repertório cirúrgico, um verdadeiro virtuoso da profissão, além de ser o inventor de inúmeras novas técnicas. Estudantes de medicina vinham de todos os cantos da Europa e se espremiam na audiência de suas palestras só para testemunhar com os próprios olhos a eloquência do doutor. Ele se tornou tão rico, mas tão rico, que chegou a oferecer um empréstimo de um milhão de francos ao rei Carlos X, para que vossa majestade não tivesse que sofrer demais com as privações do exílio.* Dupuytren era bom e sabia disso. Quando um de seus pupilos o cumprimentou acerca de sua evidente perfeição ao conduzir cirurgias, sua resposta foi: *"Je me suis trompé, mais je crois m'être trompé moins que les autres"* ["Já cometi erros, mas acredito ter errado menos que os outros"].

A carreira de Dupuytren foi marcada por feitos cirúrgicos audaciosos e casos lendários. Mas também houve o caso a seguir. Publicado numa revista parisiense em 1827, sob um título que pode ser traduzido aproximadamente como "Estrangulação do pênis por um castiçal".

Etranglement de la verge par une bobèche

Um rapaz, aprendiz de tanoeiro, chegou ao Hospital Hôtel-Dieu de Paris. Por seus gemidos, seu rosto rubro e inchado, seu caminhar doloroso, a forma como ele se curvava ao se deslocar, pisando os pés e segurando as genitais, era de presumir que sentia muita dor e que a causa provavelmente era seu trato urinário. Ao se desnudar das roupas de baixo apressadamente, o jovem balbuciou que estava sofrendo de

---

* Vossa majestade graciosamente aceitou, mas depois escreveu a *monsieur* Dupuytren para informá-lo de que não precisava mais do dinheiro.

retenção urinária e pôs à mostra um pênis cuja cor estava púrpura, imensamente inchado e cingido ao meio por um sulco profundo. Ao separar as bordas da pele dobrada ao redor da depressão, *monsieur* Dupuytren encontrou um estranho corpo amarelo de metal. Ao afastar a pele, o médico se surpreendeu ao reconhecer que o objeto era um soquete de castiçal, cuja saída maior estava direcionada para a frente, ou seja, na direção da púbis.

"Soquete" talvez não seja a melhor tradução do termo francês original, *bobèche*, que é uma espécie de anel ou colar na saída do castiçal, cuja função é conter as gotas quentes de cera que escorrem da vela. Ou, nesse caso, prender o pênis de um rapaz adolescente.

Os tormentos do paciente eram terríveis. Ele não urinava havia três dias; sua bexiga estava bastante distendida, estendendo-se para cima até a região do umbigo; seu pênis estava prestes a gangrenar. A remoção da causa desse estrangulamento e da retenção da urina era imprescindível. Enquanto eram organizados os instrumentos para a operação, interrogou-se o paciente, que confessou ter participado de um gracejo enquanto estava sob influência de álcool, durante o qual ele se apropriou do soquete de seu castiçal para outro fim e terminou com o próprio pênis preso pelo objeto.

Rapazes, não é mesmo?

Tão logo seu pênis fora forçado através do tubo do utensílio, ele não pôde mais retirá-lo, e seus esforços apenas aumentaram seu infortúnio. Ademais, o lado mais afiado e estreito do bocal estava virado para a frente, pressionando a borda de sua glande a ponto de ameaçar a desmembrá-la.

Devia ser uma dor de apagar as luzes.

O *monsieur* Dupuytren primeiro serrou a saída mais ampla do soquete em dois pontos diametralmente opostos. Enfrentando as dificuldades causadas pelo inchaço do membro, forçou sua incisão e partiu o soquete em duas partes. Depois disso, um assistente conseguiu inserir as extremidades menores de um par de espátulas entre as bordas do anel cindido pela incisão, que logo cedeu sob os esforços tanto do cirurgião quanto de seu subordinado, partindo em dois fragmentos e prontamente liberando o pênis.

A descrição da operação faz parecer que o caso precisava mesmo era de uma equipe de bombeiros, e não de um cirurgião. Em todo caso, duvido que a maioria dos homens aceitaria que equipamentos cortantes fossem utilizados tão próximos do seu... bom, instrumento. Após três dias sem urinar, a pressão dentro da bexiga do rapaz devia ser imensa, por isso não é preciso muita imaginação para desvendar o que ocorreu quando a pressão foi desobstruída.

> O *monsieur* Dupuytren deduziu que o estrangulamento fora aliviado ao se tornar alvo de um jato de urina.

A medicina pode ser uma coisa fascinante.

> O paciente, num misto de vergonha e euforia, pôs-se a correr de imediato, sem sequer se dar ao trabalho de vestir as roupas de baixo. Conforme atravessava a multidão, maculou os presentes — deixando resquícios também na praça defronte à catedral de Notre Dame — com a evidência líquida do sucesso da cirurgia, a qual o privou de uma só vez dos tormentos causados pela retenção da urina e dos perigos da gangrena, que poderia levá-lo à morte.[4]

Enquanto *monsieur* Dupuytren torcia suas roupas encharcadas, tenho certeza de que estava tomado pela mesma alegria que seu paciente expressara.

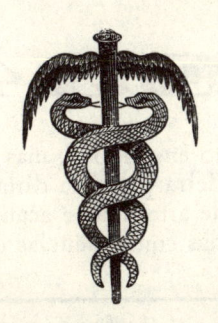

BODY SNATCHERS

MACABRE MEDICINAE

O INCRÍVEL

ESPETINHO

DE CORAÇÃO

Thomas Davis, Médico, Upton-upon-Severn

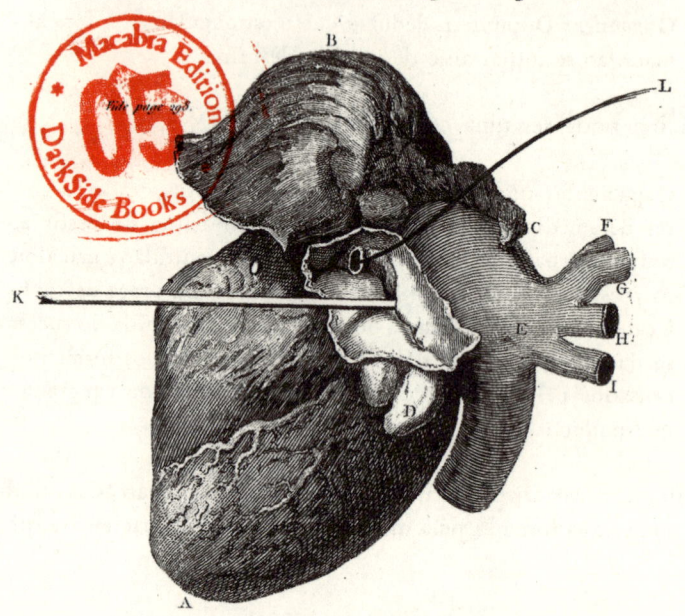

Macabra Edition · DarkSide Books · 05

- 1834 -

Um menino muito engenhoso, mas pouco sensato,
instalou uma madeira pontuda diretamente em seu
coração ao brincar de arminha, e acaba precisando lidar
com as estranhas consequências do ocorrido.

*Transactions of the Provincial Medical
and Surgical Association 2*

CASO Nº05

Até o século **XIX**, a maioria das pessoas acreditava que feridas no coração causavam morte instantânea. Segundo séculos de tradição, o órgão era o centro das emoções, a morada da alma e o cerne do corpo humano. Era lógico assumir que ferimentos nessa "fonte dos espíritos vitais", de acordo com Ambroise Paré, um cirurgião do século **XVI**, dariam fim à vida da vítima. Muitos médicos tinham essa mesma opinião, afinal o grande Galeno, a autoridade mais reverenciada na história da medicina oriental, não havia escrito que feridas cardíacas eram inevitavelmente fatais? Portanto, *tinha* de ser verdade.

Os melhores médicos, entretanto, já conheciam evidências para provar o contrário. O próprio Paré examinou o cadáver de um duelista que conseguiu correr por duzentos passos com uma imensa ferida de espada no coração. Outros encontraram cicatrizes no tecido cardíaco de pacientes que morreram de causas naturais – resquícios de lesões sofridas meses ou anos antes do falecimento. A tese de Galeno fora completamente refutada, mas alguns ainda acreditavam nela por teimosia, fazendo dela um mito recorrente no meio médico. Até os anos 1830, casos de sobrevivência prolongada, ou mesmo de cura, após danos cardíacos ainda eram vistos como eventos surpreendentes, dignos de serem publicados como uma curiosidade. O exemplo a seguir, enviado a uma revista em 1834 por Thomas Davis, de Upton-upon-Severn, em Worcestershire, é um dos melhores. Davis se apresentou como médico, mas, como muitos entre os que exerciam a profissão em pequenas províncias naquela época, ele era, na verdade, um boticário sem qualquer educação formal na área.*

---

*   Este artigo incitou um rival local de Davis, George Sheward, a redigir uma carta na qual alegava que o autor do relato publicado plagiara seu próprio relatório sobre o caso. Sheward promoveu uma longa campanha contra Davis, que pode ter atingido seu propósito, já que, alguns anos depois, um diretório comercial da região listava Davis como um "farmacêutico e vendedor de grãos e sementes", e não como um médico — essa era, provavelmente, uma descrição mais apropriada das capacidades profissionais dele.

Um caso singular de corpo estranho encontrado no coração de um garoto. Por Thomas Davis Médico, Upton-upon-Severn.

Era uma noite de sábado, em 19 de janeiro de 1833, quando fui convocado a tratar do paciente William Mills, um garoto de dez anos, cuja residência estava situada em Boughton, a 3 km de Upton. Ao chegar, fui informado pelos pais da criança de que seu filho havia se alvejado com uma arma feita do cabo retrátil de um garfo espeto, daqueles que se utilizam comumente ao redor da lareira ou de uma fogueira.

De fato, esse era um modo inesperado de cumprimentar um médico. Digamos que você decidiu montar uma arma de fogo improvisada. Mesmo se tiver um garfo espeto ao alcance, dificilmente será o primeiro apetrecho de que se lembrará para um plano desse tipo.

O garoto se muniu de um pedaço de madeira de aproximadamente 8 cm de comprimento para usá-lo de culatra, forçando-o para dentro do cabo vazio do garfo espeto. Tendo inserido uma carga de pólvora na parte oca da alça, fez um pequeno orifício nela para causar o disparo.

Muito engenhoso e pouco sensato!

Por consequência, quando a pólvora estourou dentro do cabo do garfo, que servira de cano para a arma, a explosão empurrou para fora a culatra improvisada, o pedaço de madeira, expelindo-o com tal violência que ele penetrou no tórax do garoto, do lado direito, entre a terceira e a quarta costelas, desaparecendo. Logo após o acidente, o jovem caminhou até sua casa, a cerca de 36 m do local onde ocorrera o incidente.

O fato de o garoto ser capaz de caminhar parecia um bom sinal. Quando o médico o examinou, a princípio, chegou à conclusão de que o caso não dava mostras de ser muito sério.

Até o momento do meu primeiro exame, ele perdera uma quantidade considerável de sangue e estava com uma aparência bastante debilitada. Quando o virei sobre seu lado direito, um filete de sangue venoso escorreu do orifício pelo qual a madeira penetrara o tórax. Algumas horas se passaram até que uma reação pudesse ser observada. Ele não reclamou de qualquer dor.

Fica bem evidente, pela descrição, que ele quase não estava afetado pelo incidente. Imagine.

No decorrer dos primeiros dez ou quinze dias após o acidente, o garoto dava mostras de recuperação, e certa vez, dentro daquele período, caminhou até o jardim e voltou, percorrendo uma distância de cerca de 70 m. Enquanto esteve lá, distraiu-se com as flores e até mexeu na terra.

Passatempos favoritos: jardinagem e armas de fogo. Uma combinação um tanto ímpar para uma criança de dez anos.

Ele sempre afirmou estar bem e geralmente estava bem-disposto, feliz. Não demonstrava alterações na expressão, exceto o fato de os olhos estarem um tanto brilhantes. Após a primeira quinzena, era visível que ele emagrecera, sendo tomado por constantes calafrios, os quais eram sempre seguidos por desmaios. O pulso estava deveras acelerado. Não havia tosse ou expectoração de sangue. As secreções eram saudáveis. Ele não sentiu dor em nenhum momento da enfermidade. Por fim, veio a falecer na noite de 25 de fevereiro, precisamente cinco semanas e dois dias após o acidente.

Não havia nada que o médico pudesse fazer. Ele não dispunha de meios para descobrir onde o pedaço de madeira estava alojado, além de ser impossível realizar uma cirurgia de investigação sem ter acesso a anestésicos, que só seriam descobertos dali a uma década. Foi realizada uma autópsia, na qual o doutor Davis contou com o auxílio de três colegas e, inusitadamente, do pai do menino:

Ao abrirmos o tórax, tornou-se visível a existência de uma ínfima cicatriz nas cartilagens entre a terceira e a quarta costelas, do lado direito, a cerca de 3 cm de distância do esterno. Os pulmões tinham uma aparência bastante saudável, com a exceção de um pequeno tubérculo no pulmão direito, além de uma pequena mancha azulada no tecido celular bem na base do órgão, cujo tamanho correspondia com o da diminuta cicatriz na parede torácica.

Tudo isso era consistente com o ferimento causado pelo pedaço de madeira, que aparentemente atravessara o tórax entre duas costelas e se alojara no pulmão direito. Mas daí veio uma surpresa.

> O coração, exteriormente, parecia saudável. Ao fazermos uma incisão com o propósito de investigar a aurícula e o ventrículo direitos, fomos surpreendidos pela descoberta do pedaço de madeira que o garoto usara como a culatra de sua arma. Uma das pontas se encontrava alojada na extremidade do ventrículo, próximo ao cume do coração, forçando-se entre as trabéculas cárneas e a superfície interna do órgão. A outra ponta se instalara sobre a válvula atrioventricular, rompendo parte dessa delicada estrutura, estando por isso encrustada com um coágulo espesso, tão grande quanto uma noz.

O pedaço de madeira estava alojado do lado direito do coração, que é o que manda sangue sem oxigênio para os pulmões. A aurícula direita, hoje conhecida como átrio direito, é a câmara por meio da qual o sangue adentra o coração, antes de atravessar a válvula tricúspide (atrioventricular) e chegar à câmara de bombeamento do ventrículo direito. As trabéculas cárneas — do latim *columnae carneae*, que significa "cumes carnudos" — são uma série de colunas musculares que se projetam para dentro do ventrículo. De alguma forma, o pedaço de madeira se enfiara debaixo delas e um coágulo grande se formou ao redor dele, algo previsível de acontecer quando um objeto estranho passa algum tempo na corrente sanguínea.

> Procuramos, em vão, por alguma ferida, seja no próprio coração, seja no pericárdio, por meio da qual o pedaço de madeira teria chegado ao ventrículo.

Isso é bem importante. Se o pedaço de madeira tivesse apenas furado a parede do coração, é bem provável que duas coisas tivessem acontecido. Primeiro, provavelmente o menino teria falecido em poucos minutos — uma ferida grande o bastante para permitir que um objeto dessas proporções penetrasse no coração também causaria uma hemorragia catastrófica. Segundo, caso ele sobrevivesse, o que seria quase impossível, o ferimento teria deixado uma baita cicatriz na musculatura cardíaca.

> Na minha opinião, este é um dos casos mais interessantes já registrados. Em primeiro lugar, o fato de a criança ter sobrevivido

a um acidente que fez com que um pedaço de madeira de quase 8 cm de comprimento penetrasse no ventrículo direito, mantendo após o ocorrido a capacidade de exercer o nível de esforço muscular tal qual ele apresentou, por si só é admirável, em especial se levarmos em consideração as dificuldades mecânicas com as quais o coração operou para sustentar a circulação do sangue. Não havia ferimentos ou resquícios de um ferimento, seja no pericárdio, seja na estrutura muscular do coração.

O doutor Davis chega a uma explicação que deve ter soado muito implausível para vários de seus colegas. Mas ele provavelmente estava correto. Durante a Primeira Guerra Mundial, os médicos encontraram diversos casos de soldados com balas em suas câmaras cardíacas que haviam sido arrastadas até lá pela corrente sanguínea e entrado no coração, por exemplo, pela veia cava — a maior do corpo humano, que traz o sangue desoxigenado de volta para o coração. Algo similar parece ter ocorrido nesse caso.

Estou inclinado, pessoalmente, a crer que o pedaço de madeira feriu o pulmão, atingiu a veia cava e foi levado pela corrente de sangue até o coração, chegando primeiro à aurícula direita para, então, alcançar o ventrículo direito, onde terminou se fixando, da forma como foi descrito anteriormente e está ilustrado na lâmina anexa.[5]

Esse foi, de fato, um caso bastante interessante, por isso temos sorte de o médico ter se dado ao trabalho de encomendar uma ilustração. Lembre-se de que o garoto viveu *mais de um mês* com o pedaço de madeira preso no coração.

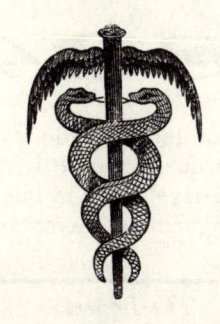

53

EGGS EVERYWHERE

MACABRE MEDICINAE

O OVO
COZIDO
DO SR. DENDY

Walter Cooper Dendy, médico

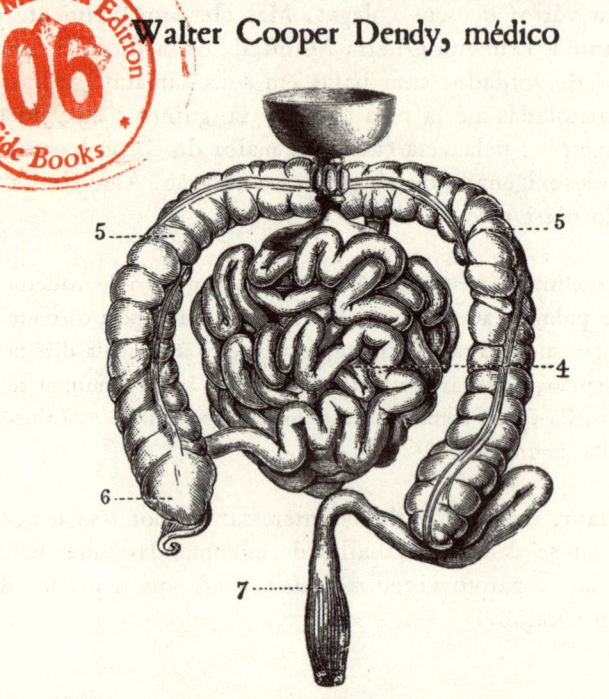

- 1834 -

Um delgado utensílio de louça detido num lugar inesperado dá o tom de um caso que forçará o leitor a expandir seu vocabulário com uma terrível palavra que não deveria sair da boca ninguém: "estercorário".

The Lancet

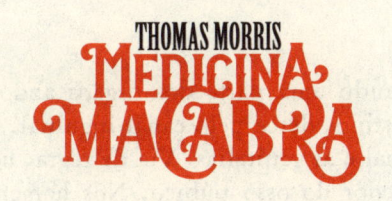

THOMAS MORRIS
MEDICINA MACABRA

CASO Nº 06

Ainda que Walter Cooper Dendy tenha sido médico, sua contribuição mais marcante para o mundo da medicina não foi uma operação ou a invenção de um instrumento, e sim uma palavra. Em 1853, ele escreveu um artigo cujo título em português seria algo como "Psicoterapia, ou a influência terapêutica da mente", no qual falou sobre seu interesse nas possibilidades medicinais da nova ciência da psicologia. Os livros de Dendy sobre doenças de pele e catapora foram esquecidos, mas a disciplina que ele nomeou, a psicoterapia, segue firme.

Se existe alguma justiça no mundo, ele também será lembrado por uma incrível história que publicou na *Lancet* [Lanceta*] em 1834. O cabeçalho no topo das páginas do artigo se refere ao caso como "O caso da taça de ovo do senhor Dendy", uma descrição fenomenal para um caso tão incrível:

A descoberta de uma grande taça de ovo no íleo de um homem
Por Walter C. Dendy, *Esquire, membro da Faculdade Real de Cirurgiões de Londres, rua Stanford, Blackfriars, Londres.*

O senhor Adams, um homem de sessenta anos, sofria de hérnia inguinal havia 25. A hérnia, ainda que com frequência descesse até o escroto, ainda não se estrangulara.

Mesmo se você não tiver a menor ideia do que isso tudo significa, descrições como "descesse até o escroto" e "estrangulado" deixam bem evidente que não estamos diante de algo divertido. Hérnia inguinal é uma condição que afeta a região da virilha. Essa doença, relativamente

---

* Um instrumento médico.

comum, ocorre quando uma parte dos órgãos abdominais, em geral uma porção do intestino, desce pelo canal inguinal, uma ligação entre a cavidade abdominal e as genitálias. Via de regra, fica perceptível um inchaço suave ao redor do osso púbico. Nos homens, em casos mais severos, a hérnia pode atingir o escroto. Uma hérnia "estrangulada" é aquela em que a compressão das vias sanguíneas locais pode levar à necrose dos tecidos regados por elas.

> Três meses antes de sua morte, o paciente sofreu de diarreia, que se tornou disenteria, para a qual recebeu tratamento médico e exibiu alguns sintomas de melhora.

A disenteria, diarreia acompanhada de secreção de sangue, pode ter sido resultado, em certo nível, do estrangulamento causado pela hérnia. Os médicos começaram o tratamento usando sanguessugas, laxantes e eméticos para tentar diminuir a inflamação — um regime conhecido como "plano antiflogístico", que fez sucesso nos anos 1830. Para entender esse tal "plano", imagine doar sangue enquanto vomita, junto com uma diarreia constante — é mais ou menos desse jeito que o paciente se sentia. Os primeiros sinais após o início do tratamento foram encorajadores, mas daí...

> Uma semana depois, os sintomas mais agudos retornaram, com outros indícios, sinalizando um estrangulamento com obstrução. Tais sintomas incluíam vômito estercorário e singulto, tumefação abdominal etc. Mesmo assim, os intestinos, por repetidas vezes, chegaram a expelir evacuações escassas e líquidas.

"Estercorário", nesse caso, é uma palavra desagradável que descreve um fenômeno ainda pior, ou seja, o paciente estava vomitando o que pareciam fezes. "Singulto" é um termo médico, de um rebusco desnecessário, que significa apenas soluço. O senhor Dendy sabia que esses sintomas indicavam que o intestino delgado estava obstruído, por isso voltou a examinar a hérnia, para ver se identificava a parte das vísceras que estaria afetada.

> Realizando um exame minucioso, encontrei um pequeno nó de intestino que estava bastante situado, aderido profundamente à boca do canal da hérnia. Notando que o tumor estava bem sensível, após uma breve tentativa de redução da

hérnia, não pude deixar de sugerir que uma cirurgia deveria ser realizada imediatamente.

"Redução" é a manipulação da hérnia sem cirurgias. A hérnia estrangulada é uma condição médica que raramente — a bem da verdade, quase nunca — é resolvida sem intervenção cirúrgica. Portanto, os instintos do senhor Dendy estavam corretos.

Os amigos consentiram. O paciente, todavia, se recusou, alegando simplesmente que não lhe agradaria ser operado.

Em 1833, ser operado era mesmo uma possibilidade assustadora. Mas também era possível que o paciente tivesse outros motivos para recusar a cirurgia, ainda mais se levarmos em consideração o que ocorreu a seguir.

Por conseguinte, tive de me contentar com tratamentos paliativos. Usando uma leve pressão manual, devolvi o nódulo da hérnia para dentro do canal, o que causou a interrupção do vômito estercorário.

Um sinal positivo — e cheio de sabor. Mas enganoso.

Sua saúde piorou gradativamente, seu abdômen se tornou mais e mais distendido, até que ele veio a falecer em 4 de dezembro, às 15h. Durante toda sua enfermidade, ele nunca sequer mencionara a circunstância que, eventualmente, se provou a causa essencial de sua severa condição.

A tal "circunstância" se tornou rapidamente evidente tão logo o senhor Dendy fez uma autópsia: os intestinos do homem guardavam algo inesperado, um item de louça.

Ao abrir o abdômen, percebemos que o intestino delgado se encontrava bastante distendido e descolorido. Ao manusear as dobras superiores, meu dedo entrou em contato com uma substância rígida, cuja forma se projetava pela musculatura intestinal. A região em questão era o íleo, sobre o qual nos debruçamos num exame mais minucioso, surpreendendo-nos com a descoberta, por meio da análise de uma parte do órgão onde paredes

estavam atenuadas,[†] de uma taça de ovo de argila enclausura-
do entre as dobras intestinais — a borda biselada e denticulada
repousava contra a espinha; a haste quebrada da taça, a qual
se projetava pelo intestino, estava próxima ao ilíaco esquerdo.

A "crista" ou cume do ílio é a parte curvada no topo do osso pélvico.
A taça de ovo havia perfurado o intestino — mesmo hoje esse seria um
ferimento fatal, pois o material intestinal rapidamente causa infecção.
O senhor Dendy descobriu que o intestino estava com duas feridas:
a hérnia e a perfuração causada pela taça de ovo. Como era de esperar,
ficou interessado em descobrir o que levou um objeto inusitado assim
a ir parar dentro do intestino delgado do paciente.

Requisitei ao meu colega, senhor Stephens — pois eu estava
naquele instante ocupado com minhas anotações —, que inves-
tigasse toda a extensão do cólon, a partir do ceco e descendo
daquele ponto adiante.

O ceco é um apêndice que fica na junção entre o intestino delgado
e o intestino grosso.

A investigação provou que toda a extensão do intestino grosso
se encontrava em condições saudáveis. Por outro lado, o intestino delgado, em especial na região do íleo, estava extremamente distendido e descolorido — um adoecimento prolongado se
evidenciava pelos graduais tons avermelhados e levemente pur-
púreos. A condição se comprovava de forma ainda mais precisa
pela presença de numerosos trechos marcados por ulcerações.[6]

Bom, o que isso nos diz sobre como uma taça de ovo provavelmente foi parar naquele lugar? Sejamos sinceros: as maneiras de acabar
com uma taça de ovo enfiada ali são poucas. O senhor Dendy concluiu que o paciente havia engolido, e não enfiado no ânus, o fa-
migerado item de louça de café da manhã, sob o argumento de que
a parte inferior dos intestinos parecia saudável, enquanto o intestino delgado estava evidentemente doente. Mas, ele admite, a maior
parte das pessoas seria incapaz de forçar um objeto dessas proporções para além da parte de trás da garganta. O senhor Dendy nega

---

[†]   Fracas, desgastadas.

esse empecilho à sua teoria com uma observação de que as circunstâncias do caso em questão "tornam este um dos casos mais curiosos de que se tem algum registro "‡.

Minha suspeita é que a maior parte dos especialistas contemporâneos concordaria, considerando alguns fundamentos psicológicos, que é mais provável encontrar um paciente disposto a enfiar uma taça de ovo bunda acima do que um capaz de engoli-la goela abaixo. Algo assim também explicaria por que o paciente se mostrou tão reticente em mencionar que havia um objeto imenso preso dentro de seu ventre. O artigo é concluído com um desenho da taça de ovo — desenhada provavelmente pelo senhor Dendy, um artista de talento —, que retrata com detalhes os inocentes adornos que embelezavam esse precioso item.

Pela imagem, vê-se que essa taça de ovo é uma imitação dos *designs* chineses que se tornaram imensamente populares na Europa perto do fim do século XVIII. Esse objeto tem um formato que segue o padrão Broseley, utilizado por muitos fabricantes de louças e porcelanas da época. Mas há um detalhe em específico que, nesse caso, nos permite uma identificação mais precisa: das duas figuras atravessando a ponte, uma está segurando uma sombrinha e a outra, um cajado. De todas as fábricas que usaram o padrão Broseley, apenas uma parece ter produzido louças com esse desenho: Rathbone, uma companhia que atuou na área industrial de Staffordshire Potteries, na Inglaterra, entre 1812 e 1835. É possível que nunca possamos confirmar como o paciente do senhor Dendy terminou com uma taça de ovo presa no intestino delgado, mas pelo menos sabemos de onde a louça saiu.

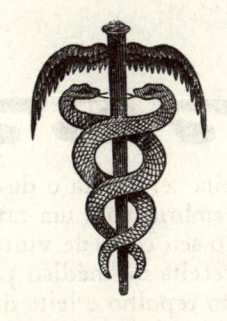

‡   Se considerarmos os anais da história das taças para ovo, com certeza.

BOILED CABBAGE

MACABRE MEDICINAE

CEROL
FININHO,
REPOLHO COZIDO

Antoine Portal, médico pessoal
do rei Luís XVIII

Macabra Edition · 07 · DarkSide Books

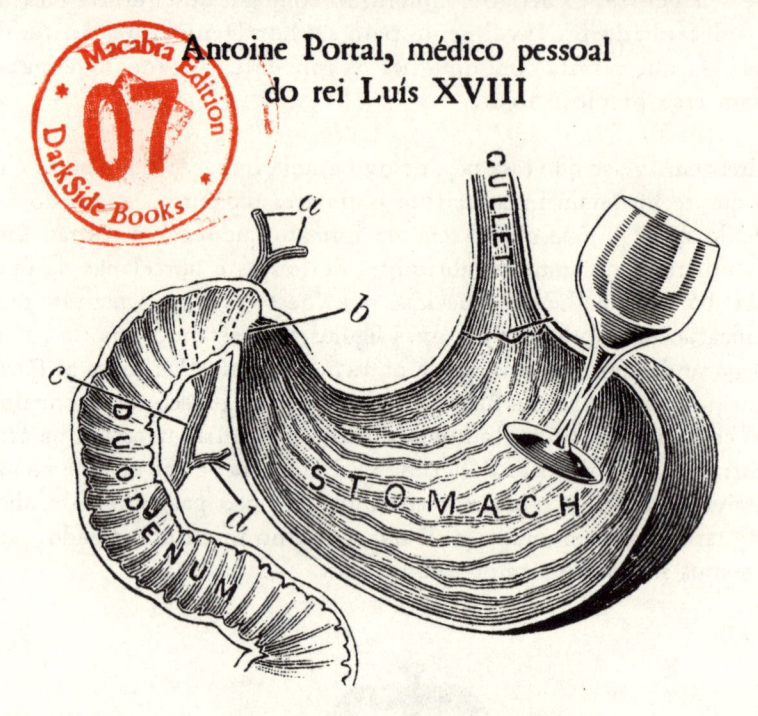

- 1787 -

Uma receita certa para o desastre:
durante uma noite de embriaguez, um rapaz aceita o desafio
de engolir pedaços do seu copo de vidro. Mais inusitada
ainda, entretanto, é a receita do médico para salvar a vida do
paciente: muito repolho e leite de jumento.

London Medical Gazette

THOMAS MORRIS
MEDICINA MACABRA

CASO Nº 07

Boa parte dos casos médicos bizarros de que se tem registro cabe numa categoria que podemos chamar de "coisas inacreditavelmente estúpidas feitas por rapazes". Ainda estudante, eu mesmo contribuí para esse vasto cânone de incidentes. Certa vez, de alguma forma, consegui queimar meu nariz enquanto passava uma camisa.[*]

Uma lesão autoinfligida ainda mais idiota foi registrada num livro sobre medicina de emergência publicado em 1787 pelo anatomista Antoine Portal, o médico pessoal do rei Luís XVIII e fundador da Academia Real de Medicina da França. Num capítulo dedicado a ingestões acidentais de diversas substâncias perigosas, ele recorda um engenhoso tratamento que aplicou a um paciente cuja condição era bem delicada:

Sobre as alterações que cal,
materiais absorventes e corpos de vidro
podem produzir no homem

Atendi um jovem que, durante uma noite de embriaguez, desafiou seus colegas a engolir uma parte de seu copo. Ele quebrou os fragmentos do vidro com os dentes e os engoliu, mas não sem sofrer sequelas.

É de esperar que houvesse algum tipo de consequência.

Logo, ele foi assaltado por uma assustadora cardialgia[†]. Tomado por movimentos convulsivos, causando temor por sua vida entre seus colegas, os amigos desse simplório jovem vieram até mim.

Levando as circunstâncias em consideração, "simplório" parece generoso.

---

[*] Favor não me perguntar.
[†] Dor forte na região mediana e superior do abdômen — nesse caso, azia.

Primeiro, fi-lo sangrar. No entanto, a problemática principal do caso era extrair os pedaços de vidro que causavam os sintomas, e eu nutria grandes dúvidas sobre como proceder. Por um lado, inferia que o tártaro emético aumentaria a irritação e a contração do estômago, o que faria as paredes estomacais se contraírem em volta do vidro; por outro, purgativos levariam o vidro até o canal intestinal, cujas sensíveis superfícies provavelmente seriam escoriadas.

Uma linha de raciocínio sutil e adequada. Havia apenas duas opções: fazer com que o vidro fosse regurgitado ou evacuado. Portal compreendia que o uso de tártaro emético causaria vômito, mas também calculava que as contrações musculares poderiam fazer com que as pontas do vidro perfurassem a parede estomacal. Mas a alternativa era ainda pior: se o vidro chegasse mais longe e adentrasse o trato digestivo, com suas dobras e voltas, isso causaria uma imensa hemorragia. Era um baita dilema. Ainda assim, encontrou uma solução brilhante:

> Considerei que o certo, portanto, era aconselhar o paciente a preencher o estômago com algum alimento que pudesse servir de invólucro para o vidro e, então, fazer com que ele regurgitasse. Adquiriu-se uma quantidade considerável de repolho, que foi cozido. Após o paciente consumir o repolho, administrei 130 mg de tártaro emético dissolvidos num copo d'água.

Eu adoraria saber quanto exatamente é "uma quantidade considerável" de repolho, mas chutaria que são mais de dois. Espero que o paciente gostasse desse vegetal.

> O paciente logo vomitou, expelindo uma grande quantidade de vidro em meio ao repolho. Ele, então, tomou bastante leite, foi colocado numa banheira, dentro da qual lhe foram administrados clisteres emolientes.

Os médicos da época dispunham de uma quantidade enlouquecedora de fórmulas diferentes para seus enemas, ou clisteres, como se denominava o procedimento. Um escritor descreve oito tipos diferentes de tratamentos, cujas variações eram: enemas purgativos, eméticos, tônicos, excitantes, difusíveis, narcóticos, laxativos e emolientes. O uso dos enemas da variante "emoliente" (amolecedores), nas palavras de uma autoridade no assunto, "era necessário em casos de disenteria e outras doenças que causam extrema irritação dos intestinos ». Ao que tudo indica, existiam tantas receitas para prepará-los quanto havia médicos para receitá-las. No século XVIII, o médico Richard Brookes usava óleo de palma, leite de vaca e gema de ovo; o livro *Medical Guide* [Guia Médico], de 1828, escrito por Richard Reece, receitava o uso de "substâncias gelatinosas e oleosas, como decocção de raízes e folhas do malvavisco, linhaça, amido, carne e patas de bezerro, pó de chifre de cervo etc."; o *Materia Medica and Therapeutics* [Matéria Médica e Terapêutica], de 1857, escrito por Thomas Mitchell, por sua vez, atesta:

> De 60 a 120 g de manteiga fresca, ou a mesma quantidade de óleo de amêndoa doce, misturadas com 290 ml de amido fino ou infusão líquida de olmo, é a fórmula para um bom clister emoliente. Trinta gramas de gordura de carneiro ralada e fervida em 570 ml de leite dão um bom enema, o qual tem sido útil em casos de disenteria.[7]

Nenhuma dessas receitas parece lá tão agradável. Ainda assim, parece que o tratamento fez efeito no paciente de Portal:

> Tendo emagrecido bastante apesar do cuidado metódico que lhe dispensamos, aconselhei-o a tomar leite de jumento, o qual ele consumiu por mais de um mês, e o líquido o trouxe de volta ao seu estado de saúde anterior.[8]

A combinação de repolho com leite de jumento pode ser um tratamento inesperado, mas o doutor Portal evidentemente sabia o que estava fazendo.

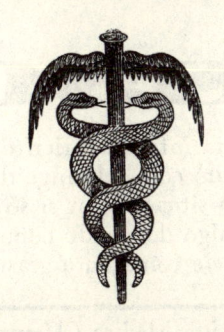

HONKING GOOSE

MACABRE MEDICINAE

A TOSSE
MALDITA
DO MENINO GANSO

Karl August Burow, cirurgião

Macabre Edition · 08 · DarkSide Books

- 1850 -

Uma antiga brincadeira infantil difícil de engolir leva um garoto a ficar engasgado com a laringe de um ganso. Não bastasse o bizarro da situação por si só, o mais ruidoso sintoma de que havia algo de errado com o garoto era o fato de que ele começou a grasnar.

British and Foreign Medico-Chirurgical Review

THOMAS MORRIS
MEDICINA MACABRA

CASO Nº 08

Os seres humanos têm uma capacidade inigualável de se meter em enrascadas. Ao longo dos anos, quase qualquer objeto imaginável já foi removido das vias aéreas de algum paciente. Pregos, castanhas, sanguessugas, dentes de ovelha, balas de revólver e até o pedaço de uma bengala — todos esses objetos, fora outros, estão registrados em relatórios escritos durante um espaço de tempo de poucos anos, do início do século xix.

Vamos lá, porém. Considero que o conto a seguir leva o prêmio de objeto mais esquisito de todos a ir parar na via aérea de alguém. Em 1850, a *British and Foreign Medico-Chirurgical Review* [Revista Britânica e Estrangeira de Medicina e Cirurgia] publicou uma matéria de autoria de um cirurgião alemão, Karl August Burow. O doutor, professor da Universidade de Königsberg,* foi um pioneiro das cirurgias de reconstrução facial, tendo inventado o triângulo de Burow, técnica usada por cirurgiões plásticos até hoje. Ainda que o relato instigue certo grau de curiosidade, não dá para dizer que se trata de um fato de importância histórica — mesmo que o objeto que Burow tenha tido de retirar da garganta de um paciente seja... outra garganta. Para ser mais exato, a garganta de um ganso:

*Sobre a remoção da laringe de um ganso da garganta
de uma criança por meio de traqueotomia.*
Por doutor Burow.

As crianças da região do doutor Burow, autor, têm por costume se divertir intensamente assoprando as laringes de gansos recém-mortos, com o intuito de reproduzir sons que imitam o grasnar de tais aves.

---

* Hoje em dia, a cidade se chama Kaliningrado. [NT]

Certamente, era um passatempo bem diferente. Mas, cá entre nós, devia ser uma forma mais inocente de brincar com os amigos do que, por exemplo, vender drogas ou furtar as senhorinhas idosas da vila.

> Um garoto de doze anos, enquanto se divertia com tal brincadeira, foi assaltado por uma crise de tosse e engoliu o instrumento de sua diversão. Imediatamente, foi tomado por uma sensação de sufocamento, a qual muito em breve evoluiu para uma dispneia[†] aguda. O atendimento do doutor Burow só veio a ocorrer dezoito horas após o incidente. Naquele momento, o garoto sofria com falta de ar, apresentava a face inchada, tingida por uma cor vermelha-azulada e coberta de suor. A cada inspiração, a musculatura do pescoço contraía em espasmos e um som de apito ressoava, de forma bem acentuada. Ao expirar, ouvia-se um barulho rouco, bastante similar ao grasnar de um ganso.

Tirando o fato de a vida do garoto estar em perigo, é preciso admitir que eu não perderia a chance de ouvir uma criança fazendo barulhos de ganso. Não adianta fingir que só eu me divertiria vendo isso, pois tenho certeza de que você também compartilharia um vídeo desses com os amigos.

> Ao alcançar com o dedo a rima da glote[‡] e percebê-la fechada, o doutor Burow se convenceu — por mais improvável que fosse, considerando o tamanho médio dos dois corpos — de que a laringe do ganso atravessara a glote. Então, decidiu realizar uma traqueotomia. Todavia, graças às similaridades entre a estrutura da laringe de ganso e as partes do organismo do garoto com as quais o corpo estranho estava em contato, houve uma grande dificuldade em distingui-los usando o fórceps.

Entre todos os procedimentos cirúrgicos, a traqueotomia é um dos que se conhecem há mais tempo, tendo sido descrita por diversos autores antigos. Nesse caso específico, a laringe de ganso inalada — eis algo que nunca imaginei escrever — obstruíra totalmente a passagem de ar pelas vias aéreas do garoto, por isso o melhor a fazer era realizar uma incisão na garganta, para ajudá-lo a respirar.

---

†   Dificuldades de respirar.
‡   A abertura entre as cordas vocais.

Ademais, a membrana mucosa estava tão sensível que, ao ser tocada por um instrumento, instigou violentas convulsões de vomição, fazendo com que a laringe inteira fechasse atrás da raiz da língua. Por fim, após diversas tentativas, o doutor Burow usou o dedo indicador para firmar a laringe do pescoço do garoto, a fim de que ela não se fechasse, conseguindo, por fim, remover inteiramente a laringe do animal. À altura do nono dia após a operação, a criança já se mostrava bastante recuperada.

Naquela época, traqueotomias eram bem arriscadas, tendo em vista que infecções pós-operatórias eram extremamente comuns. O resultado desse caso foi excelente, sem dúvida nenhuma. Ninguém apitaria uma falta ali.

O doutor Burow afirma que sua decisão de fazer com que muitos de seus pupilos estivessem presentes durante a operação se provou um motivo de grandes congratulações. Seus alunos se tornaram hábeis em atestar a veracidade de suas declarações sobre esse caso tão incrível, o qual, de fato, não fosse pelas testemunhas, viria a precisar de outra confirmação.[9]

Concordo que se trata de um caso improvável, talvez até meio difícil de engolir. Mas, por outro lado, quem seria capaz de inventar algo assim?

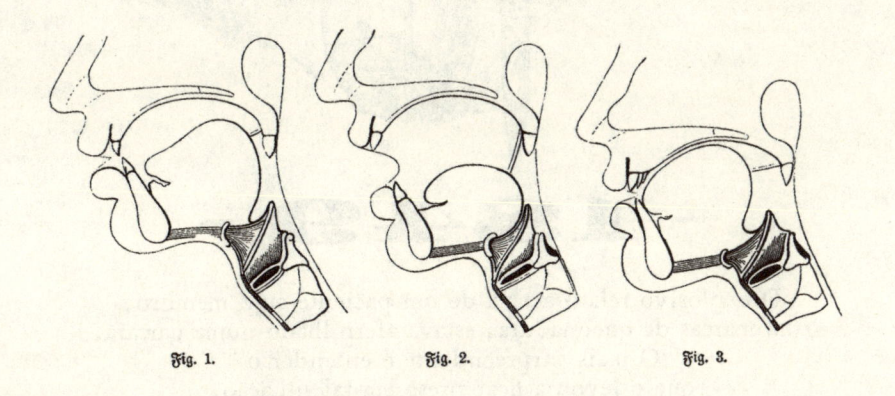

Fig. 1.   Fig. 2.   Fig. 3.

BOTTLES & PAIN

MACABRE MEDICINAE

O PÊNIS

ENGARRAFADO

E OUTRAS DORES

Azariah Shipman, cirurgião de Syracuse

Macabra Edition 09 DarkSide Books

- 1849 -

O explosivo relato acerca de um paciente cujo membro,
com marcas de queimadura, estava aferrolhado numa garrafa.
O mais surpreendente é entender o
que o levou a ficar preso em tal situação.

Medical Times and Gazette

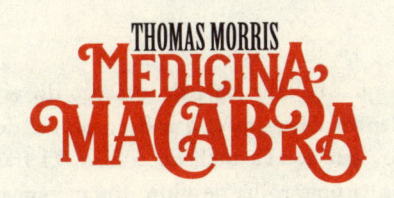

THOMAS MORRIS
MEDICINA MACABRA

CASO Nº 09

A maioria dos médicos já se encontrou na seguinte situação: estar tratando um paciente com uma lesão tão vergonhosa que a pessoa ferida nem seria capaz de dar uma explicação plausível para sua condição. Em seu livro *Urological Oddities* [Esquisitices Urológicas], de 1948, o médico norte-americano Wirt Bradley Dakin cita algumas das desculpas esfarrapadas inventadas por pacientes que sofriam com objetos estranhos presos em suas bexigas. As explicações vão desde "Eu estava medindo minha temperatura e escapou da minha mão" — o paciente estava falando sobre um termômetro — a "Eu queria ver o que podia acontecer" — uma bobina de fio com quase 2 m (visíveis) de comprimento. Outros pacientes se negaram a lhe dar uma explicação, entre eles o "digno e reconhecido cidadão" que buscou tratamento após enfiar uma minhoca na própria uretra*.

De vez em quando, no entanto, uma desculpa que soa completamente improvável acaba se provando verdadeira. Um caso desse tipo foi relatado pelo doutor Azariah Shipman, em 1849. Shipman era um cirurgião de Syracuse, Nova York. Ao ser chamado para tratar um jovem com uma garrafa de vidro presa ao redor do pênis, o médico provavelmente não anteciparia que a situação tinha uma explicação cientificamente inocente:

Efeitos inéditos do potássio – Corpos estranhos na uretra – Catalepsia

Alguns meses atrás, fui convocado às pressas para atender um jovem cavalheiro que se encontrava numa situação tão ridícula quanto dolorosa. Ao examiná-lo, encontrei uma garrafa cujo pescoço era curto e o gargalo pequeno, cheia com cerca de 600 ml de líquido, firmemente presa ao corpo do paciente

---

* Sendo justo, se é que já existiu um momento apropriado para apelar à Quinta Emenda à Constituição Norte-Americana e se negar a falar mais alguma coisa, olha, foi esse aí.

pelo pênis, o qual se esticava pelo pescoço do vidro e se projetava para dentro da garrafa. Em decorrência do apresamento do membro, este estava inchado e roxo. O frasco, cuja cor era branca, tinha uma rolha de vidro fosco e era perfeitamente transparente, dotado de uma abertura de apenas 2 cm de diâmetro. Por conseguinte, em virtude do estado de inchaço do pênis, a extração da garrafa era praticamente impossível. O paciente, bastante apavorado e ansioso pela remoção da garrafa, se negou a explicar como chegara àquela situação tão adversa, limitando-se a implorar para que eu o desembaraçasse naquele instante, descrevendo a dor que sentia como intensa e sua angústia mental e pavor como intoleráveis.

Imagino que se eu procurasse um médico por estar numa condição assim, provavelmente imploraria pela mesma coisa: o tratamento primeiro, as explicações depois.

Ao compreender que não havia esperanças de receber uma elucidação nas presentes circunstâncias, dediquei-me ao empenho infrutífero de tentar livrar o pênis de dentro da garrafa somente usando meus dedos. Busquei, então, uma faca grande que estava à mesa e, com as costas da lâmina, acertei o pescoço do vidro, despedaçando-o em incontáveis pedaços e livrando o pênis num só instante, para o imenso alívio do apavorado jovem.

A ponta do membro recém-liberado estava bem inchada e escura, cheia de bolhas, como se tivesse sido queimada no fogo. Quanto ao seu dono:

Tão logo a garrafa fora removida, ele se queixou de pontadas e dores no pênis. A inflamação, o inchaço e a descoloração seguiram por alguns dias, mas a aplicação de escarificações[†] e compressas frias causou o retrocesso desses sintomas. Ainda assim, houve instantes de grande apreensão por parte do paciente e grandes doses de profundas dores no pênis. A esta altura, o leitor provavelmente se encontra ansioso para aprender como um pênis, pertencente a um homem vivo, terminou entalado num lugar tão improvável quanto a boca de uma garrafa.

---

†   Uma forma mais leve de sangria, feita com cortes superficiais.

Faz 169 anos que esse relatório foi escrito. Desde aquela época, essa é a pergunta número um de todas as pessoas que o leram.

> Eu mesmo me encontrava extremamente curioso. No entanto, o receio e a perturbação da mente do paciente, suas apreensões de perder a integridade do pênis — pelas queimaduras, pelo inchaço, pela inflamação ou em função de meus próprios gestos ao lutar para livrá-lo da garrafa —, tudo se somou, e ele foi assaltado por um imenso sentimento de pânico.

De fato, ele tinha motivos para ficar reticente. Mas o doutor fez questão de espremê-lo.

> Agora a explicação. Encontrava-se no quarto do paciente uma garrafa, na qual se conservara uma quantidade de potássio mantida em nafta,[‡] mas cujo conteúdo havia sido esgotado em experimentos. Tomado pela vontade de urinar sem ter de sair dos seus aposentos, ele removeu a rolha e aproximou seu pênis da boca do frasco. O primeiro jato de urina foi seguido por um som explosivo e pelo brilho do fogo. Em seguida, mais rápido do que um pensamento, o pênis foi sugado pela garrafa com uma força e firmeza que o prenderam como numa prensa. A queima do potássio instantaneamente gerou um vácuo, e a maleabilidade do tecido peniano auxiliou na expulsão do ar, transformando o frasco numa espécie de grande ventosa ao redor do membro. O tamanho reduzido do gargalo da garrafa comprimiu as veias, enquanto as artérias continuaram a irrigar a glande, o prepúcio etc. Em decorrência disso, e da rarefação do ar dentro do vidro, o membro inchou até atingir um tamanho imenso.

Uma situação bem séria. E *nem um pouco* engraçada.

> Não se sabe quanto potássio ainda restava na garrafa no momento do acidente, mas o provável é que não passasse de poucos grãos, os quais devem ter se quebrado dos glóbulos maiores e eram tão pequenos que não seriam visíveis. Eu estava ansioso por colocar a matéria em teste, ainda que não com os mesmos *instrumentos* empregados pelo paciente...

---

‡   Um hidrocarboneto líquido inflamável.

Fico feliz de saber disso. Diria, inclusive, que a ciência não precisaria colocar outro "instrumento" em risco em nome dessa experiência.

> [...] para tal propósito, peguei umas poucas partículas de potássio, misturei-as com cerca de uma colher de chá de nafta e despejei a mistura numa garrafa de 600 ml. Com um movimento rápido, introduzi um pouco de urina, mantendo posicionada gargalo adentro a ponta de um dos meus dedos, com o cuidado de não o manter tão apertado a ponto de fechar a garrafa. O resultado foi uma explosão tão ruidosa quanto um tiro e, com uma força espantosa, a sucção do meu dedo garrafa adentro. Verificou-se, portanto, em certo grau, a veracidade desse tão curioso experimento filosófico, o qual tanto pavor causara em meu amigo e paciente.

Essa descrição soa bem plausível. Caso você nunca tenha visto o que acontece quando um jato de urina acerta um pedaço de potássio, o resultado é tão dramático quanto o detalhado pelo doutor Shipman. O potássio é um metal muito reativo, e mesmo pequenos fragmentos explodem com violência se forem colocados em contato com a água. A substância também oxida rapidamente se estiver em contato com o ar, por isso o jovem entusiasta de química mantinha suas amostras submersas em nafta.

> A curiosidade de tal acidente é minha desculpa para gastar tantas palavras ao descrevê-lo, ainda que suas características absurdas possam, quiçá, causar riso. A circunstância, todavia, não era uma piada para o pobre paciente, cujo pavor o fazia imaginar que, caso seu pênis já não estivesse arruinado, o ato de quebrar a garrafa para liberá-lo certamente colocaria a integridade do membro em risco, em função de cortes e lacerações causadas pelas espículas[§] de vidro.[10]

Assim que você tiver enxugado as lágrimas causadas por rir desse pobre homem, talvez tenha o coração de pausar por um instante para refletir sobre o sofrimento do coitado, que foi muito bem encapsulado por esse pungente relato.

---

§   Lascas afiadas.

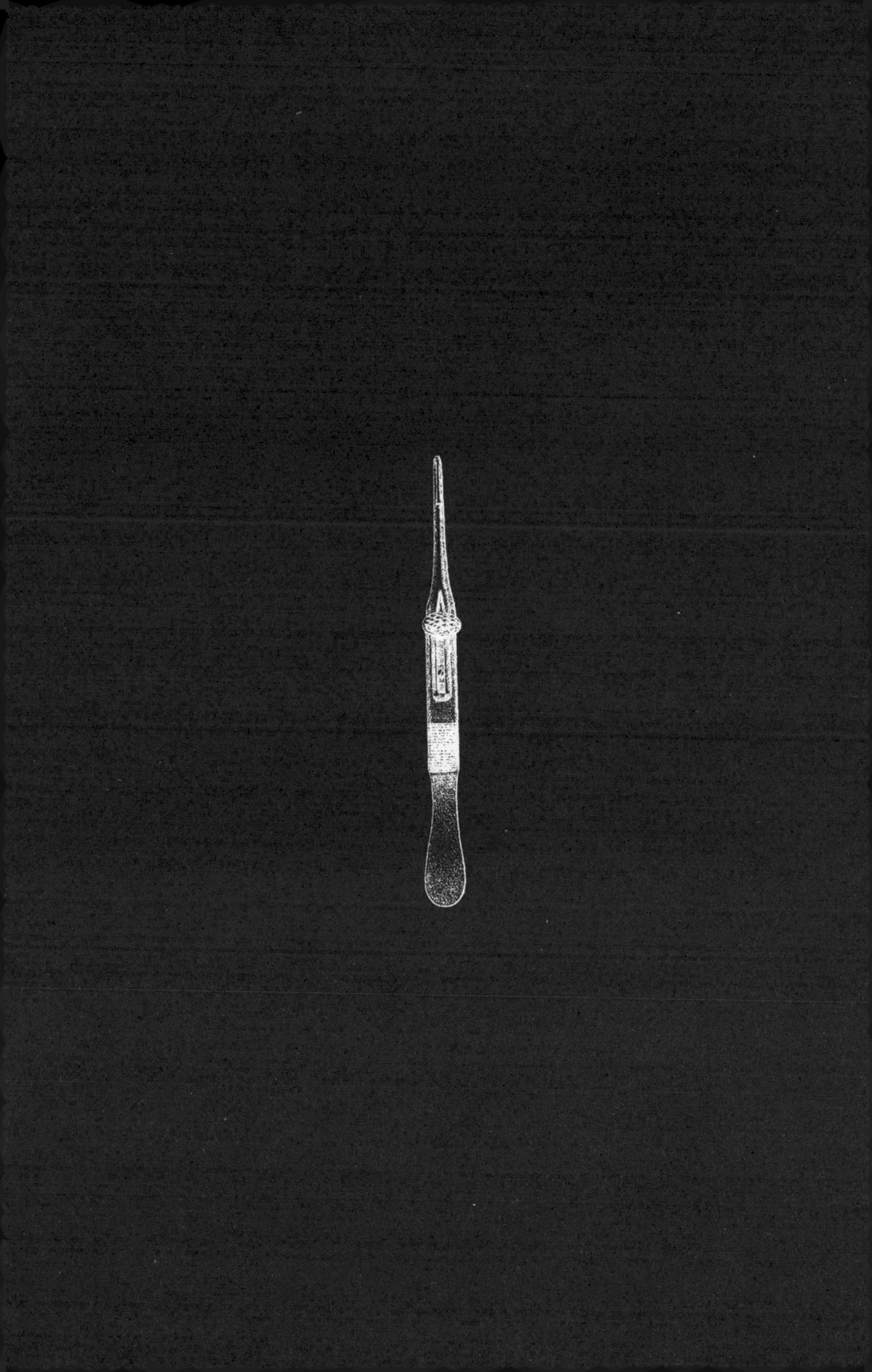

CARPENTRY KIT

MACABRE MEDICINAE

O KIT DE
CARPINTARIA
INTESTINAL

Um relato de Andrew Kirwan

Macabra Edition 10 DarkSide Books

- 1841 -

O desejo de escapar de um prisioneiro,
cujo amplo kit de itens para fugir do encarceramento,
estando aprisionado na sua intimidade mais interior,
visa conceder-lhe a liberdade final.

Medical Times and Gazette

THOMAS MORRIS
MEDICINA
MACABRA

CASO N°10

Em 1840, um visitante irlandês em Brest, no norte da França, foi recebido para um passeio pela prisão local. O presídio era uma construção imensa, com capacidade para seis mil presidiários, sendo que, no ápice de lotação, o prédio chegou a alojar um décimo da população da cidade. Os prisioneiros estavam em condições análogas à escravidão. Condenados ao trabalho forçado, formavam uma grande e relutante força de trabalho, cujo emprego ia da construção de grandes obras à tecelagem de velas para navios. Fundado em 1751, o edifício fora um projeto arquitetônico inovador, planejado de tal forma que a população encarcerada estava sob constante vigilância dos guardas, mesmo quando todos os presos estivessem nas celas. Ainda assim, como Andrew Valentine Kirwan bem descreveu, a cadeia era um campo fértil para

> todos os crimes e vícios, um lugar onde os indiferentes se tornavam maus, e os maus, cada vez mais ousados, sem terem seus comportamentos corrigidos, se tornavam a cada dia piores.

Kirwan logo percebeu que, longe de ser um lugar que propiciava a correção moral, o presídio havia se tornado uma espécie de curso técnico para aqueles que desejavam se aperfeiçoar nas artes do crime. Ou seja, em vez de passarem por cursos de conduta e atividades lúdicas com arranjos florais, os bandidos tinham verdadeiras aulas de invasão e roubo domiciliar, além de fraude:

> O falsário aprende com o ladrão a arte de fazer chaves falsas, enquanto o ladrão, por sua vez, inicia-se nos mistérios do ofício da falsificação de assinaturas.[11]

Não era um lugar agradável de viver. O trabalho era penoso; a alimentação, pobre; e a taxa de mortalidade, assustadoramente alta. Não é de surpreender que os prisioneiros estivessem sempre tentando escapar.

Kirkwan testemunhou a existência de um próspero mercado de réplicas de chaves, passaportes falsificados, além de outras parafernálias necessárias para quem desejava escapar dali. Foram poucos, no entanto, que chegaram tão longe quanto o condenado que se tornou o involuntário assunto de um artigo na *Medical Times** [Atualidades Médicas]:

Corpo estranho no cólon transverso.

Pouco tempo atrás, um caso bastante curioso desta natureza aconteceu no *bagne* de Brest.

O termo francês *bagne* era usado em países sul-europeus para descrever as cadeias nas quais os detentos eram obrigados a realizar trabalhos forçados.

Um perigoso prisioneiro, que já escapara da prisão uma vez, reclamou repentinamente de dores abdominais, constipação, enjoo, febre etc. Sob exame, não se encontrou nenhuma hérnia, mas os sintomas descritos acima logo se tornaram mais severos, não restando dúvidas da existência de um encarceramento intestinal.

O médico suspeitou que um trecho do intestino se enroscara. Isso significava um perigo em potencial. Se o suprimento de sangue fosse interrompido, o tecido afetado rapidamente morreria, resultando numa gangrena.

Os vômitos se tornaram constantes; a dor, bastante intensa; e o meteorismo, considerável.

Meteorismo, também conhecido como timpanismo, é uma condição na qual o abdômen fica preso e distendido. Isso é causado pelo acúmulo de gases nos intestinos, um sintoma clássico de necrose intestinal.

Apesar do tratamento, o paciente seguiu decaindo, admitindo, por fim, a seu atendente médico ter guardado uma pequena bolsa de couro em seu reto, com o propósito de esconder o dinheiro do carcereiro. Fez-se então um exame no reto, mas nada foi descoberto.

---

* Estranhamente, o artigo só foi publicado três anos após a prisão ser fechada de vez e seus prisioneiros terem sido transferidos para uma colônia penal na Guiana Francesa.

No fim, o prisioneiro não fora totalmente honesto. Para esconder a natureza de sua condição, causada por ele mesmo, o paciente teve de inventar outra mentira. Sim, ele escondera algo na bunda, mas não era uma carteira.

> Os sintomas se tornaram cada vez piores e, após algum tempo, surgiu um tumor perceptível do lado esquerdo do abdômen, cuja posição correspondia à do cólon descendente. O condenado, ao entrar nesse estágio da doença, afirmou ter introduzido um estojo de madeira reto adentro. Todavia, ao ser surpreendido, agindo com afoiteza, terminara colocando o estojo com a ponta menor para cima, em vez de posicioná-la na direção da saída.

Enfim, a verdade pôde ver a luz do dia! O estojo em questão era um tipo de caixa pequena e ornamentada, que se usava para guardar itens pessoais como canivetes ou kits de costura. Muitos médicos, inclusive, tinham itens parecidos para carregar seus instrumentos. O objeto em questão não era simétrico, de modo que, aparentemente, um dos lados era mais fácil de pegar do que o outro. Os motivos para o paciente acreditar que enfiar uma carteira na própria bunda era menos vergonhoso do que um estojo de madeira, no entanto, ainda são um mistério dignos de contemplação.

Uma semana depois do início dos sintomas, o prisioneiro faleceu e uma autópsia foi realizada. O médico responsável pelo *post-mortem* percebeu que o paciente sofrera de uma peritonite aguda — o intestino estava "imensamente distendido em função de gases". Mas a descoberta mais surpreendente estava no cólon, onde

> foi encontrado um volumoso corpo estranho, que provou ser uma caixa cilíndrico-cônica, cuja ponta cônica mirava para o ceco.[†] A caixa era composta por dois pedaços de chapas de ferro, com dimensões de cerca de 15 cm de comprimento e 13 cm de largura, pesava cerca de 600 g e estava coberta por um pedaço de pele, cuja dupla função, certamente, era tanto a de proteger a mucosa do reto de entrar em contato com o metal quanto a de facilitar a expulsão do item.

---

† Isto é, estava virada para a parte superior do intestino.

Sendo bem direto, era um objeto grande demais para estar guardado no intestino grosso de alguém. Quando os médicos abriram a caixa, encontraram os seguintes itens:

- Um cano de arma, de 10 cm de comprimento.
- Um parafuso de ferro.
- Uma porca de parafuso, também de metal.
- Uma chave de fenda, composta por quatro peças que formariam uma polia forte o suficiente para remover grades de ferro.
- Uma serra de aço para cortar madeira, de cerca de 10 cm de comprimento.
- Outra serra para cortar metal.
- Uma seringa sem agulha.
- Uma lixa de forma prismática.
- Uma moeda de dois francos e quatro de um franco amarradas juntas por uma linha.
- Um pedaço de sebo para lubrificar os instrumentos.

Em outras palavras, um kit de fuga completo. É de admirar a atenção do prisioneiro para os detalhes, ainda que a execução do plano tenha deixado a desejar.

Após essa extraordinária descoberta, uma investigação foi conduzida acerca dos hábitos dos prisioneiros escravizados, e o chefe de carcerária afirmou que os piores entre os condenados tinham o costume de esconder itens duvidosos em seus retos, como ferramentas, dinheiro etc.

Certas coisas nunca mudam.

Tais itens, todavia, de modo geral eram de tamanhos pequenos, raramente chegando a proporções maiores do que cerca de 3 cm, e denominados pelos prisioneiros como «essenciais».

Hoje em dia, os «essenciais» incluem o menor celular disponível nas lojas, um item bem familiar para qualquer funcionário de prisão que já teve o desprazer de realizar uma busca manual em cavidades corporais.

O carcereiro nunca vira uma caixa tal como a descrita acima.

Imagino que não. Até porque estava bem escondida.

> Esse tipo de estojo é quase sempre do mesmo formato, tem uma extremidade cônica e outra cega. Os estojos são, quase sempre, introduzidos de tal forma que a ponta cônica fique voltada para o ânus, o que facilita sua retirada. Graças às circunstâncias, ou seja, a aproximação de uma pessoa, o prisioneiro se viu obrigado a esconder os pertences com pressa e confundiu as pontas do estojo.[12]

Em vez de se alojar próxima à saída do reto, de onde poderia ser facilmente removida quando ninguém mais estivesse olhando, a caixa escapou do alcance do prisioneiro e avançou, indo parar numa distância considerável intestino grosso adentro.

Enfim, quer um conselho? Se você estiver planejando fugir da prisão, peça que um amigo mande uma lixa de presente escondida dentro de um bolo.

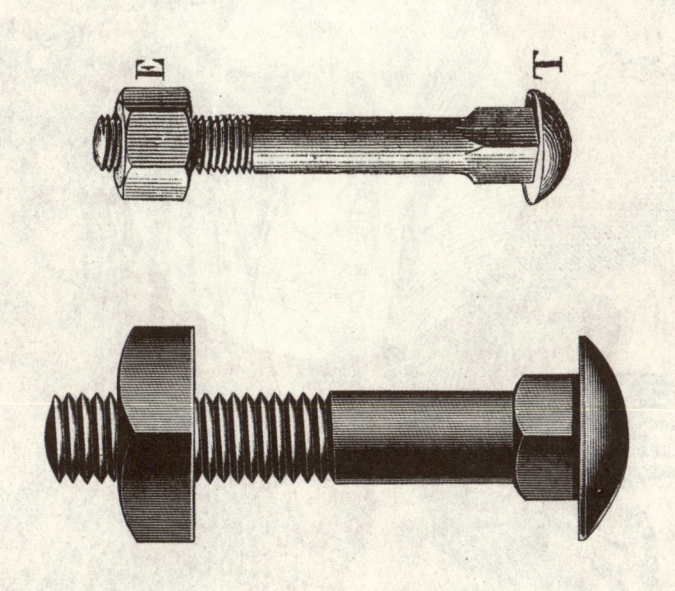

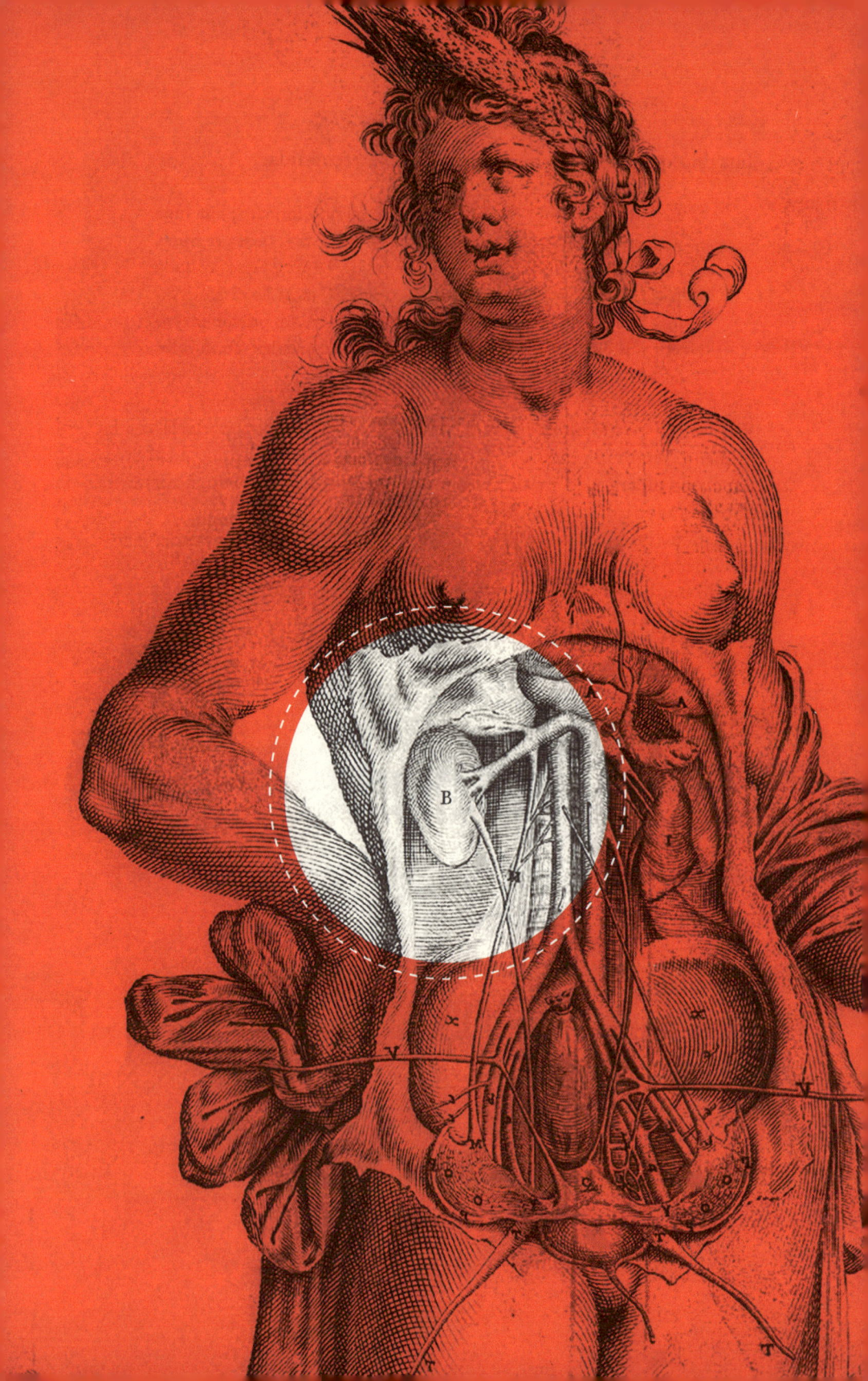

B.

SEGUNDA INCISÃO

2. INSÓLITA MEDICINA

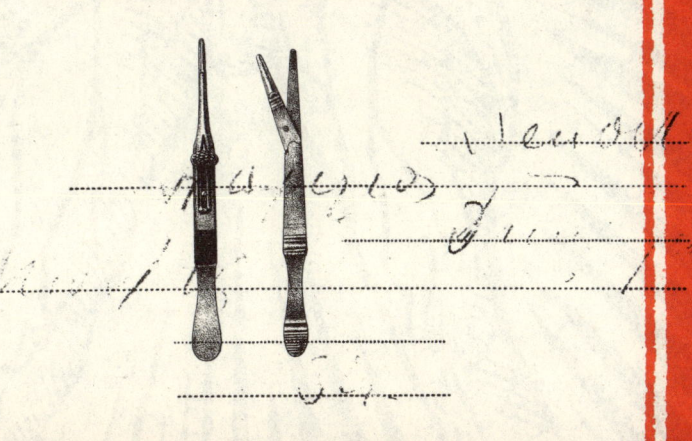

INSÓLITA MEDICINA

Você já se perguntou quantas doenças humanas existem? Não estou falando apenas de doenças infecciosas, como a gripe, a lepra ou a peste bubônica, mas também de doenças não contagiosas, como a diabetes e o câncer, assim como os inúmeros problemas genéticos. A questão em si é impossível de responder, até porque novas doenças são identificadas o tempo todo. A Organização Mundial de Saúde é responsável pela publicação da Classificação Internacional de Doenças, um compêndio assustador de quase tudo que pode dar errado com alguém. Quando a primeira edição desse documento foi publicada, em 1893, ela listava 161 doenças diferentes. A décima edição, publicada um século depois, enumerava mais de 12 mil. Segundo algumas estimativas, os médicos de hoje em dia conhecem algo em torno de 30 mil doenças diferentes, ainda que não exista um consenso sobre um número aproximado.

Algumas enfermidades, como o HIV/AIDS ou o ebola, sequer existiam um século atrás, tendo surgido em função da evolução de novos patógenos incrivelmente agressivos. Outras doenças, por sua vez, só estão sendo identificadas porque os avanços recentes na área de sequenciamento genético tornaram possível localizar as mutações específicas que causam conjuntos de sintomas que, vistos sob outra óptica, causariam somente perplexidade. Milhares dessas doenças são classificadas como raras, o que significa que afetam menos de 0,05% da população e que ocorrem com tanta infrequência que suas opções de tratamento são poucas — algumas não foram nem mesmo testadas.

Diagnosticar uma doença rara pode ser um desafio até para o médico mais talentoso e experiente, ainda que ele tenha todos os recursos de um hospital moderno à disposição. Por isso, é fácil entender os sentimentos do médico do século XVIII que atendeu uma família em Suffolk, na Inglaterra, e deparou com todos eles sofrendo de uma estranha e terrível enfermidade, que fazia com que seus membros murchassem até cair. A doença era nova no país, sua causa era desconhecida, e o tratamento, impossível. Tudo que o doutor podia fazer era tentar aliviar a dor dos pacientes, fora deixar os sintomas registrados, para que os colegas de profissão do futuro pudessem reconhecer aquela condição. A meu ver, esses encontros entre um médico e um adversário desconhecido são fascinantes. Dá para sentir a frustração do médico enquanto tenta desvendar contra o que está lutando.

As descrições de doenças desconhecidas, todavia, nem sempre foram escritas por motivos nobres e científicos. No século XVII, quando a *Philosophical Transactions* e outras revistas foram fundadas, os filósofos naturalistas tinham um profundo interesse por monstros, desvios das formas consideradas perfeitas produzidas pela natureza. Um artigo típico desse período, por exemplo, trazia o título: «Uma descrição de dois porcos monstruosos, cujas aparências são próximas da face humana, e dois jovens perus ligados pelo peito». O desejo de compreender e estudar tais anomalias era genuíno, mas seus relatos também apelavam para a fascinação — tão humana — pelo que é grotesco e esquisito.

Ainda que o estudo científico de «prodígios e monstros» tenha saído de moda no século XVIII, os instintos sensacionalistas dos editores de jornais ainda se mantiveram firmes por um bom tempo. Uma doença nova e misteriosa, com sintomas exóticos — quanto mais bizarros, melhor —, significava publicidade garantida, mesmo se as evidências do caso fossem questionáveis. A descrição de um garoto que aparentemente vomitara um feto tinha pouco valor médico, mas dava uma ótima matéria. Mesmo que este capítulo narre estranhos fenômenos, a maior parte dos casos provavelmente é genuína, ainda que até o especialista mais flexível possa duvidar, para citar um dos casos a seguir, da possibilidade de um paciente urinar pela orelha.

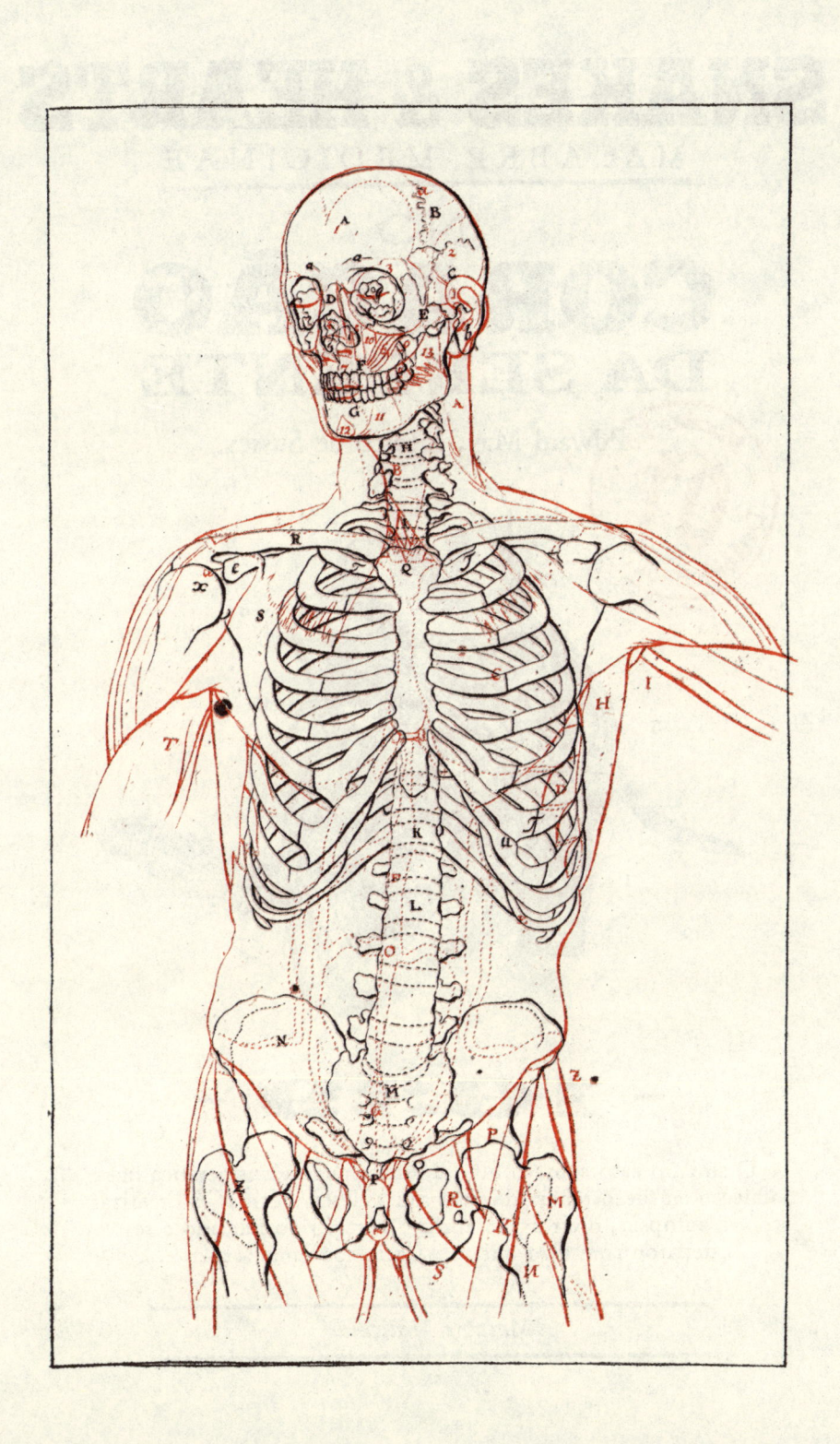

SNAKES & HEARTS

MACABRE MEDICINAE

NO
CORAÇÃO
DA SERPÉNTE

Edward May, médico de Sussex

Macabra Edition 01 — DarkSide Books

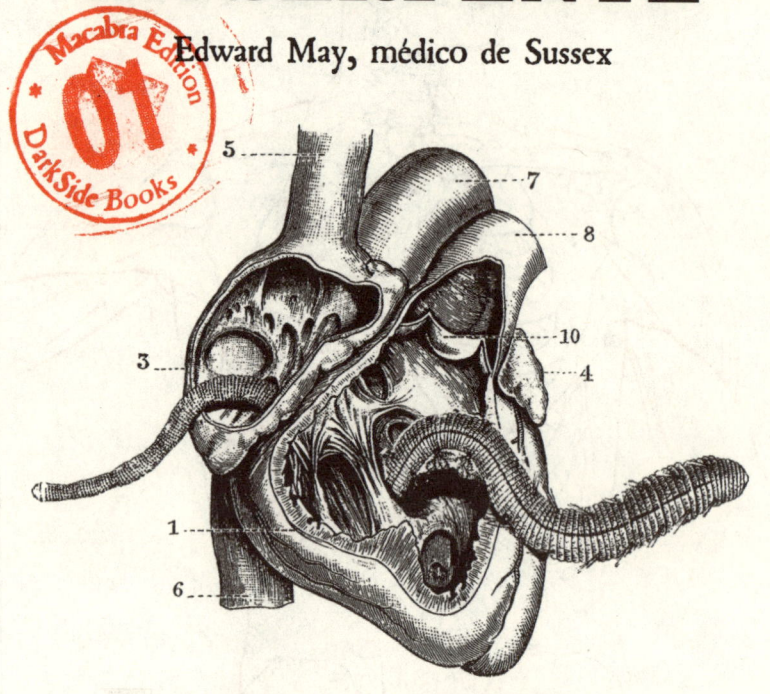

- 1639 -

O sinistro caso sobre o filho de uma família aristocrática que faleceu em decorrência de uma causa desconhecida. Ao realizar a autópsia, o cirurgião abriu o coração do falecido e se deparou com algo que se parecia com uma serpente...

Macabre Medicinae

THOMAS MORRIS
MEDICINA MACABRA

CASO N°01

Pouco se sabe sobre Edward May, um médico do século XVII, fora o fato de que ele frequentava os mais altos círculos sociais. May nasceu numa distinta família de Sussex, da qual saíram muitos deputados do Parlamento do Reino Unido, um decano da Catedral de São Paulo, em Londres, e diversos membros da Corte real. O próprio Edward, ao que tudo indica, era um convidado regular da Corte do rei Carlos I, exercendo o cargo de médico extraordinário da rainha Henriqueta Maria. Ele também deu aulas no Musæum Minervæ, uma espécie de *finishing school** para jovens nobres, cujo excêntrico currículo incluía aulas que iam de astronomia a montaria e esgrima.

O episódio mais ilustre da vida do doutor May, entretanto, foi um incidente tão notório quanto pavoroso, sobre o qual um de seus contemporâneos, o celebrado historiador galês James Howell, escreveu: "Algo assombroso que ocorreu em High Holborn." O próprio doutor May registrou esta perturbadora experiência num panfleto publicado em 1639, com um título absolutamente maravilhoso:

> **Uma descrição razoável e verdadeira sobre um estranho monstro ou serpente encontrado no ventrículo esquerdo do coração do cavalheiro John Pennant, de 21 anos.**

O desafortunado jovem paciente, John Pennant (falecido), era o rebento de uma família aristocrática galesa cuja linhagem poderia se traçar até antes da Conquista Normanda. Edward May introduz a história:

> No sétimo dia de outubro do ano corrente, 1637, a senhora Herris, esposa do senhor Francis Herris Knight, veio até mim e requisitou que eu buscasse um cirurgião para que dissecássemos

---

*   Tipo de instituição de ensino tipicamente britânica, pela qual os alunos das classes mais ricas passam após terminar os estudos escolares, a fim de aprender etiqueta, ritos sociais etc. Sua função final é preparar os rapazes para ingressar na alta sociedade.

o corpo de seu sobrinho, John Pennant, falecido na noite anterior, a fim de verificar, em nome de seus amigos, as causas de sua longa enfermidade e de sua morte, bem como para determinar, em favor de sua mãe, a quem eu pessoalmente tratara de pedras nos rins havia alguns anos, a resposta à indagação: fora a morte de seu filho causada por cálculo renal?

O doutor May já tratara a mãe do jovem antes por pedras na bexiga, algo bem mais comum no século xvii do que hoje em dia. Naturalmente, ela quis saber se a causa da morte do filho não seria em decorrência da mesma enfermidade que a acometera.

No mesmo instante, convoquei o mestre Jacob Heydon, cirurgião, que residia na direção contrária ao bar Castle Tavern, num local na rua Strand, atrás da igreja de St. Clements, e ele veio até mim acompanhando de seu servente. Prontamente, seguimos até a casa e adentramos a câmara onde o falecido repousava. Dissecamos a região de interesse do seu corpo e averiguamos que a bexiga do jovem estava repleta de um material purulento e ulceroso, as partes superiores do órgão se encontravam danificadas e todo o resto estava apodrecido. O rim direito se achava bastante consumido, enquanto o esquerdo estava tão entumecido† quanto dois rins, além de cheio de uma substância saniosa. Todo o interior e a polpa‡ estavam corroídos, e não restava nada senão os tecidos exteriores.

"Substância saniosa" significa pus sangrento. Até aqui, tudo bem — péssimo. A descrição dá a entender que uma infecção catastrófica arruinara o sistema urinário do falecido.

Não encontramos nenhum cálculo ou litíase em seu corpo. Conduzindo nosso exame até a região vital,§ vimos que os pulmões estavam razoavelmente saudáveis, ao passo que o coração se achava mais globoso¶ e dilatado do que alongado. O ventrículo direito, acinzentado, havia enrugado e encolhido como uma bolsa de couro sem dinheiro e sem nenhum conteúdo dentro.

---

† Inchado.
‡ A carne do órgão.
§ Ou seja, o tórax.
¶ Arredondado.

O pericárdio e a membrana nervosa, a qual contém o ilustre licor dos pulmões, na qual o próprio coração se banha, também estavam extremamente secos.

Gosto do estilo de escrita do doutor May. A frase "enrugado como uma bolsa de couro" é uma vívida descrição de um coração doente. O "ilustre licor dos pulmões" é o líquido pericárdico, cuja principal função é lubrificar a superfície externa do coração enquanto ele bate. Num paciente saudável, o pericárdio, o saco resistente que envolve o coração, normalmente contém algumas colheres de chá (cerca de 50 ml) desse fluido.

O ventrículo esquerdo do coração, sob o toque da mão do cirurgião, lhe pareceu tão endurecido quanto uma pedra e muito maior do que o direito. Por isso, requisitei ao senhor Heydon que realizasse uma incisão, da qual escapou uma copiosa quantidade de sangue. Para expressar a completa verdade, todo o sangue que ainda restava no corpo havia se acumulado no ventrículo esquerdo, estava preso ali dentro.

Uma observação recorrente nos relatórios dos primórdios das autópsias é que os principais vasos sanguíneos estavam vazios, algo que levou alguns médicos renomados a sugerirem que o sangue tinha, de alguma forma, "recuado" até o coração após a morte. Na verdade, na ausência de batidas cardíacas, o sangue obedece às leis da gravidade e desce até o ponto mais baixo do corpo. No campo da patologia forense, esse processo serve para dar pistas nos casos em que o cadáver foi movido depois do óbito. Mas, voltando ao doutor May:

Tão logo o supracitado ventrículo se tornou vazio, sob as interjeições do senhor Heydon de que o coração tinha uma proporção exagerada e uma dureza espantosa, afirmações essas que aparentemente ignorei, considerando comigo mesmo que o ventrículo esquerdo é três vezes mais carnoso do que o direito em homens saudáveis a fim de que se conservem os humores vitais, tentei conduzir o senhor Heydon em outra linha de investigação. Ele, todavia, mantendo a mão sobre o coração, não desistiu de seu questionamento, tornando a repetir que o órgão estava estranhamente inchado e endurecido.

O doutor May está correto em apontar que, num coração humano saudável, a musculatura do ventrículo esquerdo — a câmara de bombeamento

— é cerca de três vezes mais grossa do que a do direito. Isso acontece porque ela opera com uma pressão maior, bombeando sangue oxigenado para todo o corpo, enquanto o ventrículo direito tem apenas de levar o sangue desoxigenado até os pulmões. Mas, nesse caso, o ventrículo esquerdo estava maior do que o normal. Tratava-se, muito provavelmente, de uma hipertrofia ventricular esquerda, um espessamento da musculatura cardíaca. Tal condição tem várias causas possíveis, e sua presença indicava que o homem estava doente havia algum tempo, pois essa enfermidade demora um pouco para se desenvolver.

O doutor May pediu que o cirurgião fizesse uma incisão maior no ventrículo:

> [...] por meio da qual prontamente descobrimos uma substância carnosa, cuja aparência nos parecia algo que se enovela em torno de si mesmo, como uma minhoca ou uma serpente. A visão de tal matéria nos intrigou. Roguei-lhe que separasse aquilo do coração, o que ele fez, então levamos a substância do corpo até a janela e lá a depositamos.

Ao examinar esse objeto à luz do dia, o doutor May tomou um enorme susto.

> O corpo era branco, da mesma cor da pele mais alva que se pode avistar entre os homens. Sua pele, entretanto, estava desbotada e reluzente, parecia algo que fora envernizado. A ponta se encontrava encrustada de sangue e era tão similar à cabeça de uma serpente que a senhora Herris estremeceu ao vê-la. Desde então, ela tornou a descrever repetidas vezes o que testemunhou na ocasião, admitindo estar bastante perturbada naquele instante, em função de a cabeça daquela coisa realmente ser muito similar à cabeça de uma cobra. As coxas e as ramificações tinham cor de carne, sendo esta a mesma coloração de todas as fibras, filamentos, nervos ou o que mais eles fossem.

E eu, que não sabia que cobras têm coxas? A princípio, o doutor May estava cético quanto à possibilidade de um coração humano abrigar uma cobra, perguntando-se em voz alta se não era só um "acúmulo e caroço de sangue" — em outras palavras, um coágulo de sangue e muco. Voltaremos a essa possibilidade depois. Ele decidiu, então, examinar aquela estranha criatura com mais atenção.

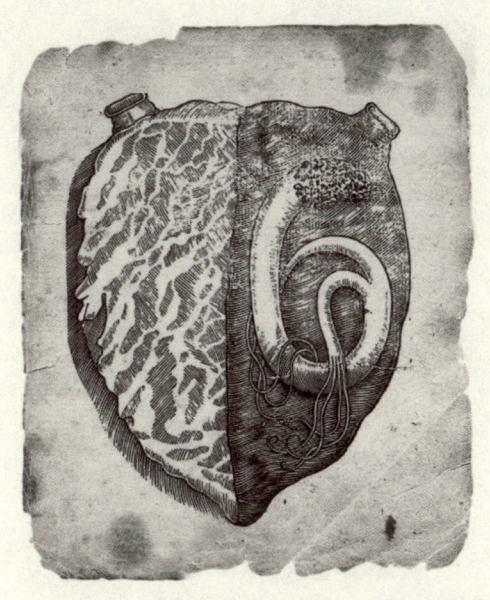

O coração de John Pennant, retratando a "cobra"
dentro do ventrículo.

Primeiro, investiguei a cabeça e descobri que era feita de uma matéria espessa, sendo cheia de sangue e glandulosa na região do pescoço. Ela havia, de alguma forma — segundo eu podia conceber —, quebrado ao ser repentina e violentamente separada do coração, ainda que eu tenha tido a impressão de que a remoção dela fora um ato simples. Munido de um *bodkin*,** explorei o corpo entre suas pernas e coxas, chegando à conclusão de que estava perfurado ou oco. O corpo era também sólido e tinha o comprimento de um *bodkin* de prata,†† como ilustrado. O exame causou espanto entre os espectadores.

Seguindo o exemplo do cirurgião, os presentes se alternaram em cutucar a "serpente" com o *bodkin* de metal, até eles todos se convencerem de que o negócio na frente deles era uma minhoca, cobra ou outra criatura, cujas características anatômicas incluíam um trato digestivo. Cientes de que havia grandes chances de que ninguém mais acreditaria naquilo, assinaram um depoimento no qual confirmavam o que haviam visto.

<hr />

** Uma espécie de agulha de costura, cuja principal função era auxiliar a passagem de fios por espartilhos, e que também era usada para furar tecidos — ou, ao que parece, realizar autópsias.
†† Cerca de 13 cm.

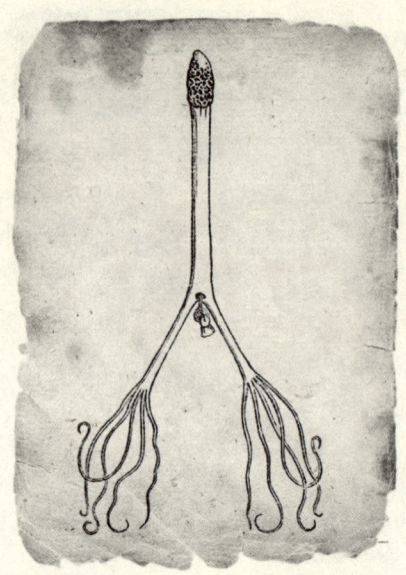

"Minhoca" extraída do coração de John Pennant, após
ser desenrolada, com "trato digestivo" indicado.

Será que havia mesmo uma cobra no coração do jovem cavalheiro, ou
uma espécie de verme? A resposta mais provável é que não. Talvez
você se lembre da primeira impressão do doutor May, a descrição de
que aquele estranho objeto poderia ser um " caroço de sangue " — em
outras palavras, um grande coágulo. Essa explicação é bem mais plausível, e, dois séculos depois, um notório médico da Era Vitoriana analisou os relatórios do caso e chegou à mesma conclusão.

Benjamin Ward Richardson foi um incansável e inventivo pesquisador, responsável pela descoberta de inúmeros novos agentes anestésicos, assim como das primeiras drogas efetivas no tratamento contra
a angina, o nitrito de anila. Ele também tinha um grande interesse nos
mecanismos que causam trombose e coágulos de sangue. Em dezembro
de 1859, o médico conduziu uma série de palestras‡‡ cujo assunto era
a formação de " depósitos fibrinosos " — coágulos — dentro do coração.
Richard observou que tromboses assumem uma infinidade de possíveis
desenhos e tamanhos. Em alguns casos, formam longos filamentos ou
canais ocos, pelos quais o sangue continua a correr por um conduto

‡‡ Os pobres alunos foram obrigados a abrir mão das férias natalinas em nome das palestras. "Sei
que isto pode ser considerado, para os indolentes, um ato bem pouco caridoso de minha parte:
interferir dessa maneira nas suas festividades", afirmou Richardson. "Ao mesmo tempo, não
tenho de me desculpar por essa decisão." Feliz Natal, não é mesmo?

central. Sua sugestão era que algo dessa natureza fora encontrado dentro do coração do jovem cavalheiro — um coágulo monstruoso, que crescera até assumir a aparência de uma espécie de serpente mítica.[1]

Aceitando a tese de que se tratava de um coágulo, podemos tentar supor um diagnóstico. Você deve lembrar que o cirurgião presente durante a autópsia ressaltou que o coração estava com "uma proporção exagerada e uma dureza espantosa", sobretudo na região do ventrículo esquerdo. Não só o músculo estava com hipertrofia, isto é, aumentara de tamanho, como havia também se tornado estranhamente rígido. Esses indícios são comuns em casos de uma rara doença sanguínea, a síndrome hipereosinofílica (SHE), que está associada a um alto risco de formação de extensos coágulos no coração. A SHE pode atacar múltiplos órgãos ao mesmo tempo, o que seria uma explicação para o estado dos rins do jovem cavalheiro. A essa altura, é impossível termos certeza, mas os sintomas conhecidos da SHE certamente se encaixam na descrição do caso.

Talvez você esteja se perguntando sobre o destino da "serpente" após o fim da autópsia. O doutor May explica que o cirurgião estava ansioso por guardá-la para estudá-la mais a fundo, mas a mãe do homem morto tinha outros planos:

> O cirurgião demonstrou um grande ensejo de conservar o objeto, ao que a mãe do falecido se opôs, expressando seu desejo de que o material deveria ser enterrado onde havia nascido, dizendo e repetindo: "Assim como veio com ele, também irá embora com ele." Além do mais, a mãe se fixou no lugar, recusando-se a sair até que tivesse presenciado o cirurgião costurar o cadáver do filho com o objeto de volta ao coração, e foi então que decidi partir.[2]

Como dizia o protagonista de *Assim Falou Zaratustra*, de Friedrich Nietzsche: "Evoluíste do verme ao homem, entretanto dentro de ti ainda há muito do verme."

BREAK A LEG
MACABRE MEDICINAE

A ESTRANHA
FAMÍLIA
DOWNING

Charlton Wollaston, médico da Casa da Rainha

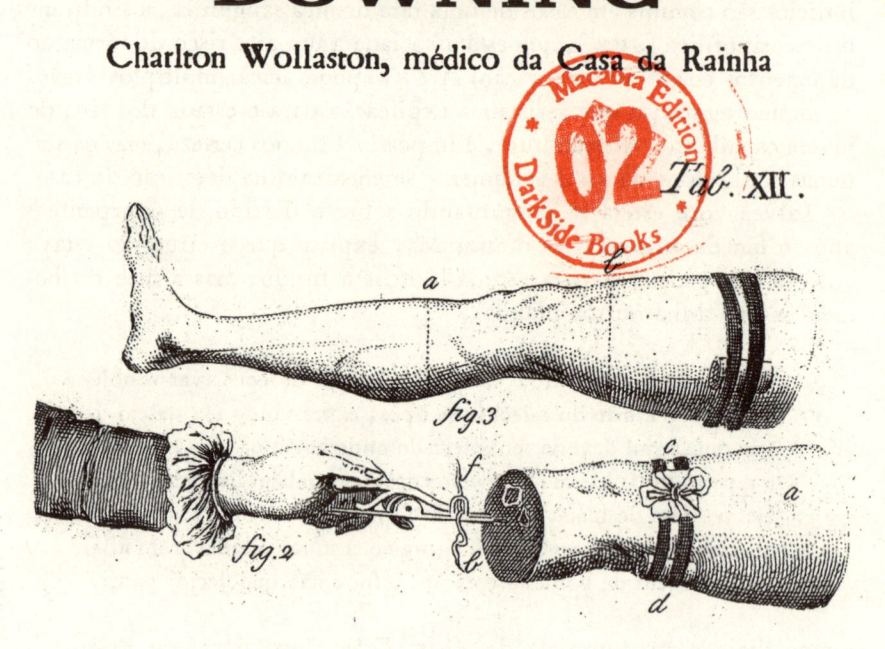

Tab. XII.

- 1762 -

A calamidade ocorrida com uma família que, contaminada por uma doença de origem até então desconhecida, em pouco tempo foi afligida com recorrentes incidentes de gangrenas nos braços e nas pernas.

Philosophical Transactions • Macabre Medicinae

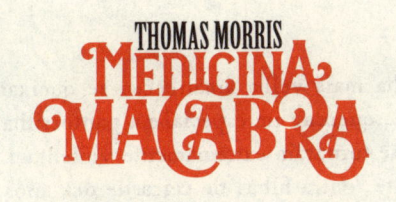

CASO Nº 02

Um caso publicado na *Philosophical Transactions*, no ano de 1762, é um lembrete de um mundo que felizmente deixamos para trás, uma época em que algumas doenças tinham a capacidade de rapidamente mutilar ou matar famílias inteiras e em que tudo que os médicos podiam fazer era acompanhar em desespero. Naqueles tempos, a vida era, nas palavras do filósofo Thomas Hobbes, "solitária, empobrecida, sórdida, brutal e curta". Hobbes estava escrevendo sobre a guerra, mas as doenças eram inimigas tão formidáveis quanto os piores adversários no século XVIII.

> **LXXXIII.** *Trecho de uma carta de* **Charlton Wollafton,** *doutor de medicina e membro da Sociedade Real de Medicina, para* **William Heberden,** *doutor de medicina e membro da Sociedade Real de Medicina,* datada de **13 de abril de 1762,** em **Bury St. Edmunds,** *acerca do caso de mortificação de membros de uma família de* **Wattisham,** *em* **Suffolk, Inglaterra.**

Esse relatório foi escrito por Charlton Wollaston, de 29 anos, que acabara de ser empregado como médico da Casa da Rainha. Sua promissora carreira terminou tragicamente apenas dois anos depois, quando morreu vítima de uma febre. Tempos depois, sua filha, Mary, atribuiu a morte do pai a uma septicemia durante um processo de "desvelamento de uma múmia, tendo anteriormente talhado o dedo por acidente".

John Downing, um pobre trabalhador que reside em Wattisham, uma pequena vila a cerca de 26 km de distância de Bury, até janeiro deste ano tinha uma esposa e era pai de seis crianças. Sua filha mais velha era uma garota de quinze anos, enquanto o mais novo estava com cerca de quatro meses de vida. Naquela época, encontravam-se todos saudáveis, de acordo com o próprio e declarações de seus vizinhos. No domingo de 10 de janeiro, a filha mais velha amanheceu se queixando de uma dor na perna esquerda, em especial na panturrilha. Ao anoitecer, as dores se tornaram extremamente violentas. No decorrer da mesma noite, outra filha, de cerca de dez anos, também se lamentou de uma dor excessiva na perna. Na segunda-feira, a mãe da família e outra das crianças, e na terça-feira todos os membros casa, exceto o pai, estavam dominados pelas mesmas dores. Tais aflições se mostravam de uma violência impar, a tal ponto que toda a vizinhança se alarmou com o volume dos gritos da família afetada.

Eis uma descrição de dar arrepios. A enfermidade se instalava rapidamente, além de ser traiçoeira e muito desagradável. O doutor Wollaston visitou a família e os interrogou detalhadamente sobre o progresso da moléstia.

Após cerca de quatro, cinco ou seis dias, a perna afetada se tornava menos dolorosa e gradualmente escurecia. A princípio, o membro exibia uma aparência coberta de manchas, como se estivesse machucado. A essa altura, a outra perna também se tornava afetada, causando a mesma dor excruciante até que, alguns dias depois, também adentrava um processo de mortificação.

"Mortificação" significa gangrenar: a perna descoloria e escurecia, conforme os tecidos da pele e a musculatura morriam.

Sem qualquer intervenção, as partes mortificadas desprenderam dos tecidos saudáveis, e, na maioria dos casos, o cirurgião não encontrou dificuldades de amputar até o osso, causando pouca ou nenhuma dor ao paciente.

O resumo do caso a seguir é uma descrição simples, mas de impacto brutal.

Mary, a mãe, com quarenta anos, teve o pé direito amputado na altura do tornozelo e a perna esquerda mortificada, restando pouco mais do que o osso, mas não amputada.
Mary, com quinze anos, teve a perna esquerda amputada abaixo do joelho e a outra inteiramente corrupta,[*] mas ainda não amputada.

---

[*] Gangrenosa.

Elizabeth, com treze anos, teve ambas as pernas amputadas abaixo dos joelhos.

Sarah, com dez anos, teve um pé amputado na altura do tornozelo.

Robert, com oito anos, teve ambas as pernas amputadas abaixo do joelho.

Edward, com quatro anos, teve ambos os pés amputados na altura dos tornozelos.

Uma criança de quatro meses de idade faleceu.

Somente o pai escapou relativamente ileso. Alguns de seus dedos das mãos enrijeceram e perderam os movimentos, mas suas extremidades inferiores não foram afetadas.

> É digno de nota ressaltar que, durante toda a extensão dessa calamidade, foi dito que a família se comportou de forma normal. Eles se alimentaram bem, tiveram boas noites de sono assim que as dores diminuiram. Quando os visitei, nenhum deles apresentava sintomas de febre, exceto a garota, que estava com um abscesso na coxa. A mãe dava sinais de emaciação e perdeu a maior parte dos movimentos das mãos. O restante da família parecia bem. Um desafortunado garoto, em especial, parecia tão saudável e corado quanto possivel, e estava sentado sobre a cama, bastante contente, tamborilando com o que lhe restara das pernas.

Era uma imagem pungente, que poderia estar num dos romances de Charles Dickens. O doutor Wollaston fez o melhor que pôde para descobrir as causas dessa enfermidade tão incomum, mas eventualmente teve de se dar por derrotado. Um sacerdote da região, cujo sobrenome era tão sombrio que talvez tenha sido apropriado para a ocasião, o reverendo senhor Bones,[†] se ofereceu para aprofundar a investigação. Ele inquiriu a família em detalhes sobre onde haviam comprado alimentos e bebidas, chegando a examinar os utensílios de cozinha. Mas ele também não chegou a nenhuma conclusão:

> Tomei todas as precauções possíveis para me informar de todas as circunstâncias que pudessem, de alguma forma, ser classificadas como causas prováveis da enfermidade que afetou essa

---

† Em inglês: ossos, ossada.

pobre família de minha paróquia. Ainda assim, temo não ter descoberto nada que pudesse ajudá-lo.

O próprio John Downing atribuiu a desgraça de sua família à bruxaria, uma linha de pensamento da qual o sacerdote o dissuadiu. O mais próximo que o doutor Wollaston chegou de resolver o problema foi quando fez esta observação:

> O cereal com que fizeram seu pão certamente estava passado. Tratava-se de trigo que fora colhido na época das chuvas e ficou estocado sobre o solo até muitos dos grãos ficarem pretos e totalmente apodrecidos. Todavia, muitas das famílias pobres da mesma vila fizeram uso desse trigo sem terminarem adoecendo.

Um editor da *Philosophical Transactions* estabeleu a conexão que o doutor Wollaston não fizera: quase meio século antes, um médico francês descrevera algo muito similar. Num artigo publicado em 1719, *monsieur* Noël, um cirurgião de Orléans, escreveu que

> recebera no hospital mais de cinquenta pacientes atingidos por gangrenas secas, escuras e lívidas, que se iniciavam nos dedos dos pés e seguiam avançando em certa progressão, em alguns casos atingindo até a altura das coxas.

Isso causou bastante interesse em Noël, que apresentou suas descobertas aos membros da Academia Real Francesa de Ciências, posteriormente conhecida como Academia de Ciências de Paris.

> Os cavalheiros da Academia dividiam a opinião de que a enfermidade era causada por má alimentação, especialmente no caso de pães, nos quais havia grandes quantidades de ergotina.

Eles acertaram em cheio. Ergotina é um grão que pode ser infectado por um fungo parasita, *Claviceps purpurea*. Os grãos contaminados ficam com uma cor escura, de tom preto-azulado, e contêm químicos tóxicos que não são afetados pelo calor, portanto alimentos assados feitos com eles, como o pão, ainda são nocivos. As toxinas podem ser transmitidas até de mães para crianças de colo por meio do leite materno, o que explica a morte do bebê dos Downing. O artigo escrito pelo doutor Wollaston é uma descrição clássica dos sintomas de gangrena causada por envenenamento por ergotina.

Em outubro de 1762, seis meses após a primeira visita, o doutor Wollaston voltou à casa de John Downing e ficou feliz ao descobrir que a doença havia amainado. No espaço de tempo durante o qual se ausentara, a filha mais velha falecera, mas os outros ainda estavam vivos. A maior preocupação do médico era em relação à condição de Mary, esposa de John:

> Em meu relato anterior [...] mencionei que um de seus pés desprendera na região do tornozelo e que a outra perna se encontrava plenamente mortificada até uma altura de cerca de 8 cm do joelho, mas até então não havia se desligado. Pouco tempo depois, o marido veio a perder a tíbia, a qual estava num estado avançado de decaimento, atingindo até 8 cm abaixo do joelho — a fíbula não se encontrava arruinada, por isso o cirurgião serrou o membro.[3]

Casos de envenenamento por ergotina ainda acontecem de tempos em tempos, mas cenas de terror como essas descritas acima, felizmente, ficaram no passado distante.

HYSTERICAL PINS

MACABRE MEDICINAE

A

TEMPESTADE
DE RACHEL HERTZ

Doutor Otto, médico de Copenhague

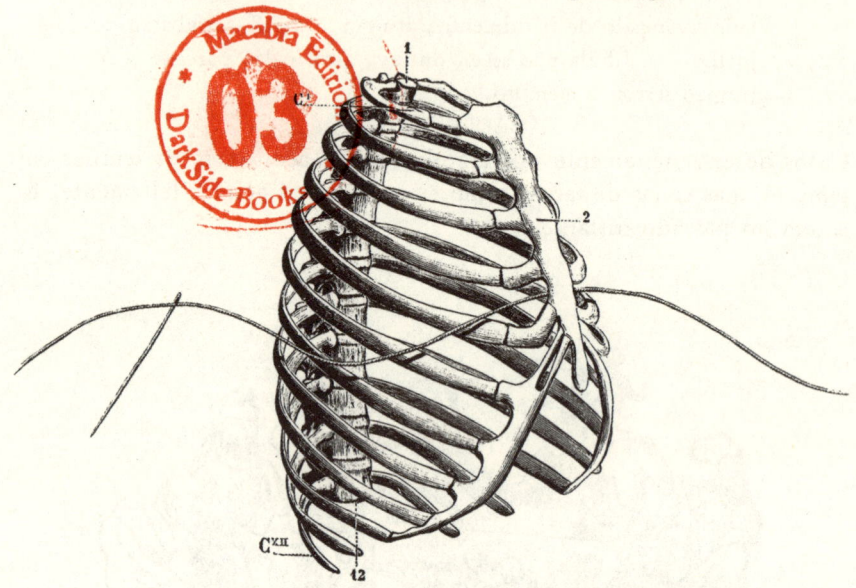

- 1825 -

O assombroso relato sobre a mulher que passou por diversos casos de internação em decorrência de distúrbios mentais e severas mazelas físicas, até o dia em que centenas de agulhas começaram a brotar de sua pele.

Medico-Chirurgical Review

THOMAS MORRIS
MEDICINA MACABRA

CASO Nº 03

Em 1825, um médico de Copenhague publicou o relato de um caso tão incrível que sentiu a necessidade de apontar que trinta de seus colegas podiam corroborar a história. O artigo do doutor Otto foi publicado originalmente numa revista alemã, mas os editores da *Medico-Chirurgical Review* o traduziram, para o deleite do público leitor da língua inglesa:

14. A paciente de Copenhague e as agulhas

Rachel Hertz viveu por catorze anos gozando de uma boa saúde. Até então, tivera uma compleição ideal e um temperamento deveras sanguíneo.

Nessa época, muitos médicos ainda acreditavam nos quatro «temperamentos» ou tipos de personalidades. Era um resquício de um pensamento antigo, que descrevia a existência de quatro humores, uma perspectiva que dominara a medicina desde pelo menos a época de Hipócrates, no século IV a. C. De acordo com a teoria humoral, as doenças seriam causadas por desequilíbrio entre os quatro fluidos corporais ou humores: sangue, fleuma, bílis amarela e bílis negra. O temperamento «sanguíneo» era associado a uma abundância de sangue. Um médico do início do século XIX escreveu que «indivíduos com tal temperamento geralmente são bastante fortes e têm todas as funções extremamente ativas».

Em agosto de 1807, ela foi acometida por um violento ataque de cólica, o qual a levou a se consultar com o professor Hecholdt, sendo este o primeiro contato do professor com o caso. Daquele instante até março de 1808, ela sofreu com crises frequentes de erisipela* e febre, que a deixaram num estado bastante debilitado. Apresentaram-se também diversos sintomas de

---

* Uma infecção cutânea bacteriana.

personalidade histérica, contudo os remédios normais falharam em remediá-la. De março a maio de 1809, um período de catorze meses, sofreu, sem alteração em suas condições, de repetidos e violentos ataques histéricos, os quais eram acompanhados, ou melhor, seguidos, por desmaios, sendo alguns desses de uma duração tão longa que as pessoas chegaram a considerá-la morta. Ocasionalmente, sofria de crises epiléticas; em outros momentos, de sonolência, soluços e até, por vezes, delírios.

O próximo passo no avanço da condição diz muito sobre os hábitos de leitura dos adolescentes dinamarqueses instruídos do início do século XIX. Eu chutaria que não existem muitos pacientes contemporâneos com esse sintoma:

> Durante os paroxismos de loucura, ela ditava, em voz alta e pronúncia correta, longas passagens dos trabalhos de Goethe, Schiller, Shakespeare e Oehlenschläger, com o mesmo nível de precisão com que uma pessoa sã o faria. Ainda que mantivesse os olhos cerrados, acompanhava suas declamações com gesticulações apropriadas.

Outra revista, ao falar sobre esse caso, incluiu na sua descrição "longos ataques de recitações teatrais do trabalho de poetas trágicos". A associação entre literatura romântica e doenças mentais era bem genuína. Após a publicação de *Os sofrimentos do jovem Werther*, em 1774, jovens começaram a se vestir como o trágico herói de Goethe e a imitar seu comportamento melancólico, causando tanta preocupação de que houvesse suicídios imitando a obra que vários países baniram sua publicação. Não há nenhuma indicação, entretanto, de que fosse isso que afetava a pobre Rachel Hertz:

> Seus delírios seguiram num crescendo até se tornarem verdadeiramente alarmantes. Ela rangia os dentes, chutava e atacava quem se aproximasse dela. Seus frenesis perturbavam não apenas a família, mas toda a vizinhança.

A partir daí, o evidente distúrbio mental da garota se uniu a mazelas físicas: constipação e dificuldades de urinar, a ponto de precisar do uso diário de uma sonda. Ainda mais grave, ela começou a vomitar sangue. As crises de mania diminuíram, e ela mergulhou num estupor do qual, aparentemente, nada a acordava.

Em maio de 1809, durante um dos ataques de letargia da paciente, consultamos o professor Collisen, que recomendou que introduzíssemos rapé nas narinas da menina. A substância surtiu um efeito tão satisfatório que, sem nem espirrar, ela rapidamente retomou os sentidos. Naquele dia, a paciente não reclamou de absolutamente nada. Por um tempo, o rapé frequentemente causou efeitos igualmente bons, similares ao resultado inicial. Seus delírios continuaram de maio de 1809 a dezembro de 1810, com poucas variações dignas de nota. A partir daí, gradualmente, os ataques cessaram.

Ela permaneceu num estado muito mais saudável pelos próximos anos, fora uma breve recaída. Até janeiro de 1819, quando

cólicas severas surgiram, acompanhadas de febre, vômito de sangue e expulsão de material fecal escuro. Considerou-se que sua recuperação fosse impossível, mas ela se restabeleceu. Durante um exame do abdômen, encontrou-se um grande tumor, situado logo abaixo do umbigo, no qual se destacavam três pontos de elevação distintos.

Curativos calmantes foram colocados sobre o inchaço, mas de nada serviu. Em desespero, o professor Hecholdt decidiu abrir o tumor com um bisturi. Foi aí que as coisas começaram a ficar *realmente* interessantes.

A expectativa era que uma quantidade abundante de pus fosse expelida pela incisão, mas isso não ocorreu, verificando-se que a quantidade de sangue derramada fora limitada. Ao examinar o ferimento com uma sonda, uma curiosa sensação se comunicou à mão, a impressão de que um corpo metálico batera contra o instrumento. A sensação se repetiu. Introduziu-se um fórceps, a substância foi capturada e, espantosamente, se retirou uma *agulha* da ferida. A extração da agulha resultou em certo alívio das dores da paciente, mas tal melhora durou pouco, de modo que a dor incisiva logo retornou, unida a vômitos de sangue. Outro tumor surgiu na região da lombar esquerda, no qual o toque lhe causava um imenso desconforto. No dia 15 de fevereiro, executou-se uma incisão no tumor, de onde outra agulha oxidada foi removida.

Outros caroços parecidos começaram a brotar por todo o corpo da moça. Cada vez que isso ocorria, os médicos abriam o inchaço e o efeito era o mesmo:

> De 12 de fevereiro de 1819 a 10 de agosto de 1820, um período de dezoito meses, ela sentiu dores severas em diversas partes do corpo, seguidas de formações de tumores, dos quais *235 agulhas* foram extraídas, a saber:

> Retiradas do seio esquerdo, 22 agulhas; do seio direito, 14; do epigástrio, 41; da região hipocondríaca esquerda, 19; da região hipocondríaca direita, 20; da região umbilical, 31; da região lombar esquerda, 39; da região lombar direita, 17; da região hipogástrica, 14; da região ilíaca direita, 23; da região ilíaca esquerda, 27; da coxa esquerda, 3; do ombro direito, 23; entre os ombros, 1; debaixo do ombro esquerdo, 1.
> **Total - 295.**

Entre agosto de 1820 e março de 1821, não surgiram novas agulhas. Presumindo que sua paciente estivesse curada, o professor Hecholdt redigiu um panfleto — em latim, como seria de esperar —, no qual documentava a coleção de fatos estranhos do caso. Mas considerá-lo concluído se provou uma decisão prematura:

> Um grande tumor surgiu na axila direita,[†] do qual, entre 26 de maio e 10 de julho de 1822, não menos do que *cem agulhas* foram extraídas! De 1º de julho de 1822 a 10 de dezembro de 1823, mais cinco foram retiradas de lugares diferentes, perfazendo um número total de *QUATROCENTAS AGULHAS*!

A ênfase consta do documento original, ou seja, o autor não conseguiu esconder sua empolgação.

> A paciente se distraiu durante sua convalescença aprendendo latim e redigindo um diário de próprio punho sobre seu caso. Atualmente, ela reside no Frederiks Hospital, em Copenhague, e está em boa saúde.[4]

[†]   Você leu (e sofreu) corretamente: no sovaco.

Estranhamente, o artigo na *Medico-Chirurgical Review* não tenta explicar a expulsão de centenas de agulhas por diferentes partes do corpo da paciente. Por mais incrível que possa parecer, a causa mais provável é que ela tenha engolido todas essas agulhas. É bastante possível que ela tivesse um distúrbio alimentar chamado Transtorno de Pica ou Alotriofagia, que faz com que os afetados ingiram compulsivamente objetos não comestíveis, como terra ou papel. Uma vez dentro do organismo, agulhas têm o péssimo hábito de furar as paredes do trato digestivo e migrar para outras partes do corpo. Isso explicaria as dores estomacais da garota, o vômito com sangue e até o dramático surgimento de agulhas enferrujadas por todas as partes de seu corpo, das axilas às coxas. Seria só num futuro distante, na era do punk rock, que o mundo voltaria a testemunhar a presença de tantos objetos perfurantes de estranha procedência juntos num mesmo corpo.

FIGHT A BATTLE

MACABRE MEDICINAE

OS DUELOS
NOTURNOS
DO SR. D.

Macabra Edition · 04 · DarkSide Books

Um relato do reverendo sr. H.

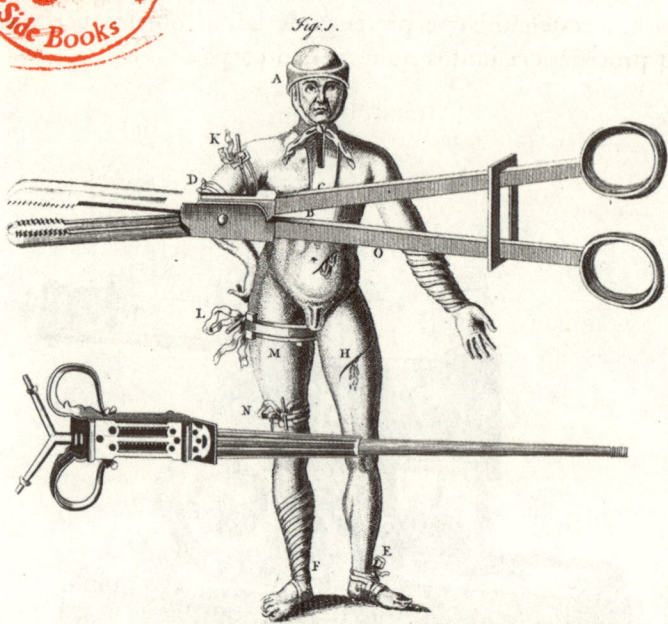

- 1816 -

O devaneio de um estudante sonâmbulo, cujas noites eram ocupadas com surpreendentes tarefas que ele realizava sem acordar, até terminar "participando" de um duelo durante o sono e se convencendo de que está ferido mortalmente.

The London Medical Repository

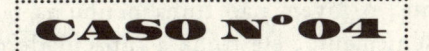

CASO Nº 04

Se você já morou com um sonâmbulo, deve ter familiaridade com a estranha experiência de se pegar conversando com alguém às duas da manhã enquanto a pessoa está dormindo. Uma de minhas irmãs teve uma fase de sonambulismo na infância, por isso toda a minha família logo se acostumou a conduzi-la de volta a seu quarto. Também memorizávamos as bizarrices que ela dizia, só para citá-las por brincadeira na mesa do café da manhã do dia seguinte.

Em termos de sonambulismo, todavia, minha irmã era apenas uma amadora. Em 1816, uma revista médica londrina contou a seguinte história sobre um estudante holandês, identificado somente como "senhor D.":

Casos autenticados, observações e dissecações
XL. – *Um caso singular de sonambulismo*

Em 1801, o jovem senhor D. se tornou pensionista na casa do reverendo "senhor H", um sacerdote respeitado e pai de uma jovem família. Ao chegar à casa, o jovem alertou a seus anfitriões que, ocasionalmente, tinha o hábito de andar durante o sono, motivo pelo qual eles não deveriam se assustar caso algo dessa natureza viesse a ocorrer. Algumas noites depois, o pastor foi acordado por um barulho estranho e desceu as escadas para investigar:

> Deparei-me com o senhor D., ainda adormecido, revirando alguns de seus livros, os quais ele recebera dos pais. Permaneci no aposento por algum tempo, determinado a não o despertar abruptamente. Analisando a situação com mais atenção, pude notar que ele se esforçava para catalogar os livros, mesmo estando no escuro, fazendo-o com o mesmo nível de precisão com que eu próprio só seria capaz de realizar utilizando uma fonte de iluminação. Sua minuciosa relação de títulos dos livros não apresentou nenhum erro, nem no quesito dos nomes

dos autores, nem acerca de suas respectivas edições, nem na consideração pelos locais onde as obras haviam sido impressas. Ao derrubar um dos volumes, o barulho pareceu assustá-lo, e, após isso, ele rapidamente se dirigiu à cama.

Na manhã seguinte, o jovem não tinha nenhuma lembrança do incidente. Surpreendentemente, ele tinha a capacidade de realizar tarefas bem elaboradas sem acordar — seja jogar xadrez ou cartas, seja redigir uma carta aos seus professores — em latim.

Em outro momento, às vésperas de apresentar uma palestra em latim, pudemos ouvi-lo se preparando em voz alta, num estado de sonambulismo. Ele soava como se os tutores da escola estivessem ali presentes. No instante em que o rapaz encostou na escrivaninha para apoiar sua dissertação, o senhor H. estava encurvado próximo a ele, e o rapaz terminou por deitar sua tese no pescoço de seu anfitrião, supondo se tratar de um púlpito. Ao terminar sua declamação, ele se curvou em direção à audiência e aos tutores imaginários e, logo após, se retirou.

Em outra ocasião, depois de ter ido para a cama, a filha do inquilino começou a tocar piano. O senhor D. entrou na sala com uma partitura, mostrou seu trecho favorito da peça para ela e apoiou as páginas sobre o suporte, a fim de que a garota a executasse. Após ela terminar de tocar, o senhor D. e a família aplaudiram. Então, ele saiu da sala apressado — aparentemente, acabara de perceber que estava pelado.* Na maioria das vezes, seu comportamento como sonâmbulo era calmo e racional, mas houve uma ilustre ocasião na qual ele demonstrou atitude diversa:

Certa noite, o jovem supôs dever enfrentar um de seus antigos colegas da Utrecht num duelo, chegando a pedir que o senhor H. fosse seu segundo. A hora estava acertada; o local, averiguado. Quando o sinal foi dado, o senhor D. caiu ao chão, como se estivesse ferido mortalmente. Ele pediu, então, que fosse levado até sua cama e requisitou que chamassem um médico imediatamente. Havendo um médico conhecido nosso que desejava observar o senhor D. em seu estado de sonambulismo, nós

---

* Muitos de nós temos, em função da ansiedade, o pesadelo de nos imaginar nus na frente de todo mundo, enquanto os outros estão de roupa. Agora imagine isso acontecer de verdade! O horror.

o convocamos. Ao ser indagado sobre onde fora ferido, o senhor D. posicionou a mão sobre seu lado esquerdo, afirmando "aqui, aqui, é aqui que está a bala". "Irei extrai-la", disse o cirurgião. "Mas, antes de dar início à operação, você deve tomar algumas gotas deste remédio que trouxe comigo." Após isso, aplicando bastante pressão sobre o ponto que o senhor D. indicara, o médico avisou que a bala teria saído. O senhor D. tocou seu lado esquerdo — "sim, ela saiu", ele confirmou, continuando: "Eu lhe agradeço pela habilidosa operação." Ele perguntou: "Está morto meu antagonista?" Ao responderem que o oponente estaria vivo, uma expressão de júbilo atravessou seu semblante, e então foi como se tal alegria o tivesse despertado.

Eis aí um bom causo. O editor da *London Medical Repository* [Repositório Médico de Londres] suspeitou, com razão, que essa história fosse boa *demais*, chegando a adicionar uma irônica nota de rodapé:

> Esta carta nos foi confiada pessoalmente por um profissional da medicina de consagrada reputação, com a garantia de que ele próprio seria capaz de atestar a autenticidade dos fatos descritos nela, em função de ter um relacionamento próximo com o autor, um padre na Holanda cuja reputação lhe credita um nobre caráter e uma honestidade indubitável. Os fatos dessa singular descrição de caso são tão únicos, a despeito da fonte de onde eles procedem, que achamos por bem trazê-los aos nossos leitores acompanhados da seguinte declaração: confiamos tais fatos ao nosso público, com o grau de credibilidade a que se pode considerar que eles têm direito.[5]

Pois é, não é mesmo?

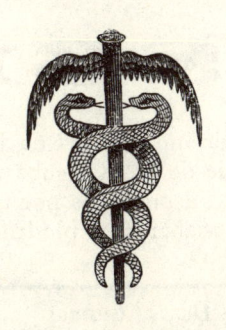

EXPLODING TEETH

MACABRE MEDICINAE

O MISTÉRIO DOS
DENTES
EXPLOSIVOS

W.H. Atkinson, dentista da Pensilvânia

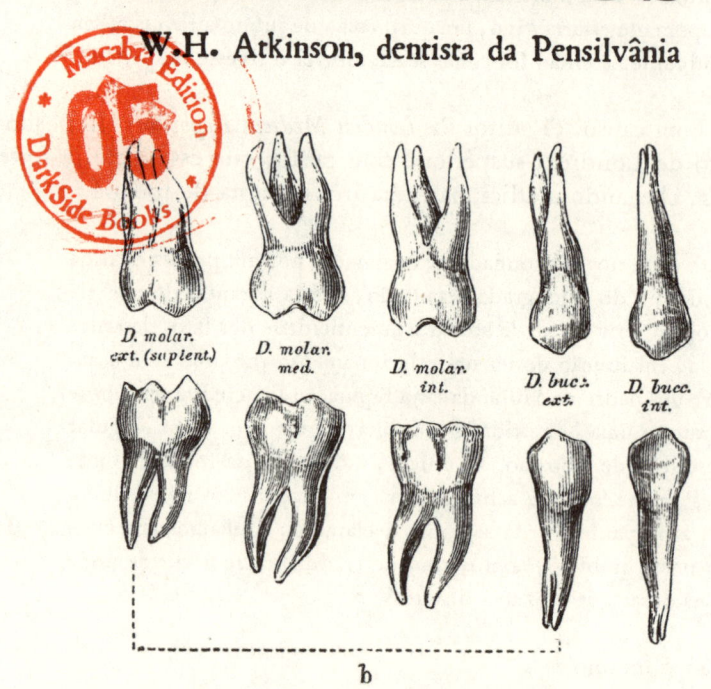

D. molar. ext. (suplent.) D. molar. med. D. molar. int. D. buc. ext. D. buc. int.

b

- 1861 -

O estrondoso relato de um dentista da Pensilvânia que se deparou com uma série de casos bombásticos: uma série de pacientes cujos dentes, acometidos por uma dor intensa de origem desconhecida, acabaram explodindo dentro da boca.

Dental Cosmos

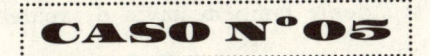

Este cativante misteriozinho apareceu pela primeira vez nas páginas da *Dental Cosmos* [Universo Dentário], a primeira revista erudita norte-americana voltada para dentistas, fundada em 1859. Amo o nome dessa publicação. Imagine só ir até uma venda e pedir: "Uma garrafa de leite e uma *Dental Cosmos*, por favor." Numa de suas primeiras edições, W.H. Atkinson, um dentista da Pensilvânia, escreveu para a revista sobre três casos similares, e bizarros, que ele tratou no decorrer de mais de quarenta anos de prática.

Explosões dentárias com ocorrências sonoras
Por W. H. Atkinson

O primeiro de seus casos foi o reverendo D.A., que vivia em Springfield, no condado de Mercer, na Pensilvânia. No verão de 1817, ele repentinamente sentiu uma dor de dente excruciante.

> Às nove horas da manhã de 31 de agosto, o canino direito superior, ou o primeiro bicúspide, começou a latejar de dor, com uma intensidade que alcançou tal grau que o fez perder a razão. No decorrer de suas agonias, ele correu sem destino, à procura em vão de alguma forma de alívio. A certa altura, ele enterrou a cabeça no chão como um animal enraivecido; em outro momento, martelou a cabeça no canto de uma cerca, correu até uma fonte e enfiou o crânio inteiro debaixo da água fria. Tais fatos alarmaram tanto sua família que eles o levaram até sua cabana e fizeram de tudo em seu poder para recompô-lo.

Convenhamos que esse tipo de comportamento em público não é digno de um sacerdote. Aquela dor de dente deve ter doído *bastante*.

> Tudo, todavia, se provou inútil, até que às 9 horas da manhã seguinte, enquanto ele rastejava perdido em extremo delírio,

ouviu-se um só estouro em alto e bom som, semelhante ao disparo de uma pistola, que rompeu seu dente em fragmentos, concedendo-lhe um alívio imediato. Nesse momento, ele virou para a esposa e disse: «Minha dor desapareceu por completo.»

Por outro lado, seu dente também havia desaparecido. Tudo nesta vida tem um custo.

Ele se dirigiu à cama e dormiu profundamente pelo resto do dia e por boa parte da noite seguinte. Após tal incidente, voltou a agir de forma racional e ficou bem. Atualmente, está vivo e carrega uma forte lembrança desse traumático evento.

O segundo caso ocorreu treze anos depois do primeiro. Dessa vez, a vítima foi a senhorita Letitia D., que também era do condado de Mercer, na Pensilvânia:

Este caso não pode ser delineado tão nitidamente ou com tantos detalhes quanto o anterior, mas ainda assim se assemelha muito a este, terminando com uma vívida explosão, a qual concedeu à paciente o imediato alívio da dor. O dente em questão subsequentemente se esfacelou; o incidente envolveu o molar superior.

Um exemplo final ocorreu em 1855, de novo no condado de Mercer — será que era algo na água da região? —, e a vítima foi a senhorita Anna P.A.:

Ela tivera uma simples rachadura anteroposterior, com pressão e dor intensa, causada pela inflamação de uma polpa dentária. Um estouro repentino e agudo, seguido de alívio instantâneo, assim como descrito nos outros casos, ocorreu em seu canino superior esquerdo. Ela está viva e saudável, sendo a mãe de uma família de afáveis meninas.[6]

Ainda que eu fique feliz de saber que ela está bem e tem uma família, duvido de que muitos leitores imaginassem que um pequeno incidente dentário significaria um sério risco de vida e que ela pudesse não ter sobrevivido.

O relatório do doutor Atkinson parece antecipar uma pequena epidemia de dentes explosivos, já que certo número de casos parecidos acabou vindo à tona nas décadas seguintes. Num livro publicado em 1874, *Pathology and Therapeutics of Dentistry* [Patologia e Terapêutica da Odontologia], J.

Phelps Hibler descreveu um incidente bem parecido. Sua paciente era uma mulher cujo dente doía tanto que ela sentiu estar prestes a perder a lucidez:

> Subitamente, as dores delirantes apaziguaram. Após ter caminhado sem parar por várias horas, ela se sentou por um instante ou dois, com a intenção de descansar. A mulher declarou que todos os seus sentidos estavam embaralhados desde o momento em que as dores cessaram. De uma só vez, sem qualquer sintoma fora as dores severas de antes, o dente, um primeiro molar direito inferior, estourou com um abalo de tal potência que praticamente a derrubou.[7]

O dente rachara de cima até embaixo; o impacto da explosão foi tanto que "fez com que ela ficasse bastante surda por um tempo considerável". Era como se um fogo de artifício tivesse detonado dentro de sua boca.

Se formos acreditar em tais relatos, essas explosões foram bem dramáticas. Então o que poderia tê-las causado? Em seu artigo original, o doutor Atkinson sugere que uma substância que ele chamou de "calórico livre" estava se acumulando dentro do dente até causar um aumento dramático de pressão. Mas essa hipótese pode ser prontamente descartada, já que se baseia numa teoria científica obsoleta. Por muito tempo, acreditou-se existir um fluido chamado "calórico", que seria autorrepelente — ainda que essa tese pudesse explicar um aumento de pressão, agora sabemos que tal fluido não existe. J. Phelps Hibler, por outro lado, tinha sua própria tese: ele acreditava que deveria haver cárie dentro da polpa dentária, o que causaria gases inflamáveis que eventualmente explodiriam. Essa explicação, contudo, também não é plausível, porque agora sabemos que a cárie é um processo que se inicia do lado de *fora* do dente, e não em seu interior.

Diversas teorias já foram propostas e rejeitadas, com possíveis explicações que vão desde os compostos químicos usados nas obturações antigas a uma acumulação de carga elétrica. A explicação mais provável ainda é a de que os pacientes estavam exagerando ao descrever sintomas bem mais cotidianos. Os dentes podem rachar se você morder algo duro, e, nesses casos, o barulho dentro da mandíbula pode ser bem dramático. Essa possibilidade, no entanto, não explicaria o "estouro audível" alegado por diversas testemunhas. Assim como o destino do navio *Mary Celeste** ou a identidade real de Jack, o Estripador, essas explosões bucais continuam encobertas por um véu enigmático. Por enquanto, pelo menos, tudo indica que o mistério dos dentes explosivos continuará sem solução.

---

* *Mary Celeste* foi um navio mercante norte-americano encontrado à deriva no Oceano Atlântico. Seus tripulantes foram dados como desaparecidos e nunca se descobriu o que ocorreu com eles. [NT]

HUMAN FOUNTAIN

MACABRE MEDICINAE

A MULHER QUE

URINAVA
PELO NARIZ

Salmon Augustus Arnold, médico de Providence

Macabre Edition 06 · DarkSide Books

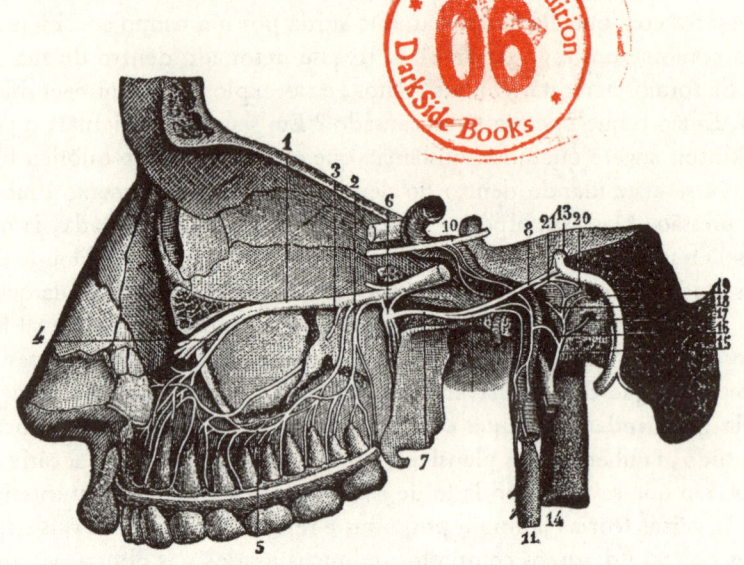

- 1825 -

Os desgostos da mulher que sofria de uma "desordem de urina errante", uma condição que interrompeu o fluxo normal de sua vida e lhe causou rios de sofrimento, cujos amargos sintomas incluíam urina sendo expelida por diversos orifícios.

New England Journal of Medicine and Surgery

THOMAS MORRIS
MEDICINA MACABRA

CASO Nº 06

O doutor Salmon Augustus Arnold, um desconhecido médico geral da cidade de Providence, em Rhode Island, nos Estados Unidos, não deixou uma grande marca na história. No entanto, ele tem uma chance de se tornar um nome imortal, graças ao desconcertante relatório que escreveu para a *New England Journal of Medicine and Surgery* [Revista de Medicina e Cirurgia da Nova Inglaterra] no ano de 1825. O relato tem o peso de uma versão do filme *O Exorcista* escrita por Rabelais,* com reviravoltas horripilantes e uma quantidade inexplicável de fluidos corporais. O doutor Arnold acreditava ter identificado uma condição rara, ainda inédita para a ciência, a qual ele batizou de *paruria erratica* — uma frase em latim que significa "desordem de urina errante". Um nome bem estranho, mas também curiosamente apropriado:

Caso de paruria erratica ou uroplania.
Por Salmon Augustus Arnold, doutor de medicina.

> Maria Burton, 27 anos, de sólida constituição, costumava apresentar uma boa saúde até junho de 1820, quando foi afetada por uma supressão catamênica acompanhada de hemoptise.

Traduzindo para os leigos: a menstruação dela atrasou e ela começou a tossir sangue.

> Os médicos presentes, cujas práticas eram irregulares, aplicaram uma sangria excessiva no dia seguinte. Após isso, e com o corpo dela tendo se tornado bastante debilitado, eles imprudentemente administraram eméticos, uma operação que terminou por causar um prolapso uterino e uma total incapacidade

---

* François Rabelais (1494-1553) foi um autor do Renascimento francês que teve como grandes marcas, entre outras, a sátira e a escatologia. Ele foi o autor dos clássicos *Pantagruel* e *Gargântua*. [NT]

de realizar a função de secreção urinária. A paciente ficou nesse estado por quase dois anos, sem qualquer alívio de sua condição, ainda que tenha recebido, na maior parte desse período, o tratamento de médicos respeitáveis.

O prolapso uterino ocorre quando a musculatura e os ligamentos que sustentam o útero na sua posição no abdômen se enfraquecem e distendem. O órgão então desce pela vagina. Uma complicação comum nesses casos é o prolapso da bexiga, que causa a incapacidade de urinar, algo que evidentemente aconteceu nesse caso. A partir daí, tornou-se necessário inserir diariamente uma sonda na bexiga da paciente para retirar a urina. Foi então que as coisas começaram a ficar... estranhas.

Em setembro de 1822, pouco após eu atendê-la pela primeira vez, fazia 72 horas que sua urina não era extraída com o uso do cateter. O líquido, então, encontrou outra saída, pela sua orelha direita, escorrendo gota a gota, num fluxo que durou por horas até que a bexiga estivesse vazia. No dia seguinte, às 17h, o fenômeno tornou a ocorrer, continuando por tanto tempo quanto no dia anterior, com a diferença de que dessa vez a descarga de líquido fora maior. O líquido expelido foi depositado sobre uma pá aquecida, resultando num cheiro peculiar de urina, indicativo da presença de ureia naquela excreção.

Inexplicavelmente, o "teste da pá aquecida" não faz parte dos procedimentos convencionais de diagnóstico dos dias de hoje. A secreção de urina pelas orelhas continuou, tornando-se mais frequente a cada dia que passava. Aquilo estava, de acordo com o doutor Arnold,

gradativamente aumentando em quantidade e sendo evacuado em menos tempo, chegando ao ponto de 500 ml de urina expelidos em quinze minutos, num fluxo do tamanho aproximado de uma caneta tinteiro. Então, o fluxo se tornou mais irregular, sendo expelido de poucas em poucas horas, em quantidades maiores, até que mais de 2 litros foram eliminados num período de 24 horas.

Isso totaliza mais do que a média diária de urina de uma pessoa saudável. Depois disso, apareceram novos sintomas: ela passou a sofrer de espasmos e "desmaios". Em certos momentos, estava rindo, cantando e falando coisas sem coerência, ainda que "frequentemente dotada de um nível de sagacidade e humor fora do comum"; em outros, chegava a ficar catatônica por até doze horas. E o pior ainda estava por vir.

> A visão de seu olho direito logo degradou, e a do olho esquerdo se tornava frequentemente tão comprometida que ela mal era capaz de distinguir os objetos do outro lado do recinto — o olho esquerdo, contudo, agora está em perfeitas condições. A audição de seu ouvido direito se encontra tão danificada que ela perdeu a habilidade de distinguir sons, passando a ouvir um chiado constante que a confunde, o qual se assemelha ao rugir de uma cascata a distância.

Estranhamente, essa cachoeira imaginária logo se tornou algo bem real:

> O próximo canal de saída de urina a se estabelecer foi a orelha esquerda. Alguns momentos antes de cada eliminação do líquido, um ruído similar ao que ela percebera no ouvido direito agora ressoava do lado esquerdo. Ela não pode ouvir com exatidão por dez ou quinze minutos em antecipação ao fluxo de urina, e o mesmo também ocorre após a saída da urina. Pouco após o princípio da expulsão de excreção pelo ouvido esquerdo, a urina encontrou um caminho pelo olho esquerdo, o qual começou a lacrimejar pela manhã e seguiu nesse estado por horas a fio, ocasionando uma considerável inflamação ocular.

Veja bem, se possível: isso está ficando ridículo. Mas segura aí, porque ainda há mais chegando.

> Em 10 de março de 1823, a urina começou a sair em grandes quantidades pelo estômago, pela boca, sem dar mostras de ter se misturado com os conteúdos presentes dentro desse órgão. Em 21 de abril, o seio direito se tornou enrijecido e inchado, causando bastante dor, o que deixou evidente que o fluido também se instalara ali, pois algumas gotas escorreram do mamilo. Desde então, ocasionalmente, o seio esquerdo expeliu urina.

Vamos segurar só um instante e contabilizar. Temos urina saindo pelas duas orelhas, pelos dois olhos, pela boca e pelos seios. Não há mais orifícios por onde a urina poderia sair, certo? Até parece! É claro que há.

10 de maio de 1823 : entre a região hipogástrica e umbilical, o abdômen foi tomado por violentos espasmos, os quais
causaram o surgimento de trechos enrijecidos e de uma dor
aguda, que atravessou da bexiga até o umbigo, ao redor do
qual se sentia uma severa e penosa sensação de torção. Após
alguns dias, ouviu-se um ruído alto, similar ao som produzido pela retirada de uma rolha de garrafa, e a urina esguichou umbigo afora, como uma fonte.

A experiência pela qual essa pobre mulher passou é muito assustadora.
Ainda assim, é preciso admitir que a imagem de um chafariz de urina
jorrando do umbigo dela deve ter sido inesquecível. Incrivelmente,
o grande momento ainda estava por vir:

A natureza, alcançando o máximo de seus esforços para causar
irregularidades, achou por bem completar a assombrosa lista
de fenômenos deste caso causando uma secreção de urina pelo
nariz. Essa nova modalidade de descarga de urina se iniciou
em 30 de julho de 1823, escorrendo pela manhã num gotejar
e aumentando em intensidade nos dias subsequentes, até que
um considerável fluxo de urina se estabelecera.

Será que esse líquido todo era mesmo urina? O doutor Arnold man-
dou diversas amostras para um professor de química, que as analisou
e atestou a presença de uma alta proporção de ureia no fluido — a ureia
é um produto residual orgânico encontrado na urina normal. A próxima pergunta óbvia: será que esse fenômeno era genuíno, ou estaria
a mulher se exibindo fingindo?

Com o intuito de sanar quaisquer dúvidas, eu e meu amigo
doutor Webb, a quem pedi algumas vezes que a consultasse,
permanecemos ao lado da paciente por períodos alternados de
quatro horas, no decorrer de um dia. A quantidade de urina
secretada nessa ocasião foi tão abundante quanto a que regis-
tráramos nos dias anteriores e posteriores à data em questão.
Nunca houve qualquer dúvida de que esses fluidos, os quais
se provou serem urina, estavam de fato se projetando para
fora do corpo pela orelha ou por outras partes, já que isso era
confirmado, dia após dia, por testemunho visual.

O doutor podia ter resumido com um simples «eu mesmo vi», mas decidiu se exibir com um pomposo «testemunho visual» que, de fato, soa mais profissional. Mas o que aconteceu com a paciente? A história tem um final feliz. Quer dizer:

> Tal distúrbio em seu organismo seguiu num crescendo de intensidade por quase seis meses, causando a impressão em todos que a viam de que ela não teria meios de sobreviver ao dia a dia de sua enfermidade. Após esse período, entretanto, a condição amenizou pouco a pouco. Hoje em dia, quando sua urina é livremente expelida, o alívio que a percorre é tão grande que a paciente se torna capaz de andar pelo seu aposento. Durante o verão de 1824, ela chegou a cavalgar com certa frequência. Os jorros pela orelha direita, pelo seio direito e pelo umbigo permanecem cotidianos, ainda que menos intensos ou recorrentes do que há um ano. A quantidade provinda da bexiga segue a mesma. Faz alguns meses que estômago, nariz e olhos não excretam qualquer urina.[8]

Não devia ser uma situação das mais fáceis. Imagina se alguém o convidaria para um jantar ou uma festa se soubesse que você pode terminar urinando espontaneamente pela orelha. O relatório conclui com algo que o doutor Arnold intitulou de «diário de descargas», um documento de épicas proporções — dezessete páginas — e intenções, mas que acerta a mira: um registro de quanta urina a paciente expeliu a cada dia, por um período de mais de nove meses, com as especificações de por qual(is) orifício(s) o jorro saiu.

Caso você esteja considerando esta história toda exagerada demais para ser verdade, é possível que seu instinto esteja certo. Mas existe uma chance bem pequena de que Maria Burton sofresse de uma exótica combinação de condições com sintomas bizarros. Sabemos que sua doença começou com um prolapso uterino, que causou uma obstrução em seu trato urinário. Se o organismo não consegue se livrar dos dejetos por meio da urina, o sangue pode ficar saturado com ureia, uma condição chamada de uremia. Os sintomas típicos da uremia incluem fadiga, estados mentais alterados e tremores, todos eles descritos no caso de Burton. Some-se a isso que a possibilidade mais assustadora da uremia, presente apenas em pacientes com falência renal, é a geada urêmica, quando a ureia atravessa a pele e se cristaliza. Ao se dissolver no suor, a ureia produz um líquido que tem o mesmo cheiro e a aparência de urina. Caso ela também estivesse sofrendo de edema — uma acumulação de fluidos nos tecidos —, essa transpiração se tornaria bem abundante.

Ah, mas e a urina que "esguichou umbigo afora, como uma fonte"? Surpreendentemente, pode haver uma explicação racional para isso também. A bexiga é ligada ao umbigo por uma estrutura chamada úraco, uma formação vestigial do canal que drena a urina da bexiga fetal durante os primeiros meses de gravidez. Esse tubo geralmente desaparece antes do nascimento, deixando para trás somente um cordão fibroso. No entanto, em alguns casos, a estrutura permanece até a vida adulta.[†] Quando esse canal vestigial é muito estreito, pode não ser notado. Mas, se a pressão se acumular na bexiga, a urina pode ser forçada por essa abertura até sair pelo umbigo.

Caso resolvido? Não exatamente. Uma paciente com uremia severa teria sorte se chegasse a sobreviver por seis meses, quanto mais por dois anos. E esse não é o único problema. Não é só improvável, mas fisiologicamente impossível, que a urina seja liberada pelos ouvidos ou pelo nariz[‡]. Ou seja, ou Maria Burton foi a única pessoa na história da medicina a ter mijado pelo nariz, ou ela era muito boa em fingir que o fazia. E sabemos qual das duas opções é a mais provável.

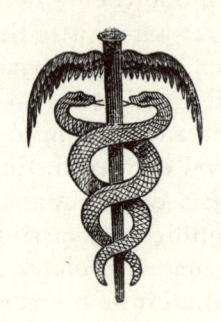

[†] Uma condição conhecida como úraco persistente.

[‡] Ainda que seja engraçado, vários dicionários médicos antigos incluíam a palavra "oturia", cuja definição é "urina liberada pela orelha", um termo que descreve um fenômeno impossível de ocorrer.

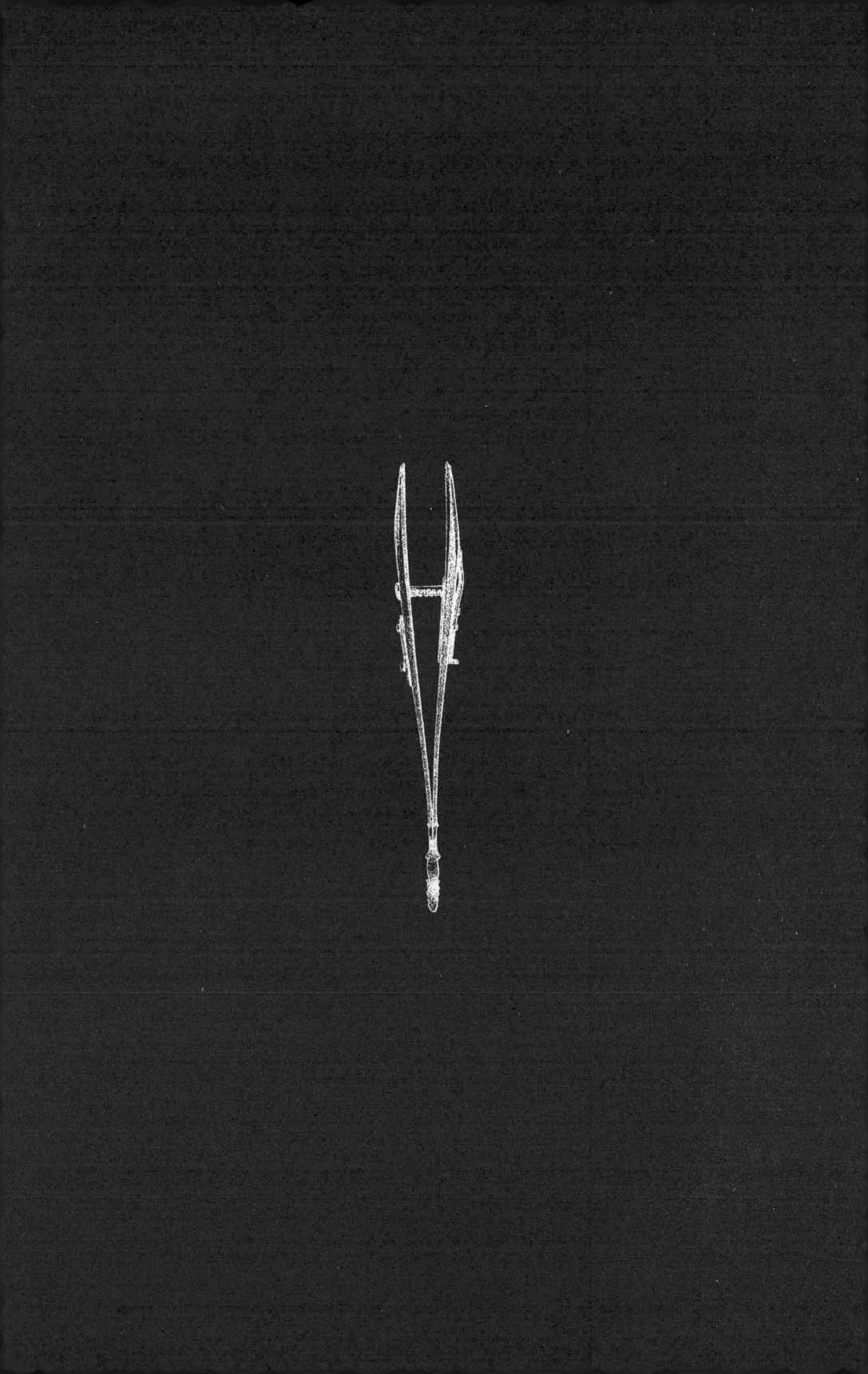

PARASITE

MACABRE MEDICINAE

O EXTRAORDINÁRIO
GÊMEO
PARASITA

Pierre Ardoin, médico francês

Macabra Edition 07 DarkSide Books

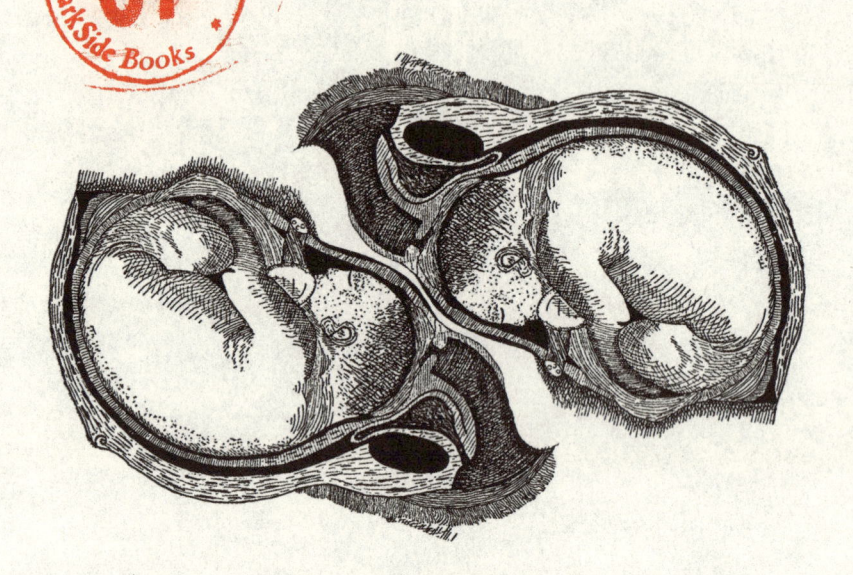

- 1834 -

O inacreditável relato de um médico sobre o caso de um garoto que, à beira da morte, terminou por se restabelecer após expelir pela boca algo impressionante: um feto plenamente formado.

London Medical and Surgical Journal

Este divertido caso foi publicado originalmente num jornal grego em 1834 e rapidamente se tornou uma sensação entre as publicações europeias. Pierre Ardoin, um médico francês que havia se situado na ilha de Syros, no mar Egeu, foi chamado por pais aflitos cujo filho, Demétrius Stamatelli, estava doente. Foi assim que uma revista londrina descreveu o ocorrido:

Extraordinário aborto
Feto regurgitado por garoto.

No último dia 19 de julho, quando *monsieur* Ardoin foi convocado a tratar desse jovem, o médico o encontrou sofrendo agudas dores no abdômen. Ele prescreveu diversos remédios, os quais não obtiveram nenhum sucesso em diminuir os tormentos do garoto, chegando-se ao ponto de o doutor recomendar que a criança recebesse a unção.

A partir daí, ou o doutor Ardoin encontrou sinais de melhora, ou os pais se negaram violentamente a desistir da vida do filho, porque o médico logo decidiu que havia coisas mais úteis que ele poderia fazer pelo garoto do que preparar seus últimos ritos.

No dia seguinte, ele administrou um emético catártico, que a princípio causou apenas uma diminuta quantidade de vômito.

O "emético catártico" em questão era uma mistura nojenta de óleo de rícino, chicória-coralina* e ipecacuanha.† O resultado dessa gororoba não deveria ser bonito, já que a intenção era causar tanto vômito quanto diarreia.

---

* Uma planta marinha encontrada no Mediterrâneo de cuja receita usava as folhas secas.
† As raízes de uma planta de origem brasileira, muito usada na época para tratar disenteria.

Tal estado teve pouca duração. Logo os vômitos retornaram com uma dor pungente e, por fim, o garoto regurgitou um feto pela boca.

Calma. Ele vomitou... um feto ?

O crânio do feto estava plenamente formado, assim como um dos braços. O feto não tinha nenhuma das extremidades inferiores, somente uma prolongação de musculatura que se afinava na ponta e estava conectada à placenta por um cordão umbilical. Passados três dias, a condição do paciente melhorara. Seus mórbidos sintomas haviam diminuído, e desde então ele continuou a se restabelecer.[9]

O doutor Ardoin levou o inesperado objeto para casa e convidou os outros médicos da ilha de Syros para ajudá-lo a conduzir um exame. Na sequência, passou a preservar o feto em álcool. "Decidi torná-lo público", escreveu o doutor Ardoin, "para que não fosse considerado uma farsa". Mesmo assim, muitos duvidaram da veracidade da descrição do doutor Ardoin. Alguns membros da Academia de Ciências de Paris tinham suspeitas sobre o "extremo cuidado" com que o médico divulgara o caso, por isso pediram ao naturalista Étienne Geoffroy Saint-Hilaire que conduzisse uma investigação mais profunda. Saint-Hilaire tinha bastante interesse pela teratologia, o estudo de deformidades congênitas, portanto era o candidato ideal para essa tarefa. O naturalista conseguiu que o feto fosse enviado até ele em Paris e, após dissecá-lo, declarou que estava convencido de que se tratava de um feto humano parcialmente formado.

Nesse meio-tempo, Demétrius Stamatelli, o jovem paciente, acabou falecendo de causas desconhecidas. O médico responsável pela autópsia verificou que o trato digestivo do garoto tinha uma aparência completamente normal, concluindo que

os resultados da autópsia estão longe de confirmar que ele vomitou um feto. Todavia, a operação *post mortem* também não serve de evidência para a afirmação de que a história fora forjada, em decorrência do tempo decorrido entre o aparecimento do feto e o exame dos órgãos digestivos do paciente.[10]

Ainda assim, o estômago do garoto apresentava uma anomalia bem intrigante : uma pequena área da parede do órgão tinha uma quantidade fora do comum de vasos sanguíneos. Um comitê de médicos especialistas de Atenas concordou que esse deveria ser o ponto no qual a placenta do feto estaria grudada ao estômago. O relatório de Saint-Hilarie levou todas essas descobertas em consideração, chegando à conclusão de que, ainda que o caso não estivesse totalmente comprovado, não poderia classificá-lo como falso. Segundo ele, *caso* fosse um embuste, os pais "simplórios e ignorantes" do jovem Demétrius não estavam envolvidos.

O próprio Saint-Hilaire sabia que, em alguns casos, existe a possibilidade de um feto se desenvolver dentro de outro, um fenômeno conhecido como *fetus in fetu*.‡ É possível que Demétrius tenha dividido o útero da mãe com outro feto — seu gêmeo —, o qual teria sido absorvido pelo seu próprio corpo. Essa é uma ocorrência incrivelmente rara, com menos de duzentos casos registrados em toda a literatura médica. Um exemplo extremo disso, noticiado em 2017, ocorreu na Malásia, quando um garoto de quinze anos deu entrada no hospital com inchaço abdominal e dores fortes. Os cirurgiões depararam com um feto malformado, que pesava 1,6 kg, dentro do corpo do paciente.[11] O que faz do caso de Demétrius ainda mais incomum é a localização de seu "gêmeo". Ainda que casos de *fetus in fetu* tenham sido encontrados no abdômen, no crânio, na região escrotal e até na boca, é difícil acreditar que algo assim pudesse permanecer intacto, por mais do que alguns dias, dentro de um ambiente tão ácido quanto o estômago humano.

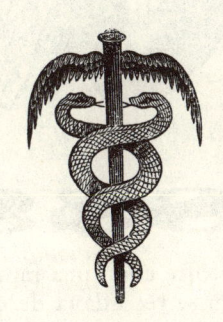

---

‡   Também conhecido como gêmeo parasita. [NT]

POST MORTEM

MACABRE MEDICINAE

A PRESENÇA DE UM CORPO ESTRANHO

Pierre Ardoin, médico francês

III

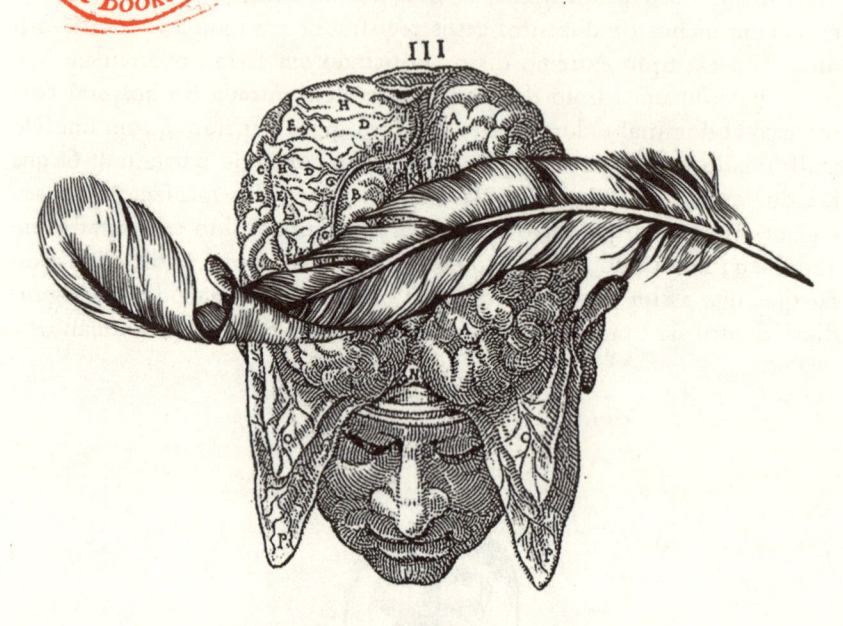

- 1888 -

Um comerciante sofre com uma morte repentina,
de dar pena: ninguém se recordava de qualquer incidente
ocorrido há tempos, nem mesmo sua viúva,
mas havia uma caneta tinteiro alojada por anos a fio numa
região próxima ao olho do falecido.

Chicago Medical Journal and Examiner

Macabre Edit 08 DarkSide Books

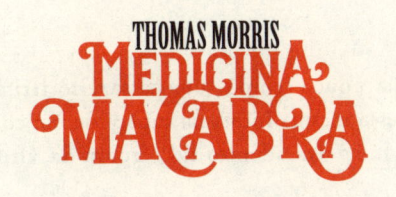

THOMAS MORRIS
MEDICINA MACABRA

CASO Nº 08

Sabe aquelas histórias sobre velhos soldados com mais de oitenta anos e dores nas costas repentinas, causadas por uma bala alojada em seu corpo desde a época que serviram no Exército e levaram um tiro do qual já esqueceram? Geralmente, essas histórias são reais. Muitos objetos estranhos, mesmo os feitos de materiais surpreendentes, podem ser tolerados pelo corpo e permanecer dormentes por décadas antes de causarem problemas.

Mesmo levando isso em consideração, o relato a seguir, publicado pela primeira vez na *Medical Journal and Examiner* [Revista Médica Examinadora] em 1888, é um caso isolado. Trata-se de um paciente que ficou com um corpo estranho alojado *no* cérebro por uns vinte anos antes que algum sintoma se tornasse aparente.

Um ferimento extraordinário

A ocorrência de ferimentos cerebrais letais por meio de golpes com objetos pontudos atingindo o crânio abaixo da pálpebra superior ou atravessando-a foi registrada inúmeras vezes. Os *baby-farmers* tornaram conhecida a prática de assassinar bebês com o auxílio de agulhas aplicadas nessa região da cabeça.

"*Baby-farmers*" eram aqueles cuja profissão ficava entre as funções contemporâneas de babás, orfanatos e uma espécie de custódia de crianças. Ao serem pagos, eles assumiam a responsabilidade pelos filhos dos outros, seja por períodos determinados, seja numa espécie de "adoção". Isso acontecia na Inglaterra durante a Era Vitoriana. Como essas pessoas eram pagas de uma só vez, em pequenas quantias por criança, a morte daqueles que estavam sob sua guarda acabava lhes trazendo lucro. Isso causou inúmeros casos de infanticídio. Após a campanha liderada pela *British Medical Journal* [Revista Médica Britânica], em 1867, as leis sobre adoção foram alteradas e se tornaram mais rigorosas, com mais regulação.

Além disso, há pouco tempo, um passageiro irritado afundou sua bengala dessa mesma forma na cabeça de um condutor, chegando a enfiá-la 10 cm adentro do cérebro da vítima.

Mesmo que eu já tenha me irritado com motoristas de táxi, não consigo imaginar nenhuma situação em que essa seja uma solução justa para uma briga contra um deles.

O efeito de um ferimento de tal natureza é, na maior parte dos casos, imediato. Dentro de uma ou duas horas — ou mesmo antes —, sintomas bastante sérios se manifestam. Um caso curioso de exceção a essa regra foi objeto de estudo durante a última semana, no Hospital de Londres, sendo a vítima um comerciante ambulante de 32 anos. Até algumas semanas anteriores à internação, o falecido afirmou estar em boa saúde, a ponto de ter mantido seus livros comerciais com precisão.

Os jornais da época identificam a vítima como Moses Raphael, do distrito de Bromley-by-Bow, no leste de Londres. Por causa de sua facilidade com números, o vendedor ambulante foi descrito como um "grande cérebro" — *uma descrição meio irônica*, afinal. Moses teve uma repentina e intensa dor de cabeça, além de reclamar de sonolência. Ele foi internado no hospital e faleceu poucos dias depois, tendo desenvolvido sintomas de "apoplexia". Essa palavra era geralmente usada para descrever um acidente vascular cerebral, ou derrame, mas seus médicos não poderiam imaginar o que viria a seguir:

Durante o exame *post mortem* do cérebro, descobriu-se um abscesso do tamanho de um ovo de peru na base do órgão, cuja formação evidentemente não era recente, dentro do qual havia uma caneta bico de pena, com o comprimento de aproximadamente 8 cm. Esse corpo estranho parecia estar naquela posição por um tempo considerável, pois se encontrava cravado no osso. Não havia quaisquer resquícios de ferimentos tanto no olho quanto na narina correspondente à posição do objeto.

A viúva do comerciante ficou chocada, pois ele nunca mencionara nada que tivesse alguma relação com aquilo, e ninguém se lembrava de ele ter se machucado naquela região em nenhum momento da vida.

A caneta bico de pena era de um tipo escolar comum e não havia nenhum indício para sinalizar que o ferimento não ocorrera anos antes, enquanto o falecido ainda era um estudante. Levando isso em consideração, este é um caso bastante singular, no qual se demonstra a extrema capacidade de tolerância do cérebro contra um ferimento bastante grave, além da resistência à presença de um corpo estranho sob tais circunstâncias. Provou-se fortuito, de certa forma, que o paciente tenha falecido num hospital. Aos cuidados de um médico particular, sua morte seria justificada como um caso de apoplexia, ou ainda, caso houvesse um inquérito, como uma «visita de Deus».[12]

«Visita de Deus» era o veredito para vários casos de mortes súbitas ou inexplicáveis. No caso do óbito desse paciente em específico, talvez seja injusto invocar a mão de uma divindade para justificá-lo, mesmo que seja para citar uma divindade que estaria escrevendo certo por linhas tortas, talvez até usando uma caneta, mas sem pena.

anatomical Study

Macabra Édition

DarkSide Books

C.

TERCEIRA INCISÃO

3. REMÉDIOS IRREMEDIÁVEIS

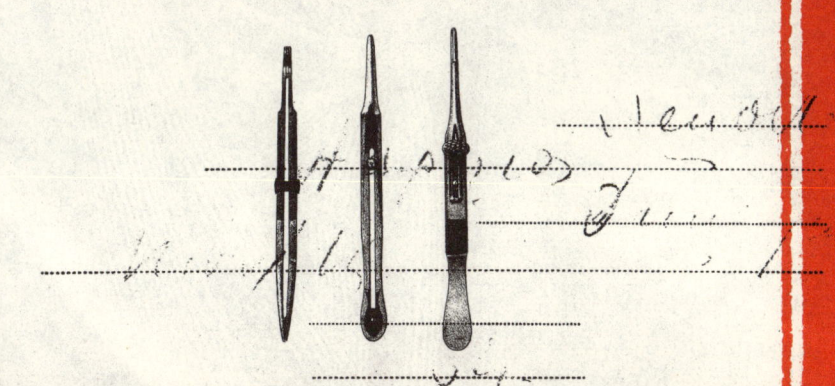

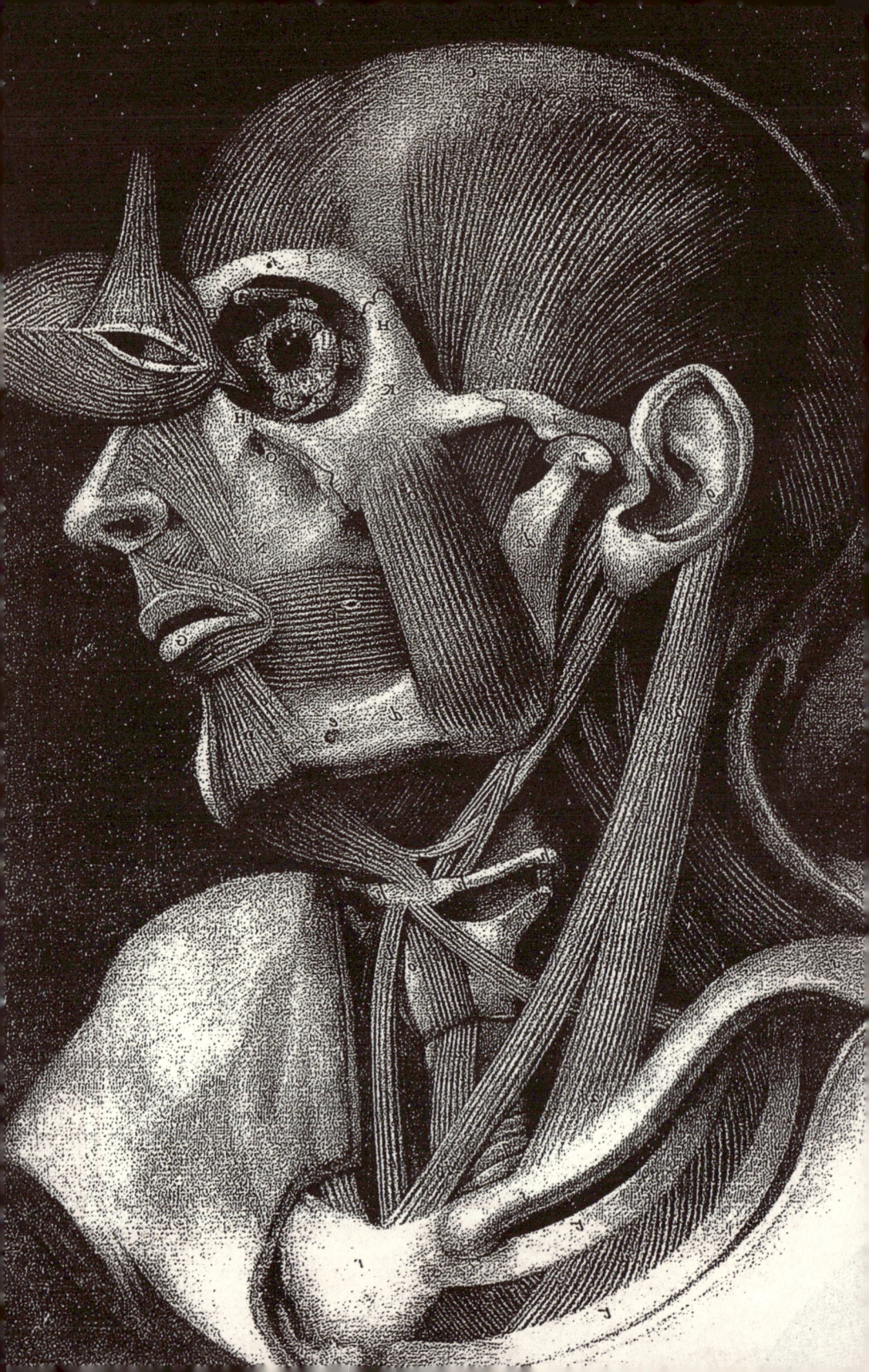

THOMAS MORRIS
MEDICINA MACABRA

REMÉDIOS IRREMEDIÁVEIS

e há algo que a maioria das pessoas sabe sobre a história da medicina é que os médicos de antigamente costumavam indicar alguns tratamentos bem estranhos. Por milênios, eles foram famosos por recomendar sangrias, uma terapêutica inventada — ao menos é o que disse Polidoro Virgílio, o sábio do Renascimento — pelos hipopótamos:

> Com o cavalo fluvial do Nilo, o homem aprendeu a retirar sangue, pois quando o animal está enfraquecido e destemperado, ele sai pela beira do rio *à procura do mais afiado caule de caniço, rompe uma das veias da perna contra o caule, com uma grande violência, e assim, por tais meios, aplaca a moléstia de seu corpo. Ao terminar tal procedimento, o animal* se põe a cobrir a ferida com lama.[1]

Algumas formas de sangria eram relativamente brandas. Sanguessugas, usadas por toda a Europa durante séculos, retiravam só uma colher de chá de sangue a cada aplicação. A sangria venosa, ou flebotomia, era um método mais drástico, no qual o médico abria uma veia para expelir grandes volumes de sangue. Essa técnica geralmente era usada no braço, ainda que pudesse ser aplicada por todo o corpo. Num tratado publicado em 1718, o médico alemão Lorenz Heister descreve instruções sobre como tirar sangue dos olhos, da língua e até do pênis. Um dos expoentes mais entusiásticos da sangria, Benjamin Rush, um norte-americano do século XVIII, encorajava seus pupilos "a aplicarem sangrias de não apenas singelas quantidades de sangue em vasilhas, mas sim quilos de sangue, até encher baldes".[2] O uso dessa prática finalmente veio a diminuir no século XIX, ainda que alguns praticantes a defendessem até o fim dos anos 1890.

Se você tivesse a sorte de escapar de uma sangria completa, tomar os remédios que eram indicados pelos médicos também não era nada divertido. As drogas habitualmente prescritas nesse período incluíam compostos de mercúrio e arsênico. Venenos naturais, entre eles a cicuta e a beladona, também eram destaques do arsenal médico. O *Pharmacopoeia Londinensis*, um catálogo de medicamentos publicado pela primeira vez em 1618, traz uma fascinante perspectiva sobre o que era considerado «medicinal» na Inglaterra durante o século XVII. O livro inclui onze tipos de excrementos, cinco de urina, catorze de sangue, assim como saliva, suor e gordura animal de diversas espécies. Entre os itens que seriam encontrados numa visita de rotina a uma loja de boticário da época, estão *pênis* de veados e touros, pulmões de sapos, gatos castrados, formigas e miriápodes.

Talvez os itens mais esquisitos fossem lascas de unhas cortadas — usadas para provocar vômitos —, crânios de pessoas que faleceram de forma violenta — um tratamento para epilepsia — e pó de múmia.[3] Este último era indicado para uma variedade de enfermidades, incluindo asma, tuberculose e contusões, sendo que o pó de melhor qualidade era importado do Egito, conquanto uma imitação barata pudesse ser preparada em casa, bastando mergulhar um pedaço de carne em álcool e defumá-lo como se estivesse preparando um presunto. O resultado funciona tão bem quanto o pó de múmia original, além de ser um recheio para sanduíche infinitamente melhor.

Nenhum desses remédios estranhos ficou em uso muito além de 1800, o que não é de surpreender, mesmo que todos eles fossem perfeitamente ortodoxos em sua época. Conforme os antigos remédios cairam em desgraça e outros novos os substituíram, os médicos muita vezes descreveram suas experiências com as novas drogas nas revistas profissionais. Enquanto algumas delas foram consideradas efetivas e conquistaram ampla aceitação entre os profissionais, outras cairam no esquecimento. De modo geral, os relatos dos remédios fracassados são os mais divertidos de ler — os tratamentos indicados nesses casos não são ridículos só para nós, nos tempos atuais; eles já eram ridículos no momento em que foram concebidos.

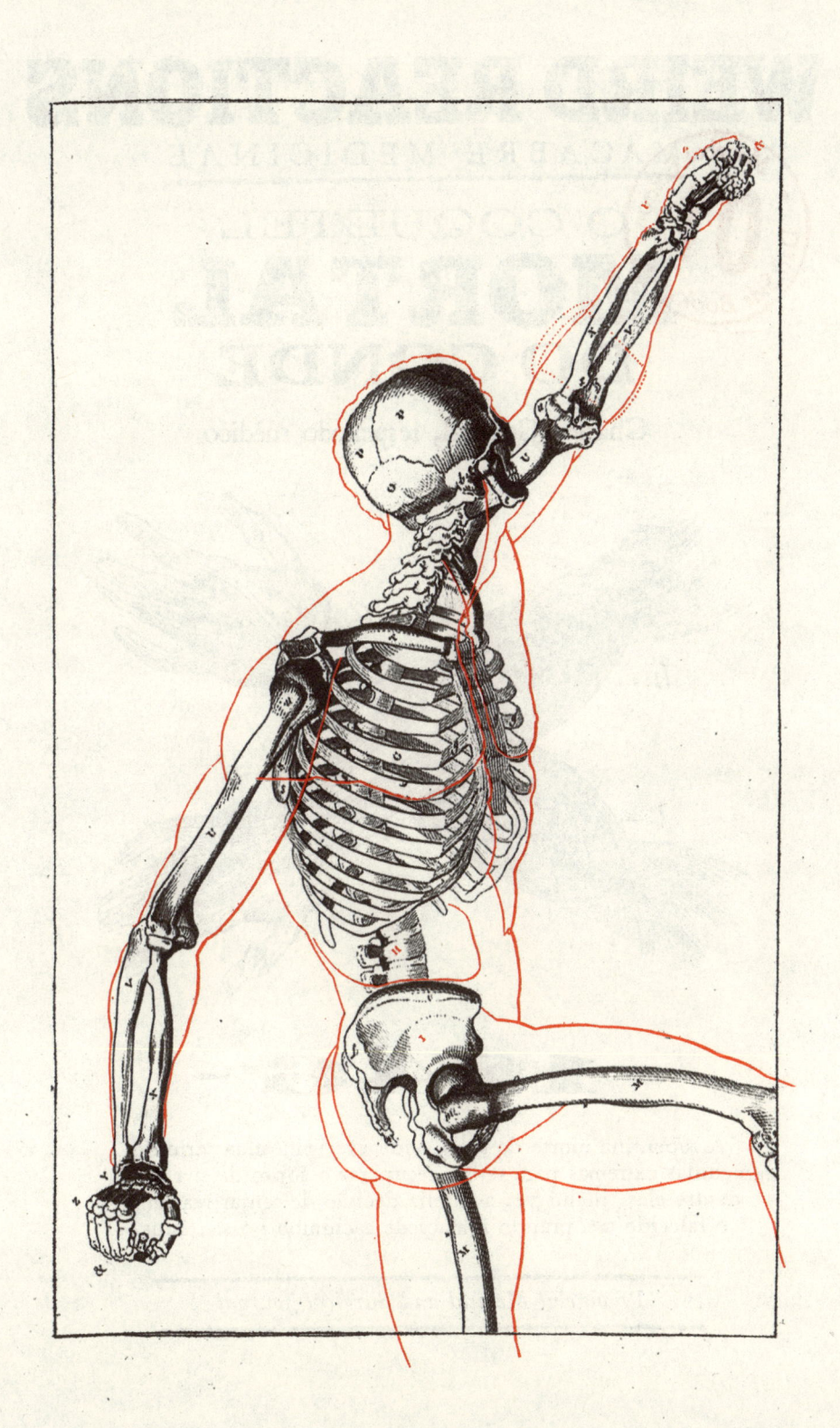

WEIRD REACTIONS

MACABRE MEDICINAE

Macabra Edition · 01 · DarkSide Books

O COQUETEL MORTAL DO CONDE

Charles Goodall, respeitado médico

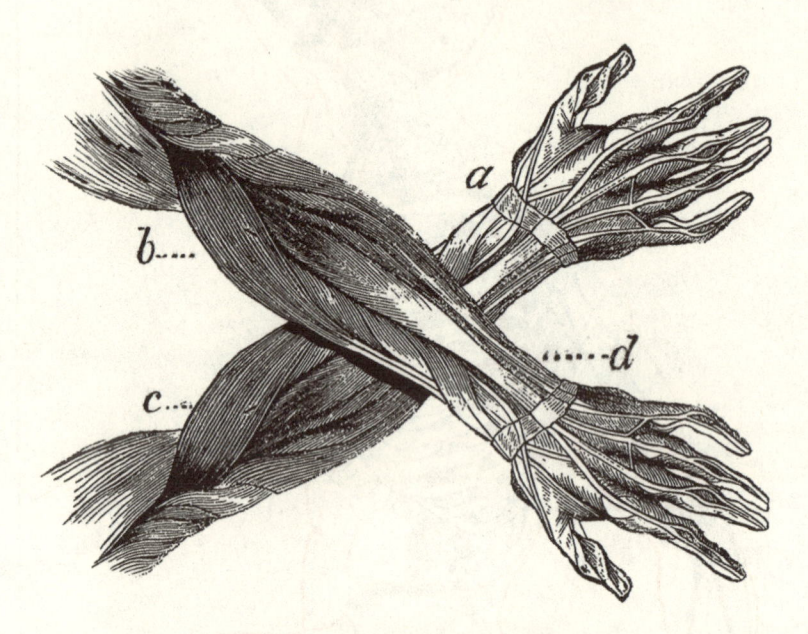

- 1846 -

A repentina morte de um Conde precipita uma série de medidas extremas para tentar recuperar o sopro de sua vida, dentre elas, inclusive, a infeliz decisão de tentar reanimar o falecido assoprando fumaça de cachimbo no seu ânus.

Provincial Medical and Surgical Journal

THOMAS MORRIS
MEDICINA MACABRA

Numa tarde ensolarada de agosto, um homem de cinquenta e poucos anos se divertia jogando bocha na opulenta cidade britânica de Tunbridge Wells. De um instante para outro, ele desmaiou e caiu no chão, aparentemente morto. Se uma cena assim ocorresse hoje, uma ambulância provavelmente chegaria em poucos minutos, munida de paramédicos que tentariam reanimar a vítima antes de carregar o pobre homem até a sala de emergência de algum hospital próximo. Mas, três séculos atrás, o que teria acontecido numa circunstância dessas? Graças a um extraordinário documento da Biblioteca de Bodleian, em Oxford, reproduzido na *Provincial Medical and Surgical Journal* [Revista Provinciana de Medicina e Cirurgia], em 1846, temos uma resposta para essa pergunta.

Anedota Bodleiana: Fragmentos Inéditos dos documentos da Biblioteca de Bodleian (continuação da p. 44) Uma missiva do doutor Goodall para sir Thomas Millington

Em 1702, o doutor Charles Goodall estava hospedado numa casa de amigos em Tunbridge Wells quando suas aptidões profissionais se tornaram inesperadamente necessárias. O doutor Goodall, um médico celebrado, que dali a alguns anos seria eleito presidente da Escola Real de Medicina descreveu os trágicos eventos que se sucederam numa carta para um eminente colega, *sir* Thomas Millington:

> O mais notável acidente desta temporada foi a súbita e espantosa morte daquele soberbo e distinto nobre, o conde de Kent, cuja descrição veraz, na sua íntegra, encontra-se a seguir.

O falecido era Anthony Grey, o 11º conde de Kent, de 57 anos.

O lorde chegou a Tunbridge Wells em perfeitas condições de saúde, e assim prosseguiu por cerca de doze dias. Ele não praticou nenhum exercício enquanto ali esteve, restringindo-se a caminhar após as rezas matinais, por uma hora ou duas, e, em certas ocasiões, após as rezas noturnas, no campo no qual se pratica bocha e croquet, na via Mount Sion. No derradeiro e fatal dia de vida do lorde, caminhei em sua companhia pelo caminho que vai até a capela, por duas ou três voltas. O lorde, então, se comprometeu a comparecer a uma partida de bocha, às cinco da tarde, uma atividade que ainda não realizara, assim como, enquanto estivera conosco, também não provara das águas.

No início do século XVIII, a maioria das pessoas que visitava Tunbridge Wells tinha a intenção de beber as famosas águas minerais da região. As fontes foram descobertas, segundo a tradição, em 1606, por Dudley, lorde North, um jovem nobre de quem não se tem mais notícias, que teria se recuperado de uma "persistente tuberculose" após beber a água de uma nascente que encontrara no mato. O próprio doutor Goodall estava no spa por motivos terapêuticos — sua rotina diária incluía beber das águas minerais e praticar bocha por duas horas, todos os fins de tarde.[4]

Cheguei ao campo na hora acordada entre nós e, antes mesmo de me aproximar, avistei o conde, que estava envolvido numa partida de bocha — se não me engano — com o lorde George Howard, o lorde Kingsale e *sir* Thomas Powis.

Um quarteto para lá de aristocrático.

Eu lhe relatei algumas notícias de que ele não havia ainda se informado, sobre as quais palavreamos entre os dois. O lorde, então, passou a jogar bocha, e eu mesmo participei (presumo) de duas ou três partidas. Em seguida, fui até a outra ponta do campo, onde disputei mais uma partida e o princípio de uma outra, quando se ouviu um repentino clamor: "Um lorde está caído! Um lorde caiu! Um médico! Um médico!", ao que abandonei o jogo e corri até o conde, encontrando-o morto sobre o chão, sem pulso ou respiração — restava-lhe apenas um pequeno ressoar no fundo da garganta; seus olhos já estavam fechados.

"Sem pulso ou respiração" parece bem definitivo: era uma parada cardiorrespiratória. Hoje em dia, alguém com experiência em primeiros socorros faria uma RCP (Reanimação Cardiorrespiratória), mas essa técnica, surpreendentemente, é um tanto recente — só foi descrita pela primeira vez lá por 1958. A princípio, imaginei que um médico do século XVIII teria percebido que o caso não dava esperanças, mas o doutor Goodall não estava disposto a desistir facilmente.

> Aplicou-se imediatamente uma sangria em ambos os braços do conde, fazendo-o sangrar uma quantidade de dez ou doze onças, de acordo com os registros.

Pouco mais de um copo de 200 ml.

> Nesse meio-tempo, apliquei o mais forte rapé de que dispunha e *Spiritus Salis Armoniaci* em ambas narinas, além de ordenar que trouxessem, quanto antes, 60 ml de *Vinum Benedictum*. O boticário (senhor Thornton) fez buscar 90 ml, as quais foram administradas ao conde sendo despejadas garganta abaixo, sem que uma única gota fosse desperdiçada.

"*Spiritus salis armoniaci*" (sal amoníaco) é uma solução de cloreto de amônia, um expectorante que era muito utilizado contra condições pulmonares. O melhor cloreto de amônia vinha do Egito e era feito de urina de camelo. "*Vinum benedictum*" é um vinho antimonial, feito da mistura do vinho com o metal tóxico antimônio, que era usado como um emético. O plano do médico, bastante ortodoxo para a época, era fazer o conde voltar à vida com o choque de uma reação extrema — espirrando, tossindo ou vomitando.

> Terminado o procedimento, carregamos nosso lorde, numa cadeira, para fora do campo de bocha, por um salão de danças, atravessando duas escadarias até alcançarmos um pobre aposento. Apoiei a cabeça do lorde — a qual, de outra forma, teria caído para os lados, para trás ou para a frente — com as mãos e o peito, até que ele foi colocado sobre a cama daquele pequeno quarto. A essa altura, requisitei um cirurgião, com a intenção de que ele aplicasse seis ou oito copos de ventosa nos ombros do conde e causasse escarificações profundas. Mas nem o cirurgião nem o boticário, ainda que estivessem presentes, tinham em mãos copo de ventosa, e não seria possível encontrar

tal item nos arredores, segundo afirmaram, na ocasião, tanto o cirurgião quanto o boticário. Ou seja, provou-se que seria impossível encontrar copos de ventosa em Tunbridge Wells, mesmo se a vida da própria rainha estivesse em risco.

Escarificação por ventosas era uma forma branda de sangria. Pequenas incisões eram feitas na pele, fazendo com que o copo de vidro de ventosa tirasse uma pequena quantidade de sangue por sucção.

> Ao me desapontar por essa triste coincidência, de pronto fiz com que a cabeça do conde fosse raspada e um forte empolador fosse despejado no *capiti raso*,* seguido de outro na extensão do pescoço e dos ombros.

Um empolador é algo que causa o que o nome diz: uma substância que era aplicada à pele, geralmente com um emplastro, numa tentativa de provocar bolhas na pele e forçar as toxinas a saírem do corpo. O médico também administrou várias colheres de xarope de espinheiro, um laxativo. Pouco tempo depois, um colega se juntou a ele, um tal de doutor Branthwait, que ficara sabendo do incidente e correra até lá para ajudá-lo. A sugestão do médico recém-chegado foi dar ao conde morto, ou que estava morrendo, um «bom julepo» — uma refrescante infusão de ervas. Os dois médicos certamente estavam sendo meticulosos. Mesmo assim, o tratamento estava prestes a ficar ainda mais extremo:

> O doutor West se aproximou, com o conselho de que deveria ser aplicada contra a cabeça uma frigideira aquecida até sua superfície metálica estar avermelhada...

Se, a essa altura, eles só parecem desesperados, deve ser porque estavam mesmo.

> [...] todavia, não parecia restar um único suspiro, pulso, qualquer resquício de vida em meu lorde, ainda que um ou dois dos médicos tenham pensado que havia algum rumor[†] de algo dessa natureza. Portanto, em resumo, tínhamos pouquíssimas

---

* Na cabeça raspada.
† Nesse caso, um vislumbre ou traço.

esperanças sobre o caso do conde, e obtivemos pouco ou nenhum estímulo por meio dos procedimentos aplicados.

A essa altura, o doutor Goodall se frustrou porque o quarto estava "abarrotado de lordes e cavalheiros", de modo que ordenou que todos saíssem. Um deles, o bispo de Gloucester, decidiu levar as notícias até a filha do conde, que morava a 1,5 km dali.

> Ao receber a notícia, como seria de esperar, ela reagiu de forma emocionada, clamando: "Meu lorde está morto? Meu lorde está morto? Diga-me, meu lorde, fale a verdade." O bispo, então, confirmou que o pai dela falecera, em decorrência de uma apoplexia. Ela inquiriu se haviam sido aplicados copos de ventosa e decidiu ir pessoalmente até o querido pai.

Fora de si, a jovem pediu que o corpo do pai fosse levado até seu próprio apartamento. O doutor Goodall consentiu,

> julgando que o movimento da carruagem, em conjunto com o calor do criado de meu lorde, que segurou-o pela cintura, assim mantendo seu corpo em posição ereta, poderia facilitar o funcionamento da medicação de vômito e expurgo administradas algumas horas antes, caso ainda houvesse o menor calor ou vida em seu estômago ou nos intestinos, o que talvez fosse verdade, ainda que tal evidência estivesse indiscernível para nós.

Essa era uma esperança perdida. Tudo indica que o pobre homem falecera minutos depois de seu colapso original. Mesmo assim, o cadáver do conde, é de presumir, foi colocado numa carruagem e transportado até seus aposentos. Mesmo ali, os tratamentos continuaram:

> Tão logo quanto o lorde fora acomodado em sua cama quente, ordenamos que diversos cachimbos de tabaco fossem acessos, para serem soprados no ânus, o que consideramos que poderia ajudar, já que não dispúnhamos de clisteres de tabaco.

Um "clister" é um enema. Um preparado líquido de tabaco, um conhecido estimulante, era rotineiramente injetado pelo ânus para tratar uma variedade de enfermidades. Naquela ocasião em especial, no entanto, eles não desfrutavam da presença dos equipamentos necessários para um enema, por isso decidiram assoprar fumaça na bunda do homem morto. Ainda que pareça uma decisão um tanto quanto excêntrica, essa era uma técnica comum de reanimação, muito utilizada em casos de afogamento. Quando mesmo essa tentativa falhou, os médicos chegaram ao limite do desespero. Desolados, tentaram um último tratamento, um método para tentar esquentar o paciente:

> Após o término desse procedimento, sob recomendação de *sir* Edmund King, as tripas de uma ovelha morta na própria casa foram colocadas sobre o estômago e a barriga do conde. Contudo, nossas tentativas não obtiveram resultados, ainda que tenhamos sido bastante encorajados a testar todos os remédios possíveis, tratando-se de um caso tão importante, e por mais que estivéssemos confiantes no raciocínio de que muitos apopléticos voltaram à vida mesmo após um tempo considerável depois do surgimento dos primeiros indícios de que estavam mortos.

Um "apoplético" é alguém que sofreu apoplexia, o que chamaríamos atualmente de derrame cerebral ou acidente vascular cerebral (AVC). Os pacientes de derrame, de fato, algumas vezes entram em coma e depois se recuperam. Além do mais, três séculos atrás, os médicos ainda tinham bastante dificuldade em diferenciar um coma de uma morte. Sem um estetoscópio, seria impossível ter certeza de que o coração havia parado de bater. Em alguns casos, só era seguro declarar o óbito a partir do momento que o corpo passava a apresentar sinais de *rigor mortis*. Nesse contexto, a perseverança do doutor Goodall em seus esforços de reanimação é bem razoável.

A carta conclui com uma longa discussão sobre as possíveis causas da morte. Os colegas do doutor Goodall acreditavam que o conde morrera de um abscesso ou de uma "síncope" — esta última possibilidade não tinha sentido nenhum como diagnóstico, já que ela significa apenas uma "perda de consciência". Um abscesso também não era a causa provável, pois casos de abscesso geralmente apresentam sinais de infecção antes de um colapso fatal para o paciente. Existem, na verdade, inúmeras coisas que podem causar uma morte súbita: um ataque cardíaco, uma parada cardíaca, ou mesmo a ruptura de um aneurisma, por exemplo. Mas o doutor Goodall estava convencido de que a fatalidade fora causada por um derrame cerebral, pontuando que, nos casos mais severos, o paciente é, como fora com o conde, atingido por uma carroça, ou nocauteado por um porrete, ou golpeado por um açougueiro, para nunca mais voltar a mover as mãos ou os pés.[5]

Segundo ele, o desventurado conde de Kent foi abatido por um golpe desse tipo e terminou morto, num só sopro.

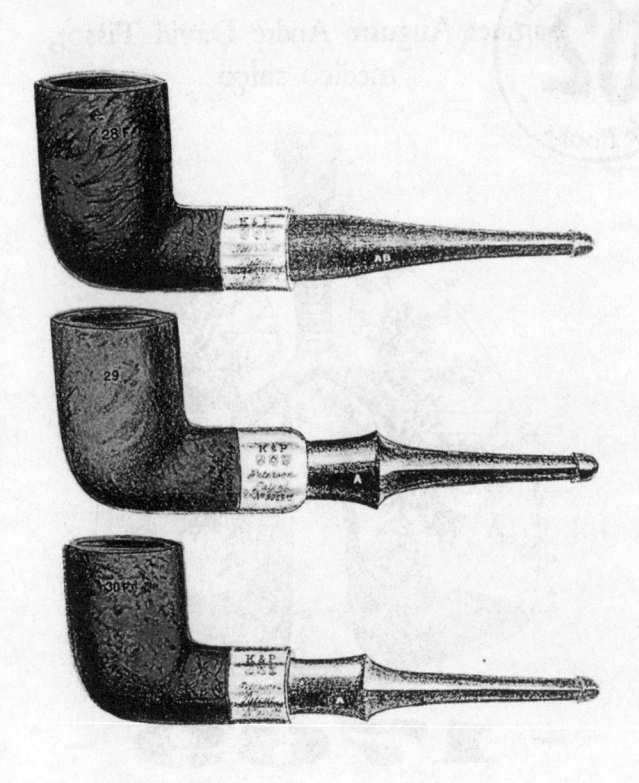

DROWNINGS
MACABRE MEDICINAE

O CURIOSO
BLASTÓPORO
DE FUMAÇA

Macabre Edition
02
DarkSide Books

Samuel Auguste André David Tissot,
médico suíço

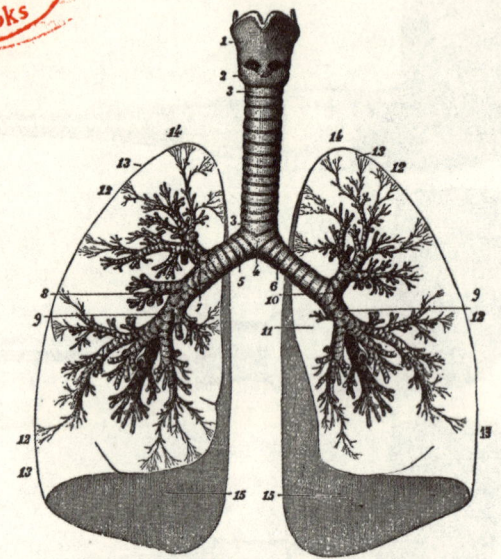

- 1769 -

Uma breve descrição das inusitadas técnicas antigas para socorrer afogamentos, as quais incluíam soprar fumaça de cachimbo nos pulmões e intestinos da vítima, realizar sangrias e até mesmo sacrificar animais para embrulhar o paciente.

Advices with Respect to Health

THOMAS MORRIS
MEDICINA MACABRA

Samuel Auguste André David Tissot era um eminente médico do século XVIII. Ele foi o autor dos primeiros estudos acadêmicos sobre enxaqueca, além de ser muito lembrado pelo seu trabalho sobre os supostos males da masturbação, *L'Onanisme* [O Onanismo]. Em 1761, publicou *Avis au peuple sur sa santé* [Aviso às pessoas sobre sua saúde], um pequeno livro direcionado ao público leigo e traduzido para o inglês seis anos depois.

Um dos primeiros leitores dessa obra foi John Wesley, o fundador do Metodismo, que era fascinado por medicina e tinha um pequeno consultório como médico amador, concedendo atendimentos gratuitos àqueles que não podiam pagar por um médico profissional. Em 1769, ele publicou a própria versão do trabalho de Tissot, sob o título de *Advices with Respect to Health* [Conselhos a respeito da saúde]. Mesmo que muitos dos seus conselhos sejam válidos até hoje, há outras partes do livro que, bom, ficaram um pouco ultrapassadas. Vejamos, por exemplo, o capítulo das dicas de Tissot sobre os primeiros socorros na eventualidade de afogamentos, que até começa de forma razoável:

Instruções a respeito de pessoas afogadas

Sempre que uma pessoa afogada tiver permanecido debaixo d'água por um quarto de hora, não deve haver esperanças consideráveis de sua recuperação. Em tais situações, o espaço de dois ou três minutos, via de regra, é o suficiente para matar um homem. Todavia, como diversas circunstâncias podem ocorrer para prolongar a vida além do termo habitual, não devemos desistir da vítima rápido demais, pois é sabido que, mesmo após a passagem de duas ou até três horas, certos corpos tornaram a se recuperar.

Algo assim soa bem improvável. Sete minutos debaixo d'água costumam ser o bastante para causar danos cerebrais fatais, e, após meia hora, as chances de sobrevivência são praticamente inexistentes. Em tese, o afogamento em águas muito geladas pode aumentar esse limite máximo, levando em consideração que a hipotermia reduz a necessidade de oxigênio a ser absorvido pelo corpo e também dispara mecanismos fisiológicos que desaceleram o metabolismo. Ainda assim, há apenas alguns casos conhecidos nos quais as pessoas sobreviveram por no máximo uma hora debaixo d'água, e não existem casos reconhecidos pela medicina que falem em sobrevivência de vítimas submersas por duas ou três horas.

Tissot lista diversas medidas que devem ser tomadas para aumentar as chances de a vítima de afogamento se recuperar.

> Desnude o paciente imediatamente e o esfregue vigorosamente com toalhas grossas secas. Tão logo quanto possível, deite-o sobre uma cama bem aquecida e continue a massageá-lo por um tempo considerável.

Antes da invenção da reanimação cardiorrespiratória (RCP), esfregar o corpo era considerado o melhor método de restaurar a circulação, mesmo quando o coração estivesse parado. A respiração artificial, por outro lado, já era conhecida no século XVIII:

> Uma pessoa forte e saudável deve forçar seu próprio sopro quente para dentro dos pulmões do paciente. A fumaça do tabaco, caso esteja à mão, deve ser administrada por meio de um cachimbo posicionado na boca.

Para ter uma ideia do que está sendo sugerido, imagine um paramédico fazendo respiração boca a boca enquanto fuma um cigarro. Tissot, como muitos médicos do século XVIII, acreditava que a causa primária de afogamento não fosse necessariamente a inalação de água, e sim a espuma criada pelo líquido ao entrar em contato com os gases no pulmão. A teoria por trás dessa intervenção partia do princípio de que a fumaça do tabaco dissolveria a espuma, fazendo com que o ar recuperasse sua "elasticidade", ou pressão — um termo técnico emprestado dos registros dos experimentos de Robert Boyle. Naturalmente, a sangria também era um componente vital do tratamento de emergência.

> Caso haja um cirurgião por perto, ele deve abrir a veia jugular, para que cerca de 300 ml de sangue sejam extraídos. Tal procedimento de sangria renova a circulação e remove a obstrução da cabeça e dos pulmões.

E por que soprar fumaça de tabaco somente nos pulmões do paciente? Dois orifícios funcionam melhor do que apenas um.

> As emanações de tabaco devem ser baforadas, da maneira mais rápida e abundante quanto possível, intestino acima pelo fundamento. Dois cachimbos bem acessos podem ser aplicados. A extremidade de um deles deve ser introduzida no fundamento, e a do outro pode ser assoprada pulmões adentro.

Para esse propósito, Tissot chega a recomendar o uso de um cachimbo ligado a uma bexiga, um aparato bem parecido com o utilizado pelos paramédicos de hoje em dia para realizar ventilações com bolsa-máscara. Assoprar fumaça de tabaco pelo reto não era uma ideia excêntrica por si só. Como já vimos, a técnica também foi empregada na tentativa falha de reanimar o conde de Kent e era bastante utilizada na Europa do século XVIII. A prática era conhecida como fumigação alemã, ainda que se acredite que a técnica tenha sido inventada pelas tribos nativas americanas, séculos antes disso.

O livro de Tissot foi publicado pouco antes do surgimento das sociedades humanitárias, organizações dedicadas ao estudo e à prática da reanimação. A primeira delas, a Sociedade de Salvamento de Pessoas Afogadas, foi fundada em Amsterdã, em 1767. Em pouco tempo, outras sociedades similares surgiram em Alemanha, Itália, Áustria, França e Inglaterra. A fumigação alemã era vista como uma técnica tão importante que tubos e foles para soprar fumaça de tabaco "fundamento adentro" foram instaladas em lugares públicos, como cafeterias e barbearias — assim como os desfibriladores hoje em dia. Mas não era apenas fumaça que poderia ser utilizada:

> Quaisquer outros vapores podem ser transmitidos, por meio da introdução de uma cânula ou qualquer outro tubo, com um balão firmemente afixado. O balão deve ser preso do outro lado de um funil comprido de metal, debaixo do qual se deve acender o tabaco. Utilizei-me de tal aparelho com sucesso em ocasiões nas quais a necessidade me obrigou a aplicá-lo. As medicações voláteis devem ser aplicadas nas narinas do paciente. O pó de ervas secas fortes, como a manjerona ou o tabaco bem seco, deve ser soprado nariz acima.

É de surpreender que o paciente ainda tivesse algum espaço nas vias respiratórias para o oxigênio passar com tantas substâncias sendo enfiadas nelas.

Enquanto o paciente não apresentar sinais vitais, não será capaz de engolir. No entanto, assim que tiver recuperado os movimentos, ele deve tomar, em até uma hora, uma infusão forte de *carduus benedictus*, de flores de camomila adoçadas com mel. Caso não se tenha nenhum remédio em mãos, deve-se administrar água quente com uma pitada de sal.

Carduus benedictus, também conhecido como cardo-mariano, era considerado uma panaceia pelos médicos daquela época: em *Muito barulho por nada*, de William Shakespeare, Margarida diz a Beatriz: "Tome um tanto deste cardo-mariano destilado e ponha sobre o coração. Esse é o melhor dos calmantes".

Ainda que o adoecido recupere os sinais vitais, não devemos interromper nosso cuidado, pois algumas vezes eles terminam por falecer mesmo após as primeiras indicações de melhora. Por fim, mesmo que estejam evidentemente reanimados, é possível que ainda sintam uma pressão, uma tosse ou um estado febril. Torna-se então necessário, talvez, praticar a sangria nos braços e lhes dar bastante água de cevada.

Pelo menos a água de cevada, por si só, não é uma má ideia. Mesmo que algumas de suas sugestões sejam terríveis, Tissot acaba citando e condenando outras formas de tratamento piores:

Alguns infelizes chegam a ser embrulhados em peles de ovelha, de bezerro ou de cachorro, os quais são esfolados imediatamente antes do procedimento, mas tais operações são mais lentas e menos eficazes do que o calor de uma cama bem aquecida.

Que nojo! Mas, sim, esse era um tratamento muito utilizado, ainda que fosse mais comum em campos de batalha, onde cobertores eram difíceis de conseguir.

O método de girar os afogados dentro de um tonel vazio é perigoso e acaba gastando um tempo importante para a recuperação dos pacientes. A prática de pendurá-los pelos pés deveria desaparecer.

Ao falar dessas práticas, Tissot estava certo. Essas medidas, na época, eram de fato respeitadas e bastante difundidas. O método do "tonel" envolvia prender o paciente sobre (ou dentro de) um barril deitado de lado, que era então girado de um lado para o outro. A suave oscilação supostamente faria com que a água saísse dos pulmões. Mas essas técnicas já estavam sendo abandonadas. Dali a quinze anos, William Cullen, o influente médico de Edimburgo, as denunciaria como "extremamente perigosas, além de responsáveis, em diversos casos, pela destruição do que restava do sopro da vida".

Tissot encerra com outra dica preciosa:

> O calor de uma pilha de esterco também pode ser benéfico. Fui informado por um sensato espectador, o qual testemunhou tal método em ação, de que a prática contribuiu para restaurar a vida de um homem que permanecera por seis horas debaixo d'água.[6]

Eu diria, muito humildemente, que esse tal "sensato espectador" estava falando bosta.

SKIN AND CROWS

MACABRE MEDICINAE

A EXCÊNTRICA

POMADA

DE CORVOS

Valeriano Luigi Brera, médico italiano

Macabra Edition — 03 — DarkSide Books

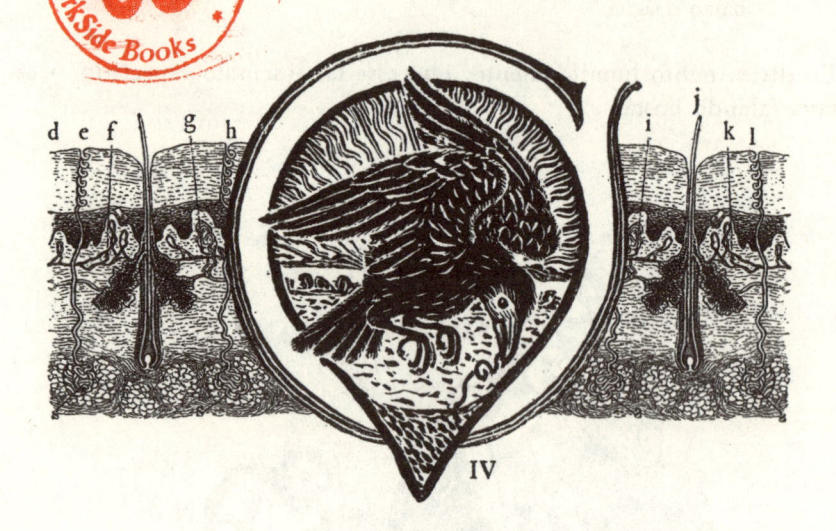

- 1797 -

Os voos da imaginação de um médico italiano que defendia
o uso tópico de uma mistura de ópio com saliva e suco gástrico
de corvo no tratamento contra a dor. Segundo ele, qualquer
fluido animal é adequado, por natureza, a tornar os remédios
aptos a serem absorvidos pela pele.

Annals of Medicine for the Year 1797

A Universidade de Pavia, no norte da Itália, é uma das mais antigas do mundo, tendo sido fundada em 1361. A instituição é dona de um distinto histórico de pesquisa científica experimental. Alessandro Volta, o pioneiro da eletroquímica, trabalhou como professor da universidade por quarenta anos, desde 1779.

Enquanto Volta trabalhava em sua pilha voltaica — a primeira bateria elétrica —, seus colegas do curso de medicina também conduziam pesquisas pioneiras e inéditas no mundo. Infelizmente, uma parte dessa pesquisa não envelheceu bem. Um artigo na *Annals of Medicine for the Year 1797* [Anais da medicina do ano de 1797] descreve uma palestra concedida pelo doutor Valeriano Brera, um médico jovem e brilhante, que se tornara professor com apenas 22 anos. Já com uma idade mais avançada, Brera publicou alguns trabalhos importantes, incluindo um livro sobre vermes parasitas, no qual acertou ao desafiar a teoria prevalente sobre o assunto em sua época: a de que tais organismos surgiam espontaneamente dentro do corpo humano. No entanto, a tese a seguir, escrita no ainda início de sua carreira para descrever um teste clínico de um novo tratamento que ele havia conduzido no hospital da cidade, não chega aos pés do trabalho que ele faria depois:

> *Discurso acerca da forma de atuar sobre o corpo humano, por meio de fricções feitas com saliva e outros fluidos animais, e as várias substâncias comumente dadas internamente. Recitada no salão da Universidade de Pavia. Pelo cidadão Valerian Lewis Brera, doutor de medicina. Professor público e extraordinário de teoria e prática da medicina, clínico orador e cirurgião chefe da Legião Nacional de Pavia &c., &c. Terceira edição. 8º volume. Pavia (1797)*

Esse novo método de apresentar remédios, a princípio proposto pelo doutor Chiarenti de Florença e depois aprofundado pelo doutor Brera de Pavia, causou tamanha sensação na Itália e na França que não pudemos deixá-lo passar despercebido. No entanto, não concordamos com a opinião de seus apoiadores sobre suas possíveis vastas utilidades, e também não temos as mesmas expectativas sobre os benefícios que dele podem provir.

Logo se percebe que não é um apoio editorial dos mais fervorosos.

O doutor Chiarenti propôs que o suco gástrico seria um excelente remédio para doenças originadas de debilidades do estômago.

Fazer um paciente ingerir o ácido estomacal de outra pessoa — ou de um animal, veja bem — é, sem dúvidas, uma decisão clínica bem corajosa. O criador dessa ideia, Francesco Chiarenti, foi um engenhoso pesquisador médico que havia publicado um livro sobre composições e funções dos fluidos estomacais.

Ao aplicar ópio simultaneamente, ele descobriu que a substância regularmente causava bastante mal-estar e vômitos. A causa disso, segundo ele, se daria porque o ópio permanecia no estômago sem ser digerido, uma vez que o fluido gástrico viciado* não atuaria nele. Isso o levou a refletir sobre os motivos que faziam com que o ópio, quando administrado externamente, causasse tão pouco efeito.

Essa era uma questão de muito interesse para os médicos do fim do século XVIII, sobretudo entre os italianos. O anatomista Paolo Mascagni, que publicou em 1787 a primeira descrição completa do sistema linfático, sugeriu que a maneira mais rápida de fazer com que os remédios chegassem à circulação não seria pela ingestão, e sim pela aplicação na pele. Sua doutrina, conhecida como método iatralíptico,† utilizava pomadas e unguentos no lugar de remédios orais. No entanto, alguns médicos que tentaram empregar o método perceberam que certas drogas, que tinham efeito quando ingeridas, não eram efetivas quando esfregadas na pele. Eles não entendiam por que o ópio, por exemplo, era um analgésico tão potente quando engolido, mas não tinha o mesmo efeito ao ser utilizado como pomada.

---

* Estragado; contaminado.
† Das palavras gregas *iatros* (médico) e *aleiptes* (a pessoa que unge ou unta).

O doutor Chiarenti deduziu que o ópio não era absorvido imediatamente pelo estômago e que a droga antes precisava ser alterada, de alguma forma, pelos sucos gástricos. Segundo sua lógica, se ele pudesse replicar esse processo fora do corpo, talvez fosse possível criar um preparado de ópio que fosse capaz de atravessar a barreira da pele. Então, ele decidiu testar sua teoria por meio de uma série de experimentos.

> Uma ocasião logo se apresentou. Uma mulher, tomada por violentas dores, que se recusava a ingerir ópio pela boca, se mostrou a pessoa certa para o início de seus testes. Ele misturou cerca de 200 mg de ópio puro com dois escrúpulos‡ do suco gástrico de um corvo.

Por que um corvo? O doutor Chiarenti não explica. Em seu livro, comenta que corvos são grandes devoradores de carne podre, uma indicação de que seus sucos gástricos devem ser particularmente fortes, o que é só mais um motivo para não querer passar esse negócio na pele.

> A substância logo emanou um cheiro forte e penetrante [...]

É de imaginar que fedesse mesmo!

> [...] que diminuiu gradualmente. Em meia hora, o ópio havia dissolvido perfeitamente. Ainda assim, reservamos a mistura por 24 horas. O composto foi então adicionado a uma pomada comum e espalhado na parte de trás dos pés. Em uma hora, as dores sumiram por completo. Sob a avaliação de que as dores nunca retornaram, a mulher foi considerada permanentemente curada.

Esse suposto resultado, é claro, pode não ter tido nada a ver com a mistura fedida de morfina com vômito de corvo. Se eu fosse obrigado a enfrentar o prospecto de uma segunda dose desse negócio, eu também sairia dizendo que já estava milagrosamente curado.

> A dificuldade de arranjar uma quantidade suficiente de fluido gástrico, a ponto de suprir o gasto de seus experimentos pelo período que ele julgava necessário seguir testando seu método, fez

---

‡ Medida usada por boticários, equivalente a vinte grãos (aproximadamente 1,3 grama).

com que ele, por analogia, substituisse tal ingrediente por saliva. Os resultados, por sua vez, corresponderam às expectativas.

E por que não, não é mesmo? Quem passa vômito de corvo nos pacientes não tem motivos para não usar a saliva do bicho também. Outros cinco médicos testaram a técnica, empregando-a para administrar uma variedade de drogas, e alegaram a obtenção de resultados similares. O professor Brera acreditava ter encontrado o que estava procurando: uma forma de transformar um remédio oral numa pomada tópica.

> Com base em todas essas observações, ele chegou à conclusão de que qualquer fluido animal é adequado, por natureza, a tornar os remédios aptos a serem absorvidos pela pele.[7]

Alguns médicos italianos adotaram os métodos do doutor Brera com entusiasmo, e um ou dois eminentes médicos franceses continuaram sua pesquisa por mais uma década, mais ou menos.[8] Mesmo assim, por algum motivo inexplicável, o tratamento com pomada de saliva de corvo não alcançou altos voos.

ANGRY PIGEONS

MACABRE MEDICINAE

O SONO
SAGRADO
DA CRIANÇA-POMBO

Karl Friedrich Canstatt, médico alemão

Macabre Edition · 04 · DarkSide Books

Fig 2

- 1841 -

A "cura com cauda de pomba",
um tratamento revolucionário para crianças com convulsões
que consistia em um método nada ortodoxo que muito
provavelmente poderia até adoecer os pacientes. Mas melhor
um passarinho na mão do que dois voando, não é ?

Handbuch der medizinischen Klinik

THOMAS MORRIS
MEDICINA MACABRA

A eclampsia é uma enfermidade séria, que afeta mulheres antes, durante ou depois do parto. O nome significa literalmente "luz brilhante", uma metáfora (ou talvez um eufemismo) para as convulsões que caracterizam a doença, as quais surgem repentinamente e são bem dramáticas. A causa da eclampsia nunca foi identificada, ainda que sempre seja precedida pela pré-eclampsia, uma combinação de sintomas, incluindo pressão alta e presença de proteína na urina.

Até o fim do século XIX, os médicos também descreviam uma doença chamada "eclampsia infantil". Na verdade, esse era um termo equivocado, pois ainda que crianças possam sofrer convulsões semelhantes àquelas observadas em mulheres grávidas, as causas prováveis para as duas condições são bem diferentes. Por exemplo, crianças afetadas por febres podem ter convulsões febris, que têm uma aparência séria, mas não indicam necessariamente nenhuma condição sinistra subjacente.

Num compêndio publicado em 1841, o *Handbuch der medizinischen Klinik* [Manual da clínica médica], o médico alemão Karl Friedrich Canstatt indicou um tratamento bem peculiar para tratar crianças afetadas com "eclampsia":

> Há um remédio que devo mencionar, cujos efeitos presenciei pessoalmente, por mais inexplicável que seja o fenômeno. Se alguém segurar a cauda de um pombo contra o ânus de uma criança afetada por um paroxismo, o animal rapidamente morre, e o ataque é interrompido no mesmo instante.[9]

É de se perguntar qual foi a cadeia de eventos que levou alguém a essa descoberta. Dez anos depois, o *Journal für Kinderkrankheiten* [Revista das Doenças Infantis] publicou essa estranha curiosidade. A publicação reportou que inúmeros médicos decidiram testar o remédio pessoalmente. Um deles era o doutor Blik, de Schwanebeck:

Um estranho remédio contra a eclampsia de crianças

Uma criança de nove meses de vida, plenamente formada, saudável e alerta, sem quaisquer sinais de dentição, foi atacada por eclampsia, a qual retornava com convulsões cada vez mais violentas. Calomelano,[*] valeriana,[†] almíscar,[‡] banhos, mostarda[§] e enemas foram utilizados, em vão. Quando ainda outra convulsão ocorreu, a cloaca de um jovem pombo foi segurada contra o ânus da criança até o fim do ataque. A crise foi pesada, mas a criança sobreviveu.[10]

Pouco tempo depois disso, a revista recebeu uma carta de um leitor de São Petersburgo. O doutor J.F. Weisse, nascido na Alemanha, era o diretor do hospital infantil da cidade russa:

Uma contribuição para a carta de doutor Blik sobre o método do pombo contra a eclampsia de crianças; do doutor J. F. Weisse, de São Petersburgo.

O doutor Weisse havia lido o artigo anterior com bastante interesse. Segundo ele, já estaria familiarizado com o método que, mais tarde, ganharia o apelido zombeteiro — na literatura médica publicada em inglês — de "a cura com cauda de pombo":

Bem antes da publicação do *Manual* de Canstatt, eu já lera — não me recordo exatamente onde — sobre esse estranho método. Sua aprovação, todavia, me induziu a também aplicá-lo numa oportunidade apropriada.

O doutor Weisse acabou apelando para os poderes mágicos da cloaca dos pombos em duas ocasiões diferentes.

Em 13 de agosto de 1850, durante a noite, fui subitamente convocado a cuidar de uma criança de quatro meses de vida que fora assaltada por eclampsia. Após dois dias dos tratamentos

---

[*] Cloreto de mercúrio (I), um laxativo.
[†] Uma erva, bastante utilizada como um antiespasmódico.
[‡] Uma substância de aroma forte, produzida pelos cervos-almiscarados, também usada como antiespasmódico.
[§] Administrada por via oral como um emético, ou aplicada por meio de um emplastro como um estimulante.

usuais, os quais se provaram infrutíferos, convenci-me de que aquela era uma oportunidade adequada para o experimento. No terceiro dia, contei à mãe da criança, uma dama russa de meios, sobre esse remédio milagroso. Eu mesmo confessei, todavia, não ter muita fé no tratamento, mas acreditava que testá-lo seria completamente inofensivo.

Ter desconfiança sobre um tratamento não é um bom ponto de partida para propor sua aplicação. Mas, se considerarmos que nada mais estava funcionando, fica mais fácil entender a posição dele.

Eu não estava errado em minha pressuposição, pois a sugestão foi aceita, e prontamente foram buscar um par de pombos para a urgência. Na manhã vindoura, ainda cedo, ao visitar o jovem paciente, tendo quase me esquecido dos pássaros requisitados, fui recebido pelo filho de catorze anos da senhora, que abriu a porta e declarou num alemão malfalado: "O pombo faleceu e a criança está bem saudável. Venha, mamãe lhe contará o que se sucedeu."

Esse é um dos inícios de conversa mais inusitados de que já ouvi falar.

A mulher se aproximou de mim com uma expressão radiante, cumprimentou-me solenemente e levou-me até sua criança, que dormia um sono profundo. Fui informado de que, no dia anterior, após minha visita, o bebê sofrera uma série de convulsões, uma após a outra, em rápida sucessão. Às sete da noite, todavia, ocorreu um ataque muito violento, a ponto de causar desespero pela vida do garoto, que os fez recorrer ao pombo. A irmã da mulher, que ficara responsável por efetuar a operação de acordo com minhas instruções, me contou que, pouco após ser aplicada ao ânus da criança, a ave ofegou à procura de ar várias vezes e cerrou os olhos seguidamente. Então, suas patas estremeceram num espasmo e, por fim, a ave vomitou. Ao mesmo tempo, as convulsões da criança se tornaram mais fracas, até que, meia hora depois, ela caiu num estado de profundo e pacífico sono, cuja duração foi de cinco horas. O pombo, entretanto, não pôde mais se sustentar de pé nem tocou a comida que lhe fora oferecida, até que finalmente, à meia-noite, veio a falecer.

Computando os resultados: uma criança saudável, mas um pombo morto. Não dá para ter tudo na vida. O doutor Weisse se sentiu encorajado pela experiência, mas também ficou frustrado por não estar presente para testemunhar com os próprios olhos a cura. Na próxima ocasião, no entanto, ele teve mais sorte:

> Este caso dizia respeito a um garoto de um ano e oito meses, que vinha sofrendo com distúrbios dispépticos havia tempos, causados por uma problemática de dentição, encontrando-se sob minha supervisão por algumas semanas. Na noite de 8 de outubro de 1850, recebi uma carta, a qual requisitava minha presença tão rápido quanto possível, pois a criança havia tido uma convulsão.

Ao se aproximar do leito da criança, ele encontrou o garoto inconsciente, com trismo (a mandíbula travada) e os olhos semicerrados. De tempos em tempos, a face e as extremidades da criança eram tomados por espasmos. O travamento da mandíbula impossibilitava que ele administrasse remédios por via oral, por isso o médico sugeriu a cura via pombo:

> Cerca de dez minutos após a aplicação, pude notar que o pombo mantinha seu bico aberto diversas vezes, como se estivesse lutando para respirar. Os espasmos da criança foram se tornando menos frequentes e enfraqueceram, mas seu pulso também diminuía mais e mais. Após meia hora, percebi que o pombo havia fechado os olhos e deixado a cabeça cair. Estava morto. Requisitei o outro animal e o apliquei da mesma forma contra o ânus da criança, cujo pulso, todavia, logo não se sentia mais — dentro de dez minutos, o garoto jazia morto, um cadáver. O pombo, por sua vez, permanecia vivo.

Os pais, devastados, provavelmente não encontraram nenhuma consolação ao saberem que pelo menos a ave ainda estava viva. O doutor Weisse conclui a descrição com um absurdo apelo aos colegas para que continuassem pesquisando esse bizarro método de tratamento:

> Por fim, não posso deixar de estimular todos os colegas a repetiram tais experimentos com esse remédio, o tanto quanto possível, pois parecem evidentes os imensos benefícios para o tratamento de crianças, em especial aquelas das classes mais baixas, caso a eficiência do remédio seja comprovada.

Observando que São Petersburgo estava tomada por pombos, ele também admite que essa espécie de ave talvez não fosse tão abundante em outras partes do mundo. Mas isso não era um problema:

> Enquanto isso, é necessário que se conduzam experimentos com outras aves domésticas.[11]

Talvez você ache que estou sendo muito duro com o pobre doutor Weisse, afinal não é justo julgar os médicos de duzentos anos atrás com os padrões contemporâneos. Eles tinham seus motivos para escolher os remédios que usavam, por mais inusitados que possam parecer para nós, leitores modernos. Mas, mesmo entre seus contemporâneos, as ideias do doutor Weisse eram consideradas uma completa idiotice. Um escritor anônimo na *British and Foreign Medico-Chirurgical Review* mal conseguia esconder sua alegria, chegando a citar Horácio: *" Risum teneatis? "* [Você consegue conter o riso?]. Este é seu enérgico veredito sobre o tratamento:

> Deixamos para reflexão [...] o conselho de um antigo médico francês que, ao ser indagado sobre um novo remédio que estava recebendo muitos elogios por sua eficiência contra determinada doença, respondeu com muita seriedade: *" Dêpêchez vous de vous em servir pendant qu'il guèrit! "*.[12]

A piada do francês pode ser traduzida aproximadamente como: " Apresse-se com o remédio, aproveite que o paciente está melhorando! ".

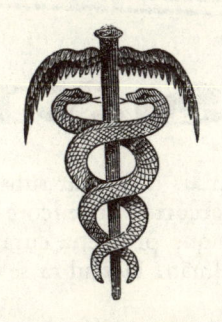

CIGARETTES

MACABRE MEDICINAE

O PRODIGIOSO

CIGARRO

DE MERCÚRIO

J.H. Richards, da Filadélfia

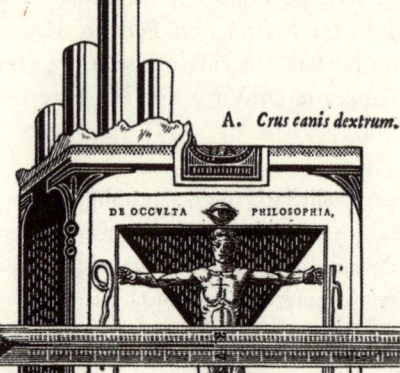

A. *Crus canis dextrum.*

DE OCCVLTA PHILOSOPHIA,

F 2

- 1851 -

Os benefícios medicinais de inalar substâncias altamente tóxicas, inclusive mercúrio, arsênico e componentes da pólvora, uma mistura que prometia curar todas as doenças relacionadas ao pulmão. Descubra se a moda pegou.

London Journal of Medicine

CASO Nº 05

A opinião médica do século XIX sobre o hábito de fumar era bem dividida. De um lado, muitos médicos reconhecidos condenavam a prática como algo pouco saudável e sugeriam que o fumo causava cânceres na boca; de outro, alguns acreditavam que fumar aliviava tosses e outros problemas respiratórios, ao promover a produção de muco. Mas, por um breve período, chegaram a existir membros da profissão médica que enxergavam o cigarro como o mecanismo ideal de administrar tratamentos — as medicações poderiam ser misturadas ao tabaco e, então, inaladas com a fumaça. Essa tese foi um passo adiante para a medicina, se considerarmos a época em que os médicos assopravam fumaça na bunda de um paciente, ainda que não seja lá um grande passo e não tenha levado a lugar nenhum.

Em 1851, o editor da *London Journal of Medicine* [Revista de Medicina de Londres] deu seu selo de aprovação para uma nova ideia, que era bem interessante e tinha vindo dos Estados Unidos: cigarros com mercúrio.

Assuntos médicos e farmacêuticos
Inalação de mercúrio pelo fumo de charutos e cigarros.

A inalação de diversos medicamentos aliada à fumaça de cigarros ou charutos tem sido recomendada diversas vezes neste periódico. Ao prescrever esse método, o médico deve se certificar de dizer claramente ao paciente que a fumaça deve ser tragada até os pulmões, e a maneira de fazer isso precisa ser apropriadamente explicada.

De fato, aprenda com seu médico a puxar todos esses saudáveis agentes cancerígenos para dentro dos pulmões!

O senhor J.H. Richards, da Filadélfia, escreveu o seguinte para a *Medical Examiner* [Examinador médico] de junho de 1851:

"Fui informado por um sábio cavalheiro, que morou por um bom tempo na China e em Manila, de que o mercúrio, visto naquelas regiões como modo de tratar doenças hepáticas* ligadas ao clima — o uso da substância chega a um patamar que seria considerado extravagante por europeus —, é regularmente administrado de modo novo e peculiar. O óxido preto[†] é inserido nos charutos produzidos em Manila, e, assim, a substância é inalada e entra em contato, na forma de vapor, com a superfície mais absorvente do corpo.

Temos aí um cenário absolutamente horrendo. Quando aquecido, o "óxido preto" se decompõe em mercúrio metálico, cujas pequenas gotas revestiriam a boca, as vias respiratórias e os pulmões.

Certamente, essa é uma forma rápida de causar salivação. Menciono este fato tanto pela curiosidade por si só quanto por imaginar que se possa utilizar tal princípio para outras aplicações.

Bom, se você já vai morrer por causa do vício no cigarro, não custa nada antecipar um pouquinho sua despedida fumando mercúrio.

Seria esse método admissível contra a pneumonia? Talvez não.

Levando em consideração que a pneumonia é uma infecção potencialmente letal que ataca os pulmões, dizer "talvez não" parece pouco.

Como o próprio senhor Richards pressupõe, o hábito de fumar cigarros mercurializados não é uma prática nova para a medicina. A seguinte fórmula foi ditada por Bernard há muitos anos: "Cigarros mercuriosos. Bicloreto de mercúrio, 4 cg; extrato de ópio, 2 cg; tabaco sem nicotina, 2 g." Esses cigarros são recomendados para ulcerações sifilíticas na garganta, na boca e no nariz.[13]

Mercúrio, ópio *e também* o tabaco! Mas esse é apenas um vislumbre das possibilidades. Em 1863, o *Canada Lancet* [Lanceta canadense] listou um conjunto de receitas para outros cigarros "medicinais". Além de mercúrio, eles recomendaram *cigarros de arsênico*.

---

* Doenças do fígado.
† Óxido de mercúrio (I).

Sim, cigarros com arsênico, feitos com papel absorvente mergulhado em ácido arsenioso. Esse químico é altamente tóxico e carcinogênico, e tem sido usado para matar ervas daninhas, ratos e camundongos. Com tudo isso, fumar algo assim é uma Péssima Ideia.

> Cigarros de nitro. Mergulhe o papel numa solução saturada de nitrato de potassa antes de enrolar.

Como enrolar um cigarro de arsênico usando um lápis.

Nitrato de potassa, também conhecido como salitre, é nitrato de potássio, um componente da pólvora. Fume com bastante cuidado, pois o sabor pode ser explosivo.

> Cigarros balsâmicos são feitos aplicando uma camada de tintura de benjoim sobre os cigarros de nitro secos.

A tintura de benjoim ainda é usada em alguns casos, por meio de inalações, para apaziguar os sintomas da bronquite, mas... O artigo conclui com uma lista de algumas das curas milagrosas atribuídas aos cigarros com remédios:

> Afonia. Uma paciente perdera a voz, não conseguia falar mais alto do que um sussurro, provavelmente por causa de uma condição de engrossamento das cordas vocais. Sem relatar dores ou sintomas constitucionais, usou os cigarros com mercúrio por um mês e se recuperou perfeitamente.
>
> Uma condição de grandes quantidades de catarro sendo expelidas pelas narinas, com uma sensação de desconforto nos seios frontais da face, foi curada em cerca de um mês com cigarros de mercúrio. O paciente segurou seu nariz após inalar

uma lufada de fumaça e a forçou pelas narinas, da mesma forma que é praticado por fumantes experientes.

A sensação de frescor de cobrir as delicadas membranas mucosas com vapor contaminado com mercúrio.

> Tísica. Há muito tempo, Trousseau recomendou uma tragada ou duas de cigarro de arsênico, duas ou três vezes por dia, em casos de tísica.

Para alguém com tísica (tuberculose), fumar é talvez a pior recomendação possível, sobretudo fumo batizado com arsênico.

> Tão logo a atenção dos profissionais tenha se voltado para este assunto, certamente se descobrirão muitas outras condições nas quais os cigarros medicinais podem ser utilizados de forma prodigiosa.[14]

Sem dúvidas. Que tal no tratamento do câncer de pulmão?

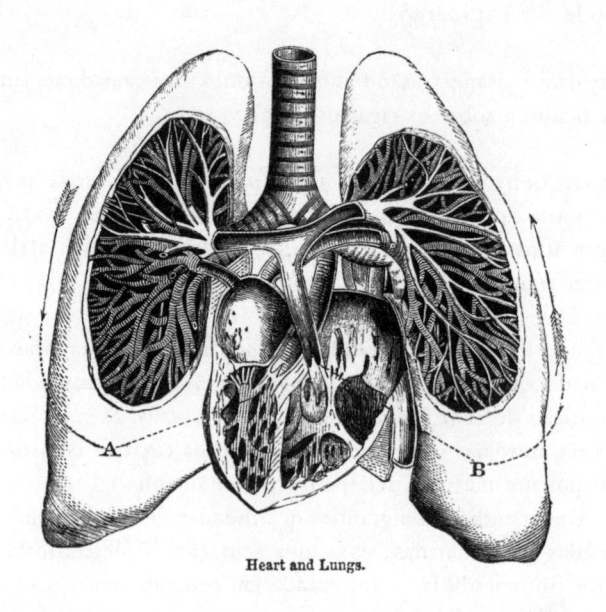

Heart and Lungs.

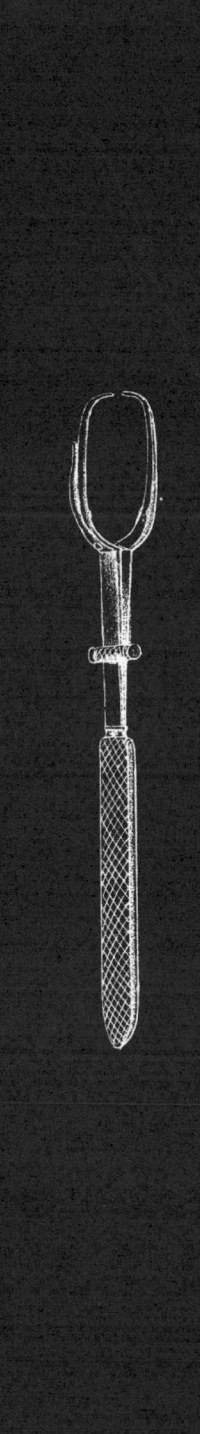

CERTAIN BAIT

MACABRE MEDICINAE

O PESCADOR DE
VERMES
FAMINTOS

J. Gotham, Jr., doutor de medicina

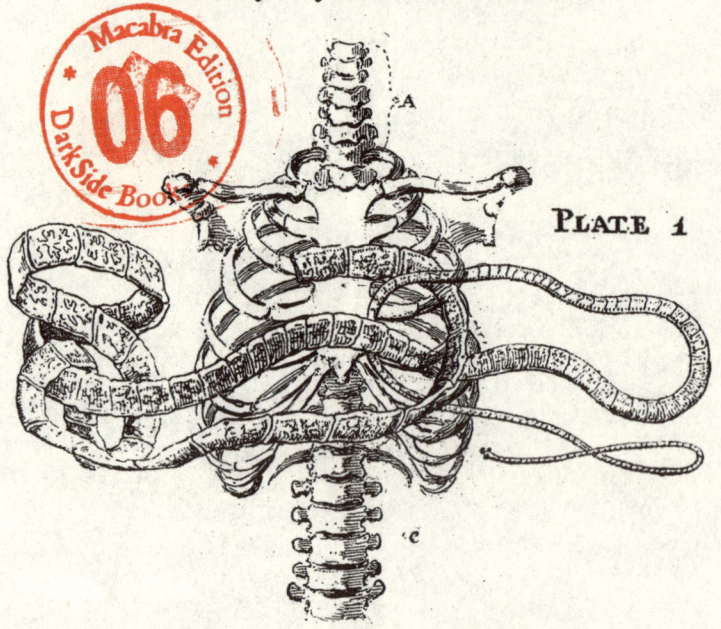

PLATE 1

- 1856 -

Uma das mais impressionantes patentes já
registradas nos Estados Unidos: um engenhoso apetrecho
criado para ser enfiado goela abaixo nos pacientes,
com o intuito de "pescar" as tênias.

Medical and Surgical Reporter

THOMAS MORRIS
MEDICINA MACABRA

CASO N°06

Em setembro de 1856, uma revista norte-americana, a *Medical and Surgical Reporter* [Reportagens Médicas e Cirúrgicas], publicou uma longa "carta de Nova York". Seu correspondente era um médico de um dos hospitais da cidade, que se identificou como "J. Gotham, Jr., doutor de medicina". Esse nome era, quase com certeza, um pseudônimo. Ainda que Gotham seja mais conhecida como a Nova York ficcional do Batman e do Coringa, a metrópole ganhou esse apelido pela primeira vez no periódico de Washington Irving, *Salmagundi*, em 1807. Atualmente, a palavra Gotham traz tons de histórias detetivescas, mas, para o leitor do século XIX, as associações que esse nome trazia eram basicamente farsescas. Irving batizara assim sua versão satírica de Nova York em homenagem a uma vila inglesa, cuja reputação era a de que seus residentes tinham todos um comportamento idiota — uma analogia perfeita, segundo Irving, para a incompetência dos figurões municipais que comandavam a cidade.

A carta do doutor Gotham sobre a medicina de ponta da cidade de Nova York era certamente cheia de absurdos:

Um método novo e original contra a tênia

Tendo o desejo de mantê-los informados sobre as melhorias nas práticas médicas e cirúrgicas, trazidas por esta era tão prolífica em que vivemos, é uma grande felicidade apresentar à atenção de vocês uma das invenções mais engenhosas, ainda que não bem-sucedida — a que vai mais longe, mais profundamente, mesmo que possa não se provar lucrativa, um dos grandes frutos da genialidade e da capacidade ianque. Trata-se de um mecanismo tão genial que ofusca até o brilho do inventor da nova operação de fístula vaginal, que forçará os descobridores do cateterismo dos pulmões a "aplacarem o fogo de seus intelectos".

A "nova operação de fístula vaginal" foi desenvolvida por James Marion Sims nos anos 1840; era uma cura cirúrgica para uma condição desconfortável e embaraçosa, que frequentemente deixava mulheres incontinentes após o parto.* "Cateterismo dos pulmões" foi um procedimento descoberto por Horace Green, um especialista nascido em Vermont. Tratava-se de uma controversa terapia para a tuberculose, que envolvia a injeção de nitrato de prata diretamente nos pulmões, fazendo uso de um cateter de borracha enfiado pela garganta do paciente. Ambos os procedimentos eram vistos como grandes avanços, emblemáticos de um novo espírito de descoberta no campo cirúrgico. Como você já deve ter percebido, a intenção do doutor Gotham ao fazer essas comparações era irônica.

> O governo dos Estados Unidos imortalizou a história de tal advento ao emitir a carta de patente, garantindo ao inventor o uso exclusivo, pelo período de catorze anos, da "Armadilha de tênia". Sua descrição e seu registro estão nos Relatórios do Escritório de Patentes, v. 1, do ano de 1854.[15]

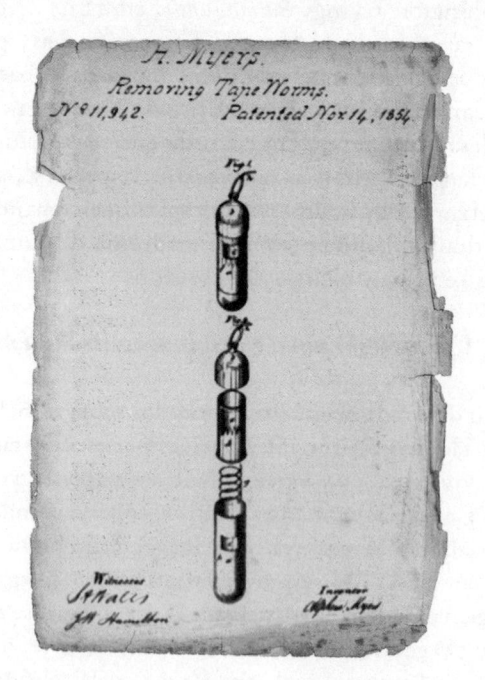

Ilustração da patente de Myers para a armadilha de tênia.

---

*   Hoje, Sims é uma figura bastante controversa, pois desenvolveu o procedimento por meio de experimentos em mulheres negras escravizadas, sem o consentimento delas.

A patente original[16] para a armadilha de tênia foi requisitada por Alpheus Myers, um médico de Logansport, em Indiana. O doutor Myers foi um expoente da medicina eclética, uma escola tipicamente norte-americana que rejeitava os remédios químicos e os procedimentos invasivos da medicina convencional. Em vez dos laxantes venenosos ou das sangrias indicadas pelos médicos ortodoxos, os adeptos da escola eclética preferiam plantas medicinais e fisioterapia suave. A invenção, portanto, era uma forma de evitar o uso do tóxicos anti-helmínticos (remédios contra vermes) aplicados na época, como estanho em pó, calomelano e até petróleo. Estranhamente, a patente envolvia não só o aparato, mas também a operação para a qual o mecanismo fora criado, garantindo assim que seu criador seria a única pessoa do país com permissão para usá-lo. Convenhamos, essa não é uma decisão muito inteligente, caso a intenção seja vender sua invenção para que muitas outras pessoas possam administrá-la.

Outro artigo da *Medical and Surgical Reporter* descreve o funcionamento dessa ímpar engenhoca:

> A armadilha de tênia é composta por um tubo pequeno e oco, feito de ouro, desenhado de tal forma a acolher um pequeno pedaço de queijo como isca. Após um jejum de quatro ou cinco dias, o paciente deve engolir a armadilha, com um fio preso a ela. A reivindicação do inventor é que, após o longo período de dieta, o verme subirá para o estômago e buscará o queijo vorazmente, prendendo-se na armadilha, que poderá então ser retirada e, assim, extrair a tênia.

Essa explicação soa bem improvável, até porque as tênias vivem nos intestinos e não são propensas a passear pelo estômago, onde a acidez seria fatal para elas. O inventor, Alpheus Myers, tinha a seguinte explicação:

> O cordão é afixado num lugar visível, próximo ao paciente, que deve relaxar por um período de seis a doze horas. Nesse tempo, o verme será apanhado pela isca, ficando preso pela cabeça ou pelo pescoço. A captura da tênia será sentida pelo paciente ou percebida por uma movimentação visível no cordão. O paciente deve seguir em repouso por mais algumas horas após a captura, e então, com um cuidadoso puxão do cordão, o verme será retirado, com facilidade e total segurança.

O correspondente da revista comenta, com um tanto de sarcasmo:

> Imagine por um instante a satisfação do homem que poderá agora se sentar para pescar no próprio quarto sem necessitar de uma só gota d'água; a paciência e a complacência com as quais, após esperar por seis a doze horas pela fisgada, terá o prazer de puxar o bicho aprisionado, apenas um par de horas depois da fisgada! Será que o senhor Alpheus Myers tem motivos para crer que a sombra de Izaak Walton[†] o observa lá de cima, enraivecido por essa inovação na arte da pesca?[17]

Pescar vermes no próprio estômago, de fato, não parece a maneira mais divertida de passar uma tarde de lazer. Ao cobrir a invenção, a *Scientific American* [Revista Científica Americana] declarou que "o doutor Myers, pouco tempo atrás, removeu um verme de mais de 4 m de comprimento de um paciente que, desde então, tem tido uma nova vida". Obviamente, uma história para lá de improvável.

De volta ao doutor Gotham. Sua carta continua com um firme ataque ao Escritório de Patentes dos Estados Unidos por ter levado a sério essa tolice:

> Minha intenção ao informar os leitores sobre essa engenhoca não é apenas expor a vergonhosa ignorância de Alpheus Myers, mas também o obscurantismo dos oficiais do nosso governo, que são capazes de aceitar o dinheiro de um homem por um absurdo tão grotesco quanto esse. Há médicos ligados ao Escritório de Patentes, homens cujos nomes representam todo o país, e o fato de eles terem aprovado com o selo do escritório o documento detalhando essa monstruosa engenhoca é algo que supera a possibilidade de compreensão.

[†]   Izaak Walton (1593-1683) foi um autor britânico, mais conhecido pela obra *The Compleat Angler*, uma celebração da prática da pesca, com trechos tanto em prosa quanto em verso. A conexão entre Walton e Myers, como se vê, é bem "tênue". [NT]

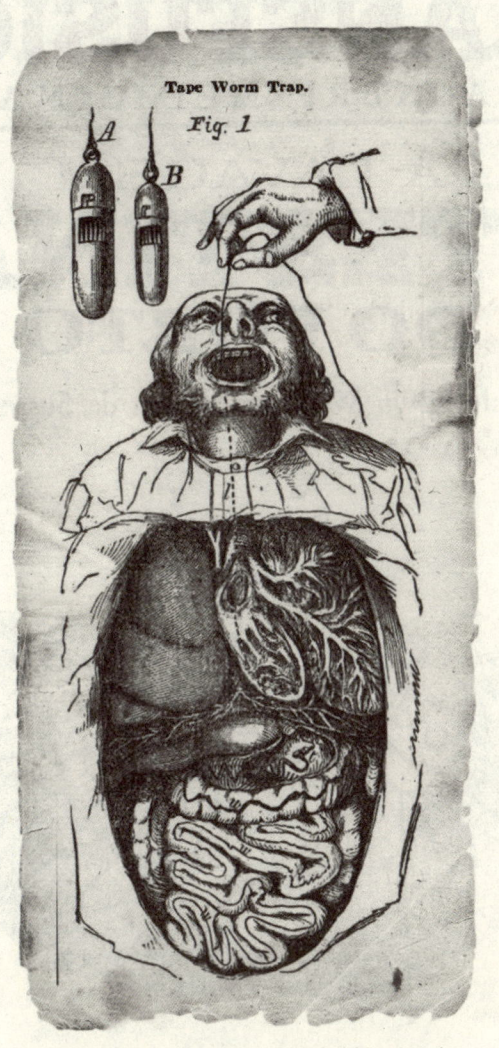

Ilustração da época, retirada da *Scientific American,*
demonstrando o uso da armadilha de tênia.

O doutor Gotham está certo na sua indignação. Seria só em 1965, quando o casal de investidores George e Charlotte Blonsky conseguiu patentear seu "Aparato facilitador para parto de crianças por força centrífuga" (*Apparatus for facilitating the birth of a child by centrifugal force*‡), que o Escritório de Patentes dos Estados Unidos faria um papel tão ridículo quanto esse.

‡ É sério. Dê uma pesquisada na internet antes de ler a próxima história. Os resultados da pesquisa não o desapontarão.

TRANSFUSION

MACABRE MEDICINAE

A LAVAGEM
INTESTINAL
DO PORTO

Llewellyn Williams, doutor de Sussex

Macabra Edition · 07 · DarkSide Books

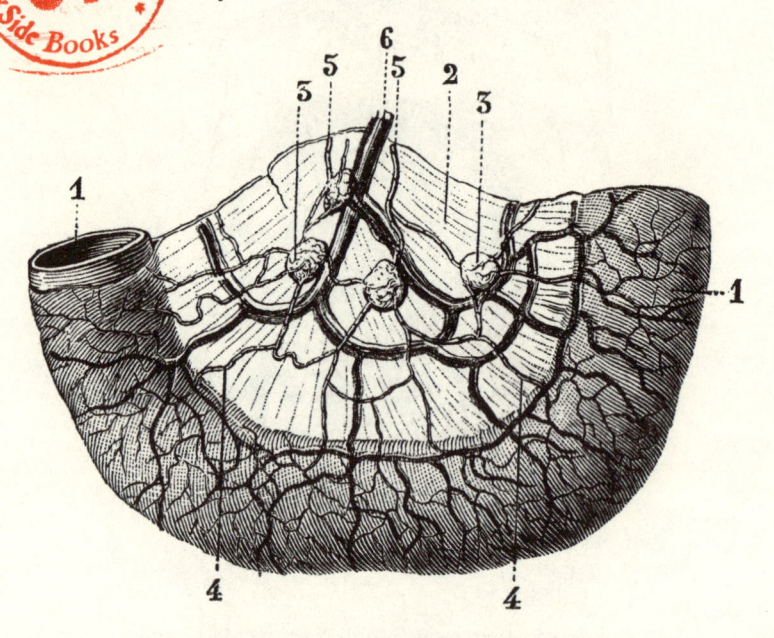

- 1858 -

Um inebriante tratamento proposto para substituir as transfusões de sangue em casos de hemorragias causadas pelo parto : enemas de vinho do Porto. Os efeitos estimulantes do vinho se manifestaram pelo sistema da paciente.

British Medical Journal

THOMAS MORRIS
MEDICINA MACABRA

CASO Nº 07

Bebidas alcoólicas faziam parte do arsenal médico até bem pouco tempo atrás. No início do século **xx**, o conhaque (ou o uísque, nos Estados Unidos) ainda era administrado como estimulante para pacientes que passaram por grandes cirurgias. Todo tipo de bebida que se possa pensar — da cerveja mais fraca ao licor mais forte — já foi prescrita como remédio em algum momento.

Os médicos, contudo, não faziam os pacientes apenas *ingerirem* as bebidas; na verdade, havia diversas maneiras criativas de administrar bebidas alcoólicas — por exemplo, injetá-las na cavidade abdominal ou fazer com que os pacientes as inalassem. O caso a seguir, no entanto, publicado na *British Medical Journal* em 1858, supera até esses exemplos e alcança outro nível de equívoco:

Enema de vinho do Porto como substituto para transfusões de sangue em casos de hemorragias pós-parto.

Não, você não leu o título errado. Este artigo leva a sério a sugestão de que *enemas de vinho do Porto* poderiam ser uma alternativa a transfusões de sangue. O autor é o doutor Llewellyn Williams, de St. Leonard's-on-Sea, em Sussex, na Inglaterra:

> No dia 22 de setembro de 1856, fui convocado até o interior, atravessando uma distância de 6 km para cuidar da senhora C., de 42 anos, que estava prestes a dar à luz seu décimo filho. Seus partos anteriores ocorreram de forma favorável. Ao chegar ao sexto mês de gravidez, ela sofreu um choque violento com a morte repentina do filho mais jovem, e a partir de então sua saúde teve uma grande decaída. Sua aparência ficou com ares de uma anemia pastosa, e ela passou a reclamar de uma fraqueza generalizada.

Pouco após a chegada do médico, uma "saudável menina" nasceu de um parto sem grandes dificuldades. Mas então:

> Minha paciente exclamou: "Estou vazando", e desmaiou. Imediatamente, tive de recorrer aos tônicos que estivessem à mão, e ela prontamente recuperou as forças.

O grito desesperado da pobre paciente era uma descrição literal de suas condições: ela estava com uma hemorragia forte e viria a falecer caso o sangramento não fosse interrompido. Qualquer melhora em sua condição era seguida por outra recaída, o que deixou o doutor Llewellyn Williams bem preocupado.

> Meus esforços ainda eram frustrados, a hemorragia prosseguia, e os poderes da vida manifestavam sintomas evidentes de enfraquecimento. Introduzi minha mão esquerda útero adentro, seguindo o método recomendado por Gooch,[*] passando a comprimir os vasos que sangravam com os nós dos dedos dessa mão, enquanto a outra pressionava o inchaço uterino por fora do corpo. Tal combinação de pressão interna e externa se provou tão ineficaz quanto as tentativas anteriores. Por fim, ao apertar a aorta abdominal, como recomendado por Baudelocque, o jovem,[†] finalmente pude conter a hemorragia.

A aorta abdominal, o maior vaso sanguíneo da metade inferior do corpo, fica a apenas alguns centímetros da coluna espinhal, portanto comprimi-la com a mão é um procedimento tão difícil quanto arriscado.

> As condições de minha paciente haviam se tornado suficientemente alarmantes, após ela ter permanecido por boa parte de meia hora praticamente sem pulso, com as extremidades gélidas, apresentando contínua jactação, os esfíncteres relaxados e toda a pele borrifada de uma perspiração fria e pegajosa.

---

[*]   Robert Gooch foi um médico inglês e um dos mais renomados obstetras do início do século XIX. Em 1821, foi o primeiro a descrever esse método para interromper a hemorragia pós-parto, que terminou sendo amplamente adotado.

[†]   Auguste César Baudelocque, o sobrinho de outro obstetra bem mais eminente, Jean-Louis, que conduziria o parto de Napoleão II.

"Jactação" é um termo médico pomposo para "estado agitado". Muito provavelmente, era uma forma arcaica de falar mesmo nos idos anos 1850.

Tornou-se, então, uma questão: a qual remédio eu deveria recorrer que pudesse retirar a paciente desse estado alarmante, sendo que era impossível administrar qualquer estimulante por via oral. Por estar longe de casa, além de outras consideráveis objeções sobre as quais não irei me reter aqui, terminei abandonando a ideia de realizar uma transfusão de sangue.

A primeira transfusão de sangue humano bem-sucedida foi conduzida por James Blundell, no ano de 1818, também para tratar uma hemorragia pós-parto. Mas a operação era terrivelmente perigosa: os tipos sanguíneos só foram identificados em 1901, então era impossível combinar os tipos do doador e do recipiente, o que geralmente causava resultados catastróficos. Mas o doutor Llewellyn Williams tinha outra ideia. E era uma ideia muito, muito estranha.

Como um meio de prender o espírito vital, apliquei um método que acredito que se provará tão eficiente quanto a transfusão: recorri a uma enemata de vinho do Porto, convencido de que tal remédio tem uma vantagem tripla. Os efeitos estimulantes e vivificadores do vinho se manifestam de forma generalizada pelo corpo, a aplicação de um material gelado no reto causa um reflexo nos nervos que suprem o útero e as propriedades adstringentes do vinho do Porto podem agir de forma benéfica ao fazerem com que as extremidades abertas dos próprios vasos sanguíneos se contraiam.

Pelo menos aplicar um líquido gelado para interromper o sangramento era algo relativamente racional de fazer. Existia o costume de empilhar gelo moído sobre o abdômen das mulheres após o parto, caso houvesse dificuldades em interromper a hemorragia. Mas em todos os outros aspectos, o uso de vinho do Porto nessas circunstâncias não é muito recomendável.

A princípio, administrei cerca de 120 ml de vinho do Porto, misturado a vinte gotas de extrato de ópio. Foi bastante interessante notar a rapidez com que os efeitos estimulantes do vinho se manifestaram pelo sistema.

Após uma pequena melhora, o pulso da mulher apresentou sinais de queda, e o médico aplicou um segundo enema.

> Uma melhoria mais acentuada se manifestou na paciente. Ela recuperou sua consciência, e o pulso seguia pouco perceptível. Após meia hora, tive de recorrer novamente ao enema, com um resultado bastante gratificante. Após dez horas de observação ansiosa, tive a felicidade de deixar minha paciente fora de perigo.

Se o doutor Llewellyn Williams foi ou não responsável pela melhora da paciente ainda é um ponto discutível.

> A quantidade de vinho consumida foi bem maior do que o conteúdo de uma garrafa comum.[18]

Cá entre nós, essa não é, nem de longe, a forma mais agradável de aproveitar uma garrafa de vinho do Porto.

Há um breve adendo a esse inesperado final feliz: seis meses depois de o artigo ser publicado, a *British Medical Journal* anunciou que a esposa do doutor Llewellyn Williams dera à luz um filho. Não há registros para certificar se ela recebeu ou não doses retais de vinho do Porto, conhaque ou qualquer outra bebida alcoólica estimulante. Pelo bem dela, espero que o bom doutor tenha deixado o parto do próprio filho aos cuidados de um de seus colegas.

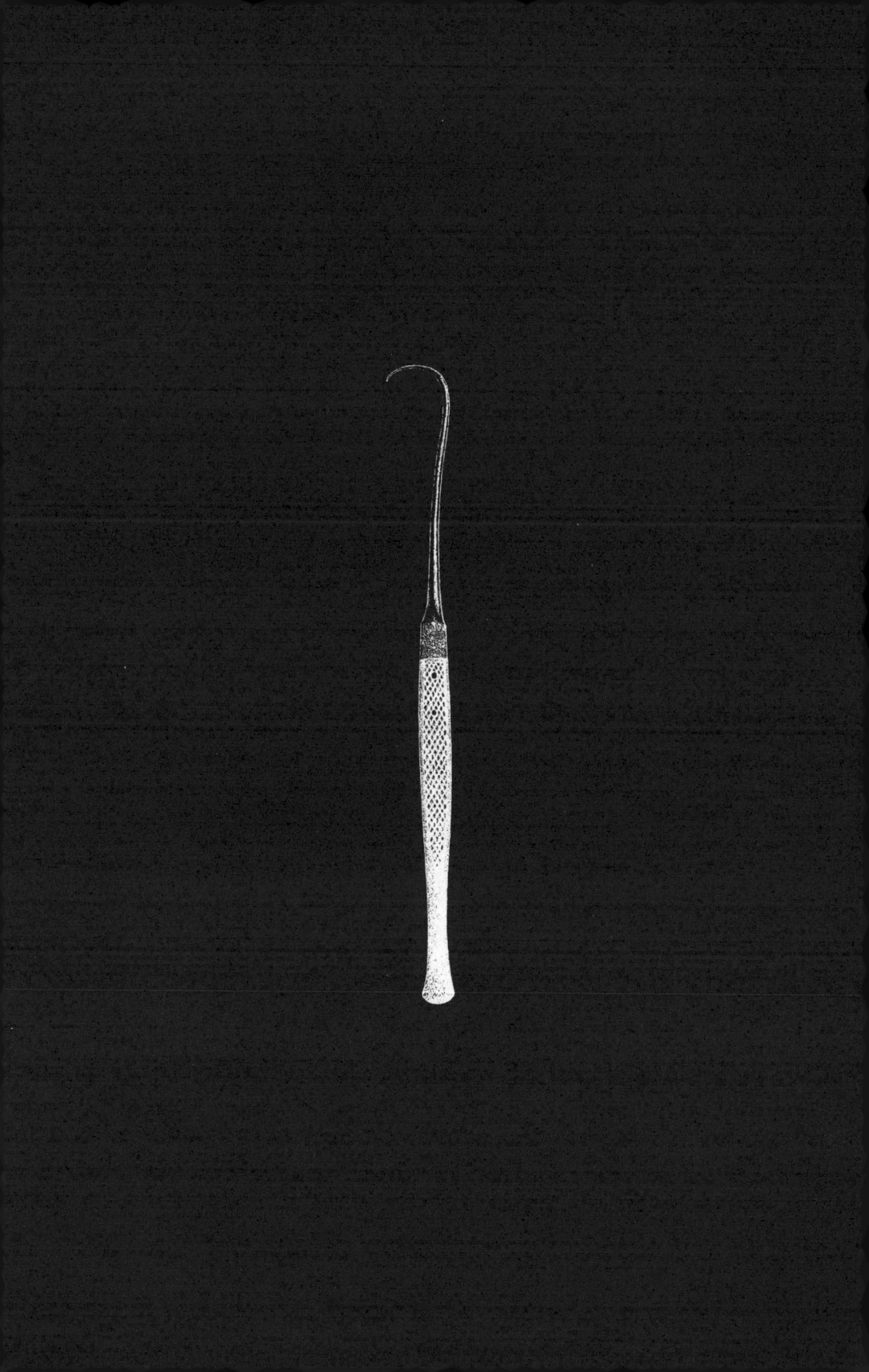

FILTHY SNAKES

MACABRE MEDICINAE

O VENDEDOR DE

ESTRUME

DE COBRA

John Hastings, médico de Edimburgo

Macabra Edition
08
DarkSide Books

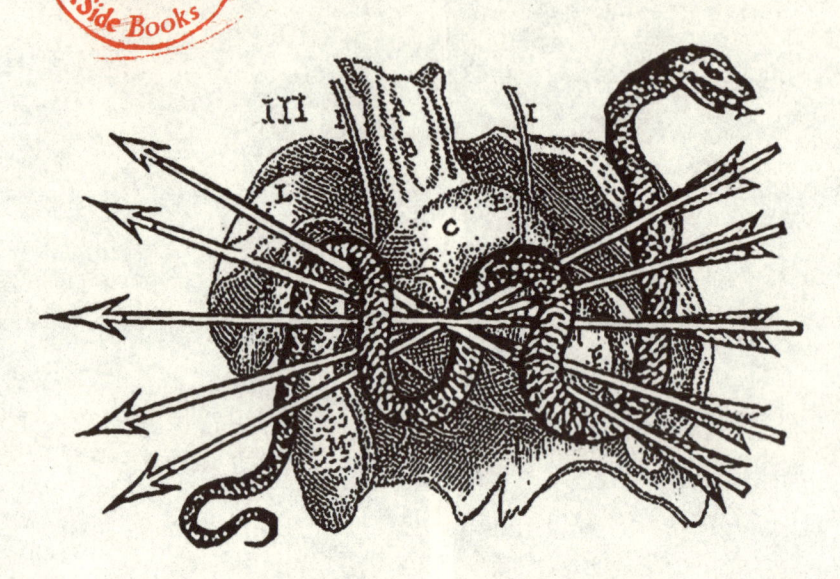

- 1862 -

Um médico propõe o uso de um remédio bem porcaria, que supostamente traria resultados praticamente milagrosos contra diversas condições, inclusive a tuberculose; uma panaceia chamada excremento de répteis.

An Inquiry into the Medicinal Value of the Excreta of Reptiles

THOMAS MORRIS
MEDICINA MACABRA

CASO N° 08

Em 1862, um médico treinado em Edimburgo, na Escócia, o doutor John Hastings, publicou um pequeno volume sobre o tratamento de tuberculose e outras doenças pulmonares. O livro advoga o uso de substâncias que muitos companheiros de profissão considerariam pouco ortodoxos, e o próprio autor admite isso logo no prefácio:

> Tem-se sugerido que as características peculiares desses agentes podem se tornar uma barreira contra seu emprego nas práticas medicinais.

O doutor Hastings antecipa outra possível objeção: o fato de o "remédio" que ele recomenda ser difícil de conseguir. Mas não há o que temer, haja vista que ele próprio pode recomendar alguns fornecedores.

> Pode ser útil indicar que tais novos agentes podem ser facilmente adquiridos no Jardim Zoológico de Londres, de Edimburgo, de Leeds, de Paris, ou em tais lugares nas outras grandes cidades. Também é possível comprá-los de comerciantes de répteis, dois dos quais — Jamrach e Rice* — residem na estrada de Ratcliffe, enquanto outros dois ou três podem ser encontrados em Liverpool.

A pergunta razoável a fazer a essa altura é: que tipo de remédio era esse que só poderia ser comprado num zoológico ou numa loja de animais? O doutor Hastings explica que passou muitos anos buscando novas substâncias medicinais na natureza, sem muito sucesso. Percebendo

---

* Charles Jamrach foi um emigrante alemão que se tornou o mais famoso negociante de animais exóticos na Inglaterra do século XIX. Seu galpão em Wapping, nas docas de Londres, guardava uma surpreendente coleção de leões, tigres, crocodilos, ursos, zebras e outros bichos menores. O senhor Rice, um competidor do ramo que teve a péssima ideia de abrir seu comércio na mesma rua, acabou não deixando nenhum traço nos registros históricos.

que as farmácias já estavam "sobrecarregadas de remédios derivados dos mundos vegetal e mineral", decidiu investigar as possíveis curas milagrosas que poderiam vir do mundo animal.

> Seria desnecessário me estender aqui em grandes detalhes sobre os vários animais que avaliei no curso desta investigação, ou mesmo sobre os produtos animais que examinei durante minha prolongada pesquisa. Basta afirmar a descoberta que fiz : a de que as excreções de répteis têm grande valor medicinal contra numerosas doenças, para as quais ainda há muita necessidade de ajuda.

Sim, o remédio milagroso do doutor Hastings era excremento de répteis. O título de seu livro é :

Uma investigação sobre as propriedades medicinais das fezes de répteis

Talvez você tenha sangue-frio para perguntar : mas de quais répteis ?

> Meus primeiros testes foram conduzidos com as fezes da jiboia, as quais utilizei num primeiro momento simplesmente dissolvidas em água. Cerca de 4 L de água não dissolvem 130 mg, mas ainda assim, por mais estranho que possa parecer, meia colher de chá dessa solução, friccionada sobre o peito de um paciente tuberculoso, trará alívio instantâneo para sua respiração.

Ele não ficou só na jiboia, não. O doutor Hastings cita uma lista de espécies cujos excrementos analisou : nove tipos de serpentes — incluindo cobras africanas, víboras australianas e cobras d'água indianas —, cinco variedades de lagartos e duas tartarugas. Após sua grande descoberta, o intrépido médico estava ansioso para introduzir os novos remédios na prática clínica, de modo que passou a receitar fezes de répteis para os pacientes. Como a especialidade do doutor Hastings era a tuberculose, muitos dos doentes iam até ele em estado de desespero. Nos anos 1860, ainda não havia cura para a tuberculose, que, ainda que não fosse uma doença universalmente fatal, matava cerca de metade daqueles que a contraíam, a maioria em menos de dois anos.

O doutor Hastings cita alguns relatórios de casos. O primeiro trata do "senhor P", um músico de 28 anos que o consultara em função de uma tosse preocupante. Uma consequente perda de peso acabou levando ao diagnóstico de tuberculose :

Prescrevi uma $200^{\underline{a}}$ parte de um grão das fezes do varano-do-nilo (o lagarto-do-nilo) numa colher de sopa de água, a ser tomado três vezes ao dia, assim como uma aplicação externa da mesma solução no lado do corpo afetado. Ao final da semana, ele estava muito melhor, e após mais uma semana de tratamento, perdi contato com o paciente em função de sua própria crença de que estava curado.

Outro relatório falava sobre "o reverendo Q.C.", que buscara o doutor Hastings após começar a tossir sangue, um sintoma clássico de tuberculose. Seu tratamento envolvera dois tipos diferentes de bosta de lagarto:

Apliquei às paredes do peito esquerdo uma loção feita de excreção de jiboia, de uma proporção de $196^{\underline{a}}$ parte de um grão para 15 ml de água. Sob esse tratamento, suas condições melhoraram rapidamente até o mês de maio, quando lhe prescrevi uma solução de excremento de varano-do-nilo (o lagarto-do-nilo), de uma $200^{\underline{a}}$ parte de um grão em duas colheres de sopa de água, três vezes por dia, indicando-lhe o uso da mesma mistura externamente.

Os sintomas do reverendo melhoraram muito. Algumas semanas depois, ele já podia caminhar por 13 ou 16 km "com facilidade". Mas meu caso favorito é o da "senhorita E", descrita como uma "vocalista pública", cujo relato contém este parágrafo magnífico:

Este caso é de interesse graças ao fato de que a mediquei com as fezes de todas as serpentes que já examinei, e quaisquer delas, sem exceção, após alguns poucos dias de uso, causaram dores de cabeça, enjoos e uma diarreia de tal força que fui obrigado a abandonar o tratamento baseado nelas. As excreções dos lagartos não trouxeram nenhuma inconveniência. Ela, agora, está tomando as fezes do *chameleo vulgaris* (camaleão comum) com ótimos resultados, encontrando-se no melhor período de saúde de seus últimos três anos.[19]

Todas essas descrições soam absolutamente ridículas, um fato que as revistas médicas da época não deixaram de expressar. Uma crítica na *British Medical Journal* usa um argumento excelente sobre a natureza da evidência científica, sugerindo que os resultados "positivos" que ele registrou não significavam o que ele dizia:

Esse médico, infelizmente, enumera seus casos — seus exemplos são usados apenas para provar sua tese —, e devemos, de fato, anunciá-los como falhas lamentáveis como bases de sua proposição. Acreditamos que, caso o doutor Hastings tivesse aplicado uma 200ª parte de um grão de queijo na pele de seus pacientes, administrado uma 200ª parte de um grão de poeira e tratado seus pacientes da mesma forma como sem dúvida os tratou, ele teria obtido exatamente os mesmos resultados.[20]

Se a *British Medical Journal* já não era elogiosa à tese do doutor Hastings, a *Lancet* se posicionou de forma fulminante. O autor da crítica assinala que, vinte anos antes, o mesmo doutor Hastings publicara outro livro no qual alegava ser capaz de curar a tuberculose — usando nafta.[†] Doze anos depois *disso*, ele decidira que a cura para a tuberculose eram "ácidos oxálico[‡] e fluórico[§]" — ah, sim, e "bissulfureto de carbono.[¶] No total, o doutor Hastings havia descoberto *cinco* curas diferentes para a mesma doença. O escritor da matéria ainda escreve, com evidente sarcasmo:

> Estejam atentos, pois as doenças intratáveis — aos menos nas mãos dos homens comuns —, como a malária, a tísica, todas essas dificuldades, estão para terminar. O público deve correr até o doutor Hastings com toda a confiança de que as grandes respostas estão ao alcance de tal homem.

A melhor tirada, entretanto, fica no fim do texto:

> O que se passa na mente do público, devemos nos perguntar, quando existe apoio e patrocínio para atitudes tão absurdas? Será que sempre haverá pessoas dispostas a permitir que seus amigos e parentes adoecidos sejam banhados com uma loção de bosta de serpente?[21]

O doutor Hastings se sentiu tão ofendido por esse artigo que tentou processar a editoria da *Lancet* por difamação. O assunto foi apresentado

---

[†]   Um hidrocarboneto líquido inflamável.
[‡]   O ácido oxálico está presente em muitos alimentos, mas é tóxico em altas concentrações.
[§]   Hoje conhecido como ácido sulfúrico, é altamente tóxico para a saúde em altas doses. Até o contato com a pele pode ser fatal.
[¶]   Dissulfeto de carbono, um líquido de aroma agradável, mas altamente tóxico.

diante do chefe do judiciário britânico, *sir* Alexander Cockburn, que descartou o caso sob a determinação de que

> poderia ocorrer que ele descobrisse um remédio — nesse caso, a verdade viria a prevalecer. Todavia, não é de surpreender que o assunto tenha sido recebido pelo público de forma sarcástica, tão logo se disse que a tísica poderia ser curada pelo esterco das cobras.[22]

Excelentíssimo, não tenho mais nada a declarar.

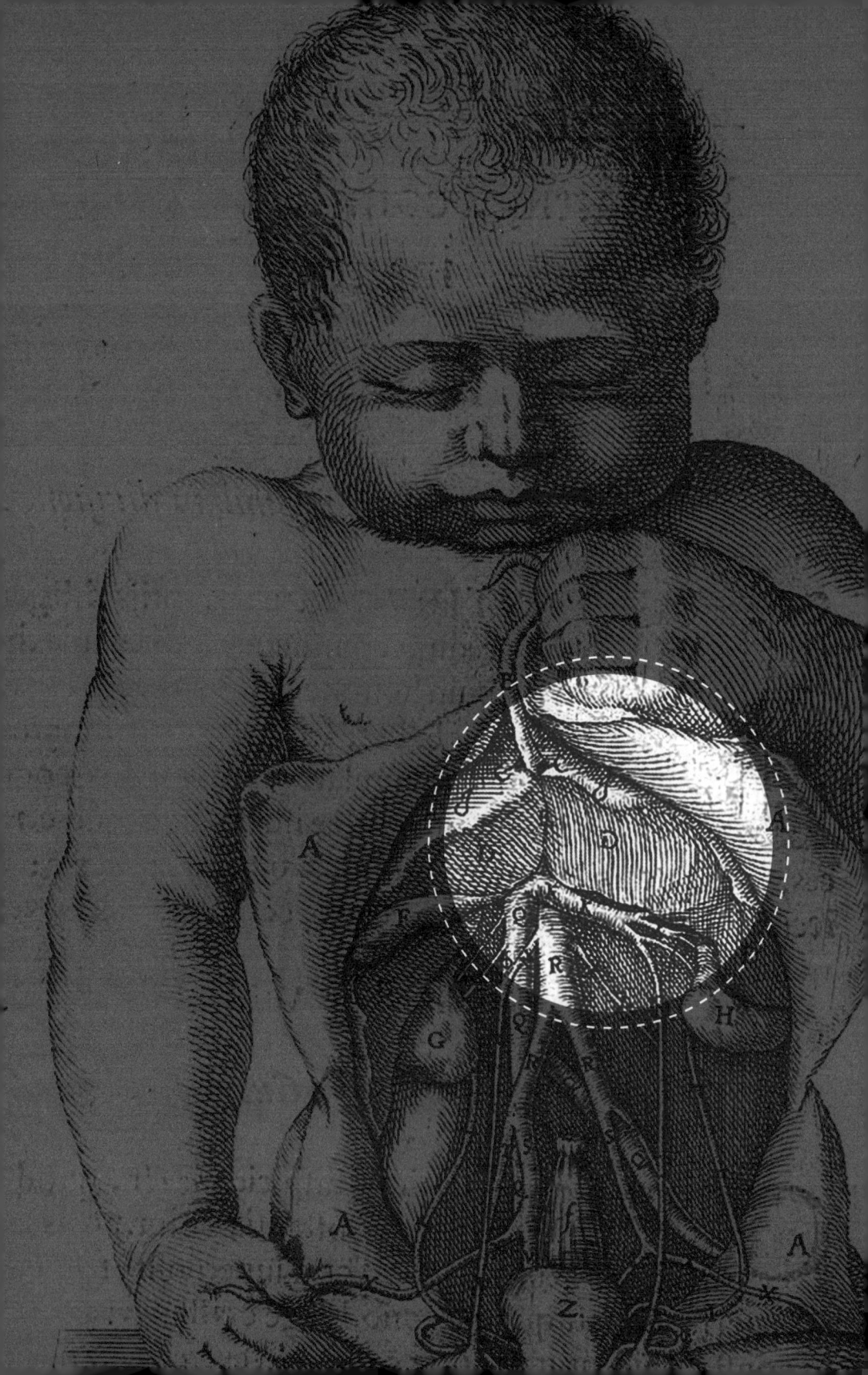

D.

QUARTA INCISÃO

4. CIRURGIAS MACABRAS

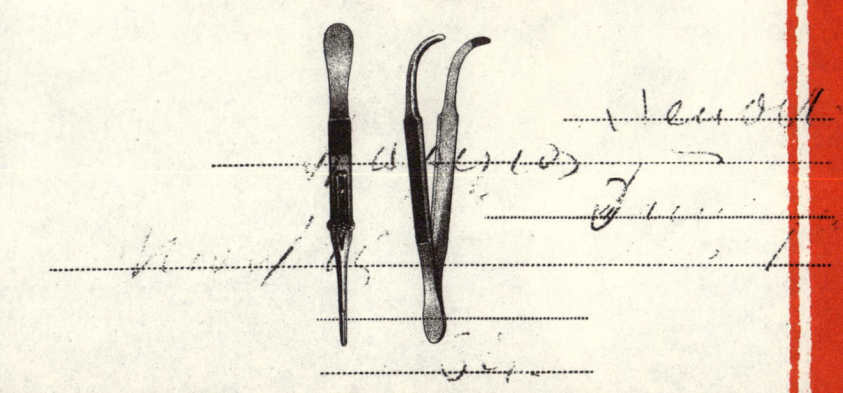

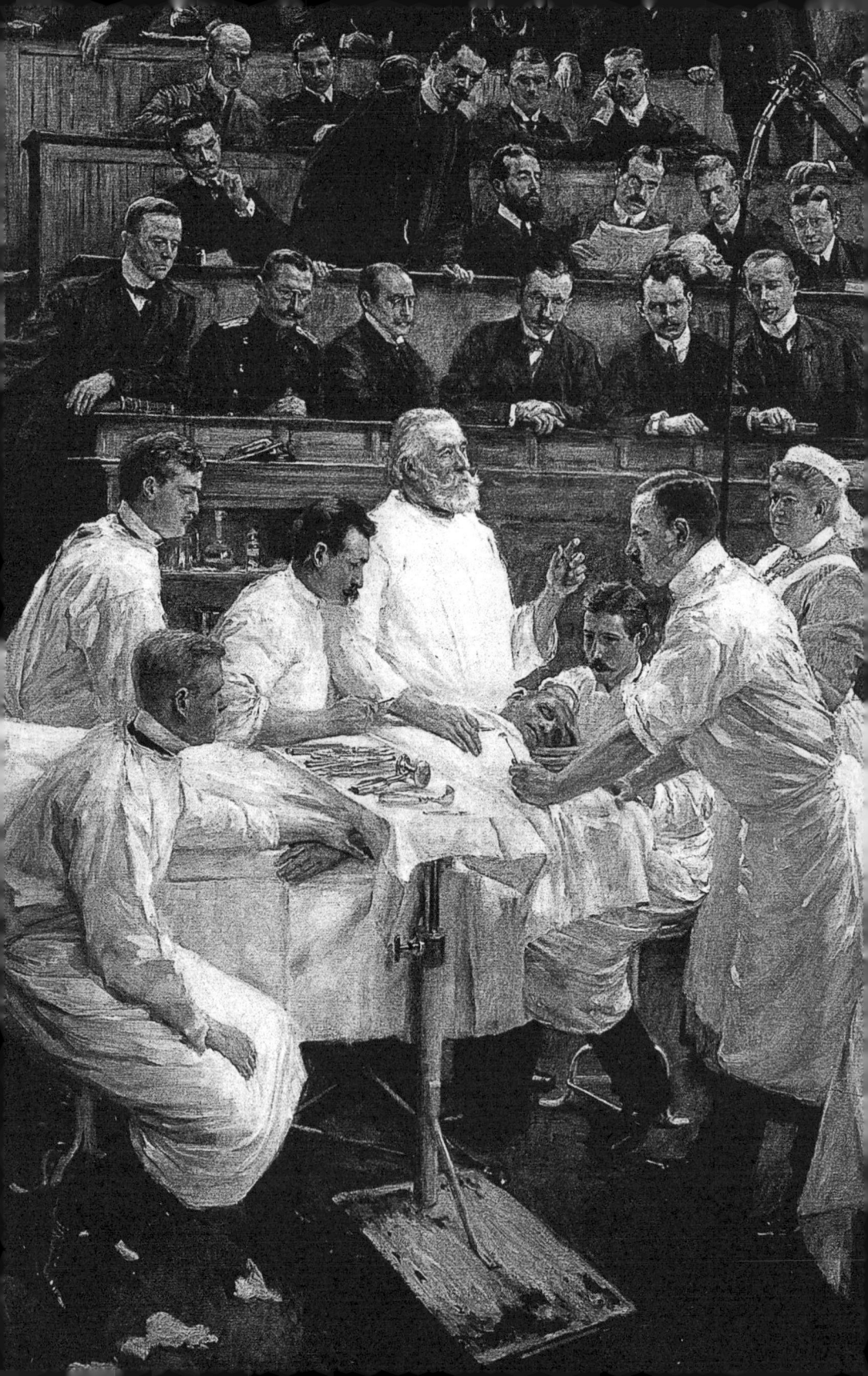

CIRURGIAS MACABRAS

O romancista do século XVIII Tobias Smollett originalmente planejava se tornar um médico. Aos quinze anos, era o aprendiz de dois cirurgiões de Glasgow, e três anos depois se voluntariou para servir na Marinha Real. Antes de assumir o cargo de oficial de convés de um cirurgião da Marinha, ele deveria passar por um exame no quartel da Companhia de Cirurgiões-Barbeiros de Londres, onde um de seus inquisidores foi William Cheselden, um dos grandes inovadores no ramo cirúrgico da época. Anos depois, Smollett satirizaria essa ocasião com muito humor em seu romance *The Adventures of Roderick Random* [As aventuras de Roderick Random] (1748), no qual um dos examinadores pergunta para o jovem Roderick o que ele faria caso, "durante um ataque em alto-mar, se lhe trouxessem um homem com a cabeça arrancada por um disparo?". Random se prova à altura desse ridículo desafio:

> Após certa hesitação, admiti nunca ter imaginado um caso assim, adicionando que não me recordava de ter visto qualquer método de tratamento proposto para um acidente dessa natureza, em nenhum dos sistemas de cirurgia que eu estudara.

Em 1742, Smollett passou um ano tratando os casos de emergência a bordo do navio de sua majestade, *Chichester*, durante a guerra contra a Espanha, e tanto a miséria quanto o sofrimento que testemunhou no navio de guerra se provaram um abundante material bruto para Roderick Random. Suas descrições de "impiedosas cirurgias e amputações", nas palavras de Leigh Hunt para Percy Bysshe Shelley, estão entre as mais vívidas já escritas.

As cirurgias que Smollett e seu alter ego ficcional realizaram no calor da batalha eram primitivas e, em sua maioria, estavam relacionadas ao tratamento de feridas de guerra. Até a segunda metade do século XIX, com o advento da anestesia e da antissepsia, que estenderam amplamente o escopo das intervenções cirúrgicas, o repertório dos procedimentos possíveis era bem pequeno. Durante o século XVIII, chegaram a ser realizadas algumas tentativas de cirurgias de remoção de cataratas, mas as grandes operações se limitavam basicamente a amputações e litotomia, a remoção de cálculos urinários.

Isso, todavia, não é representativo de tudo o que ocorreu na história da medicina até então. O início da literatura médica contém inúmeros exemplos de cirurgiões realizando procedimentos que iam bem além das fronteiras do considerado ortodoxo ou mesmo possível. Em 1817, trinta anos antes da descoberta da anestesia, o médico londrino *sir* Astley Cooper quase obteve êxito ao tentar tratar um imenso aneurisma amarrando uma ligadura ao redor da aorta abdominal do paciente — uma operação de tanto risco que alguém só tentaria repeti-la dali a um século. Na época de *sir* Astley, chamada a era «heroica» da história das cirurgias, muitas operações tão ousadas quanto essa foram realizadas defronte a grandes plateias, enquanto os pacientes estavam assustadoramente acordados, conscientes de tudo o que estava acontecendo.

Algumas dessas cirurgias eram equivocadas a ponto de serem imprudências, ao passo que outras exibiam um nível de sofisticação e perícia que quase sempre não são associadas a esse período da história da medicina. O desespero muitas vezes forçou os cirurgiões a improvisarem soluções para situações que, até ali, eram consideradas impossíveis de serem resolvidas. A necessidade, como se diz, é a mãe da invenção, e em alguns dos casos a seguir as operações foram conduzidas por aqueles que nem sequer haviam segurado um bisturi até chegarem ali — e, por vezes, o responsável pelo bisturi era o próprio paciente.

Não tenha dúvidas, entretanto: até mesmo quando a operação era bem-sucedida, não era nada agradável. Nas palavras de Lorenz Heister, o médico alemão e autor do manual cirúrgico mais lido durante o século XVIII:

> Quem estuda para se tornar um cirurgião deve demonstrar não só um corpo forte, mas também uma constância da mente, para que não seja perturbado e se mantenha impassível diante da fetidez, do sangue, do pus e de tudo o mais que for desagradável e que ocorrerá naturalmente em seu local de trabalho.[2]

E se algo assim não é capaz de fazer uma pessoa desistir, nada faria.

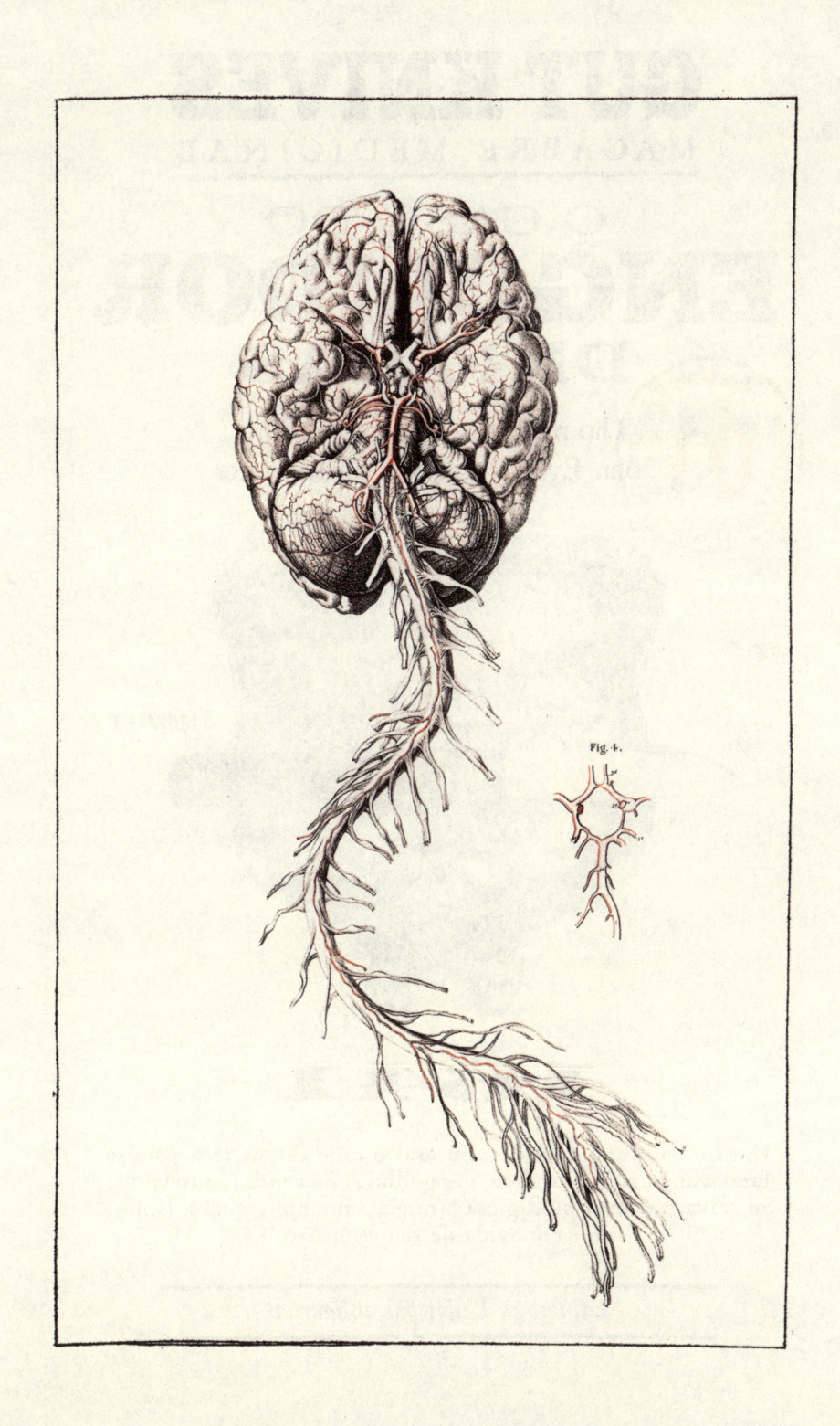

Fig. 4.

GUT KNIVES
MACABRE MEDICINAE

O CASO DO
ENGOLIDOR
DE FACAS

Macabra Edition
01
DarkSide Books

Thomas Barnes, Daniel Lakin, John Evelyn e outros observadores

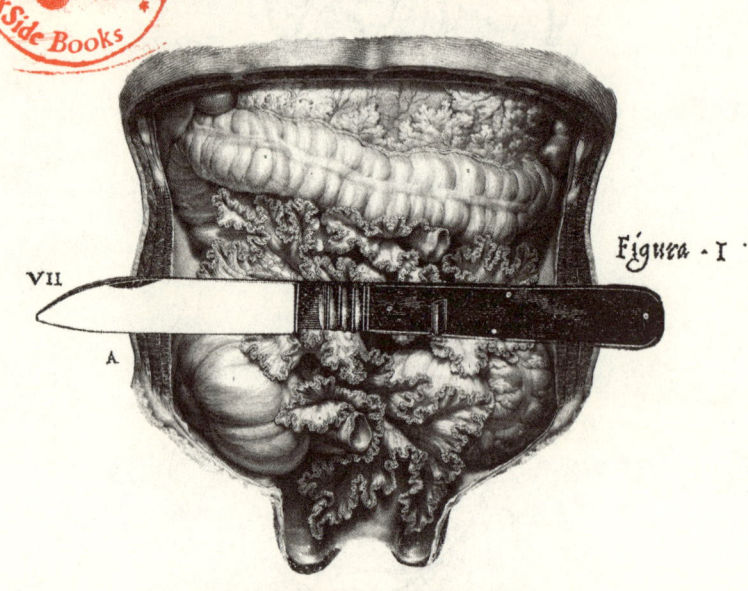

Figura · I

VII

A

- 1641 -

Um incauto camponês decidiu usar o cabo de sua faca para se fazer vomitar, mas acabou a engolindo. Sua vida, entretanto, foi salva por uma prodigiosa cirurgia, durante a qual a lâmina foi removida de seu estômago.

Edinburgh Philosophical Journal

CASO N° 01

Em 28 de agosto de 1641, o britânico John Evelyn, que se tornou famoso por seus diários, visitou a famosa Universidade de Leiden, na Holanda. Ele não ficou nem um pouco impressionado, descrevendo-a como "nada de extraordinário", mas um prédio em específico lhe agradou:

> Entre todas as raridades deste local, fiquei muito contente com a visão de sua escola de anatomia, com a sala de operações e museu adjacente, o qual é repleto de curiosidades naturais. Em meio a uma grande variedade de outros itens, fui apresentado a uma faca recentemente extraída das tripas de um holandês embriagado, por meio de uma incisão em sua lateral, sendo que a lâmina houvera penetrado seu estômago após ter escorregado de seus dedos.[3]

Esse objeto em específico causou forte impressão nele. Mais de vinte anos depois, Evelyn registrou a seguinte conversa com o futuro rei James II — ou James VII, caso você seja escocês:

> Tive uma valiosa interação com o duque de York, cujo assunto era a estranha cura atribuída a uma mulher que engolira uma espiga inteira de cevada, a qual terminara presa na lateral de seu organismo. Contei-lhe então sobre a FACA ENGOLIDA e os alfinetes.

Não é de surpreender que ele se lembrasse do caso, afinal o incidente das "tripas do holandês embriagado" foi um dos eventos médicos mais extraordinários do século XVII, uma operação audaciosa, que mesmo dali a duzentos anos, já na era dos anestésicos e da cirurgia asséptica, ainda seria lembrada como um feito heroico. Em 1738, Daniel Beckher, professor de medicina da Universidade de Königsberg (atual Kaliningrado), escreveu um livro sobre o caso (em latim), que foi um sucesso por toda a Europa. *De cultrivoro prussiaco observatio* [Sobre o prussiano que comeu uma faca] foi traduzido para o inglês como *A Miraculous Cure of the Prussian Swallow-Knife* [*Uma cura para o prussiano da faca ingerida*], e uma cópia eventualmente chegou até a biblioteca de John Evelyn.

A descrição de Beckher traz uma quantidade exaustiva de detalhes, por isso me basearei num resumo mais digestivel, por assim dizer, escrito por Thomas Barnes para a *Edinburgh Philosophical Journal* [Revista Médica e Filosófica de Edimburgo] em 1824:

> Na manhã de 29 de maio de 1635, Andrew Grünbeide, um jovem camponês, sentindo-se doente após ter cometido irregularidades em seu modo de vida, tentou se fazer vomitar cutucando a goela com o cabo de uma faca...

A goela é o fundo da garganta. O texto original deixa bem evidente que o senhor Grünbeide havia bebido demais na noite anterior. Os estudantes, tanto os do passado quanto os do presente, estarão indubitavelmente familiarizados com esse método de provocar vômito tocando o fundo da garganta. Mas isso não é algo muito recomendável de fazer, ainda mais se você for estúpido o suficiente para usar uma faca para essa finalidade.

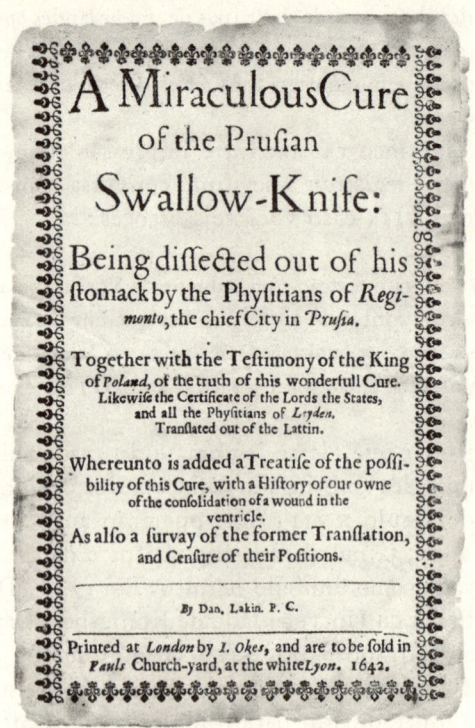

Página título do panfleto que descrevia a operação.

[...] contanto, como o efeito desejado não se produziu imediatamente, ele empurrou o cabo da faca mais afundo, o que a levou para além de seus dedos, fazendo com que a lâmina gradualmente descesse até seu estômago. O homem, prestes a se tornar o engolidor da faca, ficou terrivelmente assustado naquele momento. Após o ocorrido, ele seguiu abalado, ainda que tenha conseguido manter seus trabalhos diários sem muitas inconveniências.

É difícil imaginar alguém numa situação dessas sem que a pessoa esteja "terrivelmente assustada".

A malfadada situação do camponês causou muita compaixão, e diversos médicos e cirurgiões estudados e renomados foram consultados sobre o caso. Durante uma reunião docente da faculdade, ocorrida em 25 de junho, decidiu-se que seu abdômen deveria ser aberto, uma incisão seria feita no estômago e a faca, extraída. Antes da operação, o paciente deveria consumir óleo balsâmico, o Bálsamo Espanhol, o qual se supôs que aliviaria as dores no estômago, assim como facilitaria a cicatrização da ferida.

Eles decidiram que a temida cirurgia aconteceria em 9 de julho. O registro original, em sua tradução para o inglês de 1642, feita por Daniel Lakin, é rico em detalhes:

Sobre a própria incisão do ventrículo e a extração da faca.

Reuniram-se diante do reitor da faculdade de ciência médica os mais excelentes médicos, membros honoráveis da mesma escola, e também os estudantes, mestres de nossa Arte, juntos ao mais experiente cirurgião e melhor removedor de cálculos, o senhor Dan Schwabius, um amigo íntimo e venerável que agora se encontra no Céu.

Era um respeitável público, cheio de médicos eminentes, todos reunidos dentro da sala de operações. Quando se deram por satisfeitos de que tudo estava preparado, eles abaixaram as cabeças e rezaram, pedindo por "assistência divina e bênçãos", e então a operação teve início.

> O campesino, que esperava com uma coragem inabalável pelo corte,* se encontrava atado à mesa de madeira, com o local a ser aberto marcado com carvão. A incisão foi realizada no lado esquerdo do hipocôndrio, a cerca de dois dedos de distância das costelas curtas.

Em outras palavras, a incisão foi feita na parte superior do abdômen do paciente, do lado esquerdo.

> Primeiro a pele e a película carnosa (não se encontrou gordura) foram cindidas, depois os músculos se submeteram ao corte, e daí o peritônio foi também talhado e aberto.[4]

"Película carnosa" é uma forma arcaica de descrever uma camada de tecido. O peritônio é a membrana que reveste a cavidade abdominal. Thomas Barnes descreve assim o momento climático dessa grandiosa realização:

> O estômago retrocedeu e escorregou dos dedos, o que impediu que fosse imediatamente apanhado. Foi necessário, então, utilizar uma agulha curva para capturá-lo e puxá-lo para fora da incisão. Um pequeno corte foi feito nele, no local onde a faca estava situada, permitindo que a lâmina fosse facilmente extraída...

Caso você esteja se perguntando: sim, o paciente estava acordado. Em 1635, ele não tinha muita escolha — a única outra possibilidade seria desmaiar por causa da dor. Mas, pasmem, longe de estar em agonia, aparentemente ele era o espectador mais atento:

> [...] o que foi observado por todos os presentes, e bastante aplaudido, tanto por aqueles que estavam de pé quanto pelo próprio paciente, que declarou ser aquela a mesma faca que engolira alguns dias antes, sendo a própria ferida, após a retirada da faca, rapidamente aliviada.[†]

A edição da tradução do relatório em inglês inclui um prefácio no qual se comenta o tamanho considerável da faca e a dimensão da incisão pela qual a lâmina foi retirada.

---

* Ou seja, ele esperava pela cirurgia.
† Sem outras complicações, eles puderam tratar a ferida.

Seria razoável esperar que algumas complicações bem sérias se seguiriam a uma operação dessa gravidade, realizada duzentos anos antes de os mecanismos de contaminação serem compreendidos. Mas o paciente passou por uma recuperação praticamente milagrosa. O cirurgião limpou a ferida externa e a costurou com cinco suturas. Um "bálsamo tépido" foi aplicado antes de se cobrir a ferida com um emplastro feito de argila, claras de ovos e alume.

No dia seguinte, o paciente estava bem o bastante para comer um caldo de frango "cozido com ervas amargas e adstringentes", o que soa como a última coisa que eu comeria logo depois de uma cirurgia no estômago. Após uma semana, seus médicos o declararam fora de perigo e ele foi tratado com ruibarbo, para auxiliar na digestão.

> O mesmo tratamento e curativo foram usados até o dia 23 de julho, o 14° após a operação, quando a ferida havia se curado, sendo que nada digno de nota aconteceu a partir daí. Ele estava de volta ao seu melhor estado de saúde, gradualmente regressou à dieta comum e ao seu emprego, e nunca mais reclamou de dores no estômago.[5]

E a faca? Olha, era um item assustador. Segundo a descrição no artigo da *Philosophical Transactions*, tinha um comprimento de 16 cm. O autor do artigo, o doutor Oliver, conheceu um comerciante escocês residente de Königsberg (atual Kaliningrado) que lhe contou

> que Andrew Grünbeide era um amigo íntimo. O mercador afirmou ter visto a ferida diversas vezes, quando os médicos vestiam o paciente, e se tornara padrinho de um ou dois de seus filhos após sua recuperação.[6]

Trata-se de uma história incrível, uma cirurgia histórica — operações gástricas continuariam sendo raras e de grande perigo até o século XX. Por muitos anos, a faca extraída das "tripas do holandês embriagado" foi mantida numa bolsa de veludo, guardada na coleção do rei da Prússia, mas infelizmente sua localização atual é desconhecida.

BUTCHERY ART

MACABRE MEDICINAE

O CASO DO
CIRURGIÃO
AÇOUGUEIRO

Macabra Edition
02
DarkSide Books

Reverendo deão Copping,
Membro da Sociedade Real

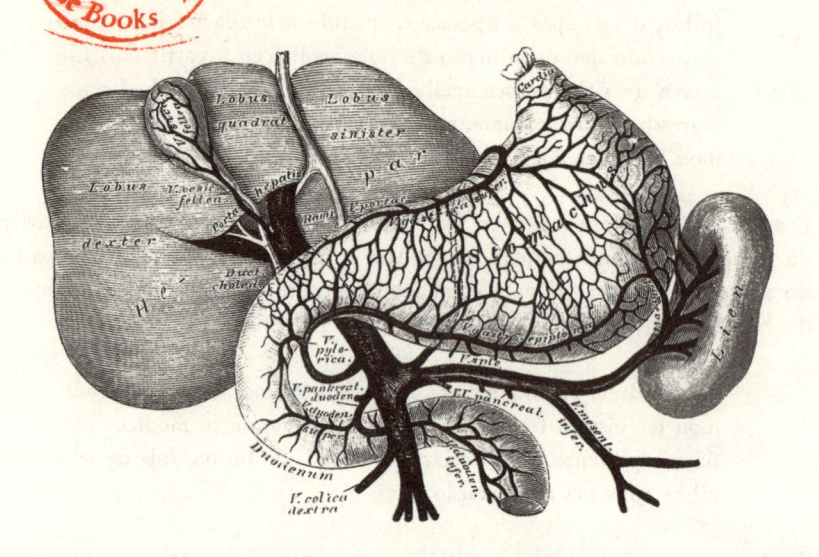

- 1739 -

Uma aldeã sofrera com a interrupção de uma gravidez.
Tempos depois, sua barriga inchou e surgiu uma
bolha em seu umbigo. A fim de tratá-la,
ela buscou a ajuda do açougueiro local,
e isso nem foi o pior que lhe aconteceu durante este caso...

Philosophical Transactions • *Macabre Medicinae*

THOMAS MORRIS
MEDICINA MACABRA

CASO Nº 02

Contrate um açougueiro. Pelo menos esse parece ser o conselho a ser tirado deste inusitado caso, ocorrido no interior da Irlanda durante o século XVIII.

A vila de Clogher, no condado de Tyrone, na Irlanda do Norte, é bem singular. Ainda que nunca tenha sido muito mais do que uma aldeia, beirando uma população de quinhentos residentes mesmo nos dias de hoje, ela desfruta de uma catedral — é um dos menores povoados das Ilhas Britânicas a ter uma delas. Entre 1737 e 1743, o deão de Clogher era John Copping, um dedicado cientista amador que fora eleito membro da Sociedade Real. Em 1739, a revista da sociedade, a *Philosophical Transactions*, publicou um par de cartas redigidas pelo reverendo. A primeira delas contém uma história que lhe contaram sobre um jovem sacerdote da mesma diocese que estudara medicina por uns tempos e, por isso, tinha algum conhecimento da prática:

> **XVII.** *Extratos de duas cartas do reverendo deão Copping, Membro da Sociedade Real, para o presidente, acerca de uma operação de cesariana realizada por um ignorante açougueiro, e sobre o extraordinário* esqueleto *mencionado no artigo supracitado.*

> Sarah McKinna, atualmente residente de Brentam, a 3 km da cidade de Clogher, no condado de Tyrone, se casou aos dezesseis anos. Antes do matrimônio, nunca tivera a aparência peculiar às mulheres. Seis meses após a cerimônia, todavia, tais aparências se expressaram de forma apropriada.

Uma forma delicada de dizer que ela entrara na puberdade com uma idade que o autor da carta considerava excepcionalmente atrasada.

> Dez meses após seu casamento, ela descobriu sintomas de gravidez e pariu uma criança dentro do período regular. Após mais

dez meses, pariu outra. A cada vez, ela deu à luz de modo rápido e simples. Dois meses após o segundo parto, os sintomas de gravidez surgiram novamente e aumentaram em proporção com o tempo. Ao fim dos nove meses, entretanto, os sintomas começaram a diminuir, e dentro em breve ela não tinha quaisquer razões para crer ainda estar grávida, fora a interrupção completa de seu catamênio.

Ela tinha parado de menstruar, sintoma que persistiu por mais seis anos, juntamente com misteriosas dores abdominais. Depois, um "inchaço da barriga" a levou a acreditar que engravidara novamente:

Cerca de sete meses após tal relato de incerteza, uma bolha, segundo ela, surgiu cerca de 4 cm acima de seu umbigo. A condição lhe causava grandes dores. Ela convocou um tal de Turlough O'Neill, um açougueiro, que morava e ainda mora com o capitão George Gledhames, a uma distância de aproximadamente 2 km de Clogher.

Os motivos para ela chamar um açougueiro e não um médico não são explicados. Alguns dias depois, o senhor O'Neill chegou e a encontrou "numa condição de falência":

A essa altura, a apostema* se abrira e o cotovelo de uma criança fora forçado para fora, pondo-se à vista. A pedido dela própria e de seus amigos, ele se encarregou de lhe administrar alguma forma de alívio, fazendo uma grande incisão acima e abaixo do umbigo, da forma como lhe fora possível, firmando os dedos sob a mandíbula do feto para, então, extraí-lo. Durante a operação, ele não encontrou o menor impedimento.

Ainda que não esteja dito de forma direta, a implicação aqui é a de que o feto já estava morto. Isso por si só já é bem ruim, mas algo muito pior estava por vir. Prepare-se.

Em sequência, ele olhou dentro de sua barriga e, ao avistar algo preto, enfiou a mão e extraiu um esqueleto completo de uma criança, aos pedaços, assim como diversas porções de carne

---

* Abscesso.

pútrida escurecida. Após a operação, ele a enfaixou.[†] Em seis
semanas, ela retomou suas tarefas domésticas. Ela tem permanecido com boa saúde desde esse anormal incidente, mas veio
a ter uma ruptura do umbigo em razão da ignorância do homem açougueiro, que não soube aplicar uma atadura adequada.

A "ruptura do umbigo" era uma hérnia umbilical. A incisão enfraque-
ceu os músculos da parede abdominal, permitindo que uma porção dos
intestinos se espremesse por entre eles. Essa é uma história estranha,
que deixa muitas questões sem respostas. O deão Copping não tinha
a tendência de acreditar em rumores, por isso aproveitou a primeira
oportunidade que surgiu para visitar a mulher e seu marido, a fim de
ouvir a versão deles próprios sobre os eventos. Mas sua entrevista com
o casal não resultou em maiores elucidações.

> Eles são tão ignorantes, dotados de uma linguagem tão ruim,
> que não pude compreender totalmente o que disseram. Mas,
> caso tenham dito a verdade, há algo ainda mais surpreendente
> do que o relato mencionado anteriormente.

Tais problemas de comunicação ficam bastante evidentes na versão de
Copping, cuja cronologia é bem diferente da versão original. A mulher agora lhe contara que, antes da primeira gravidez, não estava ca-
sada havia dez meses, e sim havia dez *anos*. Ela entrara em trabalho
de parto, mas as contrações cessaram, o inchaço abdominal desapareceu e a parteira concluíra que se tratava de uma gravidez "fantas-
ma" — ou seja, elas se convenceram de que nunca houvera um feto.
Sete anos depois, Sarah McKinna engravidou novamente, rogando
para que, dessa vez, ela desse à luz uma criança saudável, sem maiores preocupações. Mas, conforme explicou ao deão Copping, as coisas deram muito errado:

> Havia um inchaço em seu umbigo tão grande quanto um ovo
> de ganso, no qual um pequeno orifício veio a romper a pele,
> dando vazão a uma secreção líquida. Ela tinha uma parteira
> e três ou quatro médicos, que desistiram de seu caso e a aban-
> donaram, considerando-a destinada a falecer. Do orifício no
> inchaço, brotou o cotovelo de uma criança, que ficou por
> alguns dias pendurado na pele, de forma bastante visível.

[†] Ele fez os curativos que conseguia, imagino.

Com o tempo, ela própria arrancou esse membro pendente, para aliviar as dores.

Imagine o estado que alguém tem de estar para conseguir fazer algo assim!

Quando O'Neill chegou, ela implorou por sua ajuda. O homem estava assustado e foi dormir. Ao se levantar, administrou-lhe uma dose grande de Jerez e, suponho, bebeu uma dose também...

"Jerez" é o termo castelhano para xerez, um vinho branco fortificado produzido na Espanha.[‡] Na Irlanda e na Inglaterra, a bebida era chamada, na época, de "sack", além de ser conhecida como "sherris" — o termo que eventualmente deu origem ao nome *sherry*, usado até hoje. Na Irlanda rural dos anos 1830, uma "dose grande de Jerez" era o mais próximo de um anestésico que havia disponível e, portanto, a única maneira viável de tentar mitigar a dor. Após administrar a dose, o açougueiro

[...] abriu o local da ferida, fazendo um buraco que o marido dela descreve como sendo do mesmo tamanho de seu chapéu.

Essa é uma comparação bem imagética, de tirar o chapéu, mas não é o tipo de coisa que se espera encontrar numa publicação médica.

Ele enfiou a mão, pegou o segundo osso do metatarso da criança e, puxando para a frente e para trás a fim de soltá-lo, em pouco tempo conseguiu extrair o feto. Logo depois, ao olhar pelo buraco, vendo algo preto, inseriu a mão e retirou outros ossos. Outros ossos ainda restaram, os quais foram extraídos em diferentes momentos e, ao que tudo indica, de diferentes maneiras — alguns deles saíram pelo umbigo; outros, pelo útero, pela passagem natural.

O deão Copping explica que essas partes do feto continuaram a emergir do corpo da pobre mulher por um período de seis meses, de julho até o Natal.

[‡] O salário de quem tem o título de Poeta Britânico Laureado tradicionalmente inclui uma barrica (ou barril) de "Sack". Até hoje, os poetas recebem uma parte de seu estipêndio na forma de seiscentas garrafas de xerez.

A cada vez, ela sentia fortes dores. O relato anterior afirmara que ela retomara suas atividades domésticas. Na verdade, ela até podia se mover pela casa, mas passou quinze meses confinada dentro de sua moradia. Examinei a ruptura, e seria possível inserir um dedo bem fundo em seu corpo. O senhor Dobbs, eu soube, um eminente cirurgião de Dublin, acredita que pode haver algum tratamento para a condição, que a ruptura pode ser remediada e as tripas, reduzidas. Eu me pergunto se ele seguirá tendo a mesma opinião assim que tiver a oportunidade de vê-la.

Uma observação lacônica, cuja implicação é a de que a paciente estava em péssimo estado. O deão Copping era um homem generoso, determinado a encontrar uma forma de ajudá-la.

Coletei cerca de quatro libras para ela com os cavalheiros que visitam o lorde bispo, e devo comprar algumas roupas e mandá-la para Dublin daqui a dez dias, para ser tratada. Ela estava entusiasmada pela viagem, mas seu pastor — um homem ignorante — e outros vizinhos da mesma estirpe lhe disseram que cuidariam dela até ela morrer, instando-a a permanecer em casa.

Nada como um pouco de apoio moral, não é mesmo? Eventualmente, a mulher e o marido foram convencidos a ir até Dublin, para que ela se tratasse.

No entanto, ao ouvir o que eu próprio tinha a dizer sobre tais objeções à viagem, ela concordou em partir. Seu marido a levará. Eles se tornaram tão gratos pela minha ajuda sobre a condição deles que agora iriam até Londres, ou para onde quer que eu ordenasse.[7]

Infelizmente, não há registros sobre o que aconteceu com a mulher após sua transferência para Dublin. Naquela época, qualquer outra intervenção cirúrgica poderia facilmente causar sua morte. Em áreas rurais, onde cirurgiões eram raros e poucos podiam pagar pelos seus serviços, às vezes os açougueiros podem ter sido convocados para tratar as pessoas no lugar de médicos — e, caso alguém lhe pedisse que realizasse uma amputação, a capacidade de desmembrar vacas ou porcos se provaria estranhamente útil. Ainda assim, exemplos de açougueiros participando desse tipo de atividade extracurricular, felizmente, são raros na literatura médica.

THE APPENDIX
MACABRE MEDICINAE

O CASO DA
AUTOCIRURGIA
DE EMERGÊNCIA

Claude Martin, coronel a serviço da
Companhia Britânica das Índias Orientais

Macabra Edition
03
DarkSide Books

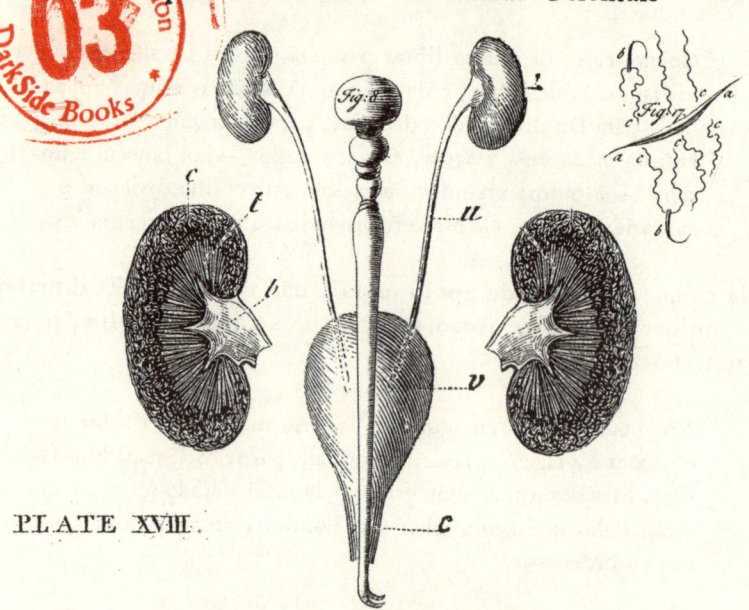

PLATE XVIII.

- 1799 -

Um coronel francês de propósito firme como uma rocha
inventou um tratamento pessoal contra cálculos renais: munido
de um instrumento criado a partir de uma agulha de tricô, ele
enfiava o utensílio uretra adentro, com o intuito de limar as
pedras na sua bexiga.

Medical and Physical Journal

CASO Nº 03

Em 1961, um cientista russo que trabalhava numa base remota da Antártida ficou seriamente afetado por uma infecção no apêndice. O clima na região da base estava péssimo, não havia possibilidade de que ele fosse retirado dali, por isso Leonid Rogozov percebeu que sua única opção era que o médico responsável pela equipe realizasse uma apendicectomia. Infelizmente, ele *próprio* era o médico oficial, a única pessoa dentro de um raio de 16 mil km com a capacidade de realizar a operação. Assim, com o auxílio de seus colegas e um anestésico local, Rogozov se tornou o primeiro cirurgião a remover o próprio apêndice.[8]

A autoapendicectomia do doutor Rogozov é o caso registrado mais famoso de autocirurgia, mas está longe de ser o único. Um exemplo menos sangrento, mas bem mais prolongado, ocorreu na Índia, no século XVIII. O paciente (e cirurgião) era Claude Martin, nascido na França e coronel a serviço da Companhia Britânica das Índias Orientais. Além de ter uma carreira militar de sucesso, ele também trabalhara como cartógrafo, arquiteto e administrador, tornando-se o residente europeu mais rico da Índia. O francês também construiu e dirigiu o primeiro balão de ar quente do país. Especialista em diversas áreas e leitor voraz, Martin deixou a maior parte de sua fortuna para causas humanitárias, incluindo a fundação de três escolas que existem até hoje.[9]

Em 1782, Martin desenvolveu sintomas de cálculo na bexiga, o que o levou a perceber que, caso não fizesse algo, teria de passar por uma cirurgia. Tal operação, a litotomia, é uma das mais antigas do cânone cirúrgico. Isso envolveria fazer uma incisão na bexiga e a extração da pedra, uma acumulação dos minerais da urina. Médicos indianos e gregos da Antiguidade descreviam o procedimento em detalhes, e até 150 anos atrás a operação ainda era realizada sem anestésicos. Era uma cirurgia perigosa e notoriamente dolorosa, portanto o coronel Martin tinha motivos para sua relutância em passar por tal experiência, por isso decidiu lidar com o problema por conta própria. Em 1799, ele escreveu uma carta, subsequentemente publicada numa revista médica, na qual explicava como resolvera a questão da sua própria maneira:

Coronel Martin, sobre destruir uma pedra na bexiga.

Tive a imensa fortuna de ser o responsável pela minha própria cura de um cálculo. A cura em questão certamente parecerá bastante extraordinária a todos aqueles que não sabem como a realizei.

O método do coronel Martin envolvia inserir um instrumento pelo pênis, pela uretra, até atingir a bexiga, e então limar a pedra até desgastá-la, pouco a pouco. A lima que ele usou foi feita por suas próprias mãos, construída a partir de uma agulha de tricô presa a uma alça feita de barbatana de baleia.[10]

Comecei a limar a pedra na bexiga em abril de 1782, e de acordo com um recado que recebi do doutor Rennet Murchison, que estava aqui alocado como cirurgião para o residente, o processo logo teve efeito sobre o cálculo, fazendo com que muitos pedaços menores fossem expelidos, os quais ainda guardo.

O destemido coronel remeteu um desses fragmentos para o doutor Murchison, a fim de que ele os inspecionasse. O doutor respondeu:

Querido Martin, examinei a pedra com um bom microscópio. Seu exterior parece ter uma casca sólida, mas internamente ela tem uma textura porosa. Com base nessa aparência, calculo que seu plano mecânico tenha obtido algum efeito. Mas, meu caro amigo, não se deixe levar por esperanças tão sanguíneas e terminar usando sua lima muitas vezes, pois uma inflamação na bexiga, agora, poderia se provar fatal. Por outro lado, como a textura interna da pedra está enfraquecida e como você quebrou a superfície dura exterior, não tenho dúvidas de que pode retirar bastante dela por o auxílio cuidadoso do seu instrumento.

Agora que ele havia cutucado sua coceira, onde aquilo iria parar? O doutor Murchison desaprovava veementemente o plano do coronel Martin, mas o intrépido francês não se deixaria intimidar.

Este bom homem, o doutor Murchison, esforçou-se para me dissuadir de continuar, mas como eu notava diariamente o efeito positivo de meu hábito de limar a pedra e nunca sofri nenhuma dor em particular ao fazê-lo, perseverei com a prática até outubro do mesmo ano, até quando, imagino, cheguei a limar, em média, ao menos três vezes a cada 24 horas.

Sim, é isso mesmo: três vezes por dia, ele voluntariamente enfiava uma agulha de tricô na própria uretra e dava uma boa esfregada. Se isso não o faz estremecer, eu não sei o que faria.

A princípio, eu me perguntava como faria para atrair a pedra até o canal da bexiga, mas consegui injetar água quente na bexiga, o que, esforçando-me para descarregar o líquido, levou a pedra até o canal. Eu, então, introduzi minha lima entre a carne e a pedra, mantendo meu corpo inclinado contra a parede o tempo todo, até que, com um movimento equivocado, empurrei a pedra para fora do canal da bexiga.

Será que esse procedimento era *mesmo* menos dolorido do que uma cirurgia de dez minutos?

Quanto ao medo de inflamação, eu não tinha nenhum, pois certa vez um espasmo por toda a uretra apertou minha lima tão firmemente que eu não podia movê-la. Tal espasmo durou cerca de dez minutos, e, ao relaxar, uma grande quantidade de sangue foi expelida, acompanhada também de diversos pedaços da pedra. Num par de dias, pude retomar meu hábito de limar a pedra sem sentir qualquer dor, o que me convenceu de que não havia perigo de inflamação, e tais espasmos ocorreram frequentemente sem causar quaisquer más consequências.

Se eu fosse ele, também estaria me *lixando* para os riscos.

Estou plenamente convencido de que todas as pessoas podem se curar, com as próprias mãos, já que requer muito pouco esforço. Não imagino que seja possível outra pessoa conduzir a operação, já que apenas o paciente pode saber onde lhe dói, portanto ele saberá naturalmente quando e como introduzir a lima, haja vista que de nada adianta introduzir a lima quando a pedra não estiver próxima ou dentro do canal da bexiga. Sendo a lima bastante pequena (mais fina que uma palha), é facilmente introduzida entre a parte carnuda e a pedra, e o movimento de limar não se estende além do comprimento de pouco mais de 1 cm.

O coronel Martin certamente tinha muita confiança no método que inventara, mas devo dizer que estou longe de estar convencido. Ele explica que, antes, recebera tratamentos convencionais — em suma, eméticos e laxantes — indicados pelo doutor Murchison, os quais apenas o fizeram piorar. Suas dores eram tão intensas que o coronel tivera de parar de comer qualquer coisa que tivesse sal ou temperos.

> Minha alimentação se resumia a carne cozida ou assada; para beber, apenas água, cuidando para manter meu corpo aberto por meio de laxantes brandos. No entanto, assim que minha urina se tornou mais límpida, meu estômago começou a melhorar e fiquei mais ágil e constante em meu hábito de limar a pedra, o que fazia de forma frequente, tanto de dia quanto de noite, em algumas ocasiões chegando a dez ou doze vezes no mesmo dia, expelindo a cada dia pedaços pequenos, até que o cálculo inteiro saiu. Como eu disse acima, tenho estado bem desde então; nunca tive mais dores nem voltei a ter pedras ou pedregulhos até ultimamente.

O artigo conclui com uma carta de Warren Hastings, um amigo de Martin e o mais antigo administrador britânico na Índia naquela época, que fora acusado de corrupção, julgado e absolvido pelo parlamento. Hastings escreveu:

> Eu lhe retorno com muitos agradecimentos pela leitura atenta da curiosa carta do coronel Martin, pois se trata de uma missiva deveras curiosa e interessante, mesmo para mim, que me recordo de todos os detalhes de seu caso, como ele os detalhou a você, e até da linguagem na qual ele a tudo descreveu. Certa vez, mencionei o fato para o senhor Pott, que evidentemente demonstrou, tanto por seu olhar quanto por seu silêncio responsivos, não acreditar no caso."

Percivall Pott foi um dos principais cirurgiões da época, mais conhecido por perceber que limpadores de chaminés eram particularmente propensos a desenvolver câncer de testículo — o primeiro tipo de câncer ocupacional a ser identificado. Sua descrença é compreensível, haja vista que o coronel Martin estava abrindo uma nova possibilidade cirúrgica. Até os anos 1820, o único tratamento eficiente para pacientes com cálculos na bexiga era a litotomia, o que envolvia extrair a pedra por meio de uma incisão, com todos os riscos concomitantes.

Na primeira metade do século XIX, no entanto, diversos especialistas desenvolveram métodos para perfurar, triturar e esmagar cálculos usando instrumentos inseridos pela uretra, assim evitando a necessidade de uma operação completamente aberta. A primeira cirurgia desse tipo, que ficou conhecida como litotripsia, foi realizada em 1824, por um médico francês chamado Jean Civiale. O coronel Martin antecipou esse avanço em quarenta ano, além de, não se contentando em ser um cirurgião inovador, decidir também se voluntariar para ser seu próprio primeiro paciente. E por que não, não é mesmo ?

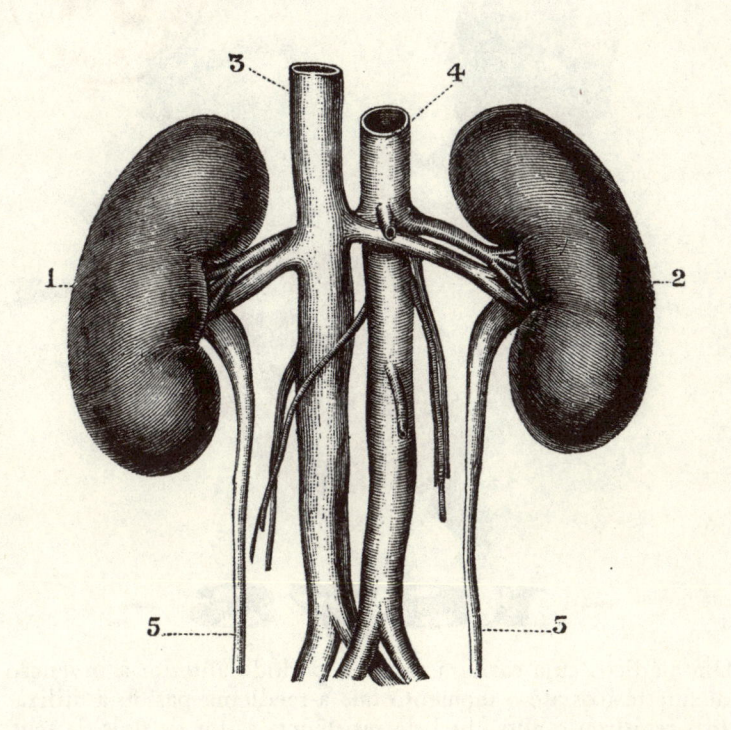

ANESTHESIAS

MACABRE MEDICINAE

O CASO DA
AMPUTAÇÃO
SEM ANESTÉSIA

Dickinson Crompton, membro
do Colégio Real de Cirurgiões

Macabra Edition · DarkSide Books · 04

Fig: 1.
315

- 1878 -

Um médico, cuja carreira viveu o período anterior à invenção
de anestésicos até o momento que a medicina passou a utilizá-
los, registrou o alto nível de resistência à dor de dois de seus
pacientes, os quais, mesmo tendo membros amputados não
esboçaram qualquer reação dolorosa.

Guy's Hospital Reports

THOMAS MORRIS
MEDICINA
MACABRA

CASO N° 04

No fim dos anos 1870, um médico idoso e aposentado de Birmingham, Inglaterra, Dickinson Webster Crompton, foi convencido a escrever um pequeno livro de memórias. O amigo de quem partira a sugestão de trabalhar na autobiografia, um professor do Guy's Hospital, em Londres, era fascinado pelas histórias de seu colega mais velho acerca da sala de operações de meio século antes e considerava que tais casos deveriam ser registrados para a posteridade. Crompton estudou em Londres; em Bonn, na Alemanha; e em Paris, onde um de seus professores foi Guillaume Dupuytren, o decano da medicina cirúrgica francesa. Ao terminar seu treinamento, no entanto, ele voltou para Birmingham, sua cidade natal, onde teve uma feliz e bem-sucedida carreira até se aposentar. Aos 73 anos, ele estava quase completamente cego e dizia aos seus amigos:

> Estou agora ficando com cataratas nos olhos e, no presente momento, não posso enxergar o que minha mão escreve, mas espero que ela desenhe as formas das palavras que minha mente dita.

Em 1878, as "Reminiscências de um cirurgião provinciano" de Crompton foram publicadas no *Guy's Hospital Reports* [Relatórios do Hospital Guy's], o periódico interno da instituição. O texto traz um vívido relato da vida médica do início do século XIX, nas Midlands Ocidentais.

Reminiscências de um cirurgião provinciano sob circunstâncias um tanto excepcionais Por "Um velho senhor do Guy's Hospital", Dickinson Crompton, *membro do Colégio Real de Cirurgiões*, Birmingham.

Crompton estava em seus quarenta anos quando o clorofórmio e o éter entraram na rotina médica, e ele registra a novidade de operar um paciente que estava inconsciente e imune à dor. No início de sua carreira, entretanto, não havia tais luxos, então a maioria das operações que ele descreve ocorreu sem o uso de anestésicos. Entre os relatos, há este chocante caso de dupla amputação de pernas:

> Um homem sem temperança, residente de Tamworth, adormeceu embriagado durante uma noite gelada, fora de casa, com seus pés num charco, ao lado da ferrovia. Ao amanhecer, seus pés estavam congelados e eventualmente se desmembraram, com o tegumento se fechando numa forma cônica, deixando as extremidades da tíbia e da fíbula expostas e cariadas.

"Cariadas", nesse caso, significa "apodrecidas". Há algo chocante na forma casual como está descrito que "seus pés [...] eventualmente se desmembraram", como se ele estivesse descrevendo uma cobra perdendo a pele.

> Fiquei sabendo do caso e recomendei que lhe trouxessem até o Hospital Geral de Birmingham. Quando vi o caso, fiquei embasbacado com o maravilhoso esforço da natureza em direção à cura. Caso os ossos pudessem suportar férulas, como bengalas colocadas sobre eles, o homem poderia caminhar tão bem quanto ou mesmo melhor do que sobre pernas de madeira.

Existem diferentes "férulas", porém as mais conhecidas são as palmatórias. Levando isso em consideração, a imagem descrita acima seria uma cena inesquecível.

> No entanto, não haveria como, portanto o homem e eu concordamos que eu deveria amputar suas pernas na altura usual, deixando-lhe com bons tocos e os joelhos, nos quais ele poderia colocar pernas de madeira comuns. Removi a primeira perna, com o homem estando sentado sobre a mesa, ele próprio segurando sua coxa e olhando a operação. Nem um som sequer lhe escapou. Mas, ao acabar, ele disse: "Minha nossa! Como é afiado!"

Ao que parece, o paciente estava descrevendo a agudez da lâmina de serra, e não de sua dor.

> Após um período de três semanas, removi a outra perna da mesma forma, e o homem teve a impressão de que a serra não a cortara tão bem.

Trata-se de um verdadeiro especialista!

> Quando ele estava prestes a sair de seu leito, voltou a me consultar, para falar da inconveniência do tamanho das pernas de madeira comuns, requisitando um par delas de apenas 23 cm de comprimento, pois assim, "quando estivesse com a cabeça cheia de grogue", não cairia de muito alto!

Eis aí o que chamo de raciocínio prático.

> Ele viveu por muitos anos e era um conhecido vagabundo, creio.

Dickinson Crompton dá prosseguimento, após essa anedota, com a história de um paciente que exibiu um nível ainda mais impressionante de estoicismo:

> Alguns anos atrás, fui convocado, no meio da noite, para ir até Meriden, em função de um acidente, devidamente preparado para realizar uma amputação. Deparei com um pobre trabalhador, prostrado sobre a cama de sua cabana, com o braço esquerdo pendendo sobre a borda do leito, gotejando sangue dentro de um penico. Um torniquete estava preso firmemente bem abaixo da junta do ombro; o braço estava preto, com uma aparência já mortificada. Descreveram-me que o braço do homem fora pego pela engrenagem de uma das máquinas agrícolas e terminou preso até a altura do ombro.

Nessas circunstâncias, não havia outra alternativa senão amputar o membro mutilado, tão próximo da articulação do ombro quanto fosse possível.

> Não havia espaço para um torniquete, e requisitei ao senhor Clark, o médico da vila, que pressionasse a artéria contra a cabeça do osso.

A artéria em questão é a axilar, um importante vaso sanguíneo que supre o braço. A maneira usual de realizar uma amputação requeria o uso de um torniquete para evitar uma hemorragia. Nessa ocasião, entretanto, não havia espaço para prender um torniquete, por isso eles foram forçados a comprimir a artéria com um dedo. Assim que o membro fosse amputado, a artéria seria permanentemente fechada.

Havia um garoto nos aposentos, um aprendiz, pelo que me disseram, mas ele se negou a chegar próximo do paciente para segurar o braço. Portanto, fui obrigado a apertar a artéria contra a cabeça do osso com minha mão esquerda, enquanto o senhor Clark segurava o braço totalmente esticado pela mão. Ele, todavia, confidenciou que "sempre desmaiava ao ver sangue", por isso, virando a face e o corpo tão longe quanto possível, se manteve segurando até que eu tivesse feito minha incisão e serrado o osso o mais próximo da junta possível.

É de pensar que ter a tendência a desmaiar ao ver sangue seria um obstáculo significativo para um médico do início do século XIX, mas aparentemente não era o caso.

Havia apenas uma vela no aposento, que servia para iluminar toda a casa, e eu assim pedi ao senhor Clark que a segurasse, para que pudesse ver as artérias, mas ele havia ultrapassado seus limites. O miserável paciente, sentado numa cadeira, não tinha reclamações. Na verdade, considero que ele não deveria ter sentido muitas dores, a julgar pela sua aparência e pela da ferida, então ele próprio proclamou: "Caso o senhor deixe a vela comigo, acredito que consigo segurá-la." Ele assim o fez, trazendo sua mão direita ao redor do corpo, segurando a vela, e então pude dar uma boa olhada na aparência do toco.

Segurar uma vela com um dos braços, para que um cirurgião possa enxergar bem o bastante, com o intuito de permitir que ele termine de amputar o outro braço — olha, é uma situação que requer certa coragem!

O homem se recuperou, mas ouvi dizer que ele faleceu de tísica* seis meses após o acidente. De fato, ele estava héctico na época da operação.[12]

Desgraça pouca é bobagem.

---

* Tuberculose.

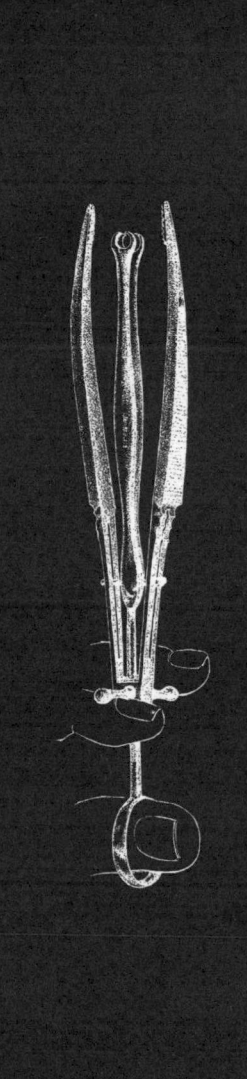

OPEN CHEST

MACABRE MEDICINAE

O CASO DO
CORAÇÃO
À VISTA

Chevalier Richerand, professor e cirurgião-chefe
do Hospital de Saint Louis

Macabre Edition 05 · DarkSide Books

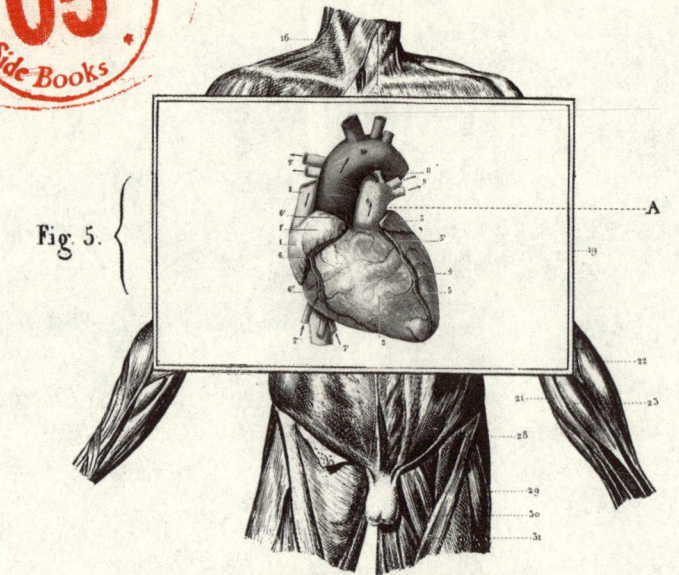

Fig. 5.

- 1818 -

No ano de 1818, antes de existirem anestesias, um médico
realizou uma audaciosa cirurgia para remover o tumor de
um paciente, o que incluiu retirar partes de suas costelas.
O procedimento fez com que o paciente ficasse com uma janela
em seu peito, cuja vista dava para seu próprio coração.

Medico-Chirurgical Journal

THOMAS MORRIS
MEDICINA MACABRA

CASO Nº 05

Ocasionalmente, um cirurgião realiza um feito tão impressionante que a operação se torna para sempre associada ao seu nome. Em 1817, o cirurgião inglês *sir* Astley Cooper deixou seus colegas atônitos ao conseguir amarrar uma ligadura ao redor da aorta abdominal do paciente, a maior artéria do abdômen. Seu paciente, que estava recebendo tratamento contra um aneurisma na virilha, faleceu, mas a tentativa foi tão admirada por sua audácia que por muitos anos foi chamada de "Operação do *sir* Astley Cooper".

Um ano após esse fracasso tão celebrado, os médicos por toda a Europa vibraram com as notícias de outra intervenção cirúrgica heroica. Relatos foram impressos nos principais jornais, sob o destaque que se referia à "Operação de Richerand". Dessa vez, o herói era o barão Anthelme Balthasar Richerand, um proeminente médico parisiense que recebera o título de nobreza do rei Luís XVIII, em nome de seu incansável trabalho tratando as vítimas das Guerras Napoleônicas. Richerand era um grande admirador de *sir* Astley Cooper, talvez até demais — posteriormente, ele caiu em ostracismo após a ousadia de afirmar que os cirurgiões do próprio país eram inferiores aos da Inglaterra. A operação que recebeu seu nome era tão impressionante quanto a de *sir* Astley, além do fato de que seu paciente havia sobrevivido. É assim que a *Medico-Chirurgical Journal* descreveu seu triunfo:

Caso de excisão de uma porção das costelas e também da pleura.
Pelo cavalheiro Richerand, professor da Faculdade de Medicina e cirurgião-chefe do Hospital de Saint Louis.

O *monsieur* Michelleau, um oficial de saúde de Nemours, na França, sofreu por três anos com um tumor canceroso sobre a região do coração, o qual foi extirpado no mês de janeiro de 1818. Todavia, um fungo sangrento frequentemente reaparecia, não obstante a aplicação de cautérios e cáusticos.

Não se trata do significado de fungo como compreendemos hoje, e sim no seu antigo sentido médico, que significava um crescimento indesejado. As medidas utilizadas nas primeiras tentativas de eliminar a recorrência do tumor foram aplicar cautérios — queimar a superfície com um instrumento quente — e cáusticos, químicos corrosivos que também eram usados para escaldar até que se consumisse a pele afetada.

> Ele agora veio a Paris, e *monsieur* Richerand deparou com um imenso fungo brotando da ferida, o qual expelia uma supuração* avermelhada e terrivelmente fétida. Ainda assim, o paciente não sentia muitas dores.

O *monsieur* Michelleau sofria de uma tosse crônica, mas, fora isso, tinha uma saúde forte. Operá-lo seria um desafio intimidador, mas o paciente parecia forte o bastante para resistir bem.

> Determinou-se, então, pela remoção de uma porção de costela ou costelas, caso necessário, considerando que o cerne da doença parecia estar situado ali. O professor Dupuytren estava presente, juntamente com outros distintos cirurgiões, e auxiliou nessa formidável operação.

O barão Guillaume Dupuytren era o principal cirurgião de Paris, além de ser celebrado por toda a Europa. Hoje em dia, ele é mais lembrado por ter cedido seu nome à Moléstia de Dupuytren, uma condição marcada pela proliferação de tumores benignos nos tecidos conjuntivos da mão, causando uma contração dos dedos na direção da palma que faz com que esses fiquem com uma aparência próxima à de garras. Alguns anos depois, os dois barões-cirurgiões, Dupuytren e Richerand, brigariam feio por causa do insulto deste à classe cirúrgica francesa. Mas, a essa altura, eles ainda eram colegas e colaboradores. O paciente foi preso à mesa, para garantir que seus movimentos não interferissem no trabalho dos médicos. Ainda não havia, afinal, nenhuma anestesia em 1818.

> Iniciei, diz *monsieur* Richerand, expandindo o ferimento por meio de uma incisão cruciforme† e encontrei a sexta costela inchada e vermelha por uma extensão de 10 cm. Usando um

---

* A infecção da ferida liberava um líquido da cor do sangue, cheio de pus.
† Na forma de uma cruz.

bisturi, separei os ligamentos dos músculos intercostais, acima e abaixo, pela abertura, e, com uma serra de Hey, cortei a costela em dois lugares, removendo a porção doente e extraindo cuidadosamente, com uma espátula, a pleura costal da face interna da costela.

Essa era uma cirurgia difícil e sofisticada. Richerand percebeu que precisava remover uma porção de costela cancerosa, o que envolvia separar da costela os músculos e as outras estruturas ligadas a ela, como a pleura, a membrana protetiva que reveste os pulmões. O instrumento que utilizou para serrar o osso foi inventado alguns anos antes pelo cirurgião inglês William Hey, uma ferramenta com um cabo longo e uma lâmina de apenas alguns centímetros. Seu *design* foi originalmente pensado para abrir o crânio humano, mas o tamanho reduzido da lâmina a tornava perfeita para essa tarefa em particular.

Percebeu-se, então, que a sétima costela estava igualmente adoecida, sendo removida da mesma forma, mas com muito mais dificuldade, e não sem penetrar a cavidade do peito por uma pequena fenda na pleura. A própria membrana, descobriu-se, estava inchada e num estado doentio. Tratava-se, em resumo, do tecido de onde a vegetação fúngica brotava. A área da pleura contaminada tinha $20\ cm^2$ de extensão! Deixar essa região intocada seria abandonar a cirurgia inacabada, portanto toda a extensão tomada pela doença foi removida com uma tesoura.

A operação entrara numa fase mais perigosa. Perfurar a pleura permite que o ar entre na cavidade ao redor dos pulmões. Esse aumento na pressão pode fazer com que um dos pulmões, ou ambos, entre em colapso, uma condição conhecida como pneumotórax. Hoje em dia, nas salas de operação modernas, esse é um risco menor, porque as cirurgias nos pulmões são realizadas com ventilação mecânica, isto é, os pulmões são inflados e esvaziados por um tubo introduzido pela traqueia. O *monsieur* Richerand, entretanto, não dispunha de tais facilidades modernas. Se ambos os pulmões do paciente entrassem em colapso, suas chances de sobrevivência seriam mínimas.

Nem uma gota sequer de sangue foi perdida. Nesse momento, o ar invadiu, o pulmão esquerdo sucumbiu, e o coração, envolvido em seu pericárdio, apertou-se e mostrou-se através da ferida.

Um momento bem dramático. O coração do paciente — lembremos que ele estava consciente — ficou visível através da incisão da cirurgia, enquanto um pulmão em colapso representava uma ameaça imediata à sua vida.

O ferimento foi rapidamente coberto com um emplastro adesivo, para evitar um sufocamento. A ansiedade e a dificuldade de respiração se tornaram extremas, continuando assim por dozes horas após a operação. O paciente passou a noite sentado e sem sono.

Não é de surpreender. Mesmo se ele estivesse confortável o bastante para dormir, o completo terror que devia estar sentido seria, com certeza, motivo o bastante para mantê-lo acordado.

Pela manhã, sinapismos‡ foram aplicados nas solas dos pés e nas partes internas das coxas, facilitando sua respiração. A partir desse momento, seu pulso tornou a subir e sua força aumentou. O paciente foi alimentado com uma dieta líquida. Três dias se passaram. Sua febre não estava alta, apenas moderada, mas a opressão de seu fôlego era o suficiente para impedi-lo de dormir. Noventa e seis horas após a operação, removemos os curativos. O pericárdio e o pulmão haviam formado aderências ao redor da circunferência da ferida, que agora se tornara uma espécie de janela, pela qual era possível ver distintamente a ação do coração debaixo da cobertura transparente.

Imagine que bela maneira de quebrar o gelo nas festas ou em outros eventos sociais. Bastaria apontar para o convidado cujo coração era visível através do peito.

Por sorte, a aderência do coração até o pulmão não estava completa, deixando espaço suficiente para a passagem de uma secreção, a qual brotava em quantidades copiosas e saía pela ferida, por dez ou doze dias corridos, num volume de cerca de 300 ml por dia. No 13ª dia, a secreção parou; lá pelo 18ª, a aderência

---

‡ Emplastros besuntados com uma pasta de mostarda, cujo propósito era causar uma sensação de queimadura. De acordo com uma doutrina médica em voga na época, conhecida como "teoria do contra irritante", uma doença numa parte do corpo poderia ser curada com a criação de uma "irritação" artificial em outra.

entre o pericárdio e o pulmão estava completa, e não houve mais invasão de ar vindo de fora para dentro da ferida após esse período. O paciente agora podia se deitar e dormir, seu apetite e sua força retornaram, a ferida cicatrizou e ele se recuperou perfeitamente.[13]

"Aderência" está sendo usado aqui num sentido técnico. Após uma cirurgia, a formação de tecido cicatricial pode fazer com que estruturas adjacentes grudem umas nas outras. Nesse caso, isso teve um efeito benéfico, já que a aderência entre o pulmão e o pericárdio formou uma vedação que permitiu ao paciente voltar a respirar normalmente.

Esse foi um resultado surpreendente, mas não é ainda o fim da história. Num relato mais detalhado da operação e de suas consequências, posteriormente traduzido em inglês para a *Edinburgh Medical and Surgical Journal*, *monsieur* Richerand descreve a sequência dos fatos:

> O paciente, que passara alguns dias colocando sua saúde à prova num jardim que fazia parte da casa onde morava, não pôde resistir ao desejo de passear de carruagem pelas cidades da capital. Ele não foi acometido por nenhuma fadiga após uma excursão de cinco horas, durante as quais visitou a Escola de Medicina, na qual pediu para ver as partes de suas costelas e da pleura que lhe foram removidas e que estão guardadas no museu daquela instituição.

Se um pedaço considerável de minha caixa torácica fosse retirado sem anestesia e exibida num museu médico, tenho certeza de que eu também quereria dar uma olhada.

> [...] não existiam mais motivos para evitar que ele retornasse à sua casa, aonde chegou em segurança no 27° dia posterior à operação, tendo arranjado por conta própria um pedaço de couro fervido, com o qual passara a cobrir a cicatriz após a cura.

Dá para entender a precaução dele. Ainda outro detalhe final do caso intrigou o *monsieur* Richerand. No início do século XIX, o senso comum ditava que a superfície do coração não dispunha de receptores de dor — era dito, portanto, que se poderia tocar diretamente no órgão sem causar qualquer desconforto. Como as oportunidades de encostar num coração humano ainda vivo eram raras, Richerand fez questão de testar essa teoria.

> Não deixei escapar a oportunidade aqui oferecida de compro-
> var, uma vez mais, a perfeita insensibilidade do coração e do
> pericárdio.[14]

Não podemos deixar essa extravagância ofuscar a imponente realização cirúrgica que o caso representa. Segundo um correspondente anônimo da *Edinburgh Medical and Surgical Journal*, a operação inteira foi marcada por dificuldades. O relato de Richerand, ao falar de serrar e remover as costelas do paciente, deixa de mencionar o fato de que há muitas veias sanguíneas importantes nessa região — algumas delas, inclusive, cor-rendo em paralelo aos sulcos debaixo dos ossos. Para remover as seções de costela, ele teve de dissecar esses vasos sanguíneos e atá-los, a fim de evitar uma perda de sangue catastrófica. Ele conseguiu realizar esse milagre com o paciente acordado. Ainda que o relatório não mencione isso, o próprio paciente também era um médico — gosto de imaginar que isso o tenha ajudado a passar por sua provação, ainda que, hones-tamente, eu duvide de que tenha facilitado muito.

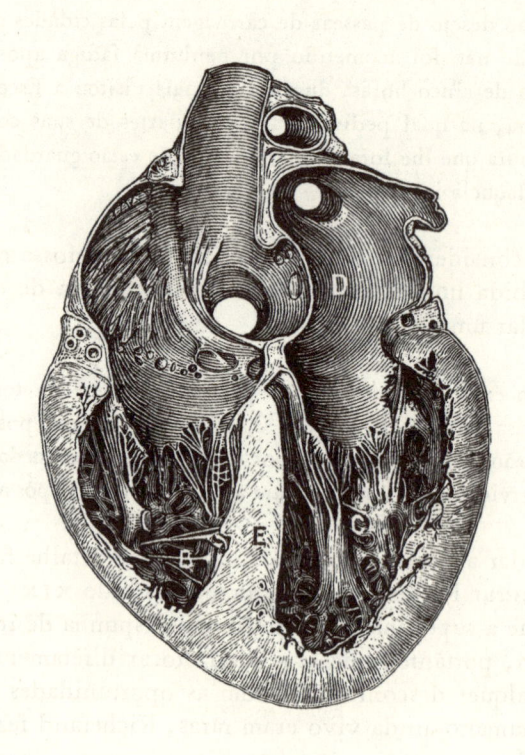

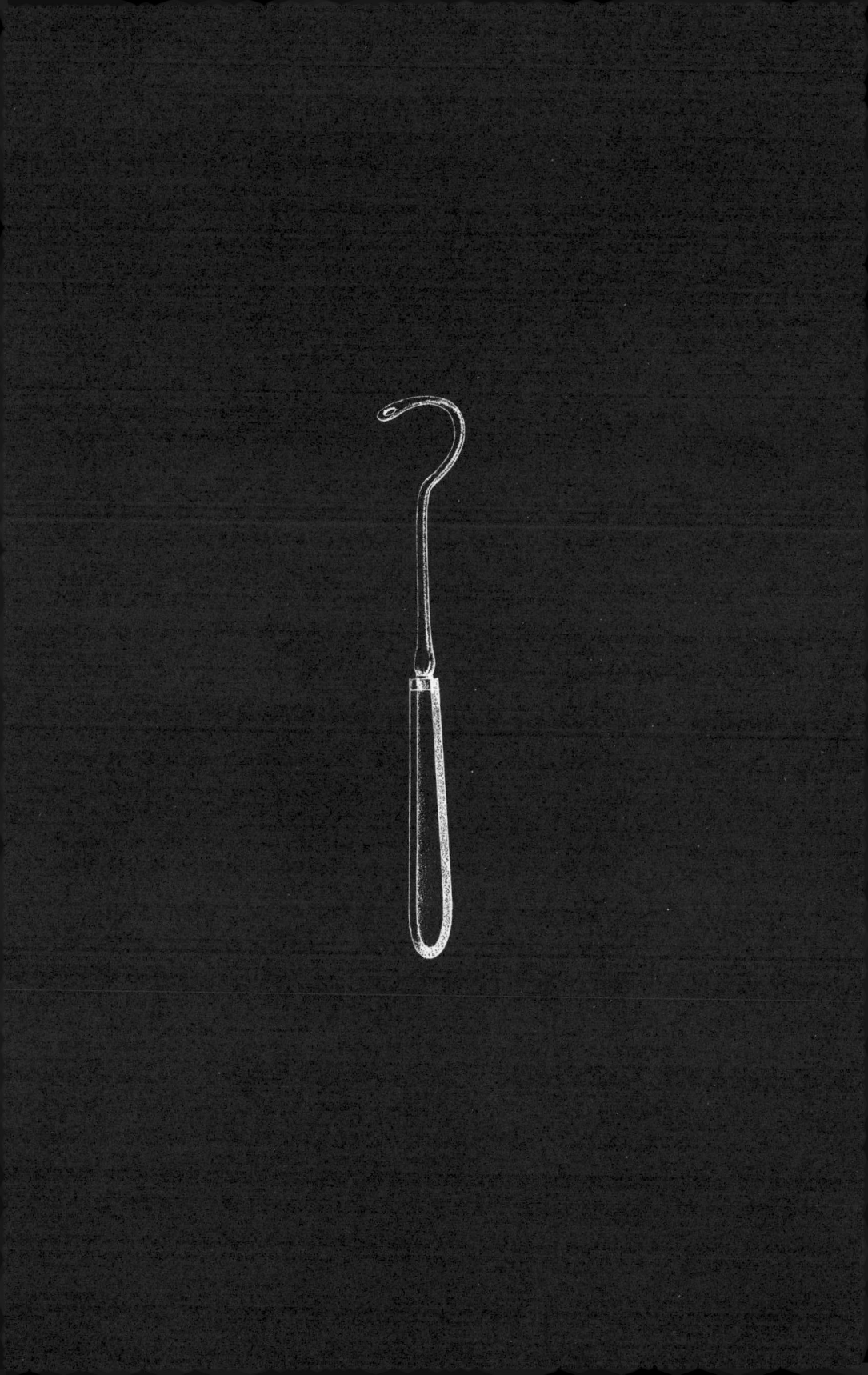

HUGE TUMORS

MACABRE MEDICINAE

O CASO DO
TUMOR
GIGANTE

Charles Aston Key, médico responsável pelo procedimento

Macabra Edition 06 DarkSide Books 5

- 1831 -

Hoo Loo, um paciente chinês, causou frisson ao viajar da China até Londres, em busca de tratamento para seu chocante caso de elefantíase. Apesar de sua postura de coragem inquebrável, ele não conseguiu sobreviver à penosa operação.

Lancet & Guy's Hospital

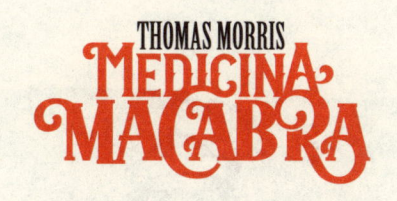

THOMAS MORRIS
MEDICINA MACABRA

CASO Nº 06

Uma das mudanças mais surpreendentes na área de cuidados da saúde é o turismo médico, que se expande cada vez mais. Estima-se que, anualmente, mais de 15 milhões de pessoas façam viagens internacionais para receber tratamentos médicos. Os turistas que vivem em países onde os planos de saúde privados são a norma partem em busca de opções de tratamento com preços menores, enquanto outros estão à procura de remédios ou cirurgias que não estão disponíveis em seus países ou regiões. Talvez você imagine que alguém viajar meio mundo para realizar uma operação vital seja uma realidade que só se concretizou após o início dos voos comerciais. No entanto, no longínquo ano de 1831, um jovem chinês fez exatamente a mesma coisa.

Seu nome era Hoo Loo, e seu caso provocou sensação. Alguns meses antes, ele viera a pé de sua vila até o Hospital Oftálmico de Macau, o primeiro hospital ocidental a ser construído na China com a intenção de tratar a população do próprio país. Sua aparência deve ter sido uma visão chocante — seu escroto havia inchado até tomar proporções grotescas, ao que tudo indica, por resultado de uma condição conhecida como elefantíase.* O fundador do hospital e cirurgião, doutor Thomas Richardson Colledge, acreditava que o tecido que crescera de forma anormal poderia ser removido, mas não era um trabalho que ele se considerava apto para enfrentar. Por isso, pagou por uma passagem para Hoo Loo viajar até Londres, além de lhe escrever uma carta de recomendação para seu antigo mentor no Guy's Hospital, *sir* Astley Cooper.[15]

---

* Também conhecida como filariose linfática, a doença é causada pelo verme parasita *Wuchereria bancrofti*. Mas o diagnóstico do caso ainda é incerto, de modo que é possível também ter se tratado de um enorme tumor.

Ilustração da época de Hoo Loo pouco antes da operação.

Sua chegada foi noticiada pelas chamadas nos jornais. O paciente chinês com sua medonha deformidade inspirou até uma caricatura política, que satirizava de forma pesada as tentativas do primeiro ministro, lorde Grey, de aprovar seu projeto de reforma. Os médicos, entretanto, não perderam tempo, logo iniciando o tratamento, de acordo com a reportagem da *Lancet* de abril de 1831:

Guy's Hospital
Remoção de um tumor que pesava 25 quilos, cuja extensão ia do umbigo à borda anterior do ânus.

Hoo Loo, um trabalhador chinês, foi internado na enfermaria Luke Ward, no Guy's Hospital, na terceira semana do último mês de março, com um tumor extraordinário dependurado na parte baixa do abdômen, cuja natureza e extensão eram até então desconhecidas neste país.

O tumor de Hoo Loo era enorme. Surgira dez anos antes, quando ele tinha 22, sendo que, na época, era visivel apenas como um pequeno inchaço no prepúcio. À altura da cirurgia, o tumor tinha 1,2 m de circunferência e estava pendurado pelo abdômen, entre o umbigo e o ânus — encobrindo quase totalmente sua genitália. Depois, descobriu-se que o tumor pesava 25 kg, o que atrapalhava tanto o equilíbrio de Hoo Loo que ele tinha de jogar os ombros para trás enquanto caminhava, para compensar.

> Ficamos sabendo que a mudança de ares em sua jornada para cá teve tal efeito sobre sua constituição que causou um crescimento substancial no tumor. Desde sua chegada, seu apetite, sua saúde e seu estado de espirito estavam em ótimo estado. Durante sua estadia no hospital, nada induziu o médico a fazê-lo tomar algum remédio. Sua dieta consistia, principalmente, em arroz cozido, sendo que nenhuma restrição foi colocada ao seu apetite, o qual era voraz. De forma geral, considerou-se que sua saúde teve uma melhora no hospital, ainda que fosse difícil precisar um diagnóstico certeiro sobre o assunto. No decorrer do período, o paciente contemplou a vindoura operação com satisfação.

Numa conversa com uma das pessoas bem-intencionadas ao seu redor, Hoo Loo fez uma declaração emocionante: a de que desejava ser operado "e se tornar um conforto para sua envelhecida mãe, em vez de ser um fardo para ela". O procedimento foi agendado para uma terça-feira. Mas, quando as autoridades do hospital perceberam a aglomeração de espectadores que desejava testemunhar a operação, decidiram mover o agendamento para domingo, na esperança de que isso impedisse a presença de uma multidão:

> A despeito de tal precaução, todavia, uma assembleia de pessoas de proporções sem precedente compareceu à ocasião, todos desejosos de serem admitidos dentro da sala de operações, a qual ficou instantaneamente sobrecarregada, ainda que, fora os pupilos ou quem apresentasse seus "bilhetes do hospital", ninguém mais tenha sido autorizado a entrar.

"Bilhetes do hospital" foram impressos e distribuídos entre os estudantes de medicina, para que eles pudessem presenciar a cirurgia em nome de sua formação.

Por consequência, centenas de cavalheiros foram excluídos, tornando-se óbvio, aos oficiais do hospital, o fato de que seria necessário um recinto maior. *Sir* Astley Cooper, em acordo com a decisão que fora tomada, adentrou a sala e, dirigindo-se aos pupilos, explicou que, em decorrência da multidão e considerando o estado do paciente, o qual acomodaria seu deslocamento sem prejuízos, a cirurgia seria realizada num anfiteatro de anatomia. Seguiu-se, então, uma tremenda agitação na direção daquele teatro, no qual foram acomodadas 680 pessoas. Daí em diante, prontamente se realizaram as preparações para o paciente.

Esse é o pesadelo de um microbiologista: centenas de pessoas, todas exalando seus germes ao redor de uma ferida aberta. Seria só nos anos 1860 que os médicos passariam a se preocupar em manter condições estéreis dentro da sala de operações. Hoo Loo adentrou a sala e foi preso à mesa:

Um breve diálogo ocorreu entre *sir* Astley Cooper, o senhor Key e o senhor Callaway, durante o qual eles concordaram que, caso fosse possível, os órgãos genitais seriam preservados. Então, o rosto do paciente foi coberto, e o senhor Key, posicionando-se defronte ao tumor, deu início à operação.

Charles Aston Key, o cirurgião que assumiu a liderança do procedimento, era um antigo pupilo de *sir* Astley Cooper, além de ser casado com sua sobrinha. Ele era um homem de ares aristocráticos, conhecido por seu pavio curto. Essa operação testaria os limites de sua paciência. Em resumo, o plano era remover o tumor, assim como liberar o pênis e os testículos de seu aprisionamento causado pelo inchaço. Key começou a cirurgia com três grandes incisões, formando retalhos de músculo e pele, que depois seriam utilizados para cobrir o imenso buraco deixado pela remoção do tumor. Isso deve ter causado uma dor agonizante, já que não havia anestésicos.

O cirurgião deu prosseguimento, desnudando os dois cordões espermáticos e o pênis, um passo da operação que foi realizado com uma habilidade notável. Decorrido tempo suficiente para que os efeitos devastadores da operação surgissem, não obstante, o pênis e os testículos ainda precisavam ser dissecados. A decisão de que se deveria tentar realizar esse passo na cirurgia fora determinada em função da sabedoria de que as funções sexuais do homem estavam intactas, pois emissões seminais haviam ocorrido ocasionalmente. Todavia, o atraso que um procedimento tão intricado quanto esse causaria à operação forçou *sir* Astley Cooper a propor que os órgãos genitais deveriam ser sacrificados, sugestão imediatamente acatada.

Essa pode parecer uma decisão brutal, mas o procedimento era uma corrida contra o tempo. O paciente estava suportando uma quantidade inimaginável de dor e, caso eles demorassem muito, poderia morrer de hemorragia ou choque. Um atalho impiedoso como esse permitiu que os médicos se dedicassem ao que havia de principal naquela cirurgia: a remoção do tumor, um processo trabalhoso, que envolvia atar diversos vasos sanguíneos.

Um longo período de tempo transcorreu antes do fim da operação, cuja duração deve ter excedido as expectativas mesmo dos mais temerosos — até que o tumor fosse inteiramente extirpado e as partes expostas estivessem cobertas, passaram-se uma hora e 44 minutos. Essa delonga foi causada, principalmente, pelos intervalos permitidos ao paciente, de tempos em tempos, para que se recuperasse dos acessos de exaustão que o sobrevinham.

Dá para entender essa preocupação com o tempo. Naquela época, quando os cirurgiões se diziam orgulhosos por conseguir amputar um membro em poucos minutos, uma operação que durasse uma hora e 44 minutos era algo muito fora do comum. Hoo Loo desmaiou diversas vezes, e próximo do fim da cirurgia estava quase totalmente inconsciente. Ele havia perdido uma boa quantidade de sangue, ainda que alguns presentes tenham calculado que fosse um pouco mais de 600 ml.

Imediatamente após a remoção do tumor, ocorreu outra síncope[†] — se é que se pode afirmar que não houvera nenhuma síncope na última meia hora —, da qual o pobre homem não se restabeleceu por um momento sequer. Nenhum dos remédios utilizados para superar tal estado de colapso teve qualquer efeito. Aquecimento e fricção das extremidades, aquecimento do *scrobiculus cordis*,[‡] injeção de conhaque e água no estômago e, por fim, em decorrência da suspeita de que a perda de sangue

[†]   Desmaio.
[‡]   Boca do estômago.

fora demasiada, transfusão de sangue na quantidade de 180 ml, retirada do braço de um estudante — um entre diversos que se ofereceram para doar sangue — foram alguns dos meios utilizados para tentar acordá-lo.

A essa altura, era mesmo um rolar de dados. A transfusão de sangue, até aquele momento, só fora usada com sucesso em algumas pessoas. O médico responsável por essas tentativas bem-sucedidas, James Blundell, também fazia parte da equipe do Guy's Hospital. Muitas vezes, a operação falhava porque os tipos sanguíneos do doador e do beneficiário eram incompatíveis.

> A capacidade cardíaca diminuiu gradual e perceptivelmente. O paciente estava respirando ao fim da operação, mas era o máximo que se podia dizer. Na sequência, tentou-se empregar a respiração artificial, mas foi em vão.

O autor anônimo desse relatório adicionou um tributo ao trágico mas também corajoso paciente:

> A força moral e de espírito com a qual Hoo Loo enfrentou a cirurgia até o fim se provou, se não sem igual, certamente nunca superada na história da cirurgia médica. De seus lábios escaparam, aqui e ali, um gemido ou um raro lamento. Acreditamos que era possível ler em sua atitude um queixoso reconhecimento de quão poucas esperanças ainda lhe restavam, em função de sua condição. Ele também sussurrou para si mesmo, com certo remorso, por não ter escolhido suportar o fardo de sua doença em vez de sofrer com a operação. Todavia, logo fechou os olhos, cerrou os dentes com força e se resignou, com toda a fibra e a obediência de seus nervos, voltando a mostrar a mesma determinação com que, de início, se submetera à faca.[16]

Ainda que falando com admiração das habilidades de Aston Key, um editorial da *Lancet* articulou duras críticas sobre o tempo que o doutor demorara para realizar a operação e também à desagradável atmosfera causada pela presença de mais de seiscentos espectadores presentes na sala. Essas opiniões, entretanto, eram brandas em comparação com a de um médico publicada pela revista na semana seguinte. "A prática cirúrgica moderna é vampírica, alimenta-se vorazmente de sangue humano ", [§] escreveu o senhor Simpson, proferindo um ataque feroz contra seus colegas:

> Acredito que a natureza seja mais piedosa do que o homem e que sobre as extremidades de seus sofrimentos repousasse um véu de ignorância, a qual tornava esse pobre ser ao menos parcialmente insensível às próprias agonias. Creio que essa operação não poderia, por um instante sequer, avançar a ciência da cirurgia, quanto menos, de alguma forma, se provar benéfica para a raça humana. Tal operação não era fundamentada pela razão nem afiançada pela experiência.[17]

Como Simpson explicita, a vida do paciente não estava em perigo iminente. A decisão de operá-lo pode ter sido tomada mais por arrogância médica do que por necessidades clínicas. A morte de Hoo Loo deu início a um período de reflexão entre os membros da classe médica inglesa, além de precipitar o fim da era "heroica" da cirurgia médica, quando as operações eram, em certos casos, mais valorizadas por seu impacto dramático do que pelos efeitos aos pacientes. Entretanto, já era tarde demais, infelizmente, para o pobre camponês chinês, que viajou milhares de quilômetros com a vã esperança de se curar.

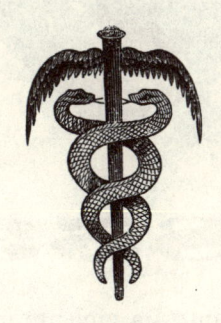

§   Essa frase faz referência a uma citação de John Armstrong, um médico do início do século XIX, conhecido por ser excêntrico e contrário ao *establishment* da época.

SEA BRAVERY

MACABRE MEDICINAE

O CASO DA
OPERAÇÃO
EM ALTO-MAR

Edward H. Dixon, médico
e editor da revista The Scalpel

Macabra Edition · 07 · DarkSide Books

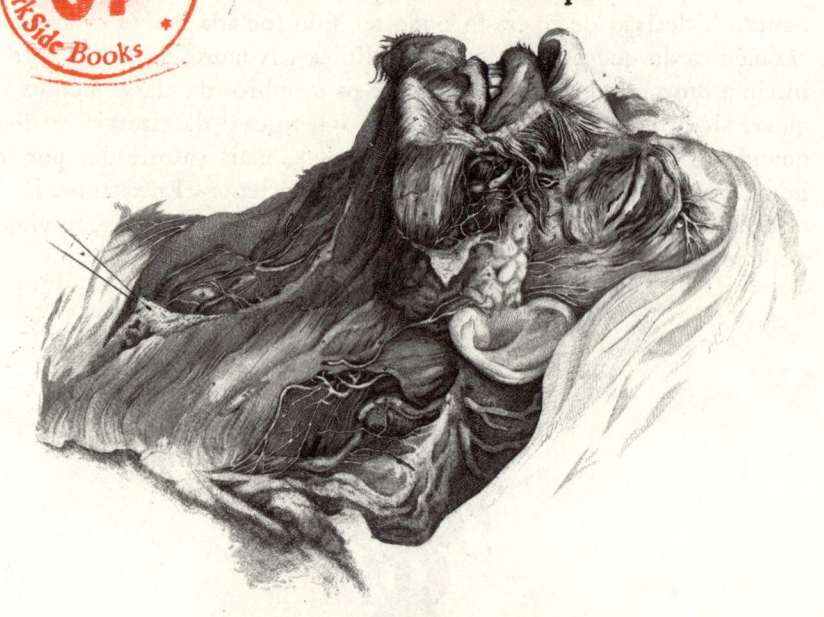

- 1853 -

No ano de 1850, durante um violento motim, o capitão de
uma embarcação é atingido por uma ferida mortal no pescoço.
No entanto, um astuto marinheiro lhe salvou a vida ao
realizar uma operação de sutura na veia subclávia em alto mar.

The Scalpel

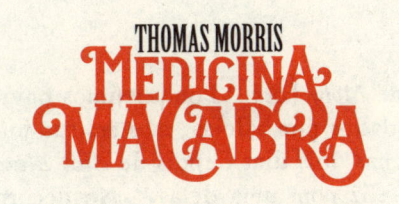

CASO N° 07

Quando deparei pela primeira vez com esta tempestuosa história de cirurgia improvisada em alto-mar, eu não estava convencido de que ela pudesse ser real. O relato apareceu em 1853, numa pequena revista chamada *The Scalpel* [O bisturi], que foi publicada em Nova York entre os anos de 1849 e 1864. A revista foi editada e quase inteiramente escrita pelo infatigável doutor Edward H. Dixon, um conceituado especialista em doenças sexualmente transmissíveis e declarado oponente público da masturbação, prática que, de acordo com muitos doutores da época, causava doenças e até a morte.

The Scalpel era uma publicação diferente de outras revistas médicas da época por se focar tanto no público leigo quanto nos profissionais. Seus artigos apresentavam um tom de conversa, evitavam jargões desnecessários e, muitas vezes, tinham uma intenção satírica. À primeira vista, esta história parece uma das brincadeiras do doutor Dixon, mas muitos detalhes são corroborados por reportagens nos jornais da época e pelos registros de bordo.

Extraordinária operação na veia subclávia, por um tripulante de uma embarcação. Recuperação.

Edward T. Hinckley, de Wareham, Massachusetts, nos Estados Unidos, então imediato do barco *Andrews*, sob o comando de James L. Nye, de Sandwich, Massachusetts, velejou por dois anos e meio, desde (encontramos as datas omitidas em nossas minutas), partindo de New Bedford, Massachusetts, a bordo de uma expedição baleeira.

Naquela época, New Bedford provavelmente era o mais ocupado porto baleeiro do mundo, com 87 barcos cujas expedições partiram de lá só em 1850. Uma das embarcações, a *Ann Alexander*, se tornaria famosa no ano seguinte, quando foi abalroada e afundada por uma baleia cachalote

— uma versão real de *Moby Dick*!* Pouquíssimos navios são conhecidos por terem sido afundados por baleias, mas em sua jornada, o *Andrews*, que desancorara apenas dois dias depois de *Ann Alexander*, também teria um encontro infeliz com uma delas.[18] No decorrer da conturbada expedição, entretanto, foi a tripulação que causou a primeira agitação:

> Assim que partimos das Ilhas Galápagos, um dos membros da tripulação, que já demonstrara certa disposição para causar motins, atacou violentamente o capitão Nye após receber uma repreensão por desobediência. Durante o tumulto que se seguiu, uma ferida foi infligida com uma faca, cortando a pele e os tecidos superficiais do lado esquerdo do pescoço, desde o ângulo da mandíbula até o meio da clavícula, sendo nesse ponto onde a lâmina encravara.

Era uma ferida bem feia. A faca abriu um talho na lateral do pescoço do capitão, da articulação da mandíbula até a clavícula.

> Isso ocorreu sob a claridade do dia, na presença da maior parte da tripulação. O senhor Hinckley, o imediato, estando próximo do ocorrido, correu para ajudar o capitão. Rapidamente, ele imobilizou o vilão e o entregou para a tripulação. A faca acabou por cair, ou foi retirada pelas mãos de alguém presente, e um jato de sangue escuro brotou da ferida, enquanto o capitão despencava sobre o deque.

O "sangue escuro" era um sinal de que uma veia, e não uma artéria, havia sido atingida — situação perigosa, mas que traz menos risco imediato de morte.

> O senhor Hinckley prontamente enfiou seus dedos ferida adentro, esforçando-se para apanhar a veia aberta. Com seu dedão contra a clavícula, como um ponto de ação, e pressionando, de acordo com as próprias palavras, "tudo pelo caminho", fez com que o sangramento praticamente cessasse. A violência da hemorragia fora tamanha que um espaço sobre o deque de

---

* O paralelo não é totalmente exagerado. A obra-prima de Melville já estava escrita, mas ainda não havia sido publicada. Numa carta da época, o autor comenta que o naufrágio do navio era "real e verdadeiramente uma surpreendente coincidência... Eu me pergunto se minha sinistra arte não teria invocado tal monstro".

um tamanho correspondente ao de uma tampa de barril se tornara completamente coberto de sangue em poucos segundos. A quantidade de sangue perdida e o consequente desfalecimento do capitão evidenciaram que, caso ele removesse seus dedos da veia aberta, o capitão morreria rapidamente.

Temos uma situação preocupante. Seu dedo estava contendo uma verdadeira maré rubra de sangue, como numa versão sangrenta da história do garoto holandês que conteve o estouro de uma barragem com seu indicador. Por mais que o sangramento tivesse parado por um instante, ele precisava dar um jeito de remover seus dedos sem liberar a hemorragia de volta:

> "Descobri que meus dedos passaram por debaixo de algo que seguia o mesmo curso do osso e me esforcei para trazer tal objeto para fora da ferida, com o intuito de conferir se não se tratava da própria veia. Sentindo que aquilo cedia aos poucos, puxei lentamente com um dedo. Enquanto eu puxava para cima, o capitão gemia terrivelmente, mas fui adiante, por saber que não me restara mais nada a fazer. Assim que pude ver aquilo que estava puxando, retirando o sangue da superfície, surpreendi-me positivamente com o fato de que se tratava de dois vasos sanguíneos, um na frente do outro, o que confirmava minhas suspeitas: a veia lacerada era a da frente."

Essa detalhada descrição possibilita que identifiquemos os vasos sanguíneos como a veia subclávia e sua artéria associada. Ambas ficam logo abaixo da clavícula, a veia bem na frente da artéria. A artéria subclávia é uma das maiores ramificações da aorta — caso ela, e não a veia, tivesse sido perfurada, o capitão provavelmente terminaria sangrando até a morte em poucos minutos. O que você faria numa situação desesperadora dessas? Eu, honestamente, gritaria bem alto por ajuda. Mas o senhor Hinckley era um tipo mais firme do que eu, claro.

> "Como eu já havia suturado diversos cortes na pele e não dispunha de nenhum conhecimento sobre como amarrar vasos sanguíneos, além de supor que isso só era feito em casos nos quais as veias tivessem sido partidas em duas, como em membros amputados, concluí que deveria tentar suturar o vaso. Para isso, fiz cinco pequenos pontos. Eles eram bem próximos uns dos

outros, já que a ferida certamente não tinha uma largura muito
maior do que 1 cm, se tanto.''

Pensando na dificuldade de realizar o que ele descreveu, é fácil concluir que o senhor Hinckley era virtuoso com uma agulha e uma linha
nas mãos. Vale lembrar que ele estava sobre o deque de um barco em
movimento, logo após evitar um motim — somando tudo, dificilmente
as melhores circunstâncias para fazer uma boa sutura em alguém.

Ao ser indagado se cortara a linha a cada sutura e passara outro fio na agulha novamente, o senhor Hinckley respondeu que
sim. Mas, segundo ele, ''só cortei uma das pontas, deixando
a outra pendurada''. Ele aprendera isso de um pequeno manual, escrito para ser utilizado por capitães e outros quando não
houvesse cirurgiões a bordo.

Tudo indica que o senhor Hinckley aprendia rápido. Ele utilizou uma
técnica de sutura ''interrompida'' — cada ponto era separado dos seus
vizinhos. Na época, o procedimento padrão era deixar os fios pendu-
rados através da ferida, o que permitia que o cirurgião removesse ou
apertasse as suturas, caso necessário.

O senhor H. prosseguiu: ''Amarrei as pontas juntas com um
nó laceado, para formar uma ponta só, deixando-a solta fora
do ferimento, sobre o osso. Então, fechei a ferida com pontos
e bandagens. No 14ᵉ dia, encontrei os fios soltos na ferida,
das quais eles se desprenderam naturalmente. O corte cicatrizou
como qualquer outro''.

Dá para acreditar? Uma recuperação completa. Entretanto, depois de
enganar a morte uma vez, na próxima ele teve menos sorte.

O desafortunado capitão Nye, por fim, encontrou um final trágico: afogou-se durante a destruição de sua embarcação, causada por uma enfurecida baleia.

É difícil precisar exatamente o que aconteceu. O capitão Nye e dois de
seus tripulantes, de fato, foram mortos por uma baleia em 29 de dezembro de 1852. O barco, no entanto, retornou ao porto no dia 3 de
maio do ano seguinte, desprovido de um capitão, mas com uma carga
de 909 barris de espermacete. O navio *Andrews*, ao que tudo indica,

partiu de volta para o oceano, para então "desaparecer nos Galápagos" alguns meses depois. Não se conhece o destino do senhor Hinckley após esse incidente, ainda que eu suspeite de que ele tenha deixado a embarcação em maio de 1853, já que o relato da operação foi publicado na *Scalpel* alguns meses mais tarde.

O artigo fecha a história de forma grandiosa:

> Quiçá estejamos enganados sobre sua importância, mas acreditamos ter trazido à atenção dos estimados profissionais que leem estas páginas os registros de uma das mais extraordinárias circunstâncias de toda a história da cirurgia.[19]

O doutor Dixon tem razão. Suturar veias e artérias era algo notoriamente difícil de fazer, e foi só no início do século **xx** que um cirurgião conseguiu unir as pontas de um vaso totalmente rompido. Um especialista de um dos renomados hospitais de Londres, Nova York ou Paris ficaria orgulhoso de obter os mesmos resultados conquistados por um marinheiro sem instrução, que realizou a operação a bordo de um baleeiro amotinado no meio Pacífico.

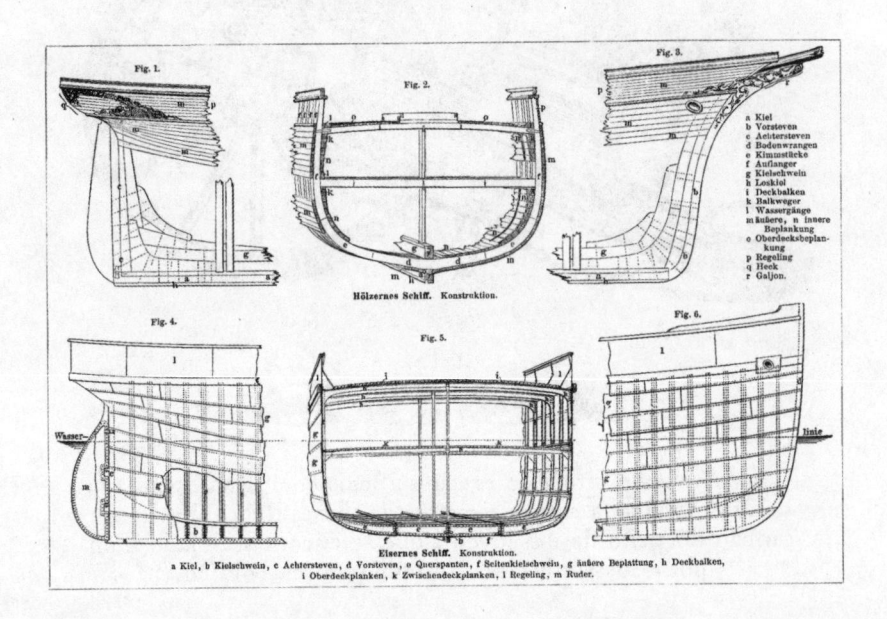

IRON FORCEPS

MACABRE MEDICINAE

O CASO DO
ESTILHAÇO
NO CORAÇÃO

Elias Samuel Cooper,
médico de San Francisco

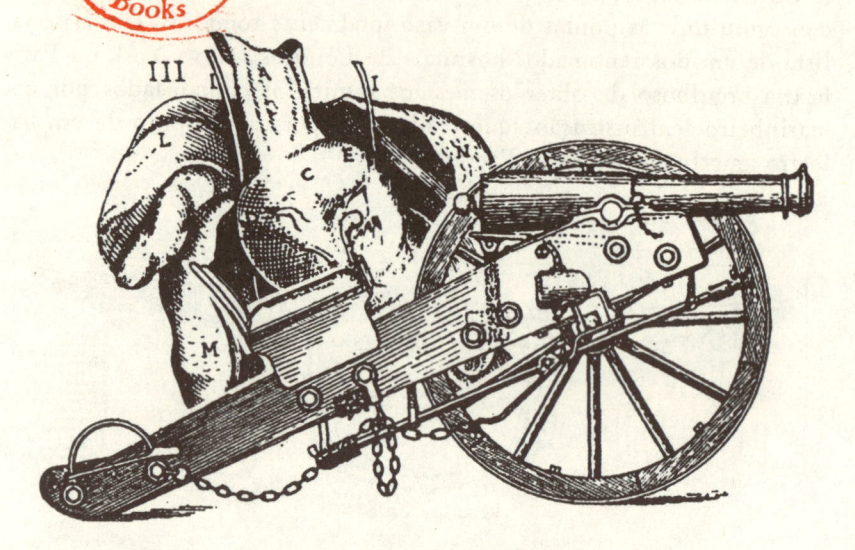

- 1858 -

Um renomado cirurgião executa a mais complexa operação
de sua carreira: a difícil remoção de um estilhaço de tiro de
canhão do peito de um jovem, que se encontra alojado num
ponto desconhecido, próximo ao seu coração.

Medical and Surgical Reporter

CASO Nº 08

Elias Samuel Cooper, um médico de San Francisco, nos Estados Unidos, tinha um ditado em latim escrito sobre sua cama: *Nulla dies sine linea* [Nenhum dia sem uma linha], frase proferida por Apelles, pintor da Grécia Antiga, para descrever sua completa dedicação à arte. O doutor Cooper também acreditava que não deveria perder nenhum dia. Autodidata insaciável, ele dormia apenas quatro horas por noite e realizou mais em seus quarenta anos de vida do que muitos que vivem o dobro disso. Nem tudo era bom. Ele estava constantemente envolvido em casos judiciais, afastou muitos de seus colegas e era alvo de uma suspeita pública de ser um ladrão de túmulos, com o intuito de conseguir cadáveres para suas aulas de anatomia. No entanto, também fundou a primeira escola de medicina da costa oeste dos Estados Unidos, foi um pioneiro no uso do clorofórmio e da cesariana, além de realizar diversas cirurgias extremamente audaciosas.

Entre todas as suas realizações, entretanto, havia uma que o doutor Cooper via com ainda mais satisfação, uma operação marcada por tantos incidentes que ele não hesitou em descrevê-la como a mais difícil que realizara. A cirurgia foi reportada numa edição de 1858 da *Medical and Surgical Reporter*, sob um título que era, para dizer o mínimo, um eufemismo:

1. Extraordinária operação cirúrgica

A pedido de um comitê da Associação Médica Cirúrgica do condado de San Francisco, o doutor E.S. Cooper, que atua na própria região, nos proveu com um detalhado relato de uma cirurgia realizada por ele próprio, para a remoção de um corpo estranho que se encontrava *debaixo do coração*!

Em 1857, a noção de realizar uma operação dentro do peito era tão assustadora que muitos consideravam algo impensável. Por vezes, tais cirurgias eram necessárias, quando tiros de mosquete penetravam os pulmões, mas esse era o último recurso disponível. O risco de operações nessa área era inerente, já que abrir o peito deixaria o ar entrar na cavidade torácica, causando um colapso dos pulmões. Tal colapso rapidamente causaria uma parada respiratória, matando o paciente por sufocação. Além disso, a localização desse corpo estranho, debaixo do coração, trazia mais um nível de dificuldade à cirurgia. Era da crença de muitos cirurgiões que o simples ato de mexer no coração faria com que o órgão parasse de bater. O primeiro procedimento para tratar uma ferida cardíaca só ocorreu em 1896, em parte porque muitos especialistas pensavam que a manipulação do órgão fosse impossível.

> O doutor Cooper não nos informou acerca do período de tempo transcorrido durante a realização de sua extraordinária operação, ainda que mencione a passagem de "ao menos três quartos de hora" dedicados à exploração da caixa torácica utilizando uma sonda, com o propósito de precisar a localização do corpo estranho. Isso, quiçá, dará ao leitor alguma noção da duração de tempo ocupada pela operação.

Uma estimativa conservadora seria dizer que a cirurgia durou mais de duas horas. Para os padrões atuais, não é uma quantidade de tempo excepcional para uma operação assim, mas você ainda não sabe da missa a metade.

> O senhor B. T. Beal, de 25 anos, originário de Springfield, no condado de Tuolumne, Califórnia, nos Estados Unidos, na companhia de alguns jovens, estando num estado de espírito folgaz, decidiu atirar com uma antiga arma, carregando-a com cerca de 45 cm de pólvora, a qual ligaram a um fósforo lento, apressando-se então para encontrar um abrigo.

"Caras, hoje estou me sentindo um tanto folgazão. Que tal seria se nossa gloriosa comitiva explodisse um canhão obsoleto?"

> Por azar, um vento forte fez com que a pólvora se acendesse precipitadamente, e a arma estourou antes que eles pudessem se afastar. Um projétil de ferro fora introduzido ao canhão como pino de culatra temporário; este, com a força da explosão, atingiu o senhor Beal em seu lado esquerdo, abaixo da axila, fraturando sua sexta costela, invadindo o pulmão e lá permanecendo alojado, como se descobriu depois, debaixo do

coração e próximo da coluna vertebral, logo à direita da aorta descendente, conservando-se em tal posição desde o dia em que o ferimento ocorrera, em 25 de janeiro de 1857, até ser removido, em 9 de abril, ou seja, 74 dias depois.

Esse caso foi um conjunto impressionante de coincidências. O fato de o "projétil de ferro" ter penetrado o peito do homem sem matá-lo na mesma hora é surpreendente — o objeto poderia ter danificado várias estruturas vitais, incluindo alguns vasos sanguíneos importantes ou o próprio coração. Fora isso, é impossível imaginar como ele conseguiu sobreviver por dois meses após o incidente.

> Estando num estado de extrema prostração, ele foi trazido até a cidade. Seu peito constantemente expelia diversos mililitros de material purulento, eliminado pelo ferimento original. O pulmão esquerdo deixara de funcionar, possivelmente menos em função da violência do incidente em si e mais em consequência do acúmulo de pus no peito, ainda que ele apresentasse uma expectoração com sangue por alguns dias. Ele chegou à enfermaria na rua Mission no dia 8 de abril. Durante a noite, exibia sintomas alarmantes de sufocação, chegando a um ponto em que demonstrou sérias apreensões de que não sobreviveria até a manhã.

O médico teria preferido esperar que o paciente se "recuperasse das fadigas de sua jornada", mas ficou tão preocupado com sua condição que decidiu operá-lo quanto antes, já na manhã seguinte. O doutor Cooper não era supersticioso. No entanto, ao se preparar para a cirurgia, teve uma estranha experiência que, mais tarde, descreveria como uma espécie de premonição. Enquanto escolhia e preparava seus instrumentos, sentiu uma atração por um fórceps "estranho e desajeitado", um item desenhado para remover pedras na bexiga e pouco apropriado para o procedimento que estava prestes a realizar. Sem pensar muito nisso, guardou o instrumento em seu bolso e caminhou até a sala de operações, para dar prosseguimento ao trabalho.

> Operação. O paciente, apoiado sobre seu lado direito, [foi submetido a] uma incisão em suas partes macias, com cerca de 8 cm de comprimento.

Assim que o cirurgião abriu os músculos do paciente, descobriu que uma das costelas estava quebrava e num estado de deterioração — sem dúvidas, causada por uma infecção. Ele aumentou a incisão para envolver a ferida original, então teve de dar uma pausa, para fechar duas ou três artérias que começaram a sangrar.

> O ferimento foi plenamente abstergido.* Depois disso, fez-se um esforço para encontrar o pino de culatra usando uma sonda. Após tal busca falhar, as incisões foram aumentadas até que as costelas estivessem plenamente expostas.

O que foi descrito até aqui não causaria estranhamento num relatório cirúrgico moderno. Mas vamos nos lembrar: o paciente estava *totalmente acordado*. Os anestésicos já estavam disponíveis em 1857, mas o cirurgião decidira operar sem usá-los. Talvez isso tenha acontecido em função dos perigos de asfixia, pois tanto o clorofórmio quanto o éter diminuem as funções respiratórias, aumentando o risco de morte repentina.

> Uma porção da sexta costela, que estava cariosa, foi removida, o que causou a eliminação de cerca de 300 ml de um fluido cuja aparência era próxima à do sangue venoso, que estava contido num cisto que fora quebrado pela remoção do pedaço da costela. Um extenso e cuidadoso exame foi feito com a sonda, com a intenção de, caso fosse possível, detectar a localização do corpo estranho, mas novamente o objeto não foi encontrado. Como o ar já havia adentrado o peito, não hesitei em remover porções da quinta e da sétima costelas, juntamente com um pedaço adicional da sexta, com o intuito de liberar espaço o suficiente para dar prosseguimento à busca pelo objeto.

Por um momento, vamos nos imaginar na posição do paciente. Ele estava totalmente desperto, enquanto um cirurgião extraía uns pedaços grandes de suas costelas e dava uma boa fuçada dentro de seu tórax.

> Algumas firmes ligações acidentais† foram separadas com os dedos, o que liberou uma quantidade imensa de material purulento — dois quartos, no mínimo —, que estava inteiramente separado da primeira excreção de fluido que saíra do peito.

---

* Higienizado.
† Aderências entre estruturas adjacentes, causadas pelo tecido cicatricial.

No total, uma quantidade assustadora de pus: bem mais de dois litros.

A pleura estava atravessada por diversas perfurações grandes, além de, em algumas partes, inchada a uma proporção de quatro a seis vezes seu tamanho natural. As pulsações do coração no pericárdio podiam ser vistas distintamente pelos tais buracos. Doses de conhaque foram livremente administradas ao paciente, que parecia piorar rapidamente.

Considerando a experiência pela qual o coitado estava passando, não é de surpreender. O conhaque estava sendo usado como um estimulante. Se eu estivesse nessa situação, no entanto, imagino que estaria pedindo algo mais forte.

Após a secreção do material purulento, descobriu-se que o pulmão esquerdo não estava funcionando. Em função das repetidas doses de conhaque, o paciente logo recuperou os sentidos, e a busca pelo corpo estranho pôde então ser retomada. A essa altura, os dedos poderiam ser colocados em diferentes partes do coração, para sentir distintamente suas pulsações, mas ainda era impossível encontrar alguma pista sobre a localização do objeto.

Ainda que não seja exatamente dolorida, a sensação de ter o coração manuseado pelos dedos de um cirurgião não dever ser das mais prazerosas.

Então, o paciente deu sinais de estar completamente exaurido. Administrou-se conhaque livremente.

Foi só então (!) que a possibilidade de usar algum anestésico passou a ser considerada.

A princípio, não se administrou clorofórmio, em função do receio de colapso do pulmão esquerdo em decorrência da entrada de ar no peito. Levando em consideração a significativa reação do paciente até ali, utilizou-se uma pequena quantidade, e as manipulações puderam continuar. Introduziu-se a sonda e explorou-se a cavidade torácica por pelo menos três quartos de hora, antes que algum toque metálico pudesse ser reconhecido, e até aí tal toque fora indistinto a ponto de deixar dúvidas.

Pela descrição, parece que a dose de clorofórmio dada ao paciente foi suficiente apenas para causar uma pequena sedação, e não uma anestesia. O médico deu continuidade à épica busca pelo fugaz pedaço de metal.

A região imediatamente acima do diafragma era considerada o local onde o metal provavelmente seria encontrado. Calculando a imensa quantidade de supuração que ocorrera, supôs-se que ele teria sido desalojado e que a força da gravidade o carregara até a parte inferior do peito. Após não encontrar o metal ali, não havia mais opiniões formadas acerca de onde ele poderia estar, e descrever as dificuldades da consequente busca seria difícil, para não dizer impossível.

Não há, literalmente, nenhum outro caso comparável a esse naquela era da medicina cirúrgica em termos de complexidade e riscos envolvidos. Numa época anterior ao raio-X, era tarefa hercúlea encontrar um pequeno corpo estranho — que poderia estar em qualquer lugar dentro da caixa torácica — sem causar a morte do paciente.

Não há como conceber o grau de paciência necessário para realizar o trabalho que foi feito. Não digo isso para me vangloriar; estou apenas atestando a verdade. É suficiente dizer que uma exploração geral daquele lado do peito foi conduzida e que se analisou mais um vez, por seções, ocasionalmente passando pelas perfurações na pleura, as quais pareciam não ter nenhuma relação normal com as estruturas próximas. Tocou-se, por linhas, todas as superfícies das partes, e por fim a sonda pareceu encontrar algo de natureza metálica, logo abaixo do coração, mas as pulsações do órgão eram tão fortes contra o instrumento que se tornou difícil precisar a descoberta com exatidão.

Tudo isso é fenomenal. O doutor Cooper estava realizando manipulações delicadas ao redor de um coração ativo, algo que só se tornaria uma prática cirúrgica normal dali a muitas décadas.

Por fim, todavia, tornou-se evidente que a localização do metal fora encontrada, e me esforcei para movê-lo de sua posição com a ponta da sonda, com a intenção de colocá-lo num lugar mais favorável a ser extraído pelo fórceps. Falhando nessa tentativa, ao manipular o instrumento, acabei perdendo o espaço por onde a sonda havia passado por trás do coração e atingido o metal. Foi durante meus esforços para recuperá-lo, os quais foram ainda mais dificultados pelo fato de que algumas membranas entraram no caminho, que descobri que minha sonda alcançara o metal ao passar por entre a aorta descendente e o ápice do coração.

Que pavor! Sem que o cirurgião soubesse, ele havia enfiado a sonda pela abertura entre a maior artéria do corpo e o coração. Um deslize, e o paciente teria falecido. O doutor Cooper passou a tentar extrair o objeto de metal, mas falhou repetidamente em pegá-lo. Os instrumentos se provaram todos ineficientes até que, num momento de inspiração, ele se lembrou do fórceps em seu bolso. Era a ferramenta de que precisava.

> Ao reencontrar o metal, a sonda foi firmemente mantida em contato com ele, até que um fórceps longo para litotomia foi conduzido para o ponto, com o qual se capturou e se extraiu o pino de culatra. Tal tarefa, todavia, se provou um trabalho de longos minutos, graças às dificuldades de mantê-lo firme mesmo após o fórceps tê-lo pinçado.

Finalmente! Chega a ser exaustivo ler essa descrição. Imagina como o paciente deve ter se sentido! Seu prolongado martírio chegou ao fim, um curativo foi aplicado sobre a ferida e ele foi levado até a enfermaria, para repousar. Sua recuperação foi longa e árdua. No início de agosto, sua condição foi descrita da seguinte maneira:

> A ferida externa está plenamente cicatrizada. Não há tosse ou dores do lado esquerdo — o paciente apresenta um bom apetite, e todas as funções do sistema estão em ordem. O peito esquerdo está um pouco afundado, mas o lóbulo superior desse pulmão recuperou boa parte das capacidades anteriores.

O pulmão esquerdo fora quase totalmente destruído pela ferida e sua consequente infecção, fazendo dessa uma recuperação impressionante. O doutor Cooper termina seu relatório com um endosso tão entusiástico ao estilo de vida da Califórnia que o comitê de turismo de San Francisco poderia usá-lo em suas propagandas:

> Sua espantosa recuperação é atribuída à alegria, boa constituição e aos efeitos de nosso clima, no qual deve ser praticamente impossível que um paciente morra em função de quase qualquer ferimento comum, desde que receba atenção.[20]

Sua recuperação foi surpreendente. Cinco anos depois, foi relatado que

> desde então, ele atravessou as planícies com um rebanho de gado, casou-se e tem uma família.[21]

Duvido que ele tenha ousado imaginar algo parecido enquanto estava na mesa de operação e com o seu coração nas mãos de um cirurgião.

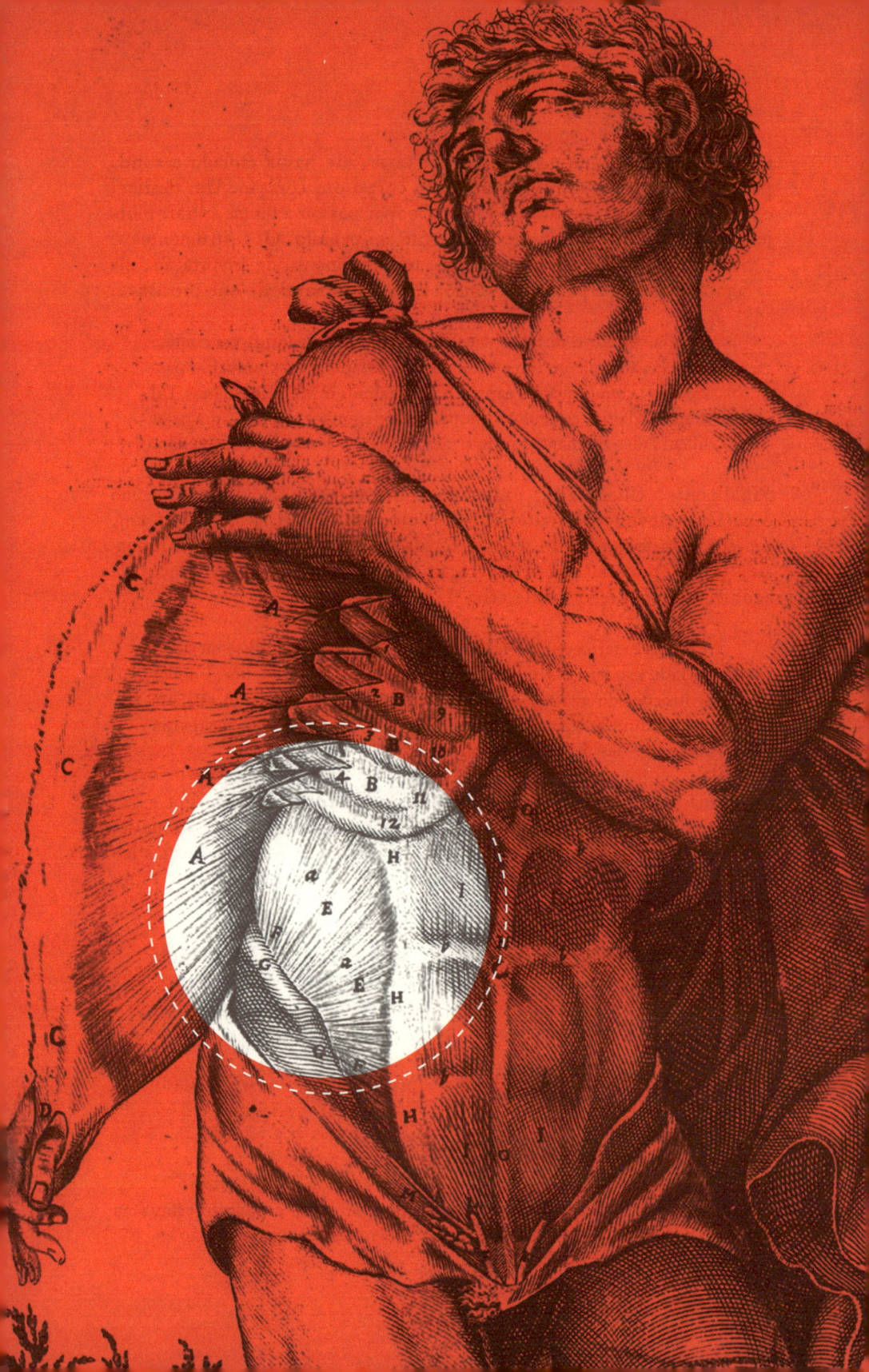

E.

QUINTA INCISÃO

5. CURAS EXTRAORDINÁRIAS

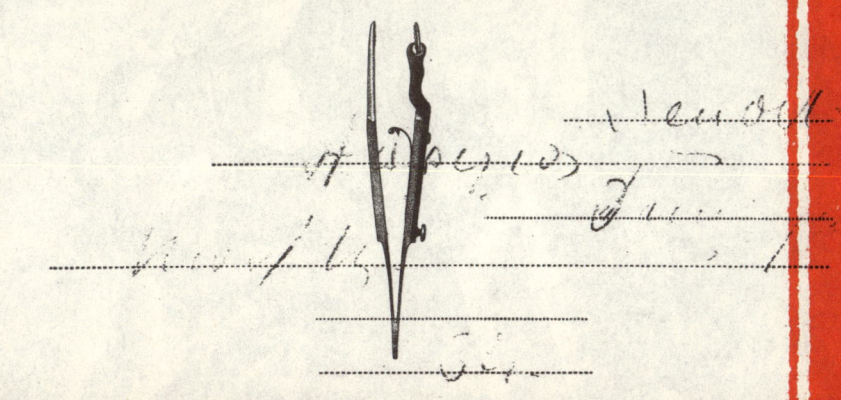

¡O hombre dormido! En el pecado, ni la muerte, ni el Demonio duermen

Mírate ya en agonía
Batallando con la muerte
Que no sabrá quien mas despierte
Que el acuerdo de este día
Llora y en tu Dios Confía

Pastorela
Por Juana Beatriz
de la Fuente
Fecit 1805

Te perdonará Piadoso
Por que nació generoso
Y muestra en único raudal
Sus generosos Corales,
Y... la afable y amoroso

CURAS EXTRAORDINÁRIAS

O Museu da Caça da Faculdade Real de Cirurgiões da Inglaterra, em Londres, é uma das maiores coleções médicas do mundo, uma verdadeira catedral de jarros de vidro contendo órgãos e espécies exóticas preservados em formaldeído. O museu foi fundado em 1799, quando o governo britânico adquiriu mais de 15 mil espécimes anatômicos acumulados por John Hunter, um renomado cirurgião que morrera seis anos antes. Desde então, a coleção foi enriquecida com numerosas curiosidades, pinturas e instrumentos cirúrgicos. Em maio de 1941, uma bomba incendiária alemã caiu sobre o edifício, destruindo boa parte da coleção original de Hunter e alguns dos itens mais valiosos do museu. Um dos artefatos perdidos para sempre naquela noite foi um esqueleto humano parcial, que dividira um pedestal com um ex-elefante durante o século XIX. A ossada pertencera ao falecido Thomas Tipple, que na sua época foi uma espécie de celebridade médica.

Na noite de 13 de junho de 1812, Tipple partiu para visitar um amigo em Stratford, que fica a uma modesta distância a leste de Londres. Ele viajou de cabriolé, uma pequena carruagem de duas rodas puxada por apenas um cavalo. Ao chegar, não havia nenhum cavalariço para auxiliá-lo, por isso Tipple decidiu desatrelar o animal por conta própria. Ele nem chegara a retirar os arreios quando o cavalo avançou inesperadamente, fazendo com que um dos eixos do veículo atravessasse o lado esquerdo de seu peito. A força do impacto da madeira contra ele fora tanta que a ponta dela emergiu debaixo de sua axila direita, prendendo o desafortunado Tipple contra a parede do estábulo, como um inseto daquelas coleções dos entomologistas vitorianos. As primeiras pessoas a se aproximarem da cena o encontraram ainda acordado, e ele chegou a ajudá-las a remover o imenso eixo de madeira que o empalara.

Para a surpresa dos presentes, Tipple subiu dois lances de escadas sem a ajuda de ninguém e tirou sozinho seu casaco antes de ir para a cama.[1] Ele sobreviveu por mais onze anos, a despeito de ter recebido apenas um mínimo de atenção médica, que se resumiu a uma sangria no braço,[*] com a qual lhe extraíram quase 2 L de sangue. Quando ele morreu, em 1823, uma autópsia revelou que a ponta de ferro do eixo havia quebrado diversas de suas costelas, quase certamente perfurando seu pulmão no processo.

Durante a maior parte do século XIX, o milagre da sobrevivência de Thomas Tipple foi citado como um exemplo da impressionante resiliência do corpo humano. A vida pode ser frágil, ainda assim há diversos casos na história da medicina que demonstram que somos capazes, em certas ocasiões, de superar até o pior dos ferimentos. Muitas dessas recuperações são atribuíveis à devoção ou ao engenho de um médico comprometido. Alguns pacientes, entretanto, podem ter melhorado apesar do, e não graças ao, tratamento que receberam.

No campo da medicina, existem dificuldades notórias de estabelecer relações significativas entre causas e efeitos — esse fato encorajou incontáveis charlatões a proferirem declarações ultrajantes sobre a suposta eficácia de sua cura milagrosa. Um médico do século XIX afirmou que a paralisia de seu paciente havia desaparecido quando o navio no qual ele estava viajando fora atingido por um raio, enquanto outro disse que um acidente de trem curara um dos passageiros de uma febre reumática. Ainda que os relatórios de tais casos não cumpram as intenções de seus autores, ou seja, não sirvam como convincentes propagandas das maravilhas de determinado remédio, muitos desses casos servem como exemplo de poderosa afirmação da natureza do espírito humano.

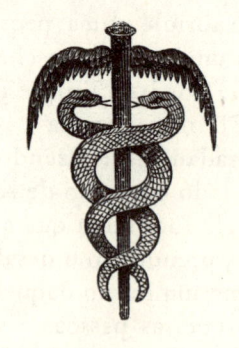

*   Dado que ele estava sangrando internamente, isso era o extremo oposto do que deveria ter sido feito para ajudá-lo.

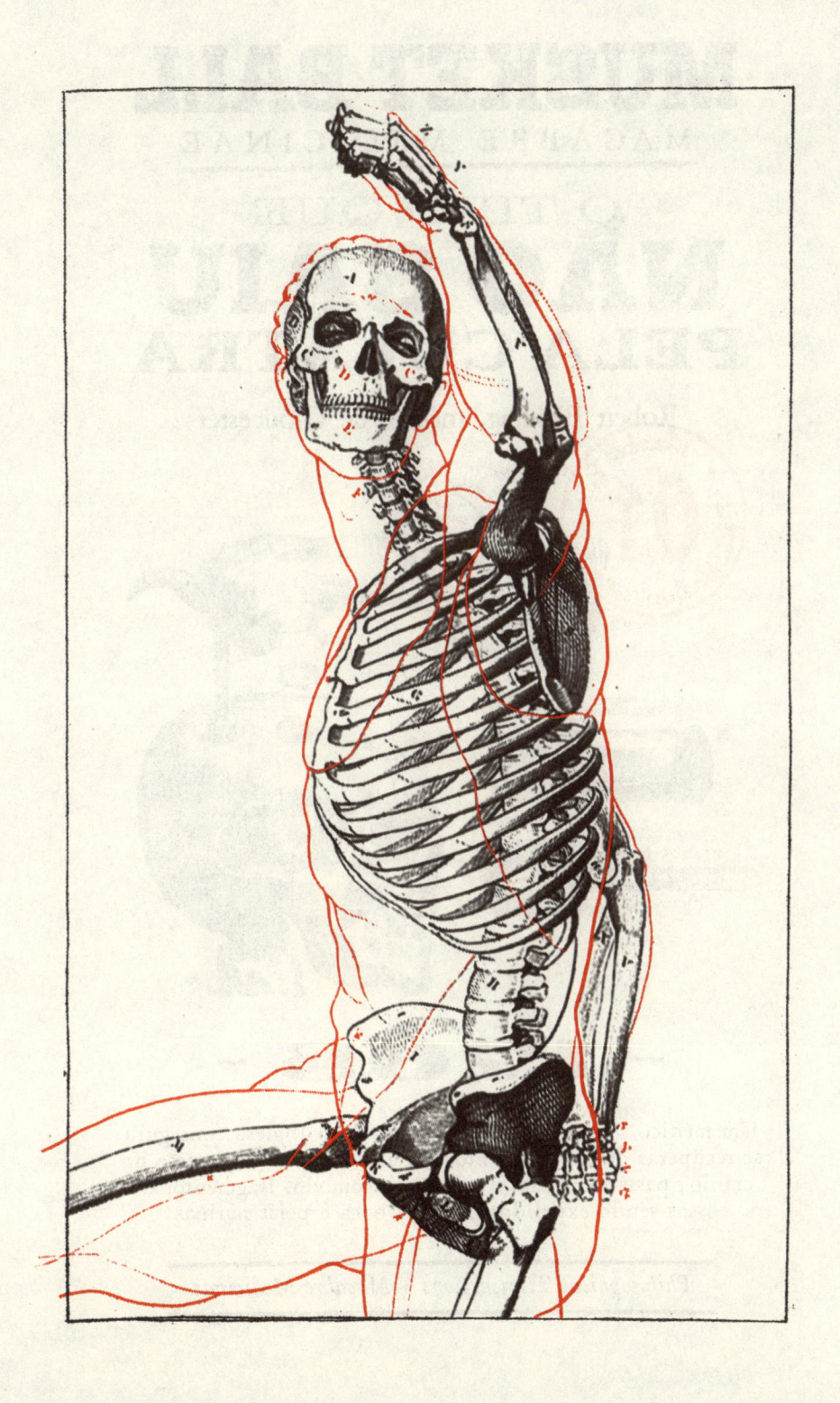

MUSKET BALL

MACABRE MEDICINAE

O TIRO QUE
NÃO SAIU
PELA CULATRA

Robert Fielding, médico de Gloucester

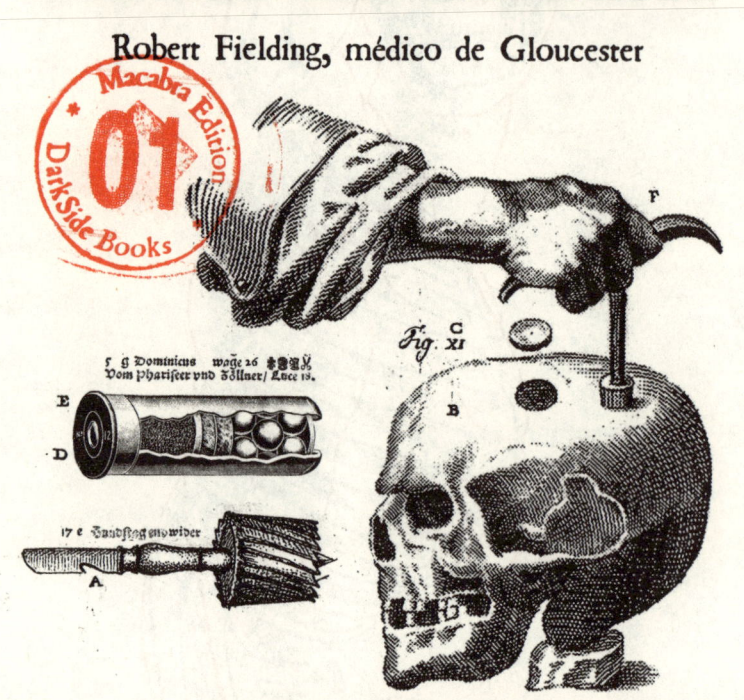

- 1708 -

Um médico sobrevivente da Guerra Civil Inglesa conseguiu se recuperar de um ferimento mortal de bala de mosquete no crânio, passando a conviver com incômodos fragmentos de ossos sendo expelidos pela sua boca e pelas narinas.

Philosophical Transactions • Macabre Medicinae

THOMAS MORRIS

MEDICINA MACABRA

CASO Nº 01

Robert Fielding, o filho de um religioso de Gloucestershire, na Inglaterra, tinha 22 anos e havia acabado de se formar em Oxford quando a Guerra Civil Inglesa estourou, em 1642. Monarquista fervoroso, ele se alistou ao Exército do rei e, em 20 de setembro de 1643, participou da primeira batalha de Newbury, na qual o rei Carlos 1 foi derrotado pelos parlamentaristas. Além de estar do lado dos perdedores, Fielding ficou seriamente ferido, e sua sobrevivência, por um tempo, parecia improvável. Contra todas as probabilidades, ele conseguiu continuar a carreira acadêmica em Oxford, pelo menos até os vitoriosos Cabeças Redondas retirarem sua bolsa de estudos, três anos depois. Ainda assim, foi readmitido como estudante de medicina e, durante sua meia-idade, se tornou um proeminente e adorado médico de Gloucester, chegando a ser eleito prefeito da cidade, em 1670.

É impressionante que tenha conquistado qualquer um desses feitos, pois ele o fez com uma grande bala de metal dentro da cabeça. Em 1708, a *Philisophical Transactions* publicou o relato do próprio doutor Fielding sobre o ferimento no campo de batalha que fizera com que a bala de mosquete fosse parar em seu crânio:

VIII. *Uma breve narrativa do tiro com uma bala de mosquete no doutor Robert Fielding e a estranha maneira como ela saiu de sua cabeça, onde ficara alojada por cerca de trinta anos. Escrita pelo próprio.*

Durante a primeira batalha de Newberry, nos tempos das finadas Guerras Civis, o doutor foi atingido por um tiro na região do olho direito, no *os petrosum** próximo da órbita ocular no crânio, o qual provavelmente fraturou, causando uma grande efusão de sangue por ferida, boca e narinas. O cirurgião cuidadosamente

---

*   Um dos ossos do crânio.

examinou a ferida em busca da bala, mas, falhando em sua intenção, decidiu, no terceiro dia após o tiro, posicioná-lo de maneira horizontal ao sol. Por meio da compressão do crânio quebrado com uma sonda, podia sentir a palpitação do cérebro, não conseguindo, entretanto, encontrar a bala.

Não seria um exagero chamar esse procedimento de cirurgia cerebral — o que não é, convenhamos, algo nem um pouco divertido de participar como paciente, ainda mais em condições de campo de batalha. Por algum tempo, fragmentos de ossos continuaram a sair por diversos orifícios, um acontecimento precedido por um excêntrico sintoma: sua mandíbula travava.

Quando o doutor começou a sentir frio, sua boca se fechou, e assim continuou pelo tempo de meio ano, até que muitas fraturas dos ossos se precipitaram da ferida, da boca e das narinas.

Os fragmentos de ossos começaram a surgir com uma assustadora regularidade. Por outro lado, o aspecto positivo disso é que ele passara a ter um novo truque para surpreender as pessoas:

A partir daí, quando um pedaço de osso estivesse prestes a sair, sua boca se fechava, tanto que muitos anos depois ele anunciou a alguns amigos que um osso estava para sair, sua boca continuara travada por seis ou sete semanas, até o instante em que uma coceira ocorreu no orifício da ferida. Com um dedo, ele sentiu um osso e fez saber aos amigos ali presentes que eles deveriam vê-lo abrir sua boca. Ao retirar um osso do tamanho da cabeça de um alfinete, ele imediatamente abriu a boca.

O que impedia o médico de abrir a boca, e por que remover um fragmento de osso aliviava sua condição? É provável que a ferida estivesse próxima do nervo mandibular, que controla os quatro músculos responsáveis pela mordida e pela mastigação. Caso uma lasca de osso estivesse pressionando esse nervo, isso causaria uma paralisia temporária, que seria aliviada assim que a pressão fosse removida. Um ano após o trauma original, a ferida finalmente se curou. Mas ainda não havia nenhum sinal da bala de mosquete que o atingira, para o desgosto do doutor Fielding.

A partir de então, pelo período de dez anos ou mais, um fluxo de material sanioso saiu da narina direita, e, ao parar de sair por ali, passou a fluir pela narina esquerda por mais alguns anos.

«Sanioso» está descrevendo um líquido aquoso e pouco espesso. É provável que esse material fosse líquido cefalorraquidiano (L C R, também conhecido como fluido cerebroespinhal) — o líquido que amortece o cérebro contra lesões. Vazamentos de L C R, geralmente, são consequência de uma lesão na dura-máter, uma das membranas (ou meninges) que envolvem o cérebro.

Com o tempo, pelo espaço de dois anos, ou cerca disso, ao cavalgar, o doutor certas vezes sentia uma dor no lado esquerdo da cabeça, na altura das tonsilas, a qual ele atribuía ao frio, especialmente após cavalgar numa noite fria, o que também ocasionava alguma surdez.

As «tonsilas» são as amídalas.

Ao cerrar seu ouvido com algodão para recuperar a audição, certo dia, estando a escrever ou a ler, repentinamente um sopro ressoou no ouvido, o que lhe causou um susto, sendo de uma natureza difícil de descrever, a não ser que se imagine um vácuo. Isso ocorreu aproximadamente em março ou abril de 1670. No instante de tal ocorrência, aquele lado da face caiu, como que paralisado, e debaixo da orelha se sentiu um firme calombo.

Ainda que essa paralisia facial pareça com um derrame, provavelmente se tratava de algo mais benigno — a compressão de outro nervo[†] por um fragmento ósseo (ou pela elusiva bala de mosquete) causaria sintomas similares.

A partir de então, tumor sobre tumor apareceram daquele lado, debaixo do osso maxilar, forçando-o a se consultar com alguns médicos, em certo momento com dois ao mesmo tempo, um dos quais suspeitou que a causa seria a bala, mas, considerando quanto tempo decorrera desde o tiro, eles julgaram improvável. Com o passar do tempo, os tumores, tendo alcançado

---

[†]   Provavelmente o nervo craniano VII, também conhecido como nervo facial.

a garganta, quando ele levantava um pouco a cabeça, tinha uma impressão que lhe parecia como se um gancho puxasse para baixo sua mandíbula. Caso algo tocasse sua garganta, a dor era similar à de ser perfurado por um punhado de agulhas. Sendo, por fim, convencido a se submeter a aplicações, um pequeno buraco surgiu, depois outro, e um terceiro ainda próximo ao *pomum adami*.[‡] Por meio deles, a bala foi descoberta e retirada, em agosto de 1672.[²]

Inacreditável! O doutor Fielding levara um tiro havia trinta anos e levou todo esse tempo para a bala de mosquete migrar, de alguma forma, da parte de cima de seu crânio até sua garanta, de onde finalmente foi extraída. Milagrosamente, ele não demonstrou nenhuma sequela por conta da presença de um pedaço de chumbo em seu crânio, além de estar bem o bastante para escrever sobre o ocorrido mais de seis décadas após o ferimento original.

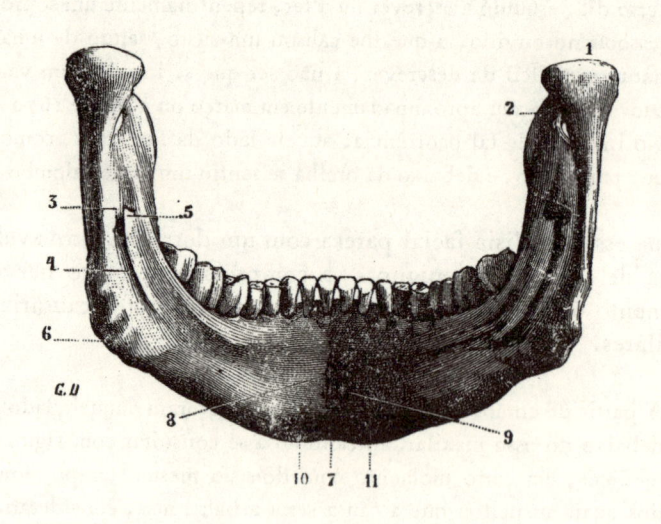

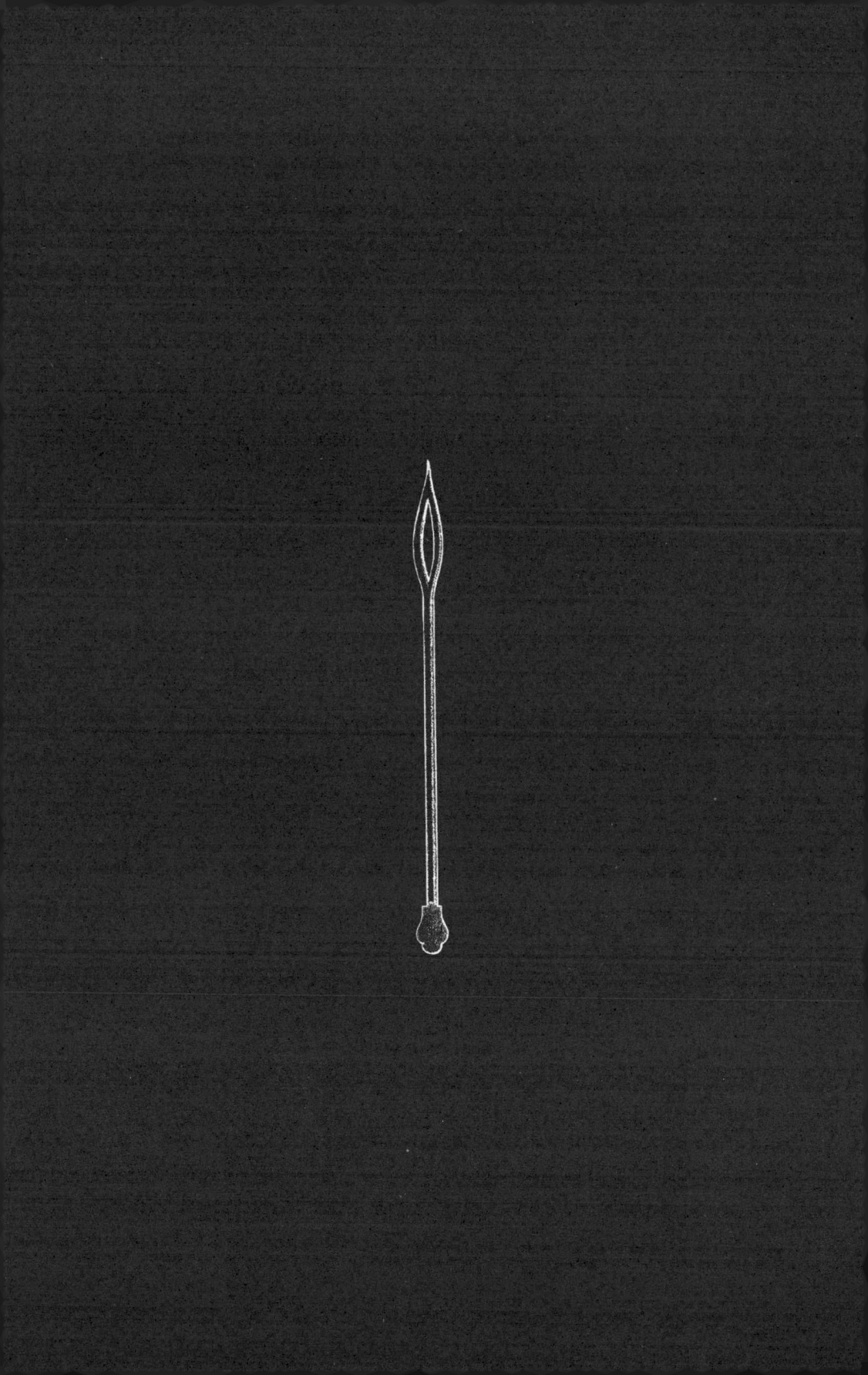

LARGE WHEELS

MACABRE MEDICINAE

FOI SÓ UM
ARRANHÃO
DO MOINHO

John Belchier, médico responsável

Macabra Edition 02 · DarkSide Books

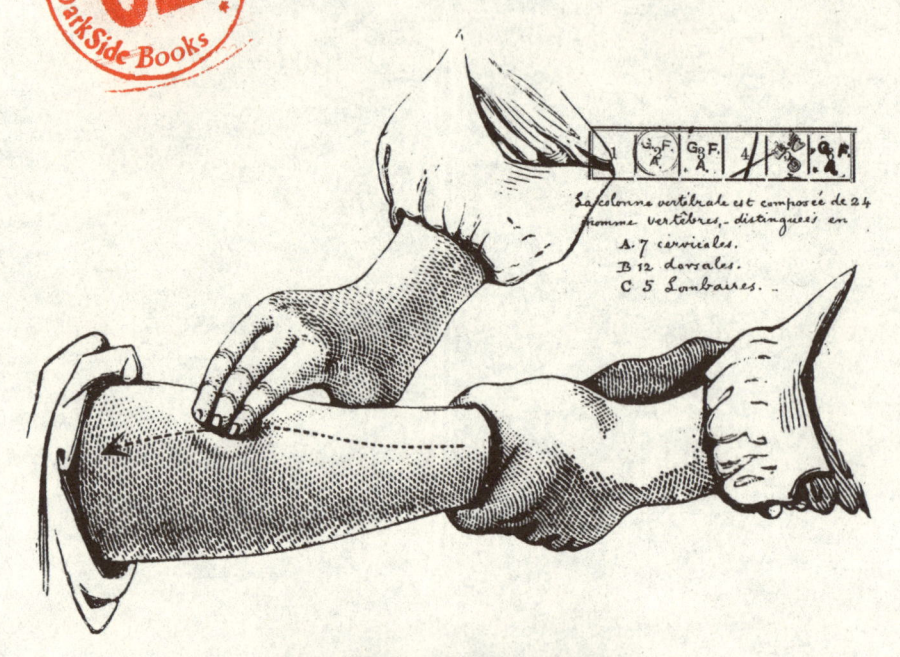

- 1737 -

O espantoso caso do moleiro que se enrolou acidentalmente no maquinário do moinho e nem chegou a notar que seu braço fora arrancado até vê-lo na roda. Mesmo os médicos que o atenderam ficaram surpresos com a sua sobrevivência.

CASO Nº 02

A Ilha dos Cães, uma grande península na margem norte do rio Tâmisa, em Londres, não é uma área conhecida por seu charme bucólico. Seus arranha-céus de Canary Wharf abrigam um dos maiores centros financeiros da Europa, lado a lado com os resquícios da indústria pesada que costumava sustentar a economia local. Até o fim do século XVIII, entretanto, essa área era uma região agrícola pouco povoada, cujos únicos edifícios um pouco maiores eram os moinhos de vento construídos sobre a barragem oriental,* que aproveitavam os fortes ventos vindos do rio.

Em 1737, um trabalhador de um desses moinhos sofreu um acidente tão espantoso que se tornou uma celebridade local. Imagens do rosto de Samuel Wood eram vendidas nas tavernas e nas livrarias, e seu caso ainda era citado em publicações científicas bem mais de um século depois. O médico que o tratou, John Belchier, descreveu o ocorrido com seu famoso paciente numa reunião da Sociedade Real, alguns meses depois:

> *V. Um relato sobre o homem cujo braço com a escápula foi arrancado por um moinho, em 15 de agosto de 1737, pelo senhor **John Belchier**, membro da Sociedade Real, cirurgião no Guy's Hospital.*

Samuel Wood, com cerca de 26 anos, estando no trabalho num dos moinhos próximos à Ilha dos Cães, na margem oposta a Deptford, ao se dirigir em busca de um saco de milho do outro lado do moinho para carregá-lo no colhedor, levou consigo, sem perceber, uma corda cuja ponta estava presa com um nó ao redor do seu pulso. Ao passar por uma das grandes rodas, os dentes dela prenderam a corda, e ele, incapaz de soltar a mão

---

* Uma área conhecida desde então como Millwall (em inglês, "parede dos moinhos").

rapidamente, terminou puxado pela roda, a qual o levantou do chão até prendê-lo contra as vigas que suportam seu eixo, terminando por arrancar seu braço até a escápula.

Nossa! Parece uma verdadeira tortura. Pelo menos é o que *você* diria.

No momento do acidente, ele diz que não sentiu nenhuma dor, apenas um formigamento próximo à ferida, e, por estar bastante surpreso, nem chegou a notar que seu braço fora arrancado até vê-lo na roda.

Vamos nos imaginar no lugar de Samuel Wood naquele instante: primeiro, a visão de um braço preso nos dentes de uma máquina, e só depois o reconhecimento de que aquele braço costumava ser seu.

Ao se recuperar levemente, ele desceu a estreita escada até o primeiro piso do moinho, onde seu irmão se encontrava. Ele, ao vê-lo naquelas condições, imediatamente correu para baixo e saiu do moinho até uma casa adjacente ao moinho vizinho, a cerca de 100 m do local do acidente, para avisar os habitantes acerca do que ocorrera com o irmão. Todavia, antes mesmo de eles deixarem a casa para ajudá-lo, o pobre trabalhador caminhou por conta própria na direção deles, até cerca de 10 m de distância da casa, onde, exausto pela grande perda de sangue, caiu no chão, desmaiado. Eles o pegaram, carregaram-no até a casa e espalharam uma grande quantidade de pão de açúcar pulverizado sobre o ferimento, com a intenção de interromper o sangramento até a chegada de um médico do distrito de Limehouse, a quem mandaram chamar.

Durante o século XVII, geralmente o açúcar era vendido numa forma cônica empedrada, tendo de ser quebrado e pulverizado manualmente antes do uso. Pode parecer estranho colocá-lo num machucado, mas isso acontecia bastante nesses casos. Na verdade, em muitos países em desenvolvimento, o açúcar ainda é usado como um remédio comum. Ultimamente, inclusive, houve certo interesse no uso do açúcar como possível agente antimicrobiano no tratamento de feridas.

O mensageiro, entretanto, por estar demasiado assustado, não pôde explicar completamente o acidente para o médico. Por isso, quando o cirurgião foi examinar a condição do homem, ele não tinha nenhum curativo apropriado para um acidente daquela ordem. O único item que o médico trouxera consigo era um aparato para um braço quebrado, que ele escolhera em função do pouco que pudera compreender das palavras do mensageiro.

Definitivamente, ele tinha em mãos o equipamento errado. Dizer que o braço do paciente estava quebrado seria um eufemismo totalmente apartado da realidade.

Ele, contudo, fez buscarem os curativos apropriados. Ao examinar a ferida com atenção, com a intenção de atar as artérias principais, aparentemente não havia nenhuma delas à vista, nem sequer uma efusão de sangue. Portanto, ele primeiro uniu as partes carnudas do ferimento, aproximando-as o máximo possível com o auxílio de uma agulha e uma ligadura, para então cobri-lo com um digestivo quente[†] e uma bandagem apropriada.

Na manhã seguinte, o cirurgião examinou o ferimento em procura de sinais de hemorragia e se surpreendeu com a ausência de sangramentos. Após trocar a bandagem, ele enviou Samuel Wood para o Hospital St. Thomas, para mantê-lo sob observação, aos cuidados de um médico chamado James Ferne.

Ele estava constantemente sendo cuidado, pois havia expectativas de hemorragia pela veia subclávia. Contudo, não havendo indícios de sangramento recente, considerou-se melhor não remover as bandagens por um período de quatro dias. Quando o senhor Ferne abriu o ferimento, novamente não se encontraram evidências de quaisquer vasos sanguíneos. Portanto, ele voltou a cobri-lo com um curativo, e em cerca de dois meses a cura estava inteiramente concluída.

A amputação acidental, de alguma forma, foi um corte bem-feito, que deixou pele e músculo para a cicatrização da ferida. Quando eles examinaram o braço cortado, os médicos descobriram que a omoplata e os dois ossos do antebraço haviam sido quebrados:

[†]   Um unguento que servia para promover a cicatrização de feridas.

É impossível precisar, entretanto, se os ossos foram fraturados antes do incidente que arrancou o braço.

O pobre homem teve o braço e a escápula arrancados por um maquinário industrial. Parece seguro assumir que a fratura tripla em seu membro foi causada pelo acidente, e não por uma bizarra coincidência.

Como, porém, ele não sangrou até a morte? Um dos principais vasos sanguíneos, a artéria subclávia, foi rompida em função do ferimento. Em circunstâncias normais, isso teria causado uma hemorragia abundante, talvez expelindo sangue o suficiente para matá-lo em menos de uma hora. Mas, de alguma forma, isso não aconteceu. O médico concluiu que os tecidos ao redor da artéria teriam comprimido o vaso, agindo como uma espécie de torniquete, e assim evitado qualquer perda de sangue.

O senhor Belchier tinha consciência de que sua história poderia ser desacreditada — relatos médicos mirabolantes de procedência duvidosa eram reportados sem nenhuma evidência sequer para sustentá-los. Por isso, deu-se ao trabalho de garantir que não haveria dúvidas sobre esse caso em particular.

> Considerando que este caso é tão singular e muito extraordinário a ponto de nenhuma outra história poder nos fornecer qualquer situação similar a essa, com a intenção de prover um relato minucioso dele, além de visitar o homem frequentemente, desde sua entrada no hospital, e buscar junto a ele toda informação de que ele dispusesse, também fui pessoalmente ao moinho em que o acidente ocorrera, estando lá dois dias atrás, onde investiguei todas as circunstâncias específicas relativas ao fato.

Ele, todavia, ainda não se dera por satisfeito. Num verdadeiro gesto teatral, o senhor Belchier revelou aos dignitários presentes que ele trouxera um convidado especial e um objeto inusitado:

> Assim, para esclarecer plenamente a sociedade, eu trouxe o homem pessoalmente, assim como seu braço, no mesmo estado de quando foi arrancado, tendo sido mantido em álcool desde o acidente.[3]

Diga se não foi um espetáculo digno de uma longa ovação de pé! Em suas edições posteriores do *Anatomy of the Human Body* (Anatomia do corpo humano), William Cheselden, um médico do século XVIII, fez questão de incluir uma gravura de Samuel Wood, que apresenta o moleiro observando melancolicamente uma paisagem bucólica, na qual se vê um moinho de vento logo acima da linha das árvores. Trata-se de uma imagem apaixonante, se você conseguir ignorar o objeto que domina o primeiro plano do desenho: o braço cortado, com direito a seus nervos e tendões expostos em função do brutal acidente do qual, sejamos honestos, Wood teve a sorte de sair vivo.

Gravura de Samuel Wood, retirada da obra *Anatomy of the Human Body* de William Cheselden.

BRAINS & BONES

MACABRE MEDICINAE

QUEBRANDO A
CABEÇA
DO CIDADÃO

Henry Yates Carter, cirurgião de Ketley

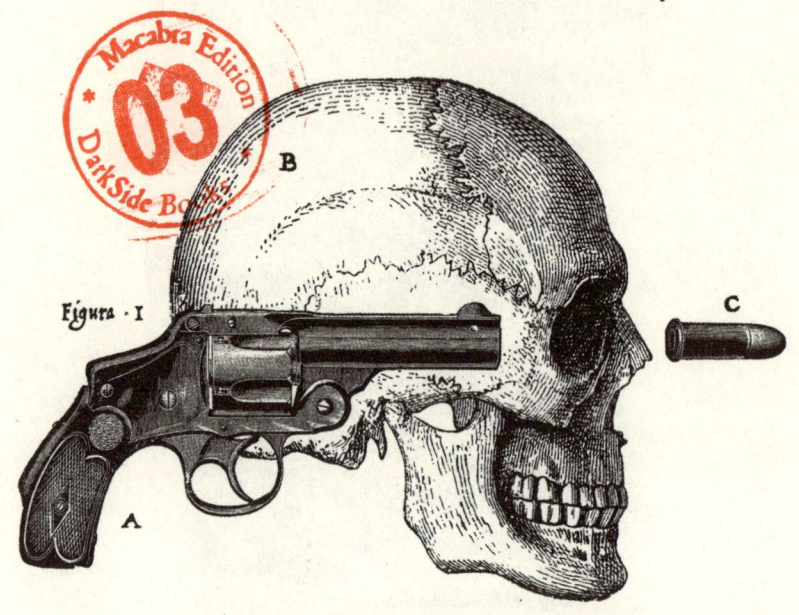

Figura · I

Macabra Edition 03 DarkSide Books

- 1795 -

O desnorteante caso do militar que teve a cabeça atravessada por um tiro que estilhaçou demasiadamente o crânio, tanto no local de entrada quanto de saída, mas não deixou nenhuma sequela séria no paciente.

Medical Facts and Observations

CASO N° 03

Em 1795, quando o doutor Henry Yates Carter enviou três artigos para a *Medical Facts and Observations* [Fatos médicos e observações], descreveu-se como um "cirurgião de Ketley, perto de Wellington, em Shropshire, na Inglaterra". Sua descrição o faz parecer um humilde médico do interior, mas seria mais preciso chamá-lo de um aventureiro andarilho. Nascido em Londres, ele atravessou o Atlântico após a morte dos pais para se tornar um aprendiz com seu tio, que morava na Filadélfia, nos Estados Unidos. Ele serviu no Exército como um médico de campo de batalha durante a Guerra da Independência, depois se alistou na Marinha Real e participou de lutas dos dois lados do Atlântico. Em 1782, era o cirurgião a bordo do navio de sua majestade, o *Formidable* [Formidável], a ponte de comando do almirante George Brydges Rodney, durante a Batalha de Saintes, também conhecida como a Batalha de Dominica, famoso conflito durante o qual os britânicos derrotaram os planos da França e da Espanha de invadir o Caribe. Ele se aposentou da carreira militar e passou a praticar a medicina na Inglaterra por alguns anos, finalmente emigrando para a Pensilvânia, nos Estados Unidos, onde faleceu em 1849, alguns meses antes de seu centésimo aniversário.

Os casos que ele relatou à revista londrina eram uma mistura fora do comum do rústico com o revolucionário norte-americano. Um deles envolvia um acidente com uma roda d'água, outro descrevia um homem cujo pé fora atropelado por um cavalo e uma charrete. Contudo, a melhor história delas fala sobre seus dias nos campos de batalha nos Estados Unidos, quase vinte anos antes:

IV. *Um caso de ferida de tiro de revólver na cabeça.*
Pelo mesmo.

Um granadeiro* de Hessianos, cuja idade estava entre trinta e quarenta anos, sendo parte de um destacamento enviado para capturar um forte nas margens do rio Delaware, durante o ato de nivelar sua arma,[†] recebeu uma bola (de metralha)[‡] na parte dos *frontis*,[§] que forma *canthus* externo[¶] do olho. A bola, traçando sua passagem pela cabeça, veio a sair mais abaixo e bastante atrás da orelha oposta, como demonstrado na lâmina anexada.

Os Hessianos eram soldados alemães designados a lutar pelos britânicos durante a Guerra da Independência, para a fúria de muitos norte-americanos patriotas. A menção que o doutor Yates faz a Delaware dá bons motivos para supor que esse soldado fora ferido em dezembro de 1776, na Batalha de Trenton, na qual os Hessianos tiveram um papel de destaque. O percurso da bala (de "a" a "b") é bem explicado na ilustração que acompanha o relato:

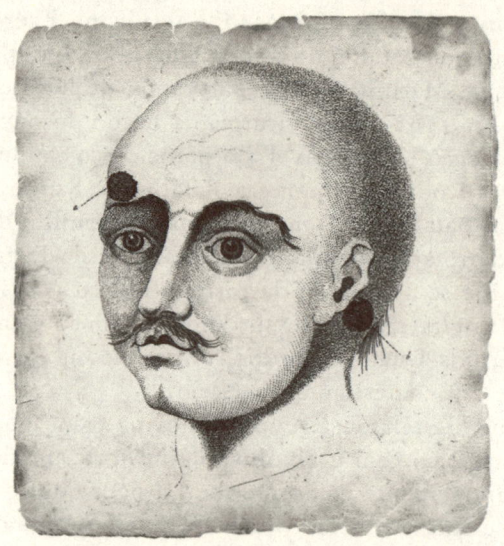

Gravura da época retratando o granadeiro Hessiano,
com indicações das feridas por onde a bola de mosquete
entrou e saiu, atravessando direto a cabeça.

---

* Um soldado especializado no uso de granadas. [NT]
† Ou seja, levantar o mosquete para disparar.
‡ A metralha é o conjunto de pequenas balas de ferro, utilizadas como carga de artilharia (em canhões).
§ O osso frontal, que engloba a testa e a parte superior das órbitas oculares.
¶ O canto do olho mais próximo da têmpora.

Não posso precisar a natureza dos efeitos imediatos do recebimento do ferimento, por não estar imediatamente presente no local. Mas, ao ser trazido para o hospital regimental, ele aparentava ter plena recordação de toda a circunstância que ocorrera consigo, exceto por um breve período após sua queda. Ele reclamou de um pouco de dor, não parecia ter perdido tanto sangue quanto seria de esperar. A bola de metralha, bastante extenuada, estilhaçara demasiadamente o crânio, tanto no local de entrada quanto no de saída. Ela fora encontrada nas dobras do colarinho de seu casaco.

Deve ser melhor encontrar um troço desses já do lado de fora do que receber a notícia de que ele ainda está dentro da sua cabeça.

Após as feridas estarem limpas e as lascas de osso terem sido removidas tanto quanto possível pelas partes exteriores, aplicou-se um curativo adequado. Como seu pulso estava pleno, fez-se uma sangria. Após isso, ele recebeu 25 gotas de extrato de ópio. No dia seguinte, tinha uma sensação de peso sobre seus olhos, descrevendo que os objetos não lhe pareciam tão brilhantes quanto o usual. Ao fim da tarde, reclamou de náusea e sede.

Levando em conta o que acabara de acontecer com ele, notar que os objetos «não lhe pareciam tão brilhantes quanto o usual» parece um sintoma leve. No decorrer dos próximos dias, o tratamento prescrito para o paciente — você pode até considerar bizarro, mas era rotineiro na época — se concentrou em seus intestinos: ele recebeu clisteres, ou enemas, regularmente.

Ao terceiro dia, ele reclamou de dores na cabeça, acompanhadas de vertigem; e, em intervalos, de uma fraqueza em suas extremidades. Como os clisteres falharam em produzir uma liberação suficiente das fezes, indicou-se que ele tomasse 2 mg de calomelano e 100 mg de pó de batata-de-purga, os quais funcionaram bem e causaram um alívio nos sintomas há pouco mencionados. Seus olhos estavam levemente inflamados, e ele reclamou de uma pequena dor na vista do lado afetado.

No sexto dia, houve uma «excelente liberação de material pela ferida» — e, sem dúvidas, também pelo intestino —, e sua condição começou a melhorar.

Lascas de osso, que haviam sido impulsionadas pelo ferimento superior pela bola, saíram pelo orifício secundário a quase toda troca de curativo (duas vezes ao dia), por diversos dias.

Esses fragmentos de osso eram pedaços de sua testa e da cavidade ocular, mas estavam emergindo de sua ferida atrás da orelha! O caso fica cada vez mais curioso.

Náusea, dor de cabeça, fraqueza dos membros, sede e todos os sintomas de febre gradualmente desapareceram; o orifício superior se encheu de novas granulações e cicatrizou firmemente. Em cerca de dez semanas, não era necessário mais nenhum outro tratamento senão um curativo superficial na abertura inferior próxima da orelha.

Em pouco menos de dois meses, o ferimento havia se curado. E o mais incrível de tudo: o paciente teve uma recuperação completa.

Não voltei a ver esse homem após ele ter deixado de precisar de qualquer tratamento para a parte afetada. Entretanto, considerando as condições da ferida e a saúde e o vigor demonstrados pelo paciente, não tenho nenhuma dúvida de que, dali a alguns dias após a última vez que o vi, ele seria capaz de retomar suas obrigações.[4]

Quando consideramos os danos que o pedaço de metralha deve ter causado no crânio do paciente enquanto atravessava, de um lado até o outro, sua cabeça, já seria um prodígio se ele tivesse apenas conseguido sair do leito. Mas, além disso, ele foi capaz de se recuperar e voltar à linha de frente.

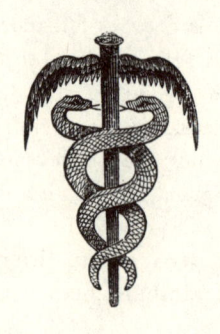

CREEPY HOLE

MACABRE MEDICINAE

A LÂMINA DO
SOLDADO
IMORTAL

Urbain Jean Fardeau, sacerdote e médico

Macabra Edition 04 DarkSide Books

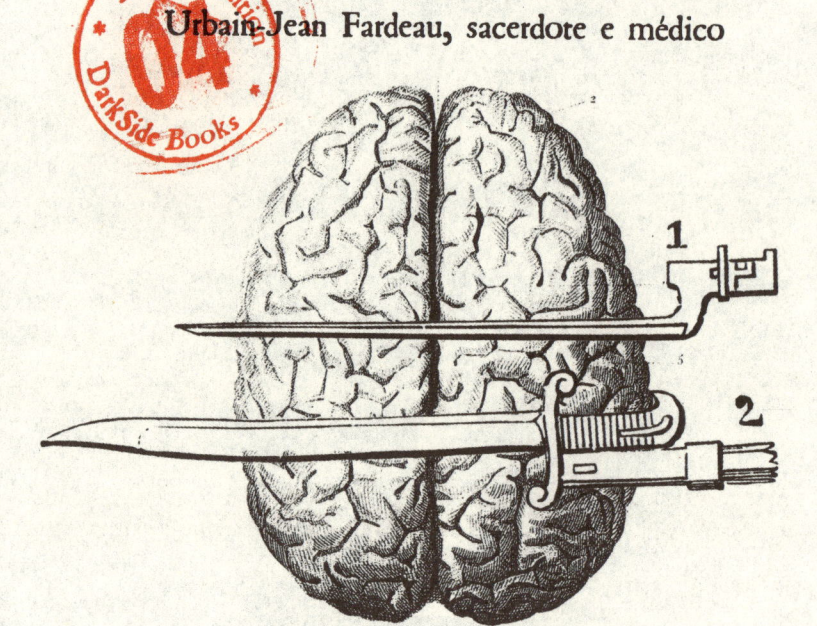

1, Common Bayonet. 2, Sword Bayonet.

Sic transit gloria mundi

- 1809 -

O contundente trauma e recuperação do soldado
que teve uma lâmina de baioneta atravessada no crânio e,
sem perder a consciência, demonstrou juízo o suficiente
e buscou a ajuda de seus colegas para remover a lâmina
embainhada na sua cabeça.

Journal général de médecine, de chirurgie et de pharmacie

CASO Nº 04

Nem Alexandre Dumas seria capaz de inventar um herói improvável tão corajoso, galante e talentoso quanto Urbain-Jean Fardeau. Por vezes professor, sacerdote, soldado e médico, ele se provou notável em todas as profissões pelas quais passou. Combinando seus estudos de medicina com uma carreira de aventuroso espadachim no Exército Revolucionário Francês, destacou-se tanto com uma espada em mãos que se tornou um dos primeiros a receber a condecoração da Légion d'honneur [Ordem Nacional da Legião da Honra], em 1802. Apenas uma hora após ser condecorado por Napoleão Bonaparte em pessoa, durante uma esplêndida cerimônia perto de Boulogne, Fardeau mergulhou num mar agitado, não sem antes pausar para beijar a insígnia recém-fixada em sua túnica pelo imperador, e nadou até um barco que estava passando por dificuldades, salvando mais de 150 vidas.[5]

Durante a Guerra da Quarta Coalizão, Fardeau acompanhou os Exércitos de Napoleão em sua campanha pela Europa Oriental, estando presente na Batalha de Pultusk, em 26 de dezembro de 1806, um conflito que se desenrolou no frio intenso do inverno da Polônia. Durante o combate, ele presenciou um incidente inusitado, que viria a descrever numa reunião da Sociedade Médica de Paris:

> ### Observação sobre uma ferida na cabeça causada por uma baioneta disparada por uma bala de canhão, por monsieur *Fardeau*, ex-cirurgião do Exército e membro da Legião da Honra etc. Lido para a Sociedade em 20 de junho de 1809.

> Um soldado de nome Malva, um *voltigeur* do meu regimento, foi ferido na cabeça por uma baioneta que fora desmontada e atirada por um canhão.

Os *voltigeurs* eram soldados especializados em infantaria leve. Seus nomes significavam, literalmente, "volteadores" — originalmente, a intenção era que eles atravessassem o campo de batalha pulando sobre a garupa de cavalos da cavalaria, para então pousarem levemente de volta no chão, de pé.* O soldado em questão, chamado Malva, descobrira um jeito bem azarado de ser ferido. Ao que parece, a baioneta, ainda acoplada ao rifle, fora acertada em cheio pela bala de canhão e deslocada, tornando-se uma espécie de míssil letal (e pontiagudo). Sua velocidade deve ter sido tremenda, portanto seria de esperar que causasse bastante dano na vítima.

> O *voltigeur* foi atingido na têmpora direita, a dois dedos de distância além do ângulo da órbita e um pouco acima dela. A baioneta, cujo comprimento media entre 30 e 35 cm, penetrou até o punho, na direção da ponta para o fim da lâmina, e de cima para baixo, atravessando até sair pelo seio maxilar do lado oposto, de onde o topo da lâmina se projetou por cinco polegadas.

O seio maxilar é uma das cavidades do crânio, abaixo do osso malar, a maçã do rosto. Ele também é conhecido por um termo mais poético, "antro de Highmore", que soa como um aristocrata escocês e não como uma característica anatômica. A baioneta, portanto, passou pelo crânio, entrando pela têmpora direita e saindo pela bochecha esquerda, com cerca de 13 cm de lâmina visíveis além da ferida de saída. Acho justo dizer que se tratava de uma situação mais ou menos.

> O homem foi derrubado, mas não perdeu a consciência. Ele tentou arrancar a baioneta diversas vezes, mas não obteve sucesso, e dois de seus colegas, um segurando sua cabeça enquanto o outro puxava a arma, também falharam em sua tentativa.

Após essa belíssima cena, que me lembra a imagem de dois pássaros com fome cutucando a mesma minhoca, os soldados admitiram derrota e decidiram levar seu colega para ser atendido pelo médico do regimento.

> O pobre homem ferido chegou até mim apoiado nos braços de dois de seus colegas de armas. Com a ajuda de um soldado, esforcei-me para arrancar a baioneta, mas era como se ela estivesse presa a uma parede. O soldado que estava me ajudando pediu que o paciente deitasse no chão de lado, pôs seu pé na cabeça do homem e, usando as duas mãos, soltou a baioneta.

---

* Esse esquema não durou muito, por motivos óbvios: todos os envolvidos logo perceberam que se tratava de uma ideia profundamente idiota.

> Imediatamente, uma hemorragia considerável ocorreu, com o sangue sendo despejado de forma violenta e abundante.

Um procedimento cirúrgico que envolva pôr o pé na cabeça do paciente tem tudo para não ser uma operação sutil, e nesse caso também não era algo razoável de fazer. Hoje em dia, um médico checaria as estruturas danificadas pela baioneta, além de verificar onde a lâmina estava em relação aos vasos sanguíneos, antes de tentar removê-la. Mas também não podemos exigir muito da medicina disponível num campo de batalha.

> Pela primeira vez, Malva se sentiu mal. Cogitei que ele fosse falecer, por isso o deixei para que eu pudesse enfaixar as outras vítimas. Após vinte minutos, ele despertou, dizendo-se muito melhor, e fiz um curativo em sua ferida. Estávamos na neve, estava amargamente frio. Embrulhei bem toda a sua cabeça com *charpie* e ataduras.

Charpie — o termo veio do francês e significa "fibra de algodão" — era um material utilizado para curativos cirúrgicos que consistia em tiras finas de linho desfiado.

> O paciente partiu para Varsóvia com outro soldado ferido. Ele viajou a pé, a cavalo, numa carroça de celeiro em celeiro, geralmente de manhã a manhã, chegando a Varsóvia em seis dias, tendo percorrido mais de 100 km. Eu o reencontrei três meses depois, no hospital, perfeitamente recuperado. Ele perdera a visão do lado direito — o olho e a pálpebra mantiveram a forma e a mobilidade, mas a íris permaneceu dilatada em demasia e imóvel.[6]

Não foi o pior dos resultados para alguém que, um pouco antes, tivera a cabeça trespassada por uma baioneta. Desse ponto em diante, o soldado Malva some dos registros históricos, mas sabemos bastante do que ocorreria com o *monsieur* Fardeau. Após deixar o Exército, ele retornou à sua cidade natal, Saumur, onde se tornou um celebrado cirurgião oftálmico, que ajudava os mais necessitados, e conduziu uma vida simplória e filantrópica. Ninguém parecia ter nada de ruim a dizer sobre ele. Para dizer a verdade, talvez o único motivo para Dumas nunca ter escrito um livro sobre Urbain-Jean Fardeau pode ter sido simples: ele era legal e bonzinho demais.

LUCKY MAN

MACABRE MEDICINAE

O PULMÃO
SANGRENTO
DO MARINHEIRO

Maximilian Joseph von Chelius,
cirurgião alemão

Macabre Edition 05 · DarkSide Books

Gain'st Lust in youth, remember Frost may Come
Gain'st Pride, in Strength, thinke of a violent hand
Gain'st Auarice when weake Age keepes the home

Thinke of thy life neere scattered on the sand
So gain'st warme Lust, Pride, faithles auarice
In youth in Strength in Age remember this

- 1831 -

Um caso de peso ímpar: um marinheiro teve o peito
trespassado e esmagado pela vela de um navio. Ainda que
a seriedade dos ferimentos fosse de tirar o fôlego, o paciente
não se deixou retrair, conseguiu sobreviver e retornou ao mar.

A System of Surgery

THOMAS MORRIS
MEDICINA
MACABRA

CASO Nº05

Maximilian Joseph von Chelius foi um proeminente cirurgião alemão do século XIX que teve bastante influência por toda a Europa. Suas palestras eram frequentemente citadas pelas revistas de Londres, na Inglaterra, e de Edimburgo, na Escócia, e seu manual *Handbuch der Chirurgie* [Manual de cirurgia], traduzido para o inglês como *A System of Surgery* [Um método para cirurgia], foi amplamente usado.

Num dos capítulos, dedicado a lesões no peito, Chelius descreve um caso particularmente bizarro, que lhe fora enviado por um amigo de Londres, John Goldwyer Andrews,* um membro da Faculdade Real de Cirurgiões da Inglaterra. O caso é o seguinte:

IV. *Sobre ferimentos no peito*

J. T., um marinheiro prussiano de dezenove anos, ocupado com a função de abaixar o mastro da vela de carangueja, sem perceber que a corda que suportava a vela havia cedido, terminou atravessado pelo parafuso de encaixe do mastro e pregado contra o deque.

Os barcos do século XIX tinham uma pequena vela, chamada de vela carangueja, que era içada sobre um poste conectado à base do mastro principal. Numa nota de rodapé, Chelius explica que a vela carangueja em questão tinha quase 11 m de comprimento e 60 cm de circunferência, com um parafuso de metal de 13 cm numa das pontas.

No instante do acidente, o mastro havia sido abaixado para uma altura de cerca de 1,8 m do deque. O homem levantou os braços para segurar e guiar o parafuso até o encaixe quando,

---

* Quando ele morreu, em 1849, o obituário da *Lancet* dizia que o senhor Andrews "não contribuiu em absolutamente nada ao avanço do conhecimento médico ou cirúrgico, mas era um grande patrono das belas-artes". Cá entre nós, eles queriam pegar pesado, hein?!

naquele momento, a corda suspensa que apoiava a vela se soltou ou arrebentou, e o mastro caiu perpendicularmente, despencando sobre o peito da vítima.

Um mastro de carvalho ou pinho, de 11 m de comprimento, deveria ser um objeto assustador de tão pesado. Ah, e já contei que ele tinha um parafuso de metal de 13 cm na ponta ?

O mastro o derrubou de costas, e o encaixe atravessou seu peito, prendendo-o no deque. O parafuso metálico penetrou no deque com uma profundidade de cerca de uma polegada, portanto seu peito deve ter sido comprimido, da frente para trás, num espaço menor do que quatro polegadas.

Quatro polegadas é cerca de 10 cm. Pense nisto: o peito do marinheiro e os órgãos dentro dele foram esmagados até uma pequena fração de sua profundidade normal.

Passou um tempo até que o encaixe metálico pudesse ser retirado, e só então o marinheiro foi levado até um hospital.

Não há qualquer menção sobre como eles removeram o encaixe do peito da vítima, mas a peça foi preservada como uma curiosidade e, tempos depois, exibida no Museu da Caça, na coleção de anatomia da Faculdade Real de Cirurgiões da Inglaterra.

25 de fevereiro de 1831 - Ao ser internado, às 10h, sua fisionomia estava lívida e sua respiração, excessivamente aflita. Pequenas quantidades de sangue espumoso eram ocasionalmente expelidas, o pulso estava intermitente. Por algum tempo após sua entrada no hospital, tais sintomas progrediram, e o paciente se encontrava sob imediata ameaça de sufocação.

O "sangue espumoso" era um indício de sangramento interno no pulmão, que fora evidentemente perfurado pelo parafuso de metal. Tratava-se, claro, de uma lesão que poderia levá-lo à morte.

O encaixe da vela penetrara seu pulmão passando entre a quarta e a quinta costelas do lado esquerdo, a cerca de 4 cm de distância do meio do esterno, atravessando obliquamente para baixo e para fora, saindo entre a 11ª e a 12ª costelas, a 10 cm de distância do lado esquerdo da espinha.

Segundo o médico, o peito estava "achatado" de um lado, e os danos na caixa torácica haviam deixado o coração perigosamente vulnerável. Mas não era só isso.

Além dessa ferida, seu escalpo estava com o lado direito consideravelmente lacerado, por uma extensão que ia do osso frontal até a parte de baixo do osso occipital, expondo um grande trecho do músculo temporal. O maxilar inferior também se encontrava seriamente fraturado.

A ferida na cabeça, que era bastante significativa mas não letal, poderia ser limpa e enfaixada. Sobre os sérios ferimentos no peito, entretanto, não havia absolutamente nada que um cirurgião dos anos 1830 pudesse fazer, fora esperar e torcer para que o paciente sobrevivesse.

Uma pequena compressa de fibra de algodão foi aplicada sobre a lesão, presa ao corpo com fitas adesivas, mas nada mais foi feito. Duas horas após sua admissão no hospital, os sintomas mais urgentes de sufocação haviam retrocedido, e ele recuperou um pouco as forças.[7]

O marinheiro teve uma noite inquieta. No entanto, para o alívio de seus médicos, ele ainda estava vivo pela manhã. O regime terapêutico que eles adotaram foi ortodoxo para a época: envolvia frequentes aplicações de sanguessugas, laxantes para expurgar os intestinos e uma dieta branda composta de leite, araruta e biscoitos em pó. O ópio era muitas vezes usado para aliviar a dor. Sua recuperação foi lenta, mas, cerca de um mês após o acidente, ele foi descrito como bem e se alimentava de manjar branco e café. Ao fim de abril, também foi "autorizado a consumir cerveja comum e meia galinha por dia", o que já é uma dieta mais apetitosa. Em 25 de maio, cerca de três meses após o acidente, ele enfim estava em convalescença, numa condição boa o bastante para sair do hospital.

Esse caso também foi descrito num livro de George Guthrie, um cirurgião britânico que foi um dos maiores especialistas da Europa em lesões no tórax. Em sua monografia, *On Wounds and Injuries of the Chest* [Sobre feridas e lesões no peito], de 1848, Guthrie registra surpresa com o fato de os sintomas desse paciente terem sido tão amenos:

A quantidade de sangue que ele expeliu não excedeu aquela comumente expelida em casos de costelas fraturadas. A emissão de pus proveniente das feridas, até que estivessem curadas, foi bastante insignificante. A pulsação do coração se mostrou bem violenta, chegando até a mover os lençóis. Ele perdeu cerca de 2,5 L de sangue do braço, além de cerca de trezentas sanguessugas terem sido aplicadas em diferentes momentos.

A quantidade de sangue retirada diretamente das veias do paciente não é tão dramática, se considerarmos o período de três meses, mas as trezentas sanguessugas devem ter aumentado bastante esse total de sangue extraído. A perda de todo esse sangue não deve ter feito muito bem para sua saúde.

Dez anos após o acidente, o senhor Guthrie foi convidado a examinar pessoalmente o paciente.

Ele estava em boa saúde. A respiração do lado que fora lesionado era boa e a atividade do coração se encontrava violenta, mas não estava irregular. O abaixamento causado pelo encaixe e sua cicatriz estavam exatamente sobre os grandes vasos, o que me levou a concluir que o parafuso passou por entre eles, separando-os. A conjunção de tal fator, portanto, leva à conclusão de que esse é um dos casos mais excepcionais já registrados.

Isso é, *de fato*, bem extraordinário. Os grandes vasos de que ele está falando são a aorta e a artéria pulmonar, tão entrelaçadas logo acima do coração que é quase impossível passar uma seda de cigarro entre elas. Imagine, então, forçar por entre uma delas um encaixe de metal de mastro com as dimensões descritas acima!

Provavelmente, isso deve ter ocorrido porque o parafuso da vela tinha uma ponta cega, o que, em conjunção com a força provinda do peso do mastro, fez com que ela atravessasse o pulmão sem causar uma grande lesão.

A tese de Guthrie é bastante razoável. Seu argumento é o de que, quando o corpo humano é empalado, um objeto de ponta cega pode causar menos dano do que aquele com ponta afiada, pois a ponta cega empurraria os órgãos, em vez de perfurá-los. Guthrie se baseava na experiência que tinha no assunto — ele estudara cuidadosamente lesões similares a essa, as quais pareciam sustentar sua teoria.

E qual foi o impacto desse acidente na carreira do paciente ? É de pensar que, após ser empalado no deque de um navio, ele iria atrás de uma carreira mais segura. Mas não foi isso que aconteceu.

> Ele recuperou a saúde perfeitamente. Primeiro, alistou-se como soldado de infantaria, mas voltou ao mar, passando por dois naufrágios e salvando sua vida ao nadar por uma distância considerável. Em 1841, estava saudável, partindo numa expedição para as Índias Ocidentais.[8]

Bom, ninguém poderia acusá-lo de covarde.

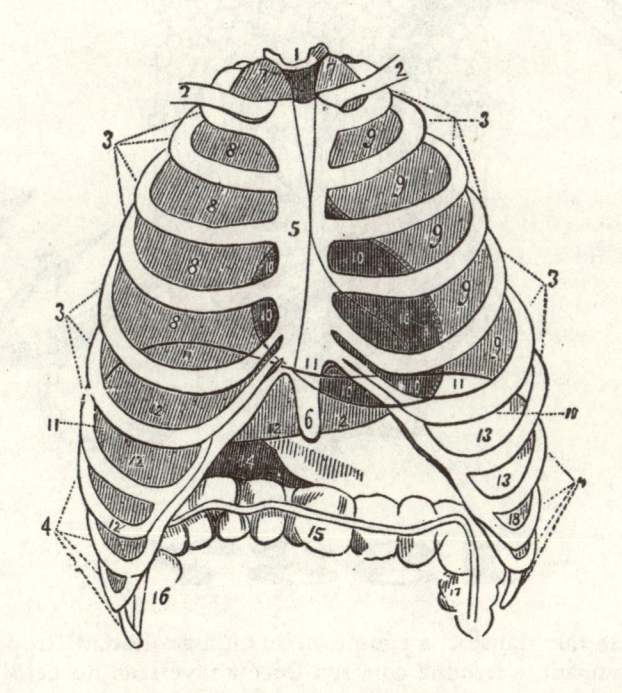

DOCTOR COFFIN

MACABRE MEDICINAE

UMA
FOICE
NO PEITO

E.Q. Sewell, doutor de medicina

Macabre Edition
06
DarkSide Books

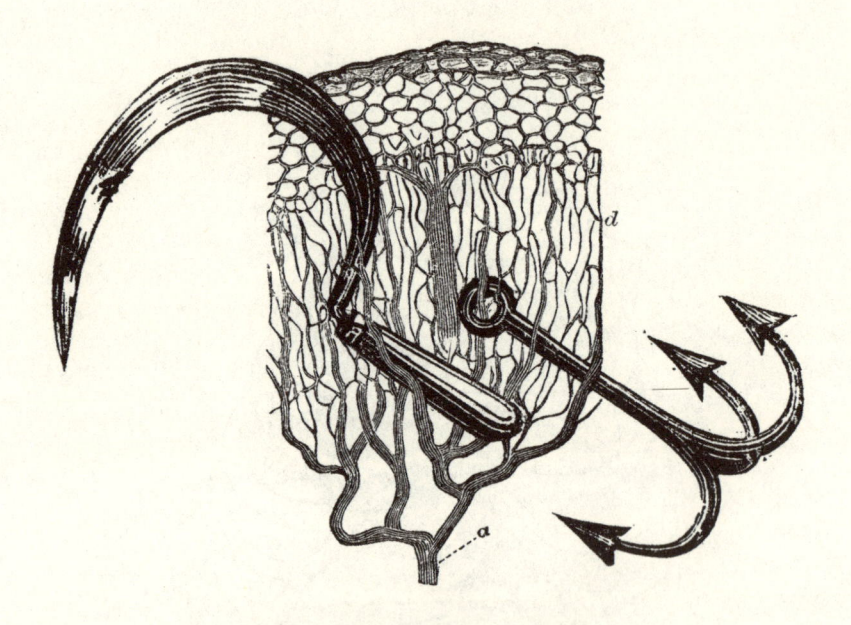

- 1837 -

Um caso que transfixa a compreensão: um adolescente tropeça
no gramado e termina com sua foice atravessada no peito.
A única pessoa disponível para remediá-lo
era um pescador de baleias.

British American Journal of Medical and Physical Science

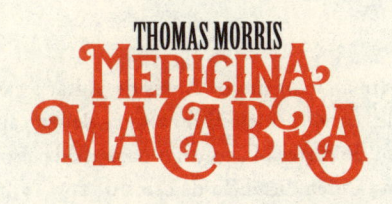

CASO N°06

Em 1837, um adolescente de Gaspé, no leste do Canadá, tropeçou no gramado da casa dos pais e caiu sobre a ferramenta que estava carregando. O acidente não causou um grande drama. O ferimento não sangrou muito e, após receber primeiros socorros administrados pelo irmão, ele caminhou de volta para casa a tempo do jantar.

A história não parece muito impressionante, mas falta um detalhe: a ferramenta sobre a qual ele caíra era uma foice, cuja lâmina entrou por um lado do peito do garoto e saiu pelo outro. Cerca de doze anos depois, os detalhes sobre o caso foram publicados por um periódico canadense de curta existência, a *British American Journal of Medical and Physical Science** [Revista Britânica Americana de Medicina e Ciência Anatômica], transformando o caso numa sensação que se espalhou tanto pela América do Norte quanto pela Europa. O relato soava tão surpreendente que o editor só aceitou imprimi-lo após receber evidências de três testemunhas confiáveis, duas das quais eram médicos.

Artigo LXXIII – *Transfixão lateral do peito pela lâmina de uma foice seguida de recuperação plena, com comentários. Por E. Q. Sewell,* doutor de medicina, Edimburgo, *licenciado pela Faculdade Real de Cirurgiões de Edimburgo, membro da Sociedade Real de Medicina da Inglaterra etc.*

A primeira pessoa a chegar à cena do incidente, entretanto, não foi um médico, e sim um juiz de paz local, J.D. McConnell:

No ano de 1837, o amo James Boyle, um jovem de cerca de dezoito anos, cortava a relva nas proximidades da casa do pai, na

---

*   Seu fundador, Archibald Hall, tinha um dom para criar títulos prolixos. Uma encarnação futura da revista se tornou conhecida como a *British American Journal Devoted to the Advancement of Medical and Physical Sciences in the British American Provinces* [Revista Britânica Americana Dedicada ao Avanço das Ciências Médicas e Anatômicas nas Províncias Britânico-Americanas].

companhia do irmão mais novo. Antes de voltar à casa para o jantar, como era de costume, ele retirou a foice de seu cabo ou punho, com o propósito de carregá-la consigo para afiá-la. Enquanto caminhava para casa, a uma distância de cerca de 100 m, por acaso, ele pisou sobre uma tora de madeira e seu pé escorregou, o que o fez cair sobre a lâmina da foice, a qual penetrou seu peito logo abaixo da axila direita e apareceu debaixo da esquerda. O desafortunado jovem permaneceu parado, com o instrumento letal cruzando seu peito, até que seu irmão, que demonstrou uma inimitável agudeza de espírito, puxou a foice vagarosamente para fora, cuidando atentamente, enquanto o fazia, para que seus movimentos seguissem a curvatura da lâmina. A efusão de sangue que se seguiu não foi tão alarmante quando era de esperar, e a vítima, com a ajuda do irmão mais novo, pôde caminhar de volta para casa.

A família teria chamado um médico, mas em Gaspé, uma pequena comunidade costeira na ponta mais a leste de Quebec, isso não era uma opção. Uma nota de rodapé explica:

> Não havia nenhum médico residindo naquelas cercanias quando houve a ocorrência. Frederick Coffin, um pescador de baleias, comumente conhecido como "doutor Coffin"[†] [...]

Certamente, doutor "Caixão" era um nome que enchia os pacientes de confiança.

> [...] geralmente ajudava a realizar sangrias, a arrancar dentes e outros serviços similares. Ele tem sido bastante bem-sucedido em suas tentativas de socorrer os aflitos. Sob seus cuidados, o jovem paciente seguiu melhorando.

Alguns dias depois do acidente, por acaso, uma embarcação da Marinha Real, o navio de sua majestade *Sappho*, aportou na Baía de Gaspé. Num golpe de sorte, havia um total de três médicos a bordo.

> Não perdi tempo em informar o cirurgião do navio, senhor Thompson, acerca do caso. Ele ordenou que o cirurgião assistente, Sproule, examinasse o paciente e desse a assistência possível, tarefa que o cavalheiro imediatamente realizou. Lembro-me de seu comentário sobre a ausência de expectoração de sangue, um sintoma favorável.

---

†   *Coffin*, em inglês, significa caixão. Portanto, o apelido dele era "doutor Caixão". [NT]

Se houvesse tosse com sangue, isso significaria uma lesão nos pulmões, uma eventualidade da qual o garoto parece ter escapado.

> Como o acidente e seus inesperados resultados pareciam, aos meus olhos, um ato inescrutável da Providência, considerei desejável que o doutor Sproule descrevesse para mim, por carta, sua opinião sobre o caso.

O médico naval encontrou o ponto de entrada da foice na axila do garoto, uma ferida de cerca de 8 cm entre a terceira e a quarta costelas do seu lado direito. Então, a lâmina atravessou horizontalmente o peito, até sair na mesma altura do lado esquerdo. O doutor Sproule estava bastante impressionado:

> Considerando a situação da ferida e o instrumento com o qual ela foi causada, concluo que a vítima se salvou por um grande milagre, somente explicável ao notar que o lado cego da lâmina estava direcionado para os grandes vasos sanguíneos, protegendo-os dos possíveis danos. Caso o corte estivesse voltado para a direção contrária, não resta dúvidas de que as consequências seriam imediatamente fatais.

"Milagre", nesse caso, não é uma palavra forte demais. Os sintomas foram tão amenos que a foice deve ter desviado, de alguma forma, dos órgãos principais. Mesmo assim, parece improvável que uma lâmina passando por essa região do peito pudesse deixar de perfurar a pleura, a membrana que envolve os pulmões. O autor do relatório, o doutor Sewell, sugere que o garoto teria sofrido um rápido colapso dos pulmões, com a entrada de ar no tórax pela ferida, mas que o corte seria tão pequeno que a retirada da lâmina teria selado a abertura espontaneamente, permitindo ao pulmão se reencher de ar novamente. A despeito dessa hipótese estar certa ou não, é indubitável que a vítima teve muita sorte.

> Resta-me apenas adicionar a informação de que, presentemente, o amo James Boyle se mostra um homem robusto e vigoroso, sem qualquer queixa acerca da região afetada pela ferida. Sua ocupação é prioritariamente aquela de seu pai, um pescador de baleias, e sua casa fica na região sudeste da Baía de Gaspé, no distrito de Gaspé, na província do Canadá Inferior.[9]

Está aí um raro exemplo de um "Caixão" salvando um paciente da cova.

SKULL AND AXE

MACABRE MEDICINAE

O

LENHADOR

DE CRÂNIOS

W. Mortimer Brown,
doutor de medicina

Macabra Edition
07
DarkSide Books

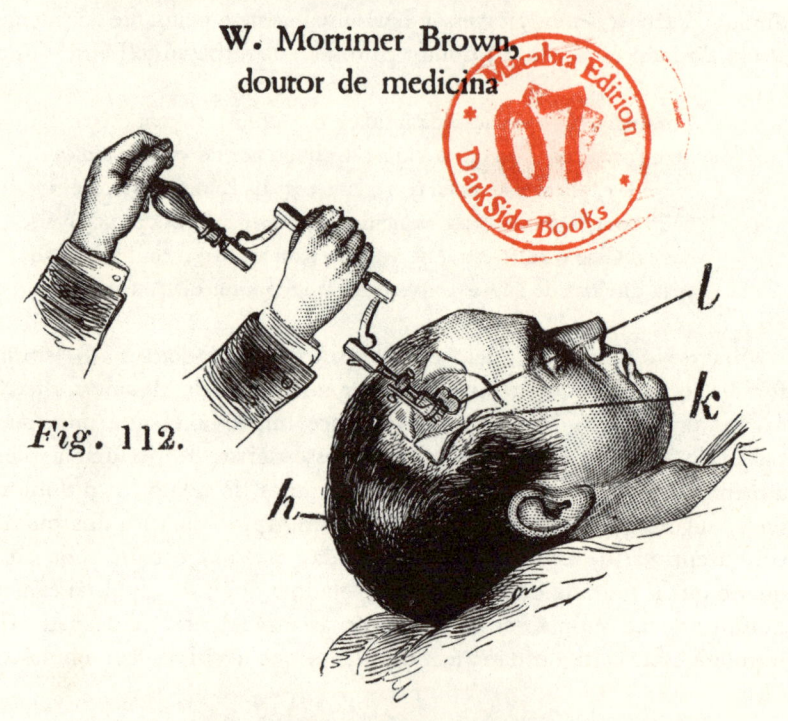

Fig. 112.

- 1852 -

Um relato de partir a cabeça, sobre um homem atingido no crânio por um machado. Em decorrência da ferida, seu cérebro ficou com partes dependuradas para fora. O médico fez então a única coisa que seu juízo pôde conceber àquela altura: colocou tudo de volta e rezou pelo melhor.

Jersey Medical Reporter

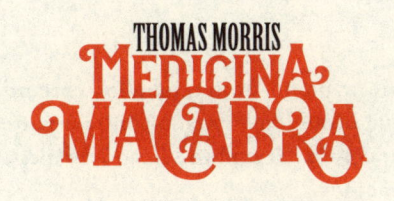

THOMAS MORRIS
MEDICINA MACABRA

CASO Nº 07

Um dos tópicos de extraordinário fascínio entre os médicos do século XIX foi o das lesões cerebrais. Em 1820, um intenso debate sobre o funcionamento do encéfalo se irrompeu, envolvendo dois eminentes fisiologistas que atuavam em Paris. Franz Joseph Gall acreditava que as funções cerebrais estivessem intensamente localizadas dentro do órgão, de modo que pequenas regiões seriam responsáveis pelas sensações, por funções motoras e até pelas diferentes emoções.* Seu rival mais novo, Marie-Jean-Pierre Flourens, contestou essa teoria, argumentando que seus experimentos com animais teriam demonstrado que o cérebro operaria como um "todo indivisível". Ainda que sua pesquisa tenha conduzido a resultados interessantes, seus métodos eram geralmente cruéis e de uma utilidade questionável, já que ninguém sabia se suas conclusões também eram apropriadas para humanos.

Os casos de recuperação após grandes traumas no cérebro, portanto, tinham um imenso valor empírico e eram vistos com curiosidade. Ao estabelecer correlações entre as localizações dos tecidos afetados pelas lesões com quaisquer prejuízos mentais ou físicos registrados nos pacientes, os médicos esperavam aprender mais sobre o funcionamento do cérebro. No verão de 1852, a *New Jersey Medical Reporter* publicou uma história particularmente impressionante, descrita pelo autor como um "caso de recuperação após a mutilação de uma porção do cérebro, que foi devolvida e aparentemente reconciliada com o restante do órgão".

Lesão severa e extensa no cérebro seguida de recuperação.
Por W. Mortimer Brown, *doutor de medicina.*

O ferimento foi causado por um machado afiado, o qual, brandido pelas mãos de um homem forte e enfurecido, foi forçado

---

* Essa teoria deu origem à pseudociência da frenologia, cujos partidários acreditavam que o formato do crânio de um indivíduo indicaria com precisão a natureza de sua personalidade.

contra o crânio a ponto de seccioná-lo, cortando uma parte do cérebro, que ficou dependurado contra a parte rompida do crânio, apoiado sobre o ombro, ligado ao pescoço por uma faixa de tegumentos.

O doutor Mortimer Brown não descreve os detalhes que antecederam esse evento, mas a frase "um homem forte e enfurecido" deixa subentendido que havia fortes paixões envolvidas, possivelmente um drama de nível operístico. "Seccionar" é um termo cirúrgico que significa cortar ou dividir — o homem enraivecido munido do machado havia perfurado um pedaço considerável da parte de cima e de trás do crânio da vítima, que ficou preso ao resto da cabeça dele apenas pelos tecidos macios. Provavelmente, a parte do cérebro atingida era o córtex parietal posterior, a região que lida sobretudo com movimentos e percepção espacial.

> Após o ataque, o homem conseguiu caminhar com a assistência de varas, além de ser capaz de falar de forma racional. Protegendo a artéria occipital, a qual fora fendida, removi alguns pequenos fragmentos de osso, raspei o cabelo ao redor da ferida e a higienizei totalmente. Depois, recoloquei os fiapos de tegumentos, com as porções de crânio e cérebro, de volta à posição original, fixando-os com suturas, emplastro adesivo e um rolete.

Por mais que não pareça a melhor das ideias, ainda assim, provavelmente é o máximo que um médico poderia fazer pelo paciente naquela época. Os riscos de infecção eram muito altos, considerando a natureza da lesão.

> A cabeça foi mantida elevada e refrigerada, uma dieta leve foi administrada e uma solução de sulfato de magnésia com tartarato de potássio e antimônio foi fornecida, com o intuito de fazer os intestinos funcionarem, reduzir a circulação e coibir o apetite.

Um médico do meio do século XIX raramente perdia uma oportunidade de colocar seus laxantes em ação, não obstante a condição apresentasse ou não relação com os intestinos. Mas, nesse caso, talvez não tenha sido uma má ideia, considerando a rápida recuperação que se seguiu.

> As faculdades mentais permaneceram intactas, exceto por um curto período durante o segundo dia. A ferida se curou rapidamente,

fechando por completo em uma semana. A partir de então, nenhum sintoma preocupante ocorreu. Num exame subsequente, notou-se que a porção fraturada aparentava estar firmemente unida ao crânio, não apresentando qualquer movimento indesejável ao aplicar pressão contra ela, assim como não havendo nenhuma sensação inconveniente quando o paciente andara a cavalo.

Adoro essa última observação: aparentemente, o paciente estava preocupado com a possibilidade de ouvir pedaços do próprio cérebro chacoalhando dentro do crânio se praticasse atividades físicas.

Não houve nenhuma evidência nos curativos de perda de quaisquer porções do cérebro, ou seja, provavelmente as porções retalhadas se reuniram de volta ao órgão sem nenhuma perda substancial. Observou-se o caso atentamente, procurando notar se algum fenômeno mental se produziria, mas nada nesse sentido que fosse digno de nota ocorreu.[10]

Será que o tecido cerebral havia mesmo sido "mutilado, recolocado e reunido", como o autor alega? Dificilmente. Ainda que o corpo seja capaz de feitos extraordinários para reparar feridas na pele, nos músculos e até nos ossos, o organismo é incapaz de regenerar tecido cerebral danificado ou perdido em alguma lesão — ao menos não em grandes quantidades. O mais provável é que a região afetada tenha morrido e sido reabsorvida. O fato de isso ter ocorrido sem que o paciente sofresse nenhuma deficiência neurológica é bem fora do comum — mesmo se o cérebro não tiver se grudado de volta no lugar, esse é um caso impressionante de recuperação após um golpe de machado contra o crânio. Ainda assim, resta a dúvida: o que teria causado a fúria do "homem forte e enfurecido" a ponto de fazê-lo enfiar um machado na cabeça de alguém?

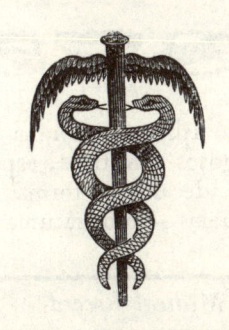

SUPERMAN
MACABRE MEDICINAE

O HOMEM QUE
NUNCA
MORRE

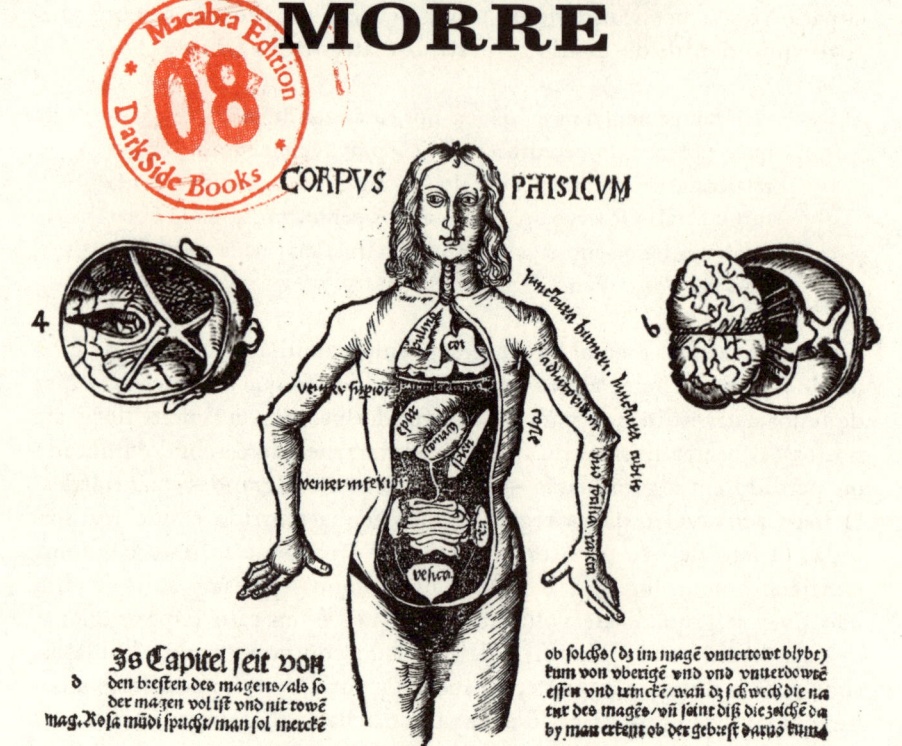

- 1875 -

Um soldado cujo corpo apresentava uma assombrosa coleção de ferimentos perigosos com tiros, espadas, baionetas e projéteis — aos quais, de alguma forma, ele sobreviveu sem carregar grandes sequelas — mostra uma grande ambição.

Medical Record

CASO Nº 08

Em 1862, um desertor do Exército francês, Jacques Roellinger, emigrou — ou, melhor, fugiu — para os Estados Unidos, onde prontamente se alistou para lutar na Guerra Civil. Ele se uniu a um regimento de Nova York do lado da União, um pelotão irregular conhecido como *enfants perdus* [crianças perdidas], formado amplamente por soldados franceses, com alguns italianos, espanhóis e portugueses. Essa união de diversas nacionalidades se mostrou tão indisciplinada que o oficial responsável por eles chegou a ameaçar prender o regimento inteiro por insubordinação. Ainda que os desobedientes *enfants perdus* fossem desprezados pela maioria de seus camaradas norte-americanos, tiveram uma participação importante na guerra. No caso de Jacques Roellinger, seu papel foi marcante, o que fica bem evidente no artigo publicado pela *Medical Record* em 1875:

Notória recuperação após feridas causadas por tiro, espada, baioneta e projéteis.

Em 29 de junho de 1865, Roellinger pediu para ser liberado do serviço militar. Quando se apresentou diante de uma comissão militar para justificar sua requisição de pensão, explicou aos oficiais que, pouco após ter se alistado, estivera presente durante a evacuação de Yorktown, na Virgínia. Seu pelotão caíra vítima de uma emboscada e ele se ferira. A pedido do médico militar, ele mostrou suas cicatrizes para a junta. O doutor anotou os seguintes pontos onde o soldado fora desfigurado:

(1) Por um corte de sabre, o qual deixou uma longa cicatriz que atravessava o terço médio do tendão patelar do quadríceps da coxa esquerda. O golpe parecia ter dividido o tendão e uma porção das estruturas musculares.

(2) Por uma estocada de sabre, a qual passou por entre os ossos do terço médio do antebraço direito.

Roellinger explicou que esses ferimentos haviam cicatrizado relativamente rápido e que ele pôde voltar à ativa alguns meses depois, em Williamsburg, na Virgínia. Entretanto, não estava com muita sorte, pois foi então

> (3) Alvejado na coxa direita, tendo o tiro atravessado o terço médio dela, passando próximo ao fêmur.

> (4) Durante o ataque ao Forte Wagner, no Porto de Charleston, em 10 de julho de 1863, ele recebeu um corte de espada, o qual atravessou os músculos da coluna vertebral que recobrem as vértebras dorsais inferiores.

Enquanto se recuperava desse golpe do azar, por assim dizer, ele partiu numa viagem para visitar o irmão no sudoeste do estado de Missouri. Suas "férias" não deram certo. Ele foi capturado por guerrilheiros e torturado, nas suas próprias palavras, "à moda indígena*". Os ferimentos causados nele incluíam

> (5) Duas largas e enrugadas cicatrizes, que ele declarou serem as marcas deixadas por lascas de madeira em chamas, as quais foram colocadas contra a pele da porção anterior do tórax.

Destemido, conseguiu escapar de seus captores e — a essa altura, certamente tomando gosto por ser punido — se reuniu aos seus companheiros de armas. Em 20 de fevereiro de 1864, participou da Batalha de Olustee, na Flórida. Mas sua sorte não melhorou muito:

> (6) Um fragmento de um projétil explosivo penetrou debaixo dos isquiotibiais da coxa direita, permanecendo encrustado nos tecidos ligamentares próximos do côndilo† interno do fêmur.

O médico militar examinou a articulação e pôde sentir que o estilhaço ainda estava alojado no tecido macio da coxa. Roellinger explicou que havia caído no campo de batalha, mas que fora deixado sozinho pelo Exército adversário. Esperando a chegada de outro assalto inimigo, esforçou-se para escalar as vinhas de uma árvore, onde se escondeu. Um novo ataque de fato ocorreu, e ele foi avistado e baleado.

---

*   O termo correto, mais disseminado hoje em dia, é "nativo-americanos".
†   O nó no fim do osso, parte da junta.

(7) A bala penetrou entre a sexta e a sétima costelas do lado esquerdo, logo abaixo do ápice do coração, e veio a sair do lado esquerdo, pelas costas, perto do ângulo da nona costela, atravessando uma porção de ambos os pulmões. Seguiu-se uma vasta hemorragia pela boca, assim como pela ferida, e ele, temeroso com a possibilidade de desmaiar e vir a cair, escorregou de sua posição elevada até o chão.

Por sorte, Roellinger explicou, ele fora um acrobata profissional antes de se juntar ao Exército, habilidade que o ajudou a prevenir uma queda pior. Ao ver os inimigos baterem em retirada, ele decidiu atirar na direção deles. Essa escolha se provou falha, pois os adversários correram de volta até ele e o esfaquearam com uma baioneta. A arma

(8) Trespassou o lóbulo esquerdo do fígado e lacerou a borda posterior do diafragma!

Convencidos de que o matariam, seus assaltantes atiraram contra ele novamente. A bala do revólver

(9) Adentrou na altura do ângulo da mandíbula esquerda, atravessou a ponta do músculo esternocleidomastoideo, vindo a sair pelo ponto correspondente do outro lado do pescoço. Ele mencionou que, durante seu período de convalescença, costumava entreter os companheiros bebendo e despejando um fio do fluido por ambos os lados do pescoço, usando seus músculos.

O médico militar destacou em suas notas que, mesmo após essas terríveis experiências, o soldado seguiu vivendo de forma « bastante indesculpável », e,

a certa altura, não posso estabelecer se fora antes ou depois, ele também adquiriu os ornamentos descritos a seguir:

(10) Uma cicatriz causada por uma estocada de sabre, que atravessa entre o rádio e a ulna, logo abaixo do cotovelo esquerdo.

(11) Um tiro de pistola, o qual passou diagonalmente para fora e acima, pelo peitoral maior e pelo deltoide do lado esquerdo

(12) Um corte profundo, dividindo a comissura entre o dedão esquerdo e o indicador até os ossos carpais.

Surpreendentemente, não havia traumas em decorrência dessa longa lista de ferimentos, fora um joelho travado. O soldado teve sua requisição aceita e recebeu uma liberação do serviço militar com honras. Mas qual seria a intenção dele ao se aposentar? Ir pescar? Abrir um bar? Não.

Ao fim da catalogação dos ferimentos, esse verdadeiro museu cirúrgico vivo pediu desculpas pela pressa e partiu, explicando estar a caminho de um barco a vapor. Sua intenção era se juntar ao Exército de Garibaldi, o qual, na época, estava em campanha pela Valtellina, na Itália.[11]

O valente Roellinger recebeu sua mais do que merecida pensão. No entanto, há mais uma reviravolta inesperada nessa história. Pode parecer estranho que um desertor do Exército francês quisesse se alistar para lutar lado a lado com Garibaldi, nas montanhas do norte da Itália — e, de fato, logo se descobriu que ele não era francês e seu nome não era Roellinger. No dia em que deu entrada na sua pensão, o homem que se apresentava como Roellinger foi até outro escritório militar e realizou um segundo pedido de pensão, dessa vez sob o nome de Frederick Guscetti. Sua tentativa de fraude teria dado certo, não fosse uma coincidência: um encontro por acaso entre os dois agentes que lidaram com ele. As autoridades foram notificadas, e "Guscetti" foi aprisionado e condenado a sete anos na notória prisão de Sing Sing.[12]

Só mais um detalhe: seu nome real também não era Guscetti. Durante a Guerra Civil norte-americana, era comum entre os soldados dos regimentos assumir a identidade de um colega abatido em combate, na esperança de conseguir uma pensão extra. O verdadeiro Frederick Guscetti havia simulado a própria morte numa tentativa falha de escapar de um campo de prisioneiros durante a guerra, mas ainda estava vivo e trabalhando como engenheiro civil. O falsário foi finalmente desmascarado, sendo revelado que ele era outro italiano, um homem chamado Giusetto, cuja ganância, aparentemente, superava a própria inteligência.[13]

E quanto ao verdadeiro Jacques Roellinger, a primeira vítima desse caso elaborado de roubo de identidades? Ele também estava vivo, morava em Ohio, nos Estados Unidos, tendo desertado seu regimento de Nova York após apenas alguns dias de serviço militar. Para dizer a verdade, a única coisa incontestável sobre a história Roellinger/Guscetti/Giusetto é a sua inacreditável coleção de ferimentos.

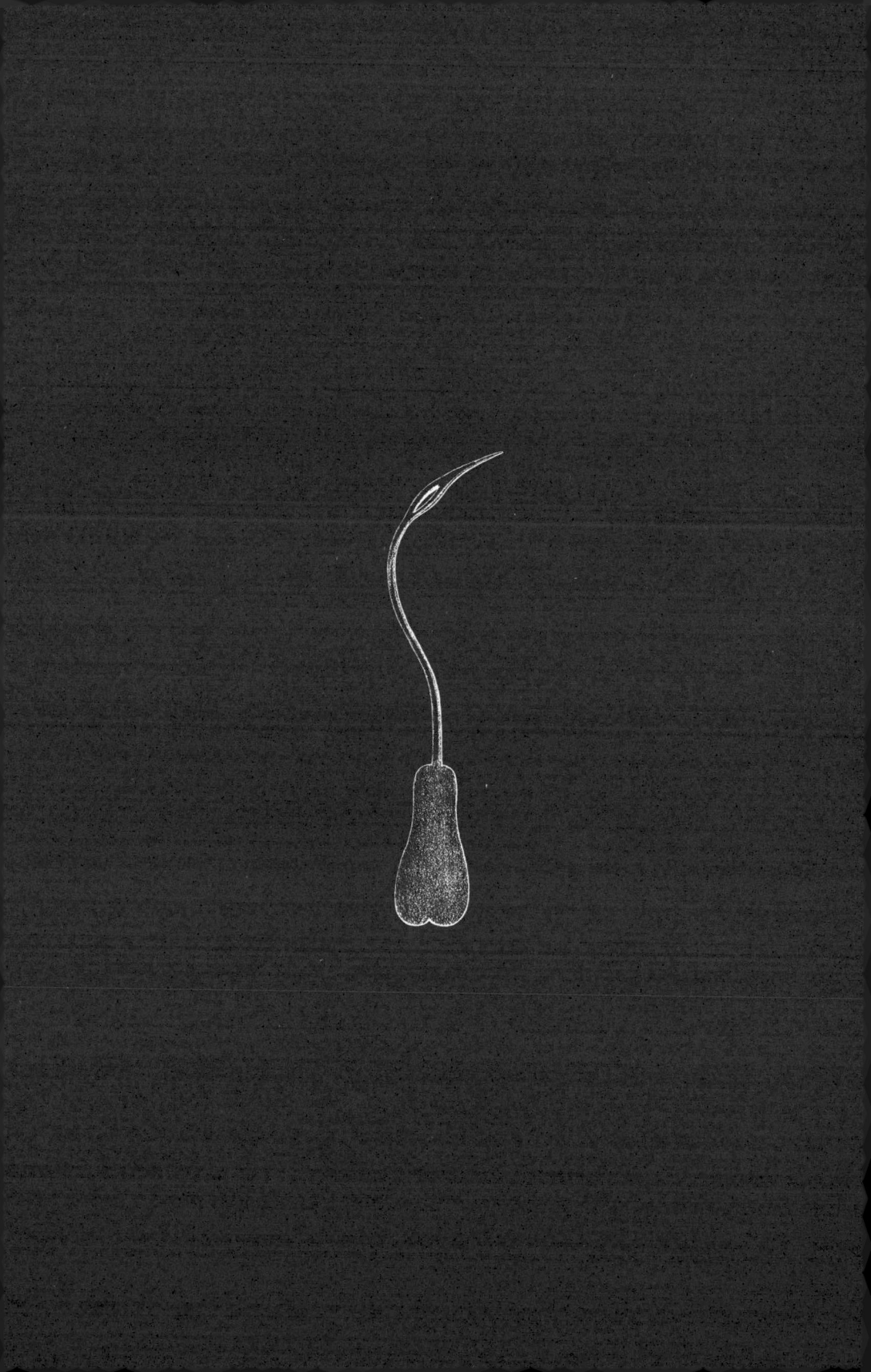

FULL DAGGER

MACABRE MEDICINAE

A ADAGA
ENFIADA
NA CABEÇA

DarkSide Books · Macabre Edition · 09

- 1881 -

O afiado relato sobre um homem que enfiou uma adaga no próprio crânio com tanta força, que o médico teve de levá-lo - ainda consciente - para uma oficina, onde precisaram usar a criatividade para arrancar a faca.

Journal de médecine et de chirurgie pratiques

CASO Nº 09

Uma das coisas que todos os socorristas deveriam saber é que lâminas ou outros objetos penetrantes **nunca** devem ser removidos depois de uma facada. A extração do instrumento cortante só deve ser realizada por um médico e em lugar apropriado, já que o objeto pode estar servindo como barreira contra um sangramento ainda maior e removê-lo pode causar uma hemorragia fatal.

As pessoas que têm treinamento em medicina emergencial certamente se assustariam ao saber sobre o tratamento recebido por um paciente na França, no ano de 1881 — mesmo assim, de alguma forma, ele sobreviveu.

Artigo 11.814. *Caso singular de suicídio. Um punhal no crânio causando uma lesão cerebral sem sintomas.*

Em 8 de abril, um homem travou uma discussão com a esposa acerca do dinheiro do aluguel, pois ele estava incapacitado de lhe dar a quantia. Sobrecarregado pelo abuso da esposa, ele tentou colocar fim à própria vida. Munido de uma adaga de dez centímetros de comprimento, ele a posicionou verticalmente no topo da cabeça, usando um martelo para fincá-la ali até o punho da lâmina.

Tanto em termos de planejamento quanto execução, não poderia ser mais bizarro — ou horrível.

Ao terminar o procedimento, ele se percebeu ainda pior do que antes. Não apenas o feito não havia lhe trazido qualquer dinheiro, como também falhara em terminar com a própria vida, e ele não sentia nada. O homem ainda estava dotado de seu intelecto, seus sentidos e seus movimentos. Profundamente envergonhado por ter posicionado mal a adaga, ele teve de chamar um médico, que tentou retirar a faca de seu crânio. Os esforços do doutor, todavia, se provaram infrutíferos.

Quais seriam as impressões de um médico local, confrontado com um paciente que estava caminhando e falando normalmente, apesar de ter dez centímetros de puro aço enfiados dentro do cérebro? O médico local, com razão, convocou um cirurgião de renome, o doutor Dubrisay. Os dois, trabalhando conjuntamente, ensaiaram uma espécie de cabo de guerra, com um deles segurando os pés do paciente, enquanto o outro agarrava a lâmina. A próxima tentativa envolveu os dois segurarem a lâmina juntos e puxarem, mas o único resultado foi suspender o paciente até que seus pés deixassem o chão. Sem saber mais o que poderiam fazer, levaram o homem — que, aparentemente, ainda estava consciente e não sentia nenhum desconforto — até uma oficina na qual havia um motor a vapor.

> Ele foi posicionado sobre o chão, sentado numa posição em que foi afixado, entre duas vigas, no meio das quais havia um potente par de alicates de ferro movido por força mecânica. A lâmina da adaga foi capturada e puxada sem nenhum estremecimento até ser extraída, levantando o paciente levemente, para então despencar de volta ao chão. Ele imediatamente se levantou e caminhou, acompanhou *monsieur* Dubrisay até a carruagem e demonstrou gratidão.

A lâmina da adaga estava um pouco dobrada, o que sugeria que atravessara direto todo o cérebro até alcançar a parte de dentro do outro lado do crânio. Os médicos estavam preocupados com a possibilidade de o paciente desenvolver uma infecção em decorrência do contato direto com esse corpo estranho imundo.

> Sob o risco de desenvolver os sintomas da meningite, o paciente foi levado até o hospital de St. Louis, onde foi admitido sob os cuidados do *monsieur* Pean. Todavia, ele foi liberado após oito dias, sem desenvolver quaisquer sinais de inflamação ou de paralisia.[14]

Esperamos, entretanto, que uma valiosa lição tenha entrado na sua cabeça.

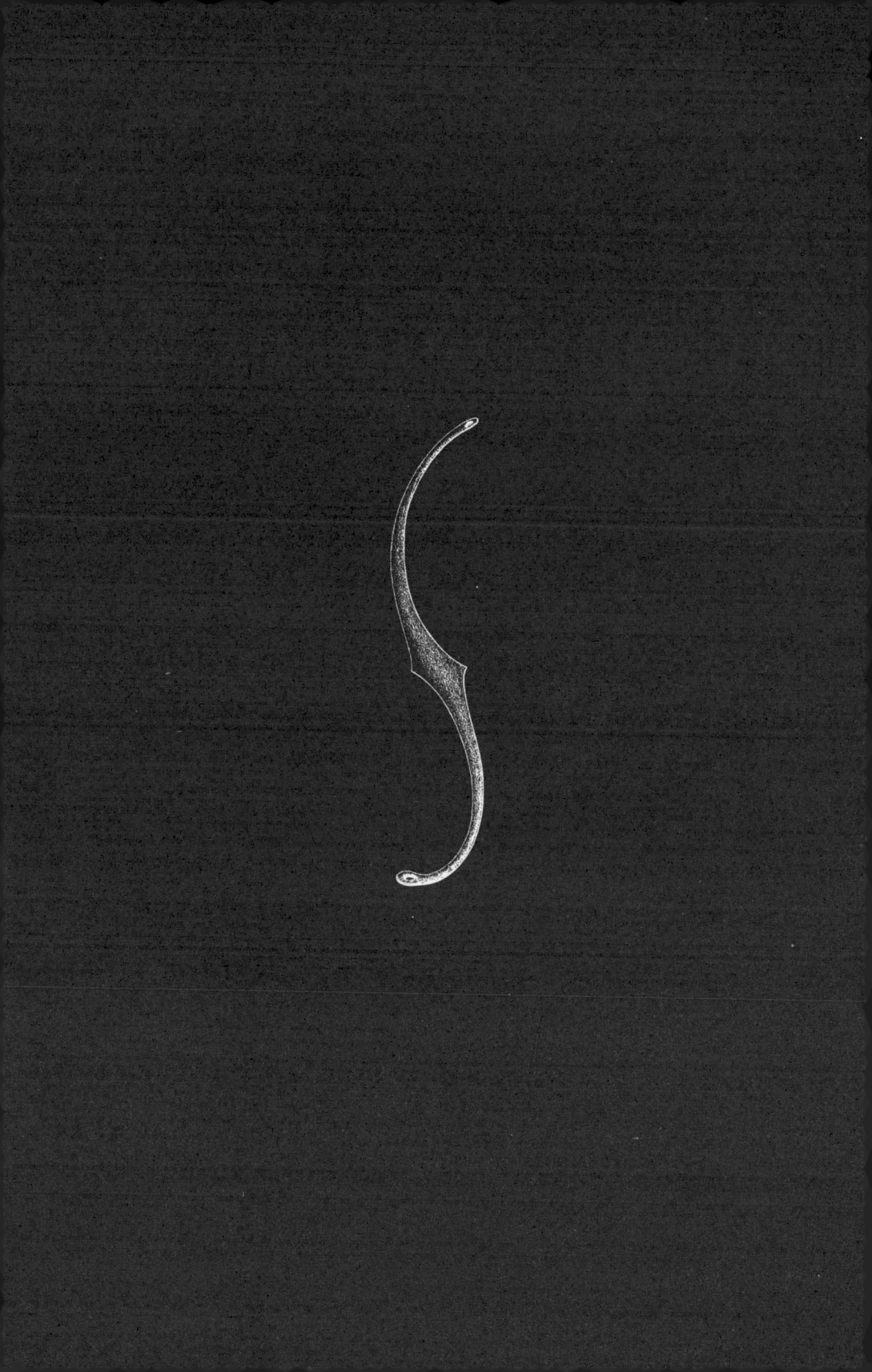

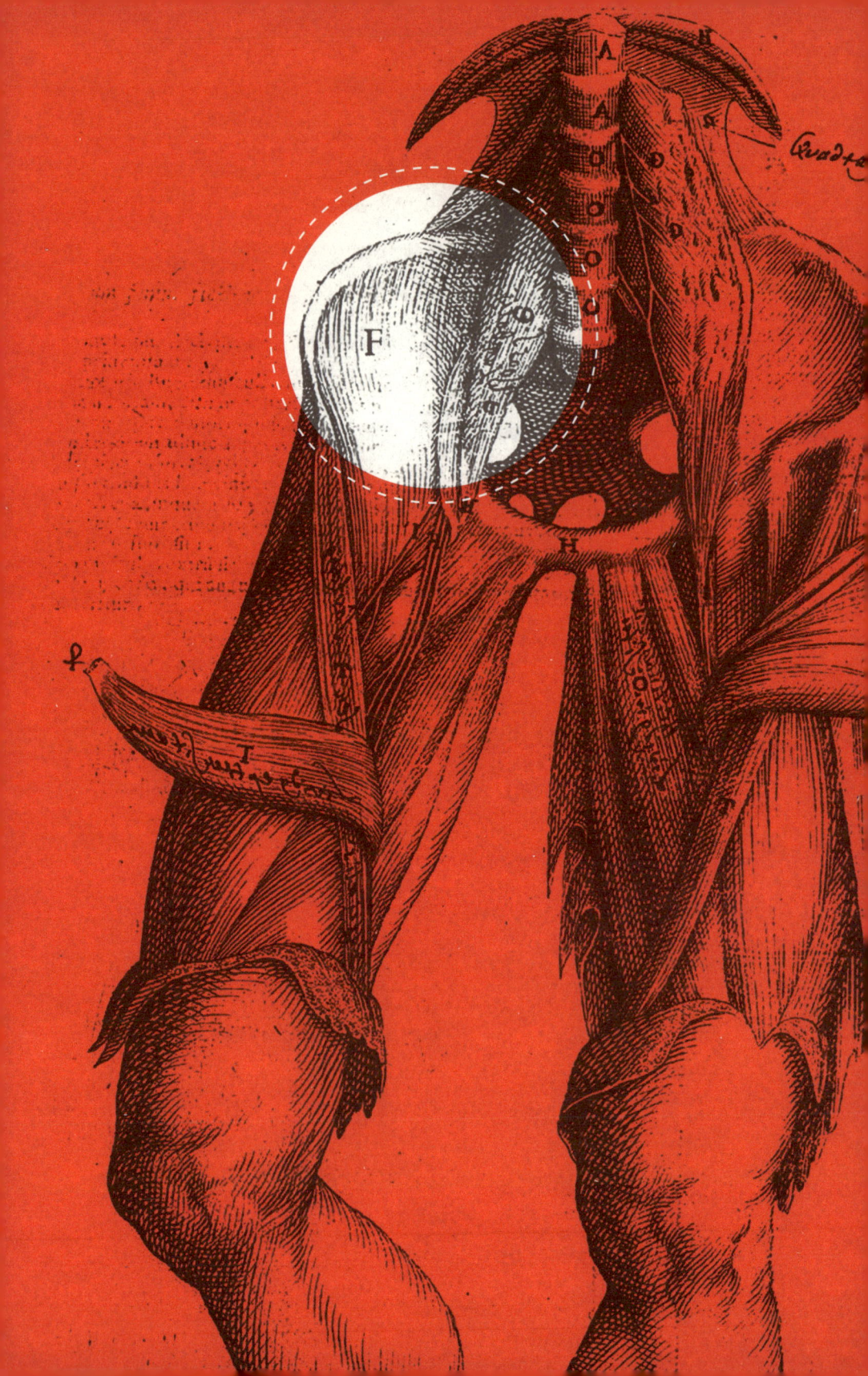

anatomical Study

Macabra Edition
DarkSide Books

F.

SEXTA INCISÃO

6. HISTÓRIAS MACABRAS

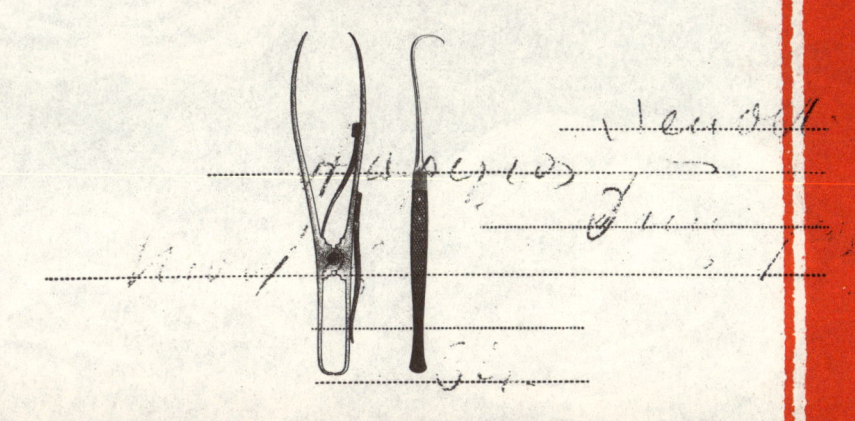

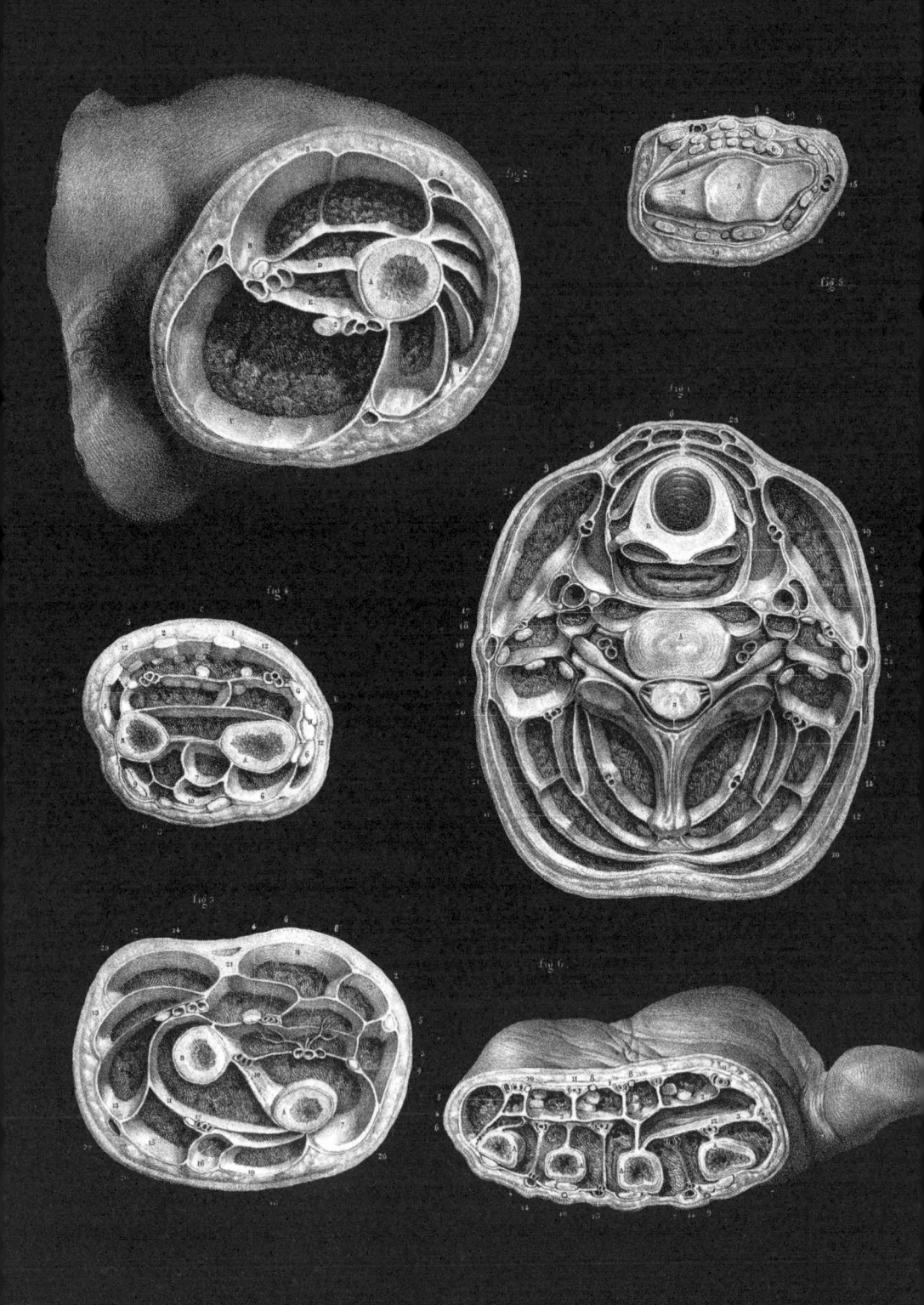

HISTÓRIAS MACABRAS

Quando a *Medical Essays and Observations*, a primeira revista médica em inglês, foi fundada, em 1733, seu editor, Alexander Monro (primeiro),* ressaltou que, para escrever de forma apropriada sobre um assunto tão técnico, o autor precisava de quatro qualidades essenciais: sagacidade, conhecimento ("para preveni-lo contra lapsos ou equívocos acerca dos nomes e das naturezas das coisas"), precisão ("para não omitir nenhuma circunstância essencial") e candura ("para não esconder nada que seja importante").[1] Para garantir que os artigos fossem rigorosamente acurados, ele os enviava primeiro a um especialista, que os avaliaria, para só então serem publicados — na verdade, eles passavam por revisão por pares (*peer-review*, em inglês), como as publicações científicas de hoje em dia.

Ainda que muitos editores tivessem nobres intenções de publicar apenas a verdade pura e simples, e nada mais, suas publicações algumas vezes se perdiam no campo da completa ficção. Até o fim do século XIX, as revistas se baseavam muito mais em relatos do que em dados concretos, fora que alguns médicos acreditavam piamente nas palavras dos pacientes, mesmo quando não haviam testemunhado pessoalmente os eventos que lhes eram descritos. Incapazes de distinguir entre o impossível e o improvável, os médicos, por vezes, davam a ambos a mesma credibilidade.

Em tais circunstâncias, não é de surpreender que mitos populares e invenções fossem constantemente publicados. Por exemplo, há a história de Mary Riordan, publicada numa revista dublinense em 1824. Mary era uma jovem camponesa irlandesa que entrou em profunda depressão após a morte da mãe. Ela começou a fazer longas visitas diárias ao túmulo, e, certa vez, durante um inverno

---

* Citado assim para distingui-lo de seu filho, Alexander Monro (segundo), e de seu neto, Alexander Monro (terceiro). Todos os três foram médicos e assumiram o mesmo cargo de professoral em Edimburgo, em sucessão.

congelante, chegou a ser encontrada desmaiada no local, após ter passado uma noite inteira por lá, debaixo de uma chuva pesada. Logo, sua saúde começou a deteriorar, e ela passou a sofrer com uma dor de estômago paralisante, cuja intensidade, segundo ela, só era aliviada com a ingestão de punhados de giz. Mary ficou tão enferma que, em mais de uma ocasião, um sacerdote foi convocado para lhe conceder os últimos ritos. Então, numa noite da primavera de 1822, ela vomitou um objeto que descreveu para seu médico, William Pickells, como "algo verde, tão comprido e grosso quanto um de seus dedos, capaz de voar. Aquilo tinha asas, uma grande quantidade de pés e uma cauda enrolada".

Algo assim, obviamente, seria capaz de estragar o dia de qualquer um.

Durante os meses que se seguiram, insetos em variados estágios de seus ciclos de vida foram expelidos tanto pela boca quanto pelo ânus de Mary. O doutor Pickells descreveu:

> Acerca do total de larvas de besouro, *estou certamente estimando de modo muito modesto* ao afirmar que, além de uma quantia acima de uma centena evacuada *per anum*,[†] não menos do que *setecentas* larvas foram expelidas do estômago, por vômitos, em diferentes momentos, desde o princípio do meu atendimento à paciente.[2]

Mary, com certeza, sofria de uma condição mental intratável — é possível que ela tivesse Síndrome de Munchausen, também conhecida como transtorno factício, que pode fazer com que pacientes simulem os sintomas de uma condição séria e, muitas vezes, até exótica. O doutor Pickells, contudo, acreditou em todos os detalhes descritos por Mary, chegando à conclusão de que os besouros e as larvas haviam nascido de ovos que ela consumira durante a fatídica noite que passara no cemitério, cerca de oito anos antes. Ele admitiu, no entanto, ter visto apenas uma pequena parcela das criaturas com os próprios olhos — a maioria fora destruída pela paciente "em função de uma ansiedade por evitar a divulgação pública de seu caso", enquanto outros besouros haviam fugido imediatamente após serem vomitados, "escapando por buracos no chão".

Essa é uma história tão absurda que é difícil aceitar que o doutor Pickells tenha acreditado nela. No entanto, ela está longe de ser o relato mais absurdo a ser publicado numa revista médica do século

---

† Pelo ânus.

XIX. Outros contos, ainda mais extravagantes, foram divulgados em nome da ciência. Alguns desses improváveis relatórios de casos foram reproduzidos com as melhores das intenções; outros, contudo, eram obviamente fraudulentos. Mas a saborosa ironia é perceber que, no caso de alguns deles, existe a chance de que tenham sido verdadeiros.

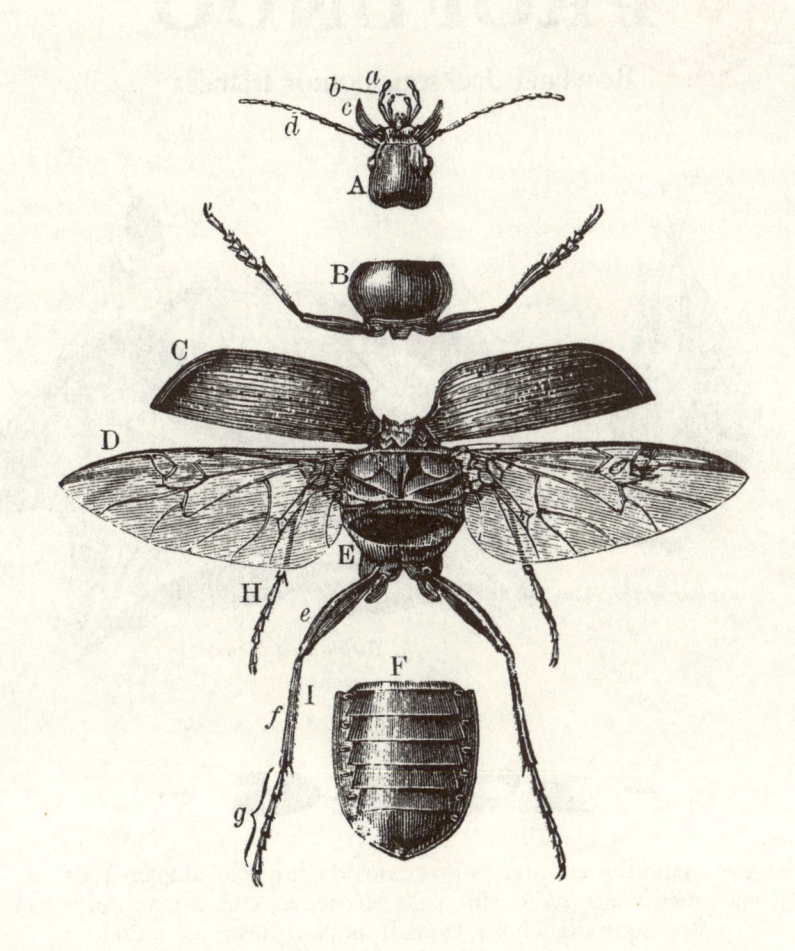

FISHING A LOT

MACABRE MEDICINAE

Macabra Edition ★ 01 ★ DarkSide Books

UM SONO PROFUNDO

Rowland Jackson, doutor irlandês

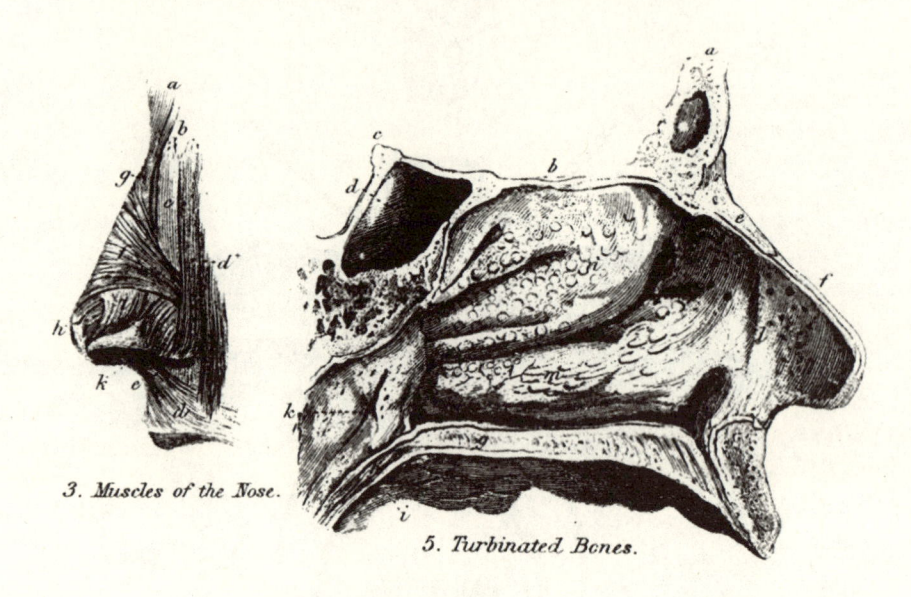

3. *Muscles of the Nose.*

5. *Turbinated Bones.*

- 1746 -

Um mergulho em alguns dos casos de supostos afogamentos mais mentirosos da História da Medicina, com relatos sobre pessoas que diziam ter passado horas, dias e até mesmo semanas debaixo d'água.

A Physical Dissertation on Drowning

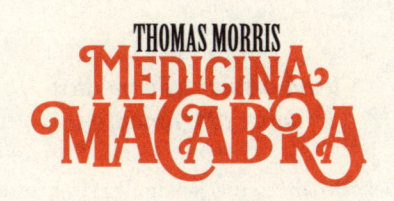

THOMAS MORRIS
MEDICINA MACABRA

CASO Nº 01

Uma das prioridades mais esmagadoras para a medicina do século XVIII era o aperfeiçoamento dos métodos de reanimação. O afogamento era uma das maiores causas de morte, por isso os médicos perceberam a necessidade de melhores procedimentos emergenciais para tratar aqueles que haviam caído em rios, canais e lagos. Sociedades humanitárias foram fundadas em diversos países europeus, com o intuito de desenvolver possíveis novas técnicas. Entre tais sociedades, estava a Society for the Recovery of Persons Apparently Drowned [Sociedade para Reanimar Pessoas Aparentemente Afogadas], que abriu as portas em Londres no ano de 1774.* Tais instituições trouxeram um novo fôlego, por assim dizer, para o estudo da reanimação, ainda que já existisse uma considerável bibliografia sobre o assunto. Um exemplo é *A Physical Dissertation on Drowning* [Uma dissertação médica sobre afogamento], publicada anonimamente em 1746. Na época, a obra foi atribuída a um autor identificado apenas como "Um Médico", mas hoje é sabido que foi escrita pelo doutor Rowland Jackson.[†]

O objetivo de Jackson era provar que a imersão prolongada na água não era necessariamente fatal e que até um corpo aparentemente sem vida, ao ser retirado de um rio, poderia ser ressuscitado, contanto que recebesse o tratamento emergencial adequado. Para demonstrar seu ponto, ele esquadrinhou a literatura médica, em busca de exemplos de pessoas que haviam se recuperado após um longo período debaixo d'água. Ainda que seja fascinante, para um leitor moderno, o texto dele parece meio — certo, completamente — implausível.

---

*   Ela ainda existe, sendo hoje a Royal Humane Society, a Real Sociedade de Londres.

†   O doutor Jackson nasceu na Irlanda, estudou na França, teve sua clínica em Londres, na Inglaterra, e morreu em Calcutá, na Índia. Ele é um exemplo de que os médicos do século XVIII eram tão cosmopolitas quanto os dos dias de hoje.

Uma dissertação médica
sobre afogamento

Há cerca de dezoito anos, um jardineiro de Fronningholm, na Suécia, cuja idade atual é de 65 anos, além de ser suficientemente vigoroso e robusto para alguém de tal idade, protagonizou uma generosa tentativa de resgate de um desafortunado vizinho que caíra na água. Todavia, em demasiada imprudência, ele avançou sobre o gelo, que eventualmente cedeu, derrubando-o rio adentro, o qual tinha dezoito varas de profundidade.

Uma vara era uma antiga medida de comprimento, correspondente a 115 cm. Portanto, a medida da margem até o leito do rio era de 67 pés e meio, ou pouco mais de 20 metros — uma profundidade considerável.

Ele afundou perpendicularmente até o fundo, no qual seu pé se prendeu, ficando por dezesseis horas em tal situação antes de ser encontrado. Segundo o próprio, tão logo quanto se viu debaixo d'água, seu corpo se tornou rígido e ele perdeu não só a capacidade de se mover, como também os sentidos, exceto pela audição, que ainda captava o ressoar de alguns sinos em Estocolmo.

Que situação, não!? Preso no fundo de um rio, ouvindo os sinos de igreja de Estocolmo!

A princípio, ele sentiu uma espécie de bexiga diante da boca, que impedia a entrada de água, ainda que ela houvesse invadido suas orelhas livremente, causando um anuviamento na audição por algum tempo após o incidente. Por dezesseis horas, procurou-se em vão pelo desafortunado homem, que, por fim, foi resgatado por um gancho afixado em sua cabeça. Após sua total recuperação, o ponto em particular do ocorrido que o chateava era ter sido puxado por um gancho em seu crânio.

Se eu pudesse escolher, também preferiria *não* ter um gancho preso na cabeça. Mas, pensando bem, deve ser melhor levar uma ganchada na cabeça para continuar vivo do que morrer afogado.

Quiçá em função de costumes prevalentes no país ou em decorrência da persuasão de algumas pessoas, certas tentativas foram realizadas a fim de reanimá-lo. Para esse propósito, ele foi embrulhado em cobertores, a fim de evitar que o ar adentrasse precipitadamente seus pulmões, o que poderia ser fatal para a vítima. Dessa forma, ele foi aos poucos aquecido pelos lençóis, sendo esfregado e estimulado até que o movimento de suas veias, que fora interrompido por tantas horas, por fim retornasse. Enfim, foi totalmente restaurado por meio de tônicos e de licores antiapopléticos.

Os licores antiapopléticos eram produzidos por freis dominicanos de Rouen, na França, supostamente desde a Idade Média. Médicos de toda a Europa defendiam o uso de seu *Elixir Anti-Apoplectique*, cuja receita era um segredo guardado a sete chaves — o único ingrediente de que se tinha certeza era o álcool, bastante álcool.

Ainda hoje, ele carrega as marcas do gancho e afirma ser alvo de violentas dores de cabeça. Esse acidente tão singular, certificado por pessoas que testemunharam o caso pessoalmente, levou a rainha a lhe conceder uma pensão anual, e ele foi apresentado ao príncipe, a quem narrou pessoalmente o que lhe havia ocorrido.

Eu diria que sua majestade foi majestosamente enganada e ainda coroou o larápio com uma pensão. Ao que tudo indica, os suecos eram especializados nesse tipo de coisa, já que Jackson relata mais um exemplo que, na época, foi considerado tão digno de nota que o celebrado erudito Tilasius, o bibliotecário oficial do rei da Suécia, assinou uma declaração atestando que o caso era verídico:

Houve recentemente na província de Dalslândia (ou Dalia), conhecida como a Terra das Minhocas, uma mulher cujo nome era Margaret Larsdotter, a qual teve o azar de se afogar em três ocasiões diferentes, sendo que, da primeira vez (ela então era jovem), permaneceu por três dias inteiros debaixo d'água, e nas outras duas ocorrências teve a boa fortuna de ser resgatada mais rapidamente. Ela morreu em 1672, aos 75 anos.

Se você está pensando que a afirmação de que alguém passou três dias debaixo d'água já é forçar a barra, ainda não viu nada.

Algum tempo atrás, a cerca de 20 km da cidade de Falun, um pintor caiu de um barco e afundou na água de tal forma que permaneceu levantado, com os pés no leito do rio. Durante oito dias, procurou-se em vão por ele. Ao fim desse período, ele reapareceu, ainda vivo, na superfície da água.

A única conclusão possível seria dizer que ele ficou todo esse tempo submerso, certo? O magistrado e o pastor locais não estavam convencidos, por isso decidiram interrogá-lo. Em primeiro lugar, perguntaram se o pintor fora capaz de respirar debaixo d'água:

Ao que ele respondeu afirmando não saber nada sobre o assunto.

Bem convincente. A seguir, eles perguntaram

se ele teria colocado seu pensamento em Deus e cedido sua alma a Ele. Ao que ele respondeu que sim, com frequência.

Bom, essa é uma resposta que ele daria de qualquer jeito, não é mesmo?

Estava ele em condições de ver e ouvir? Ao que ele respondeu de forma afirmativa, dizendo que teria certamente segurado um dos anzóis utilizados na busca a ele, caso tivesse a capacidade de mover seus braços. Ele também afirmou que os peixes se mostraram bastante ofensivos e incomodados com sua presença, conclusão a que chegara em função do ataque deles contra seus olhos. Ao ser indagado de que forma se protegera de tais ataques, respondeu que era movendo as pálpebras.

Veja bem! Esses tais peixes não deveriam ser tão assustadores assim, se umas piscadinhas eram o bastante para espantá-los.

Ao ser perguntado se tivera fome ou se expelira seus excrementos, respondeu que não. Ao ser interrogado se dormira, afirmou não saber precisar, mas acreditava ter dormido, pois estivera por algum tempo privado de todas as sensações e de todos os pensamentos. Adicionou, então, que, de todos os pensamentos que recordara terem lhe atravessado o peito, apenas Deus e os meios de sua própria libertação eram os assuntos de que se lembrava.

Um belo exemplo de devoção religiosa. Mas o que será que ele *realmente* fez durante os oito dias que ficou desaparecido ? É de imaginar que deve ter sido algo bem menos digno e cheio de fé do que ficar rezando debaixo d'água.

No entanto, nenhum desses amadores aquáticos chegaria aos pés do inquestionável campeão de sobrevivência debaixo d'água. Rowland Jackson reconta uma história narrada pelo médico alemão Johann Nikolaus Pechlin, em seu trabalho de 1676, *De aeris et alimenti defectu et vita sub aquis meditatio* [Ensaio sobre a vida subaquática na ausência de ar ou comida]:

> O celebrado senhor Burmann nos garante que em Boness, na Pithovia,[‡] ele presenciou um sermão de funeral proferido na ocasião da morte de um homem chamado Laurence Jones, um senhor de setenta anos que, de acordo com o pastor, havia se afogado aos dezesseis anos — tendo permanecido sete semanas debaixo d'água, e, a despeito disso, retornara à vida e tivera uma boa saúde por toda a existência.

Sei.

> A despeito de quão quimérico ou romântico tal incidente possa parecer aos olhos daqueles que fingem ter despido suas mentes dos erros vulgares, ainda assim o ocorrido foi percebido como dotado de muita credibilidade pelos autores mais profundos e sagazes que estavam vivos na época de seu acontecimento.[3]

O argumento central é louvável — não desconsidere as coisas antes de refletir cuidadosamente sobre elas. Mas, por outro lado, será que um adolescente realmente sobreviveu por sete semanas debaixo d'água ? Acho que ninguém precisa pensar por muito tempo para responder a essa pergunta.

[‡]   Segundo minhas pesquisas, um lugar chamado Boness (a cidade) na Pithovia (a região) não aparece em mais nenhum lugar, fora nas diferentes versões desta história. Ou essa localidade desapareceu, ou nunca existiu.

FULL AUTOPSY

MACABRE MEDICINAE

A MORTE DO
SENHOR
DE 152 ANOS

William Harvey, médico britânico

Macabra Edition 02 · DarkSide Books ·

- 1668 -

Anotações da autópsia do cadáver de um senhor que dizia
ter alcançado a idade de 152 anos, ainda que sua memória
apresentasse lapsos bastante convenientes acerca dos eventos
ocorridos durante a suposta época de sua juventude.

Complete Works of William Harvey

CASO Nº 02

William Harvey é, merecidamente, um dos médicos mais celebrados da história, apesar de ter sido um clínico de comportamento indiferente, dotado de uma incapacidade notória de lidar com os pacientes de forma humana. Sua fama provém do livro que ele publicou em 1628, *Exercitatio anatomica de motu cordis et sanguinis in animalibus* [Um exercício anatômico sobre os movimentos do coração e do sangue nos animais]. O *De motu cordis*, como é geralmente conhecido, registra os esforços dos anos de pesquisa que levaram à revolucionária descoberta da circulação sanguínea.

O achado de Harvey acerca da corrente sanguínea estabeleceu os fundamentos para uma nova era da medicina, por isso não é surpreendente que seus outros escritos sejam bem menos conhecidos. Ele também é o autor de um longo tratado sobre a reprodução animal, desde a concepção ao nascimento, descrevendo o desenvolvimento do embrião da galinha dentro do ovo. Seu *Complete Works* [Obras completas], além disso, inclui outro documento, bem mais curto e bastante intrigante, publicado pela primeira vez em 1668, numa versão resumida: um relatório da autópsia conduzida no cadáver do homem mais velho da Inglaterra.

O exame anatômico do corpo de Thomas Parr, que veio a falecer aos 152 anos, conduzido por William Harvey

Thomas Parr, um pobre camponês nascido próximo a Winnington, no condado de Salop, faleceu em 14 de novembro do ano da graça de 1635, após ter vivido por 152 anos e nove meses, tendo sobrevivido a nove príncipes. O pobre homem, que recebeu a visita do ilustre conde de Arundel quando este tinha negócios na região — seu senhorio estava emocionado e decidiu visitá-lo em função de sua fama, por algo tão incrível —, terminou trazido pelo conde do interior até Londres.

Então, sendo tratado com extrema bondade pelo conde tanto durante a jornada quando durante sua estada na residência do senhorio, foi apresentado como uma visão notável diante dos olhos de sua majestade, o rei.

Parr já era uma espécie de celebridade antes mesmo de ser apresentado ao rei Carlos I. Naquele mesmo ano, John Taylor, o barqueiro e autointitulado "Poeta da água", publicou um panfleto chamado *The Old, Old, Very Old Man* ("O velho, velho, velhíssimo homem"), uma biografia romantizada e em versos desse senhor supostamente centenário. Por azar, o entusiasmo da audiência real parece ter sido demais para o velho, velho, velhíssimo senhor, pois, poucas semanas após sua apresentação na corte, o senhor Parr respirou seu último suspiro. O rei ordenou que Harvey (e diversos outros médicos reais) examinasse seus restos mortais. Isto foi o que ele descobriu:

> O corpo era musculoso; o peito, peludo; e os pelos do antebraço ainda eram pretos. As pernas, todavia, não tinham pelos, eram lisas. Os órgãos de reprodução eram saudáveis; o pênis, nem retraído nem extenuado, e o escroto também não estava cheio de nenhuma infiltração serosa, algo tão comum entre os decrépitos. Os testículos também estavam saudáveis e grandes. Portanto, parecia não improvável que o relato popular fosse verdadeiro, a saber, de que ele cumprira uma penitência pública após uma condenação por incontinência, depois de ter ultrapassado seu centésimo aniversário.

O crime pelo qual o velho senhor Parr fora condenado não tinha nada a ver com sua bexiga; tratava-se de um caso de incontinência *sexual*, um adultério com uma mulher chamada Katherine Milton. Sua "penitência pública" foi descrita por John Taylor:

> A fim de a lei satisfazer, fez-se
> Ele expiar, de pé; e um lençol vestisse;
> Em Alberbury, defronte à paróquia,
> Aos cento e cinco, era uma relíquia.[4]

Ser forçado a ficar de pé na igreja, vestido com um lençol branco, era uma punição comum para os casos de delito sexual. Provavelmente, o senhor Parr só teve de fazer isso durante as missas, quando todos os seus paroquianos conhecidos podiam vê-lo.

Após ter examinado todos os ângulos do exterior do corpo do falecido, era hora de os médicos olharem dentro dele.

O peito era vasto e amplo, os pulmões estavam completamente fungosos,* encontrando-se, especialmente do lado direito, tomados por estrias fibrosas grudadas às costelas. Pouco antes de sua morte, eu havia notado que sua face estava lívida e que ele sofria com dificuldades de respiração e ortopneia.

A «ortopneia» é a falta de ar que se manifesta quando o paciente está deitado, a qual diminui ao se sentar ou se levantar. A descrição de Harvey deixa uma forte sugestão de que o paciente falecera de uma insuficiência cardíaca avançada.

O intestino grosso estava perfeitamente saudável, carnudo e forte, assim como o estômago; o intestino delgado apresentava diversas constrições, que se assemelhavam a anéis e eram musculosas. Por isso, de dia ou de noite, sem se preocupar com nenhuma regra ou horários determinados para se alimentar, ele estava sempre disposto a ingerir o que estivesse às mãos. Sua dieta cotidiana era constituída por queijo sub-rançoso, leite em qualquer forma, pão envelhecido e endurecido e uma pequena bebida, geralmente soro de leite azedo. Alimentando-se com essa triste dieta, mas vivendo em sua própria casa, livre de preocupações, esse pobre homem alcançou tamanha longevidade. Ele chegara a se alimentar ao redor da meia-noite, pouco antes de seu falecimento.

«Queijo sub-rançoso» não parece uma comida muito prazerosa nem nutritiva, mas não deve ter sido isso que o matou — pelo menos não de uma vez.

Todas as partes internas, em suma, aparentavam tamanha saúde. Se nada houvesse interferido em seus hábitos de vida, ele provavelmente teria escapado de pagar o preço que todos devemos à natureza por mais algum tempo.

---

*   Esponjosos, anormais.

Harvey e seus eminentes colegas chegaram à conclusão de que a morte do velho homem fora uma decorrência de sua repentina mudança do ar saudável de Shropshire para a poluição e a imundície de Londres,

> uma cidade cuja característica marcante é seu imenso cruzamento entre os homens e os animais, onde há valas por todos os cantos, onde a sujeira e os resíduos estão espalhados por aí, para não dizer nada da fumaça gerada pelo uso disseminado de carvão sulfuroso como carburante, em função do qual o ar está constantemente pesado, tornando-se ainda mais carregado no outono do que nas outras estações.

Essa observação podia ter um fundo de verdade. Harvey também cita que a riqueza do banquete à mesa do rei teria sido um choque para o estômago humilde do senhor:

> E também, para alguém que, até ali, costumara viver de uma dieta sem variação, e bastante simples em sua natureza, ser então posicionado diante de uma mesa carregada de uma variedade de mantimentos, tentado não só a comer mais do que se deveria, mas também a compartilhar de bebidas fortes, é bastante provável que as funções naturais dos órgãos teriam se desarranjado.

O relatório reforça que Parr manteve suas faculdades mentais até o fim, mesmo com 152 anos. E, então, chega a uma devastadora conclusão, que gosto de interpretar como uma bela declaração de ceticismo profissional:

> Sua memória, todavia, se encontrava profundamente debilitada, por isso ele dificilmente recordava qualquer coisa que ocorrera com ele durante a juventude; não se lembrava de nada sobre os acontecimentos públicos, ou acerca de reis e nobres que se tornaram grandes figuras, ou das guerras e dos problemas de sua vida na época da mocidade, ou dos costumes da sociedade, ou mesmo dos preços das coisas — em resumo, não recordava os incidentes cotidianos, sobre os quais as pessoas costumam guardar memórias.[5]

Engraçado isso, não é mesmo?

Diversas tentativas foram realizadas para corroborar a improvável cronologia da vida de Parr. No século XIX, seu "último desejo e testamento" foi publicado, no qual se descrevia uma receita para um elixir milagroso, que supostamente teria sido responsável por sua incrível longevidade. Inevitavelmente, tratava-se de uma falsificação, um joguete publicitário cujo intuito era promover um remédio falso, chamado "As pílulas da vida de Parr". Fatos concretos se provaram bem mais difíceis de encontrar. Afora um documento, o qual atestava que ele já estava casado no ano de 1588, os contornos da biografia de Thomas Parr permanecem profundamente elusivos, a ponto de causar frustração.[6]

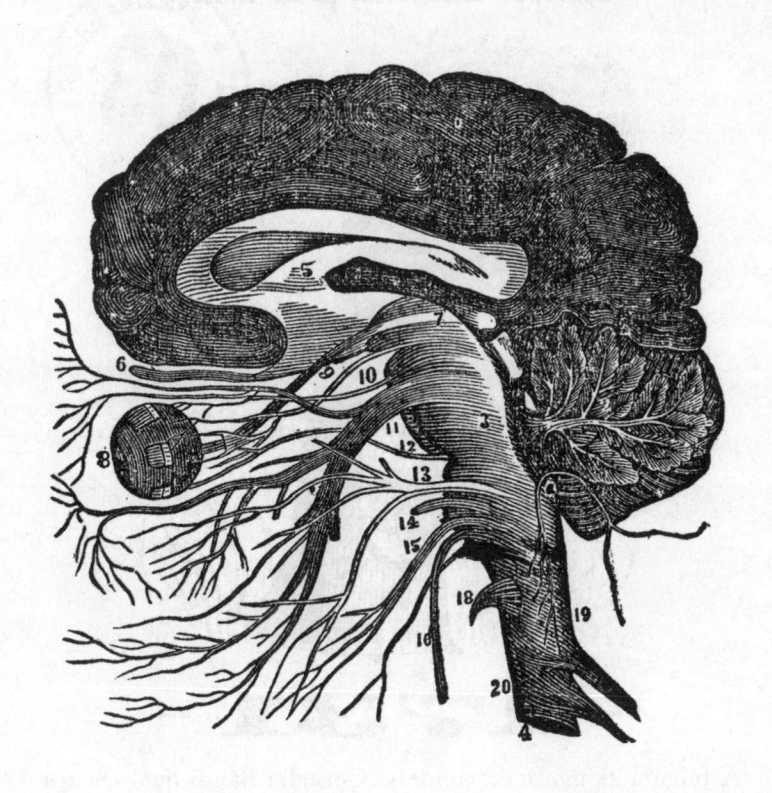

HUMANS ON FIRE
MACABRE MEDICINAE

A GRACIOSA
CONDESSA
EM CHAMAS

Giuseppe Bianchini, padre italiano

Macabra Edition · DarkSide Books · 03

- 1731 -

A fulgurante morte da condessa Cornelia Bandi que, em seu 62º ano de vida, se tornou objeto de estudo por ter sido um dos casos mais notórios de combustão espontânea. Teria sido resultado do aquecimento de seu organismo interagindo com as substâncias canforadas que ela usava?

Philosophical Transactions • *Macabre Medicinae*

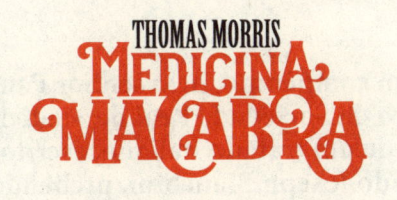

CASO N°03

Seriam os seres humanos capazes de explodir em chamas? Dois séculos atrás, muitas pessoas acreditavam que sim, especialmente se a vítima fosse mulher, idosa e alcoólatra. Combustão humana espontânea se tornou um assunto da moda no início do século XIX, após um número impressionante de supostos casos serem divulgados pela imprensa popular. Numa época em que havia velas por todos os lados e o vestuário das pessoas era altamente inflamável, esses casos comentados pelos jornais provavelmente não passavam, em sua maioria, de incêndios domésticos comuns, nos quais a gordura subcutânea das desventuradas vítimas serviu apenas como um combustível suplementar. Ainda assim, as circunstâncias nas quais algumas das vítimas foram descobertas — com seus corpos quase completamente incinerados, enquanto os objetos ao redor estavam intocados pelas chamas — levaram alguns a acreditar que essas conflagrações deveriam ter outros motivos, mais misteriosos. Incontáveis teorias foram propostas para explicar o fenômeno — algumas de cunho sobrenatural; outras, de cunho científico.

Entre os que acreditavam piamente em combustão espontânea estava Charles Dickens, que chegou a descrever a morte de Krook, um personagem alcoólatra vendedor de trapos em seu romance *A casa soturna* (*Bleak House*), como resultado de um fogo que não deixou nenhum resquício do velho homem fora um objeto que se parecia com um "pequeno e chamuscado pedaço de madeira quebrado". Dickens lera tudo que pudera encontrar sobre o tópico e estava convencido de que sua veracidade havia sido provada. Nessa obra clássica, a forma como o autor descreve a morte do personagem Krook é profundamente inspirada no falecimento de uma aristocrata italiana, a condessa Cornelia di Bandi, que fora consumida por um círculo de fogo em seu próprio quarto. Seu caso foi relatado em 1731 por um padre chamado Giuseppe Bianchini, sendo subsequentemente traduzido pelo ilustre poeta italiano, Paolo Rolli, que também foi Membro da Sociedade Real de Medicina:

XVI. Um compêndio, pelo senhor Paul Rolli, membro da Sociedade Real de Medicina por meio de um tratado italiano, escrito pelo reverendo Joseph Bianchini, prebendeiro na cidade de Verona, acerca da morte da condessa Cornelia Zangári & Bandi, Ceféna, a qual estão acrescentados os relatos sobre a morte de Jo. Hitchell, que foi queimado até a morte por um raio, e de Grace Pett de Ipswich, na Inglaterra, cujo corpo foi consumido até carbonizar.

A condessa Cornelia Bandi, em seu 62º ano, permanecera por todo o dia tão bem quanto costumava estar; pela noite, todavia, notou-se que ela demonstrava estar embotada e carregada. Ela se retirou, foi posta à cama, onde passou três horas ou mais conversando familiarmente com sua criada, e orando. Por fim, quando caiu no sono, a porta dos aposentos foi cerrada.

Na manhã seguinte, a criada percebeu que sua patroa não havia saído do quarto em seu horário habitual, por isso tentou acordá-la chamando a condessa batendo à porta. Sem ouvir nenhuma resposta, ela caminhou até o lado de fora da casa e abriu uma janela, pela qual acabou descobrindo a seguinte cena de terror:

A 120 cm de distância da cama, havia: uma pilha de cinzas; duas pernas intocadas pelo fogo, dos pés até os joelhos, ainda vestidas de meias; situada entre as pernas, encontrava-se a cabeça da senhora, cujos miolos, a parte de trás do crânio e todo o queixo estavam queimados até que virassem poeira; entre tais partes queimadas, descobriram-se três dedos chamuscados. Todo o resto eram cinzas, as quais, estranhamente, tinham uma característica particular: ao serem tocadas, deixavam nas mãos certa umidade oleosa e fétida.

De modo misterioro, tanto a mobília quanto os lençóis permaneceram intocados pelo incêndio.

A cama não fora danificada; as cobertas e os lençóis estavam unicamente levantados num dos lados da cama, como quando uma pessoa se levanta ou se deita no leito. Toda a mobília, assim como a cama, encontrava-se coberta por uma fuligem úmida e acinzentada, a qual invadira até as gavetas, chegando a estragar os lençóis.

A fuligem recobrira até as superfícies de uma cozinha ao lado do quarto. Um pedaço de pão, coberto com essa substância nojenta, foi oferecido para vários cães, mas nenhum deles aceitou comê-lo. Levando em consideração a imensa probabilidade de que a fuligem sobre o pão fosse gordura humana carbonizada, vinda do corpo da falecida dona dos animais, não é difícil entender a relutância dos bichos para se alimentarem daquilo.

> Ao examinarem os aposentos sobre o quarto, notou-se que as partes inferiores das janelas gotejavam um gorduroso e repugnante líquido amarelado. O espaço estava tomado por um fedor de origem imprecisa, além de haver fuligem por todo o ar.

O chão também estava coberto pela "umidade grudenta" difícil de limpar. Naturalmente, grandes esforços foram conduzidos para compreender o que causara o incêndio, com a ajuda de diversas das mentes mais brilhantes da Itália à época. O monsenhor Bianchini, descrito como "Prebendeiro de Verona", estava convencido de que as chamas não haviam começado em função dos motivos mais óbvios:

> Tal ocorrência não foi causada pelo fogo da lâmpada a óleo, ou por uma das velas, pois essa espécie de chama comum, até quando concentrada numa pilha, não é capaz de consumir um corpo até o grau de degradação encontrado ali. Além do mais, uma chama normal teria engolfado os itens disponíveis dentro da câmara, de material ainda mais combustível do que o corpo humano.

O monsenhor Bianchini também contemplou a possibilidade de o incêndio ter sido causado por um raio, mas não encontrou os sinais característicos de um evento assim, como marcas de queimaduras nas paredes ou um cheiro acre. Qual poderia ser a causa do fogo? O padre chegou à conclusão de que a ignição das chamas teria ocorrido *dentro* do corpo da vítima:

> O fogo se iniciou nas entranhas do corpo, pelo eflúvio inflamado de seu sangue, em decorrência de sucos e fermentações dentro de seu estômago, em função das inúmeras substâncias combustíveis que são abundantes nos corpos vivos, os quais sustentam a própria vida. Por fim, a faísca fora causada pelas

inflamáveis evaporações decorrentes do álcool presente no vinho, no conhaque e em outros licores quentes, provocadas quando o álcool se fixa na *tunica villosa** do estômago e em outras membranas adiposas ou gordurosas.

Bianchini defendia que tais «inflamáveis evaporações» se tornavam mais suscetíveis ao fogo durante a noite, quando o corpo está em repouso e a respiração fica mais regular. Ele também ressalta que «fagulhas» podem ocorrer de forma visível quando certos tipos de tecido são friccionados contra o cabelo — fenômeno causado pela descarga de eletricidade estática —, sugerindo que algo similar poderia ter inflamado as «substâncias combustíveis» dentro do abdômen da condessa.

Qual seria o mistério por trás do caso de nossa velha senhora? Sua modorra antes de ir para a cama fora causada pelo excesso de calor concentrado em seu peito, que impedira a perspiração pelos poros de seu corpo. Calcula-se que o total da perspiração por noite é de 1 L. Suas cinzas, descobertas a 120 cm de distância de sua cama, certamente comprovam que ela, movida por um instinto natural, se levantara para aliviar o calor, e possivelmente estaria a caminho da janela, com o intuito de abri-la.

É só aí, no entanto, que ele nos conta, sem perceber, a causa genuína do incêndio:

A senhora tinha por costume, quando se sentia indisposta, banhar todo o corpo com um álcool de vinho canforado. Ela assim o fez, possivelmente, naquela mesma noite.

Álcoois canforados eram muito utilizados para tratar irritações de pele e também como uma loção tônica. O fato de se tratar de uma mistura altamente inflamável, ao que tudo indica, não vem ao caso.

Trata-se de uma circunstância fora do comum. A mais bem fundamentada possibilidade é a de que o incêndio foi causado pelo calor interno do organismo. Tal calor, ao ser estimulado pelas entranhas, naturalmente se dirigiu para cima e, ao deparar com uma via de saída mais fácil, assim como com um material

---

* Revestimento interno.

mais untuoso e inflamável, terminou por deixar as pernas intocadas. As coxas se encontravam próximas demais da origem do fogo, sendo, portanto, queimadas por ele. A chama certamente foi intensificada pela urina e pelos excrementos, pois são substâncias combustíveis, algo verificável pela presença de fósforo em tais materiais.[7]

Naturalmente, portanto, chegamos à lógica conclusão de que "o incêndio causado pelo calor interno do organismo" foi o responsável pela morte da condessa. Seria ir longe demais, mesmo para um cético incorrigível, apontar para o fato de a vítima ter o hábito de se banhar com um líquido inflamável antes de pegar no sono dentro de um quarto cheio de chamas desprotegidas. A verdade é que essa senhora era um risco de incêndio ambulante.

TWO SIDES

MACABRE MEDICINAE

ELE PARTIU
O PÊNIS
EM DOIS

François Chopart, cirurgião parisiense

Macabre Edition · DarkSide Books · 04

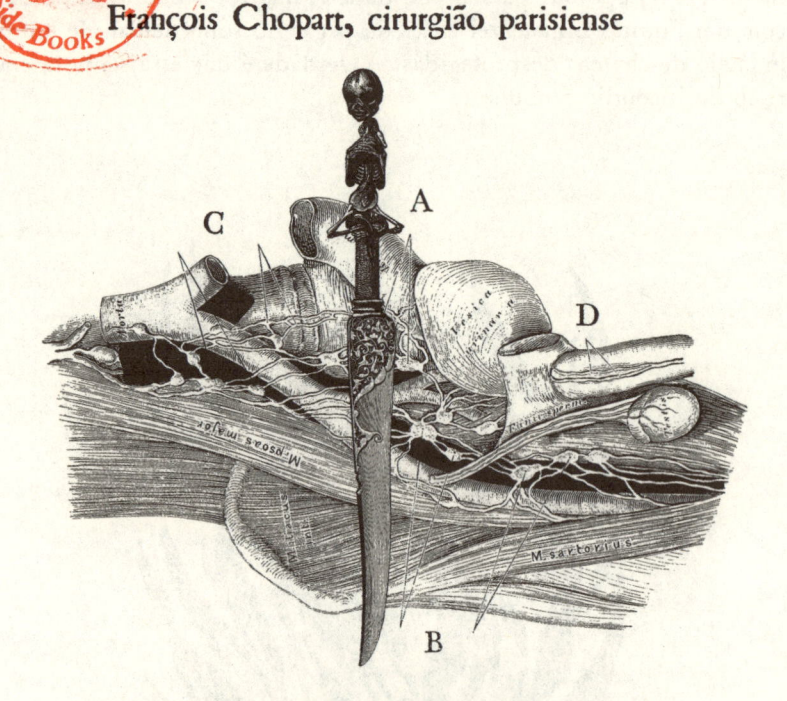

- 1821 -

O insustentável caso de um homem dividido, que de tanto se masturbar, perdeu a sensibilidade de seu pênis e, por isso, passou a utilizar métodos cada vez mais brutais para se masturbar, chegando ao ponto de estimular seu próprio membro com uma faca.

Traité des maladies des voies urinaires

CASO Nº 04

Auguste-Marie-Alfred Poulet, médico francês do século XIX, faleceu pouco antes de seu quadragésimo aniversário, sem que seu nome estivesse associado a nenhuma grande descoberta. Por outro lado, ele foi o autor de um dos livros mais horrendos e instigantes de todo o cânone da literatura médica, os dois volumes do *Treatise on Foreign Bodies in Surgical Practice* [Tratado sobre corpos estranhos na prática cirúrgica]. Trata-se de um fantástico compêndio de objetos impróprios introduzidos — e perdidos — em todos os orifícios do corpo, inclusive naqueles que nem conhecemos. Além de se dar ao trabalho de rastrear os casos mais improváveis da literatura médica, Poulet ainda traz algumas observações bem astutas sobre os incidentes. Ele aponta, por exemplo, que, quando os pacientes procuram tratamento médico após enfiarem algo na uretra, geralmente o tipo de objeto tem a ver com a profissão que exercem:

> A ponta de uma vela, no caso de uma freira; um pedaço do cíngulo de um monge franciscano; uma agulha de um alfaiate; uma caixa de costura de uma costureira; um osso de carneiro de um pastor; um pedaço de pincel de um pintor; um galho de videira de um viticultor; um porta-caneta de um professor; a haste de tubo para charuto de um fumante; um ferro de passar de uma lavadeira.

Pouco depois desse eletrizante parágrafo, Poulet narra uma história tão bizarra que a princípio eu tinha certeza de que se tratava de uma fraude, mais um relato de caso falso criado por um colega mal-intencionado. Contudo, a culpa não é de Poulet, já que o incidente foi publicado pela primeira vez quase um século antes, num livro escrito por François Chopart, um cirurgião parisiense: o *Traité des maladies des voies urinaires* [Tratado sobre doenças do trato urinário]. Por mais ridícula que seja a história, ela veio de uma fonte impecável:

Observação. Mutilação voluntária.
Corpo estranho na bexiga.

Gabriel Galien começou a se masturbar aos quinze anos, chegando ao excesso de praticá-la oito vezes ao dia.

Bom, é mesmo *um pouco* excessivo.

Pouco tempo depois, a ejaculação de sêmen se tornou rara, e tão difícil, que ele se esforçou por uma hora antes de obtê-la, entrando numa condição de convulsão generalizada. Por fim, ele emitiu algumas gotas de sangue, mas nenhuma de líquido seminal. Até os 26 anos, ele usara apenas a mão para satisfazer a perigosa paixão. Tornando-se, então, incapaz de se fazer ejacular dessa maneira, o que fez com que seu pênis entrasse numa condição de constante priapismo,[*] ele teve a ideia de estimular o canal da uretra com um pequeno pedaço de madeira, de cerca de 15 cm de comprimento. Ele introduziu o objeto quase inteiramente, sem cobri-lo com qualquer substância oleosa ou mucilaginosa capaz de diminuir o áspero contato entre a madeira e uma parte tão sensível de seu corpo.

"Mucilaginosa" significa "úmida e pegajosa". O ponto da frase é explicitar que ele não usou nenhum lubrificante — uma péssima decisão, cujo resultado veremos a seguir.

A profissão de pastor, por ele adotada, concedeu-lhe frequentes oportunidades de estar sozinho e ceder às suas paixões.

Seria uma forma estranha de anunciar uma oportunidade de emprego. "PROCURA-SE: Pastor. Não requer experiência prévia. Ambiente de trabalho agradável, salário apropriado e benefícios. Aceitam-se viciados em masturbação."

Em diferentes momentos, por algumas horas a cada dia, ele se dedicava a estimular o interior de sua uretra com o graveto. Durante um período de dezesseis anos, prosseguiu utilizando a madeira, método que o fazia ejacular quantidades mais ou

---

[*] Condição marcada pela ereção prolongada, mesmo sem a ocorrência de excitação sexual.

menos abundantes de sêmen. O canal da uretra, em decorrência da repetida e continua fricção, ficou endurecido, caloso e absolutamente insensivel. A partir dai, Galien percebeu que seu graveto se tornara tão inútil em estimulá-lo quanto sua mão, passando a considerar-se o mais desafortunado dos homens.

Atormentado por suas "ereções continuas" e por uma "insuperável aversão" às mulheres, Galien entrou em depressão.

No seu estado de melancolia, que afetou tanto sua condição física quanto a mental, o pastor amiúde deixou de prestar atenção ao seu rebanho, o qual terminava se perdendo. Ele continuamente se ocupava com sua busca por novas maneiras de satisfazer a si próprio de forma solitária. Após inúmeras tentativas infrutiferas, voltou a utilizar tanto a mão quanto o graveto, com ainda mais fúria, mas logo percebeu que tais gestos apenas serviam para estimular mais seus desejos. Por fim, desesperado, desembainhou uma faca cega de seu bolso, com a qual excisou sua glande no sentido do canal da uretra.

Se você não estremeceu ao ler essa descrição, é porque já perdeu a sensibilidade. A glande, na ponta do pênis, é a parte do corpo masculino adulto com a maior densidade de terminações nervosas.

Tal incisão, que causaria a mais aguda dor em outro homem, nele apenas produziu uma sensação prazerosa seguida por uma completa ejaculação.

Fica cada vez mais óbvio que tinha algo de errado com o senhor Galien.

Entusiasmado por essa nova descoberta, ele decidiu apaziguar sua abstinência forçada, agindo quando quer que estivesse possuido por sua fúria. Valas, ramos e pedras lhe serviam de refúgio, nos quais ele repetia ou exercitava sua nova maneira de obter prazer, que resultava nas ejaculações que avidamente desejava.

Foi assim que o pastor passou a usar uma *faca cega* para se masturbar. O que poderia dar errado, não é mesmo?

Entregando-se avidamente à sua paixão, após ter empregado talvez cerca de cem vezes esse novo procedimento, ele terminou

dividindo o pênis em duas partes iguais, desde o *meatus uri-
narius* até aquela porção da uretra e do corpo cavernoso que se
encontram sobre o escroto, próximo da sínfise pubiana.

O "meatus" é a abertura do trato urinário, na ponta do pênis. Ele deu
um jeito de cortar o membro em duas partes iguais, da ponta à base
— o que já seria um feito e tanto, mesmo se fosse sua intenção desde
o início. Mas algo assim só poderia resultar numa tremenda hemorragia, certo? Por sorte, ele estava preparado:

> Quando uma profusa hemorragia teve início, ele a interrom-
> peu amarrando um pedaço de fio ao redor do pênis, apertando
> a ligadura o suficiente para cessar o fluxo de sangue sem inter-
> romper seu curso pelo corpo cavernoso.

O corpo cavernoso é formado pelas massas de tecido esponjoso que,
quando preenchidos de sangue, produzem ereção.

> Cerca de três ou quatro horas depois, soltou a ligadura e dei-
> xou de mexer nas partes. As diversas incisões que fizera em seu
> pênis não suprimiram seus desejos. O corpo cavernoso, ainda
> que dividido, constantemente causava uma ereção, que se divi-
> dia para a direita e para a esquerda. O doutor Sernin, cirurgião
> chefe do Hospital Hôtel-Dieu de Narbonne, responsável por
> narrar este caso para mim,[†] testemunhou pessoalmente o acon-
> tecimento de uma ereção dessa natureza.

Segura essa: uma ereção dupla, apontando para os dois lados.

> Impossibilitado de seguir utilizando sua faca, pois a secção de
> seu pênis chegava até o púbis, Galien novamente entrou em
> desespero. Ele passou a utilizar outro pedaço de madeira, ain-
> da mais curto do que o primeiro. Introduzindo o graveto pelo
> que restava do canal da uretra, e estimulando conforme sua
> vontade a porção do canal e os orifícios do duto ejaculador,
> o pastor causava uma emissão de sêmen.

---

† Dominique Sernin era um professor de obstetrícia e chefe de cirurgia de todos os hospitais de
Narbonne, no sul da França, e um membro da sociedade nacional de cirurgia. É improvável que
ele tenha inventado um caso assim.

Ou seja, ele estava enfiando um graveto pelo que lhe restara do pênis para sentir prazer sexual. Tudo isso, aparentemente, sem uma pausa para se perguntar onde sua vida dera errado.

> Esse verdadeiro masturbador extraordinário seguiu se satisfazendo dessa maneira pelos dez anos seguintes de sua vida, sem se deixar abalar pelo fato de seu pênis haver se partido ao meio.

A descrição dele em francês soa ainda melhor: *"Ce masturbateur vraiment extraordinaire"*. Por mais que seja uma frase forte, não é o tipo de epígrafe que eu gostaria de ter no meu túmulo.

> A prática continuada por um longo tempo do método de masturbação pelo graveto lhe tornou afoito e, por vezes, descuidado. Em 12 de junho de 1774, ele introduziu a madeira de forma tão imprudente que ela escorregou de seus dedos e terminou dentro de sua bexiga.

Pouco tempo depois disso, ele começou a sentir as consequências desse deslize. Os sintomas incluíam fortes dores abdominais, dificuldade para urinar, vômitos e coisas ainda piores.

> Atormentado por esses sintomas, o homem tentou se livrar de seu cruel inimigo. Ele introduziu o cabo de uma colher de pau em seu reto mais de cem vezes, forçando-a por trás para tentar fazer com que o graveto saísse pela mesma via pela qual entrara. Contudo, sua condição não cedeu face às medidas que ele adotou.

Acho que é seguro dizer que tais "medidas" também não eram muito razoáveis.

> Por fim, ele foi convencido a retornar ao hospital de Narbonne, no qual fora internado três vezes no decorrer de um período de dois meses e meio, e de onde sempre saíra sem conseguir nenhum alívio, pois nunca concordara em ser examinado para que as causas de sua doença fossem determinadas. Qual não foi a surpresa do doutor Sernin ao examinar a região hipogástrica do desafortunado pastor, que vinha reclamando de retenção de urina, e deparar com dois pênis, cada qual com o tamanho aproximado de um membro normal.

É de imaginar que tenha sido uma grande surpresa. Em dobro.

> Tal peculiaridade atraiu a atenção do cirurgião. Ainda que, a princípio, o paciente tenha afirmado se tratar de uma deformação congênita, um exame das partes, de suas aparentes cicatrizes e dos calos por toda a extensão da divisão revelou que não se tratava de uma deformação natural. Galien, então, descreveu a história de sua vida, narrando todos os detalhes que reportamos acima.

O cirurgião utilizou uma sonda para confirmar a presença de um corpo estranho na bexiga e decidiu extraí-lo. Tal operação envolveria a realização de uma incisão no períneo, a superfície entre o escroto e o ânus — procedimento similar ao da cirurgia de remoção de pedras na bexiga.

> O paciente, atormentado por dores assombrosas e sem sentir nenhum alívio mesmo após tomar cem gotas da solução anódina de Sydenham, aceitou ser operado.

A "solução de Sydenham" é um láudano, um extrato de ópio misturado com álcool. Seu nome vem de *sir* Thomas Sydenham, o grande médico do século XVII, que popularizou o uso do láudano como tratamento para diversas moléstias. O extrato era um narcótico bem forte, (geralmente) efetivo como anestésico.

> Ao realizar a incisão, o dedo foi conduzido até o corpo estranho, com o intuito de mudar sua direção, fazendo com que uma das pontas virasse para a ferida. O graveto foi retirado com um fórceps para pólipo.

O termo "fórceps para pólipo" ainda está em uso. Trata-se de um instrumento para a remoção de pólipos — crescimentos anormais da membrana mucosa. Ainda que os sintomas do paciente tenham apaziguado, complicações surgiram.

> Um pouco de hemorragia, sono tranquilo, e a urina foi liberada sem dificuldades. No quinto dia, uma tosse, que atormentava o paciente havia tempos, aumentou. Ele foi tomado por febres, arrepios irregulares, relaxamento dos intestinos, além de uma gangrena sobre coxa esquerda, glúteos e sacro. Todos esses sintomas cederam gradualmente após o tratamento adequado.

Esses sintomas soam como o resultado de uma infecção — nesse caso, ele teve sorte de sobreviver. Infelizmente, o "verdadeiro masturbador extraordinário" não viveu por muito mais tempo.

> A condição torácica persistiu, e o pobre pastor faleceu três meses após se recuperar da operação de secção perineal. Durante a autópsia, descobriu-se uma considerável quantidade de pus numa bolsa formada entre a pleura e o pulmão direito.[8]

Trata-se de uma empiema, uma aglomeração de pus no espaço ao redor dos pulmões. Por si só, seria improvável que ela causasse a morte do pastor, mas ela pode ter causado uma septicemia, condição que rapidamente se torna fatal.

Seria fácil chamar m. Galien de pervertido, mas ele certamente sofria de alguma desordem psiquiátrica. A obsessão por prazer sexual é quase sempre conhecida como vício em sexo, transtorno hipersexual ou impulso sexual excessivo, entre outros termos, mas ainda é um assunto pouco entendido, com muitas discordâncias. De qualquer forma, é evidente que esse foi um caso particularmente extremo.

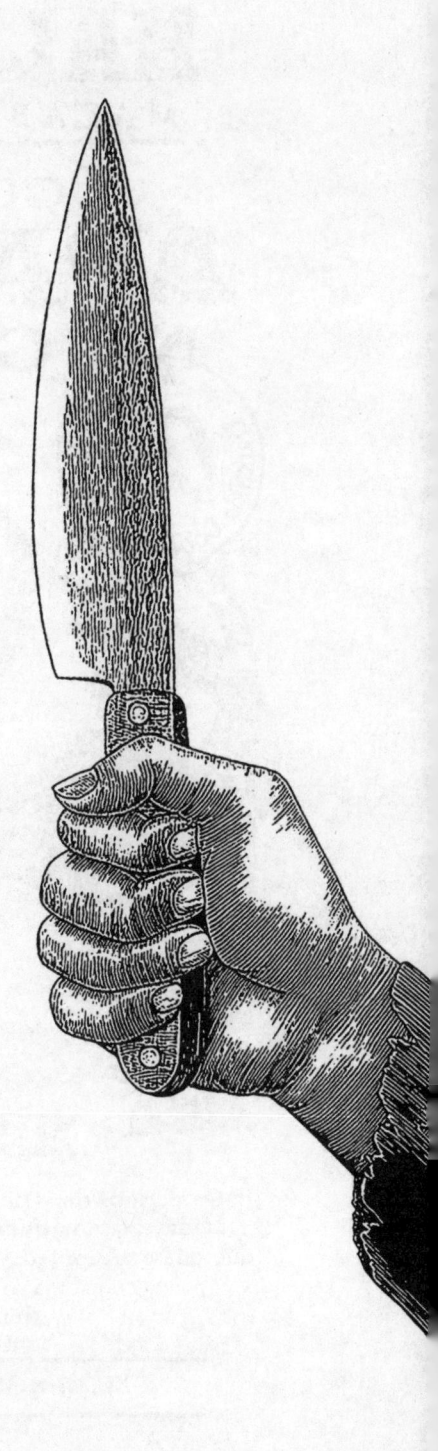

HALF SNAKE

MACABRE MEDICINAE

A COBRA QUE
APARECEU
NA GRAVIDEZ

- 1839 -

Os perigos do "poder da imaginação" de uma mulher grávida, atacada durante a gestação por uma cobra cascavel que quase a mordeu, teriam feito com que seu filho nascesse com uma aparência descrita como muito similar à de uma cobra.

Southern Medical and Surgical Journal

CASO Nº 05

A sobrinha do papa do século XIII, Nicolau III, supostamente deu à luz um bebê que tinha a pele coberta de pelos e cujos dedos das mãos e dos pés eram garras de urso.* Assim como seu tio, a jovem senhora era membro da família Orsini, que, em italiano, significa "pequenos ursos". O palácio no qual ela vivia era amplamente decorado com imagens desse animal, as quais ela acreditava terem causado a estranha deformidade da criança. Ao saber do infortúnio, o papa ordenou que as imagens de ursos por toda a Roma fossem destruídas — medida cuja intenção era prevenir que outros bebês nascessem deformados.

A crença de que experiências traumáticas durante a gravidez pudessem ter um efeito na criança por nascer é bastante antiga, tendo sido registrada nas obras médicas de Hipócrates e Galeno. Ainda que essa ideia tenha sido considerada uma superstição absurda por muito tempo, ela ganhou novo fôlego no início do século XVIII, após a publicação de *De morbis cutaneis*, de Daniel Turner, em 1714, o primeiro livro em inglês sobre dermatologia. Turner dedicou um capítulo inteiro para a tese de que anomalias de nascimento seriam decorrências do estado de espírito da mãe grávida. Eis cabeçalho:

> Sobre pintas e marcas de aparência discrepante, impressas sobre a pele do feto por força dos devaneios da mãe — com alguns fatos, baseados no estranho e quase incrível poder da imaginação, mais especialmente nas mulheres grávidas.

Houve uma forte oposição a essa teoria, mas muitos médicos se convenceram de que o "poder da imaginação" era um perigo para as crianças nas barrigas de suas mães. Um caso relatado nos Estados Unidos, em 1837, demonstra por quanto tempo essa tese equivocada perdurou: a história de Robert H. Copeland, o "homem cobra".

---

* Ao menos é o que disse Guillaume Paradin, historiador do século XVI que não é considerado uma fonte das mais confiáveis.

Um fenômeno fisiológico, ou o homem cobra; Robert H. Copeland.

Trata-se do ser mais singular, talvez, sem nenhum paralelo na história médica. Ele tem agora cerca de 29 anos, é de estatura e intelecto medianos. Suas deformidades e peculiaridades físicas se devem ao susto que sua mãe levou ao avistar uma imensa cobra cascavel que tentou mordê-la quando estava com cerca de seis meses de gravidez. Por diversos minutos após a cobra ter avançado contra ela, sua mãe acreditou ter sido mordida logo acima do tornozelo. O incidente afetou sua mente de forma tão poderosa que, ao dar à luz, percebeu-se que a criança não podia controlar nem a perna direita nem o braço do mesmo lado, sendo que ambos os membros eram menores do que suas extremidades esquerdas.

Apesar da perna deformada, o jovem Robert aprendeu a caminhar, ainda que sempre tenha mancado. Mas os detalhes descritos acima não eram suas únicas peculiaridades.

Sua junta do pulso é mais solta do que o usual, e sua mão alcança determinado ângulo em relação ao seu braço que é fora do comum. Seus dentes da frente são algo pontudos e inclinados para trás, como as presas de uma cobra. O lado direito de sua face é bem afetado, sua boca é bastante puxada para o lado esquerdo, seu olho direito é estrábico, e a partir dele se irradiam profundas estrias, dando-lhe uma singular aparência bastante ofídica.

As semelhanças ainda parecem tênues? Elas não terminam por aí. O braço direito do jovem, dizem, parecia a cabeça e o pescoço de uma cobra. Mas o mais assustador é que, segundo as descrições, o braço tinha vontade própria, era uma espécie de versão reptiliana da mão direita do doutor Strangelove,[†] personagem do filme de Stanley Kubrick.

Toda a extensão do braço é capaz de atacar um objeto, com a mesma maldade de uma cobra, e precisamente com os mesmos

---

† Doutor Strangelove é um dos personagens da comédia clássica *Dr. Fantástico* (*Dr. Strangelove or: How I Learned to Stop Worrying and Love the Bomb*), dirigido por Stanley Kubrick. O personagem em questão, interpretado por Peter Sellers, é um "ex-nazista" que, ao ser tomado por emoções mais intensas, perde o controle da mão direita, que, dotada de algo próximo a uma vontade própria, passa a fazer a saudação nazista e tenta matar o próprio dono.

gestos. Em determinados momentos, o braço ataca duas ou três, ou mesmo quatro ou cinco vezes, e então imita um movimento vibratório, até se enrolar e se apertar contra o resto do corpo. Sua face também se excita. O ângulo de sua boca é puxado para trás, e seus olhos estalam mais ou menos em uníssono com os golpes de sua mão, enquanto seus lábios estão sempre separados, expondo seus dentes, os quais, tendo uma forma um tanto pontuda tais como as presas de uma cobra, fazem com que todo o seu rosto assuma uma expressão peculiar, de aspecto bastante similar ao do réptil.

Certamente, esse parágrafo não traz a linguagem mais científica que se pode encontrar num artigo médico. Gosto de imaginar o doutor examinando o senhor Copeland e então, muito solenemente, escrevendo "Aparência: parece uma cobra" em suas notas. A próxima passagem é quase um prenúncio de Sigmund Freud:

A visão de uma cobra preenche seu peito de horror, ativando um forte instinto de vingança. Ele também se torna mais enérgico durante a temporada de cobras. Até uma conversa sobre esses animais faz com que ele se excite; seu braço parece ficar mais ansioso para atacar, motivado por tal assunto. Esse ser tão particular nasceu na Carolina e se mudou para a Geórgia em 1829, onde permanece desde então. Lá, exerce os trabalhos que encontra, os quais é capaz de realizar com apenas uma das mãos, e com seu esforço incessante tem sustentado a esposa e a família, que se torna cada vez maior.[9]

Quando essa descrição do senhor Copeland foi enviada à *Southern Medical and Surgical Journal*, no fim de 1837, o editor escolheu segurar a publicação até que ele próprio tivesse visto o "homem cobra". Infelizmente, a oportunidade nunca surgiu. Para assegurar aos leitores a veracidade do relato, ele anexou os nomes de seis médicos, um xerife e um advogado que podiam atestar que a história era verídica.

Robert H. Copeland com certeza existiu. Ele viveu até os 79 anos, foi pai de treze filhos e trabalhou como fazendeiro. Também teve um braço direito deformado e inutilizável. Contudo, mesmo que sua mãe *tenha* passado por uma experiência traumática com uma cobra cascavel durante a gravidez, podemos afirmar que não fora esse incidente da mãe o que causou sua deficiência.

WAX MUSEUM

MACABRE MEDICINAE

A FIGURA
DE CERA
HUMANA

O caso da senhora Friend

Macabra Edition · DarkSide Books · 06

MUSCLES DE LA TÊTE ET DU

OS DE LA TÊTE

- 1846 -

Um grupo de coveiros desenterrou um caixão de um túmulo fechado há 16 anos, deparando-se com uma inesperada informação: o cadáver de uma senhora de 68 anos que se apresentava em estado de plena conservação.

Western Medical Reformer

CASO Nº 06

Em fevereiro de 1846, um grupo de coveiros de Manhattan, distrito da cidade de Nova York, nos Estados Unidos, foi contratado para desenterrar um cadáver de um túmulo na esquina da avenida Broadway com a 12th Street. O terreno do cemitério fora vendido, a região fazia parte de um novo projeto urbano, e todos os restos humanos estavam sendo exumados e, caso possível, enterrados em outro lugar. Os coveiros já haviam realizado o mesmo procedimento dezenas de vezes sem grandes alardes. No entanto, ao cavarem um túmulo em específico, as coisas ficaram bem assustadoras. Ao menos a experiência lhes rendeu uma história digna de ser narrada para seus netos — e, num momento mais imediato, interessante o bastante para ser descrita para um jornal. Conforme eles explicaram a um repórter do periódico nova-iorquino *True Sun* [Sol verdadeiro], o lote pertencia a uma tal de senhora Friend:

Caso extraordinário de adipocere

A senhora Friend, ao que tudo indica, faleceu em fevereiro de 1830 de forma abrupta, após se retirar para dormir, ainda que estivesse com a saúde normal. Ela morrera antes das 3h da manhã seguinte. Friend era uma senhora robusta, calorosa, de 68 anos, quase intocada por qualquer doença. Tornando-se necessário remover os corpos daqueles enterrados no terreno apontado, o caixão da senhora F. foi desenterrado com o restante e percebeu-se que a urna não exibia qualquer sinal de apodrecimento, mostrando-se tão sólida quanto ao ser disposta sob a terra.

Enquanto os coveiros levantavam o caixão do seu destino não tão final assim, a tampa acidentalmente foi movida. "Um espantoso espetáculo se revelou", o repórter prossegue:

A face e o pescoço da senhora Friend exibiam toda a plenitude que ela tinha em vida, e, de fato, suas bochechas estavam um tanto maiores. Com exceção da ausência de olhos, não havia quaisquer indicações de decomposição. A superfície do cadáver, entretanto, estava coberta por uma grossa membrana branca de mofo, a qual, ao ser removida, revelava a mais branca e pura superfície jamais vista num alabastro! A pele estava tão sólida e enrijecida quanto o mais puro espermacete, e tão livre de odores desagradáveis quanto essa substância!

Talvez seja um alívio saber que "espermacete" não tem nada a ver com espermatozoides. Trata-se de uma substância cerosa encontrada na cabeça da baleia cachalote. Até hoje, essa substância é bastante usada na confecção de remédios, cosméticos e velas.

Sob uma investigação mais aprofundada, notou-se que a pessoa inteira estava no mesmo estado intocado de preservação; o corpo e os membros demonstravam a mesma aparência enrijecida e livre de ruina. Entre os duzentos cadáveres removidos deste cemitério, esse era o único que não havia voltado ao pó. Seu chapéu e suas fitas tinham preservado suas formas e cores.

A história soa bastante misteriosa, mas é bastante plausível. Em *Hydriotaphia, Urn Burial* [Hidriotaphia, enterro da urna], de 1658, a celebrada dissertação de *sir* Thomas Browne sobre a morte e os costumes funerários, o autor descreve um corpo que ele testemunhou ser exumado dez anos após o enterro: uma década no solo úmido havia "coagulado grandes caroços de gordura, os quais tinham a consistência do mais duro dos sabões-castela".* Em 1789, Antoine François de Fourcroy, um quimico francês, fez a mesma observação acerca dos cadáveres desenterrados do Cimetière des Saints-Innocents,† em Paris, cunhando o termo "adipocere", cujo significado é "cera gordurosa", para descrever o fenômeno. Essa ocorrência é rara e, de modo geral, ocorre quando

---

* Sabões de Castela, originalmente feitos de azeite de oliva e manufaturados em Castela, na Espanha.

† Em português, o Cemitério dos Santos Inocentes. Trata-se de um antigo cemitério em Paris, fundado no século XII, que foi fechado em 1780 e removido em 1786. Antes de ser desativado, era o maior e mais antigo cemitério da cidade, além de ter diversas valas comuns. Seu nome era uma homenagem à passagem bíblica de Mateus 2:16-18, que narra uma ordem infanticida de Herodes, rei da Judeia, de executar todos os meninos recém-nascidos da cidade de Belém, em reação à informação de que o messias teria nascido. [NT]

um corpo é enterrado em ambientes úmidos e sem oxigênio. Nas condições adequadas, a ação combinada de enzimas e bactérias anaeróbicas lentamente converte a gordura corporal num material branco e ceroso, o qual, com o tempo, pode endurecer e ficar lustroso. Um exemplo espetacular desse fenômeno é o cadáver feminino desenterrado na Filadélfia, nos Estados Unidos, em 1875. Conhecida como Dama de Sabão (''Soap Lady'', em inglês), ela ainda está exposta no Museu Mütter, na própria Filadélfia.

Quanto à senhora Friend, poucos dias após ter sido exumada, sua família — presumivelmente bem chocada de voltar a vê-la naquele estado, dezesseis anos após sua morte — arranjou para que ela fosse enterrada no Harlem, do outro lado do Central Park:

> Por medo, contudo, de que o cadáver fosse removido do cemitério por motivos científicos, ou por outras razões, eles decidiram transportá-lo até sua casa. O caixão original foi fechado numa caixa de mogno, com uma tampa de vidro, e passou a ficar exposto na residência, onde recebe um grande número de visitantes todos os dias.[10]

Trata-se de um item de mobília de muito bom gosto, com certeza um assunto debatido entre os vizinhos e motivo de muita inveja no bairro. Infelizmente, após isso, não existem mais registros sobre o que foi feito dos restos mortais da senhora Friend — talvez, quem sabe, ela ainda esteja exposta na varanda de alguém. Pode parecer um destino cruel, mas poderia ser pior. De acordo com uma matéria da *Scientific American* de 1852, outra grande descoberta de adipocere num cemitério de Paris acabou sendo utilizada de forma macabra

> pelos manufaturadores de sabão e de cera de Paris, para a confecção tanto de sabões quanto de velas. O povo francês, dotado de distinta sensibilidade, certamente se sentiu tocado e comovido à contemplação pela beleza de ser iluminado pelas luzes de velas feitas dos corpos de seus antepassados.[11]

Sou um entusiasta da reciclagem, mas acho que talvez eles tenham ido longe demais.

FREE SLUGS

MACABRE MEDICINAE

É

VISCOSO,
MAS GOSTOSO

David Dickman, cirurgião londrino

Macabra Edition · 07 · DarkSide Books

- 1859 -

O viscoso relato de um médico que afirmava ter tratado de uma garota que expelia lesmas. Tal condição, em tese, seria causada pelo fato de a jovem ter se alimentado de alfaces plantados no jardim da família.

The Lancet

THOMAS MORRIS
MEDICINA MACABRA

CASO Nº 07

Segundo um velho adágio jornalístico, a resposta correta a qualquer pergunta de «sim ou não?» escrita no título de uma publicação é sempre «não». Por exemplo:

> «Seriam estas incríveis fotos evidências da existência do Ieti, o monstro das neves?»
>
> «Será que as erupções solares são a causa das manifestações em Londres?»
>
> «Teria um óvni sido avistado atravessando a lua?».*

Fora aquelas manchetes chocantes do tipo: «Seria <u>x</u> uma cura para o câncer?», em que *x* pode ser «chá-verde», «meditação» ou «óleo de cobra».†

Essa regra de ouro, também conhecida como Lei de Betteridge,‡ pode ser aplicada sem erro na manchete de um artigo de dezembro de 1859, publicado por um cirurgião londrino, David Dickman:

Seria possível para a minhoca de jardim sobreviver no estômago humano?

Se ainda não estiver evidente, a resposta é «não». Ainda assim, o relatório do caso é digno de ser lido, ao menos para se embasbacar com o nível de credulidade do autor.

> Sarah Ann C., de doze anos, há cerca de dois meses reclamava de enjoo, em especial após as refeições. No último 5 de agosto, ela vomitou uma grande lesma de jardim, que estava viva

---

* Nenhum desses títulos foi inventado por mim, que os retirei de publicações reais.
† Nessas manchetes, tudo é possível.
‡ O nome de Ian Betteridge, jornalista especializado em tecnologia, passou a ser utilizado junto com esse conceito em função de um artigo de sua autoria publicado em 2009.

e bastante ativa. No dia 6, regurgitou mais duas lesmas, ambas vivas, e durante a noite do dia 7 foi tomada por violentos vômitos e soltura dos intestinos, terminando por regurgitar mais cinco lesmas de tamanhos variados, sendo a menor delas de 5 cm de comprimento, todas ainda vivas.

Tudo isso descrito acima, obviamente, é bastante improvável. O estômago humano é um ambiente bem ácido, com um pH que fica entre 1,5 e 2. Entre as refeições, quando o suco gástrico é diluído pelos alimentos, o pH pode chegar a um nível neutro de 7, mas esse patamar logo se reverte aos níveis normais após algumas horas. Ainda que alguns parasitas comuns possam sobreviver nessas condições extremas, lesmas não estão entre eles.

Na manhã do oitavo dia, quando a vi pela primeira vez, os vômitos e a purgação haviam cessado, e ela reclamou de fortes dores na região esquerda do estômago, assim como na cabeça. Administrei pós de ópio, que a aliviaram até a tarde do dia 9, quando ela sentiu algo rastejando garganta acima.

Que nojo!

Tal sensação trouxe à tona os mais violentos esforços para vomitar aquilo que sentia na parte de cima da garganta, e por diversas vezes ela introduziu os dedos para tentar alcançar o que estava causando a sensação, em vão. Por acaso, fui chamado por ela justamente no momento em que a sensação se encontrava mais abaixo na garganta, a cerca da metade do caminho entre a boca e o estômago.

Se eu fosse mais cético, faria um comentário sobre como parece conveniente que o médico fosse chamado exatamente no momento em que a criatura estaria mais abaixo na garganta, a ponto de não poder ser observada por ele.

Considerando que a expulsão da criatura por meio do vômito parecia impossível, ocorreu-me que amônia e cânfora poderiam destruí-la, e que os poderes digestivos do estômago fariam o resto do trabalho assim que o animal estivesse morto. A dose foi repetida a cada quatro horas, por dois dias, e, a partir de então, três vezes por dia por mais dois dias, com total sucesso. Após a primeira dose de amônia e cânfora, toda sensação de movimento cessara. Agora, ela parece tão bem quanto já estivera.

O "sucesso" do tratamento aqui tem uma definição meio obscura, já que o médico dispunha somente da palavra da garota para saber se houvera ou não qualquer "rastejar" em sua garganta. A partir daí, ele nos oferece uma explicação para os sintomas:

Durante o verão, ela várias vezes foi até o jardim, onde se alimentou fartamente dos produtos do plantio, especialmente de alface, de que gostava muito. Tenho a impressão de que deveria haver uma família de jovens lesmas se alimentando das alfaces, as quais a criança engolira sem muito mastigar. Após o suco gástrico não se mostrar forte o suficiente para eliminá-las, elas se alimentaram e progrediram dentro de sua nova habitação, crescendo até alcançar as dimensões usuais.

De acordo com a brilhante análise do senhor Dickman, portanto, tais hipotéticas lesmas teriam sobrevivido por dias, ou mesmo semanas, dentro do estômago da garota.

Durante o período que elas devem ter permanecido em seu estômago, a garota se tornou mais afeiçoada do que antes a se alimentar de vegetais e frutas, deixando a carne em seu prato de lado e comendo apenas de saladas.

Isso, claro, forneceria aos moluscos parasitas uma dieta mais adequada ao seu paladar, uma ideia que nosso ingênuo doutor desenvolve ainda mais.

As três primeiras lesmas a serem expelidas não foram preservadas. Todavia, atendendo aos meus pedidos, as próximas cinco a saírem da garota foram mantidas vivas e alimentadas com uma dieta de vegetais, sendo que demonstraram uma evidente preferência por vegetais cozidos, recusando-se, a princípio, a comê-los crus.

Como não considerar tudo isso como evidência, como provas inquestionáveis?

Agora elas se alimentam de vegetais crus.

Surpreendentemente, fica claro que o doutor escolheu manter as lesmas como seus bichos de estimação. O senhor Dickman conclui seu artigo com ainda mais evidências – de sua prontidão a acreditar em qualquer besteira.

> Outro fato de interesse, relacionado com minha paciente, diz que ela nasceu sem a mão esquerda. Durante a gravidez, sua mãe fora aterrorizada pelo porco-espinho de um organista de rua. A partir de então, ela foi marcada por uma impressão mental de que haveria algo errado com a mão de seu bebê.[12]

Uma situação relativamente parecida com a história do "homem cobra" deste mesmo capítulo. Para ser justo com o senhor Dickman, naquela época muitos ainda acreditavam que a imaginação da mãe pudesse afetar as características físicas de um bebê. Mas, em 1859, a maior parte dos médicos profissionais teria zombado dessa ideia. Na verdade, esta história é uma estranha combinação de duas tradições folclóricas, já que relatos de lesmas, cobras, insetos e outras criaturas improváveis vivendo dentro do corpo humano foram disseminadas por séculos. Por vezes descritas como "serpentes do peito", tais criaturas aparecem nas lendas de culturas do mundo todo. Descrições de infestações similares foram submetidas às revistas médicas com tanta frequência que, em 1865, um médico norte-americano decidiu testar se era realmente possível uma lesma sobreviver dentro do estômago humano.

O doutor J.C. Dalton, professor de fisiologia de Nova York, elucidou alguns pontos óbvios que seu colega de Londres havia deixado passar: as lesmas respiram oxigênio, são animais de corpo mole que não sobreviveriam dentro do trato digestivo humano sem serem sufocadas ou digeridas. Não contente em apenas teorizar, o doutor Dalton decidiu fazer um experimento e acabou descobrindo – olha só, que surpresa – que as lesmas, quando imersas no ácido estomacal, terminavam mortas em poucos minutos e eram completamente digeridas num par de horas.[13] Portanto, a resposta à pergunta "Poderiam as lesmas de jardim sobreviver dentro do estômago humano?" só poderia ser "NÃO".

Qual poderia, então, ser o problema de Sarah Ann? Sua condição, provavelmente, era muito mais psicológica do que física, assim como a de Mary Riordan, a mulher irlandesa de que falamos no início deste capítulo. Sua doença se manifestava por meio de sintomas que, ainda que falsos, eram tão únicos e exóticos que só poderiam causar espanto e preocupação. No entanto, o que quer que a estivesse deixando doente, certamente não era uma família de moluscos vivendo contente dentro de seu estômago e se alimentando só de vegetais frescos.

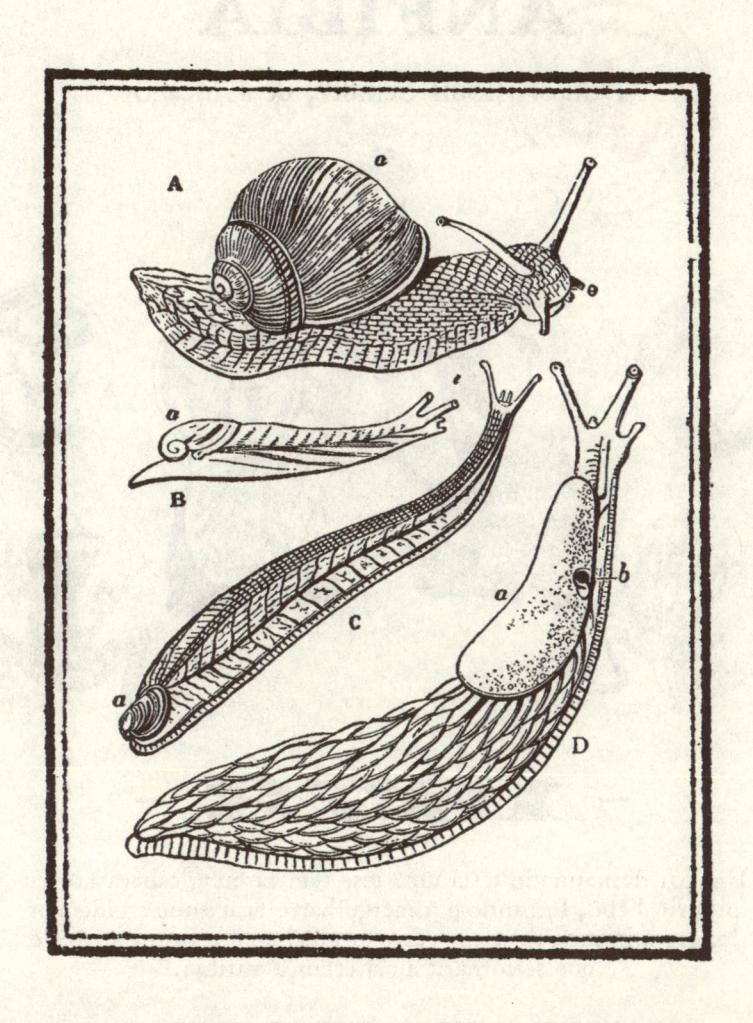

SWIMMING KID

MACABRE MEDICINAE

O TESTE DA
CRIANÇA
ANFÍBIA

"Doutor" Louis Schultz, de Chicago

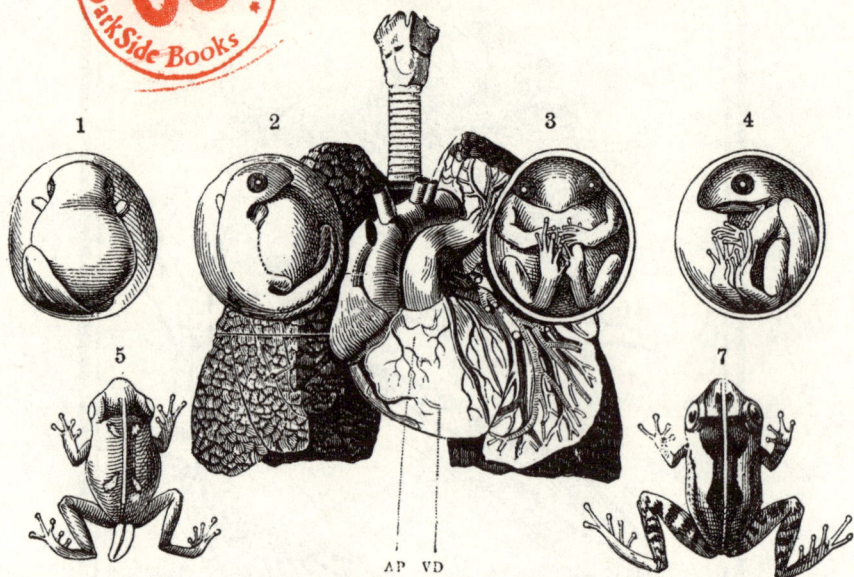

- 1873 -

Um pai desnaturado testa uma tese sem pé nem cabeça no seu próprio bebê, forçando-o a mergulhar e ficar submergido por longos minutos, diversas vezes ao dia, com a justificativa de que se tornaria uma criança anfíbia.

Medical Notes and Queries

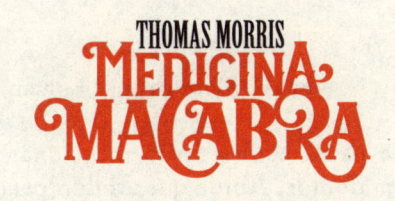

THOMAS MORRIS
MEDICINA MACABRA

CASO Nº 08

Em junho de 1873, um novo periódico chamado *Medical Notes and Queries* [Notas e Indagações Médicas] chegou às estantes das lojas britânicas. Escrito por "uma ampla equipe de eminentes autoridades médicas", seu alvo era o público leigo, em especial as "dezenas de centenas de pessoas a quem faltam meios ou oportunidades para convocar um médico a qualquer momento, para todo pequeno padecimento". Tanto no título quanto no formato, a revista era uma cópia descarada da *Notes and Queries* [Notas e Indagações],* revista de imenso sucesso dedicada à literatura e aos antiquários, fundada 24 anos antes — os leitores da *Medical Notes and Queries* eram encorajados a enviar suas questões médicas, que seriam respondidas por especialistas.

Essas "indagações" eram prefaciadas por diversas páginas de "notas", compostas de artigos curtos e leves sobre todo tipo de assunto, desde os benefícios do óleo de fígado de bacalhau até as melhores coisas para beber durante um verão quente.† Na edição de estreia da *Medical Notes and Queries*, no entanto, há uma matéria que se destaca:

Uma criança anfíbia.

O relato acerca de uma "criança anfíbia" chegou a alguns jornais de Londres. O assunto é desta forma apresentado: "O estranho resultado de um treinamento desde a tenra idade — um bebê que nada por debaixo d'água por 25 minutos; um alemão conseguiu transformar seu cachorro e seu filho em anfíbios".

Espera! Como é?

---

*   Oito meses após seu lançamento, a *Medical Notes and Queries* subitamente mudou seu nome para *The Night Bell* [O Sino Noturno], presumivelmente após ter recebido uma carta desagradável dos advogados da revista mais antiga.

†   Ao que tudo indica, chá. Dito isso, "para aqueles que podem pagar, não há mistura mais refrescante do que champanhe e água com gás. Limonada com vinho tinto é também uma bebida agradável, e uma boa cerveja de gengibre não é de se deixar de lado".

O doutor Louis Schultz, de Chicago, nos Estados Unidos [...]

Vou fazer uma breve pausa aqui só para mencionar que o "doutor" Schultz não é nenhum doutor. Ainda que atraído pela medicina em sua juventude, durante a qual viveu na Prússia, Schultz não teve nenhum aprendizado formal e não apresentava nenhuma qualificação. Ele era um açougueiro. Ao se alistar no Exército, é possível que sua habilidade de desmanchar carcaças tenha feito com que fosse colocado no cargo de assistente de cirurgião. Isto é, até que

> um infeliz engano com uma faca, que resultou na morte de um soldado ferido, trouxe um final inglório para sua carreira médica.

Em resumo: ele não era um médico nem nada perto disso. De qualquer forma, o "doutor" Schultz

> chegou à conclusão de que o motivo pelo qual os animais anfíbios são dotados da capacidade de viver debaixo d'água, ao contrário dos animais terrestres, se devia ao fato de que, nos anfíbios, os "buracos ovais em seus corações" permaneciam patentes,‡ enquanto nos animais terrestres tais buracos terminavam fechando por falta de uso.

Os "buracos ovais", conhecidos como forame oval, são uma abertura entre os átrios esquerdo e direito, as duas câmaras de cima do coração. É um dos dois canais presentes na circulação fetal.§ Quando um feto ainda está no útero, ele não faz uso de seus pulmões, já que seu sangue é oxigenado pela mãe por meio da placenta. O canal arterial e o forame oval permitem que a maior parte da circulação evite passar pelos pulmões durante a gestação. Assim que sua função está completa, eles geralmente se fecham poucos dias após o parto.

> Caso, de alguma forma, fosse possível evitar que este canal fechasse, ele acredita que os animais terrestres se tornariam capazes de adquirir também tendências aquáticas. Segundo ele, o sangue que passa pelos pulmões enquanto o animal está na terra passaria então, quando o mesmo espécime estivesse debaixo d'água, a circular do lado direito para o lado esquerdo por meio do "buraco oval".

---

‡ Abertos.
§ O outro canal é o canal arterial.

Se "doutor" Schultz tentou receber crédito por essa ideia, foi desonesto. O renomado naturalista do século xviii Georges-Louis Leclerc, conde de Buffon, na França, apresentara a mesma tese (incorreta) um século antes de Schultz. Num capítulo de sua obra *Natural History* [História natural], cujo assunto eram os mamíferos aquáticos, como focas e morsas, Buffon escreveu:

> Por meio de tal passagem perpétua [...] tais animais têm a vantagem de respirar, ou não, de acordo com a própria vontade.

Buffon acreditava que os mamíferos mergulhadores tinham a capacidade de permanecer debaixo d'água por longos períodos porque seu sangue desviava dos pulmões enquanto eles estavam submersos, permitindo que a circulação corresse mesmo enquanto eles seguravam o fôlego. No entanto, ele estava completamente equivocado. O que os faz tão bons em mergulhar é o fato de que tais animais, ao contrário dos seres humanos, têm músculos com altos níveis de mioglobina, proteína capaz de guardar grandes quantidade de oxigênio. Ainda assim, o falso doutor Schultz estava convencido da teoria:

> O doutor Schultz decidiu realizar experimentos. Cerca de uma hora após o parto de uma cria de cães da raça setter, ele os emergiu em água, que fora esquentada à mesma temperatura do sangue, mantendo-os submersos por dois minutos, e então, subsequentemente, por mais cinco. Ao descobrir que não houve consequências desagradáveis nos filhotes, ele seguiu com determinação para o próximo passo de suas experiências: fazer o mesmo teste com seu filho bebê.

Ou ainda, explicando de outra forma: tendo falhado, por muito pouco, na tentativa de afogar uma ninhada de filhotes de cachorro, ele decidiu que estava na hora de tentar sufocar o próprio filho. O *Chigago Times* [Atualidades de Chicago] publicou um relato detalhado dessa impressionante demonstração de idiotice paterna:

> **Peixe, sapo ou humano?**
> **Um bebê que nada debaixo**
> **d'água por vinte e cinco minutos.**
> **Um alemão que conseguiu transformar**
> **seu cão e seu filho em anfíbios.**

Numa noite chuvosa, de ventania, Louis Schultz Jr. foi trazido até este mundo. A parteira foi liberada tão logo se mostrou conveniente. A criança era, se muito, pequena e delicada. A mãe, exausta, caíra no sono. Todos os criados haviam ido embora quando Schultz, pálido e agitado, às duas da manhã do dia 20 de setembro, levou a cabo a execução de sua desnaturada resolução. Furtivamente, ele tomou o bebê da cama, dos braços de sua jovem mãe.

É isto mesmo: para realizar seu experimento negligente e assustador, Schultz teve de sequestrar o próprio filho recém-nascido.

A água, aquecida até atingir aproximadamente a temperatura do sangue, foi despejada num balde de lata comum. O imprudente pai posicionou seu relógio aberto na mesa diante de si e, sem nenhuma hesitação, imergiu o filho, com as próprias mãos, por um espaço de quatro minutos, mantendo uma das mãos sobre o peito do bebê, com a intenção de sentir as pulsações de seu coração. Schultz declarou que mais de vinte segundos se passaram após a imersão antes que o sangue encontrasse novamente seu percurso pelo velho canal, causando uma demarcada percussão, a qual o espantou com sua força, simultaneamente aliviando a ansiedade. Sentindo, então, os batimentos aparentemente naturais do coração, ele ficou livre de qualquer inquietação. Contudo, ao retirar o bebê de sua terrível situação, decorreram-se dez segundos antes que seus pulmões voltassem a funcionar corretamente e a circulação retornasse às condições naturais.

Como se não fosse ruim o suficiente, a partir daí, Schultz continuou conduzindo seus experimentos sem se preocupar em avisar à esposa o que estava fazendo com o bebê.

No decorrer do dia seguinte, esse emocionante experimento foi repetido não menos do que cinco vezes. O pai se aproveitou de todas as oportunidades que se apresentavam, quando a criança despertava chorando, levando-a até outro aposento sob a premissa de cuidar dela e acalmá-la, mas, em realidade, com a intenção de repetir o perigoso experimento.

Não é de surpreender que, ao ficar sabendo o que o marido andava fazendo com seu filho, a senhora Schultz não tenha reagido com muita felicidade.

> Quando sua esposa teve disposição suficiente para sair da cama, Schultz sentiu a necessidade de apresentá-la aos seus experimentos, informando-a da forma mais delicada possível, garantindo que não havia qualquer perigo para a criança, e sim a possibilidade de uma fortuna para eles, caso ela mantivesse o assunto em segredo. Contudo, a pobre senhora Schultz se mostrou incapaz de entender. Como não é de surpreender, o choque da descoberta desse fato lhe causou uma prostração de cerca de mais duas semanas.

A simples verdade é que suas objeções não eram nem um pouco descabidas.

> Apesar da intensidade do inverno, Schultz nunca deixou de imergir o filho na água, cinco vezes por dia, por períodos de tempo que duravam de cinco minutos a, numa ocasião, 25 minutos. Nessa ocasião em específico, observou-se uma considerável maceração, e, em função disso, não se experimentou manter o bebê submerso por tanto tempo.

Maceração, nesse caso, é a palidez em consequência de ficar por um tempo prolongado na água. O jornalista autor da matéria afirmou ter testemunhado a criança anfíbia em ação:

> O garoto é loiro, de cabelo cacheado e olhos azuis, exibe capacidades físicas incomuns para uma criança de sua idade. Sua pele é enrijecida, branca e brilhante, e o autor foi assegurado de que o menino era totalmente livre de comportamentos impertinentes ou da irritabilidade tão comuns entre as crianças nessa tenra idade. Ele dispõe de um aposento especialmente adequado às suas necessidades, no qual há uma grande banheira com um termômetro suspenso sobre ela. O autor pôde testemunhar sua imersão na água. O pai da criança afirmou que, certas vezes, o garoto voluntariamente mergulha na água. Mas, de modo geral, era necessário recorrer à coerção.

Mais um motivo para considerá-lo o candidato ideal para Melhor Pai do Ano.

O banho foi preparado, e a criança foi despida. O pai então jogou sua faca dentro da água e ordenou que o filho fosse buscá-la, colocando-o na borda da banheira, as pernas roliças do menino na água. A criança mergulhou de uma só vez, dando a impressão de ter muito mais controle de seus movimentos dentro do líquido do que do lado de fora. Em pouco tempo, ele devolveu a faca ao pai, ainda que a água tivesse a profundidade de 1 m. Quatro ou cinco pastilhas de hortelã foram atiradas em lugares diferentes da banheira, e a criança mergulhou avidamente em busca delas, permanecendo debaixo da água por três minutos inteiros antes de reavê-las, devolvendo-as tão rapidamente quanto as recuperara.

Imagine-se no lugar desse jornalista, que deve ter cogitado estar diante de um maníaco.

A senhora Schultz, mesmo tendo se convencido de que não há riscos para a criança em tais experimentos, não está totalmente livre de preocupações. Ela admitiu a crença de que, tão logo a experiência venha a público, seu marido será processado e preso por sua conduta anormal.

Novamente, ela estava certa.

Schultz, pelo contrário, considera estar realizando um bem à humanidade, dando início a um método prático e infalível de neutralizar os perigos à vida causados pelo risco de afogamento. Segundo ele, há de chegar, em breve, o dia em que o desenvolvimento de capacidades anfíbias será tão prevalente quanto a prática da vacinação se tornou, e passará a ser compulsória, caso necessário, ordenada pela própria lei.[14]

Por mais surpreendente que possa parecer, a profecia dele ainda não se concretizou. O editor da *Medical Notes and Queries*[¶] evidentemente considerou o caso ridículo, concluindo sua resposta a ele com uma intimidadora lição básica de fisiologia.

[¶] Ou, talvez, o editor da *Medical Times and Gazette* [Gazeta de Atualidades Médicas], da qual o parágrafo foi copiado sem nenhum crédito.

Antes que a prática de tentar tornar as crianças anfíbias se torne "tão comum quanto a vacinação", seria fortuito que aqueles a divulgar o procedimento procurassem se informar acerca do fato de que o sangue, para cumprir todas as suas funções, necessita ser oxigenado tanto quanto circular pelo organismo. Além do mais, caso o sangue não venha a ser oxigenado, parará de circular. Infelizmente, o buraco oval não fornece ao fluido vital maneiras de supri-lo com oxigênio. Outro fato importante a ser lembrado pelos que estão dispostos a conduzir tais experiências é o seguinte: caso o experimento falhe de alguma forma — e qualquer experimento pode vir a falhar, ainda mais nas mãos de alguns —, o responsável pela falha responderá por ela não só no âmbito de sua busca de sucesso, mas também por ter cometido um assassinato.[15]

O senhor Schultz deve ter escapado de um destino assim, mesmo que não existam mais registros nos arquivos sobre ele ou sua cria aquática. Mas por que será? É possível que eles nunca tenham sequer existido. Os anos 1870 foram uma era de ouro para notícias falsas na imprensa, e mesmo autores como Mark Twain se divertiam publicando matérias inventadas sobre massacres imaginários, incêndios letais em teatros que não existiam e até, um favorito pessoal, as fantasiosas árvores devoradoras de homens em Madagascar. Considerando a ausência de qualquer evidência para sustentar o relato, suspeito que a criança anfíbia não passe de um elaborado exemplo de fake news.

PREGNANCY
MACABRE MEDICINAE

A GRÁVIDA DE
SETENTA
ANOS

Monsieur Latour, cirurgião

Macabra Edition · 09 · DarkSide Books

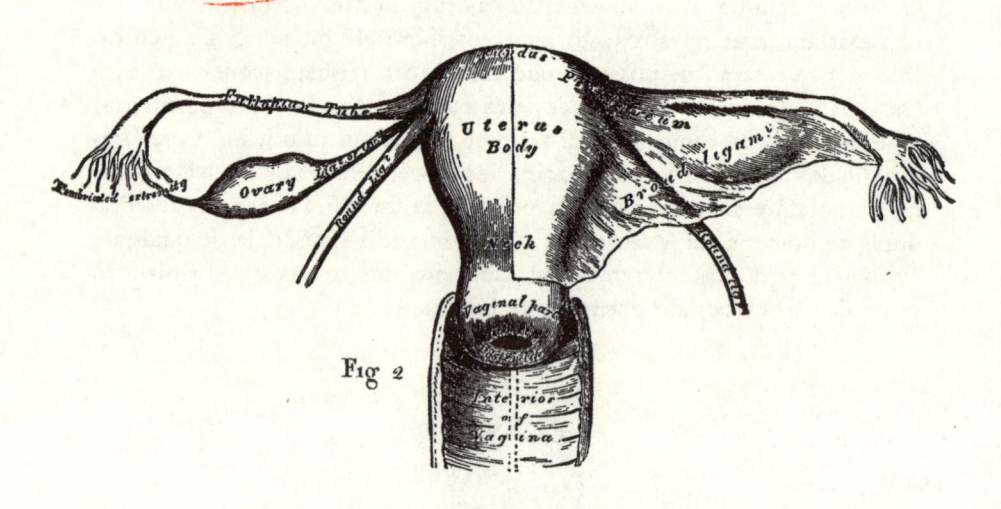

Fig 2

- 1881 -

O inesperado caso de uma senhora de setenta anos que, depois de uma noite de bebedeira, supostamente teria engravidado de um jovem e dado à luz, apesar de sua avançada idade. O caso, tão suspeito para a época, merece um olhar atento no que diz respeito aos registros listados.

Journal de médecine de Paris

CASO N° 09

Em 1895, a senhora Henry, de Donegal, na Irlanda, faleceu com a impressionante idade de 112 anos. Seus familiares vivos incluíam uma filha, ela mesma com joviais noventa anos. Contudo, por causa de um erro de digitação, um jornal acabou publicando que a filha tinha apenas nove anos. Em decorrência desse lamentável erro de impressão, a senhora Henry ganhou a injusta fama de ser a mulher que deu à luz aos 103 anos.

Relatos de casos de gravidez excepcionalmente tardios eram recorrentes nos primórdios das revistas médicas, histórias de mães sexagenárias, septuagenárias e até nonagenárias foram registradas na literatura médica. Muitos desses casos não passavam de boatos, que terminaram publicados porque alguns médicos passavam adiante uma boa anedota, mesmo sem testemunhá-la. Naquela época, era bem difícil — e, em alguns casos, impossível — precisar a idade de um paciente, portanto muitos desses relatos não citariam as mesmas idades, caso fossem analisados com os mesmos critérios disponíveis hoje em dia.

Em 1881, uma revista médica francesa publicou um artigo sob a manchete de "Gravidez tardia", e, numa rápida olhada, a matéria se encaixa perfeitamente nessa categoria de boatos que terminaram impressos. No entanto, o que torna este relato tão estranho é o fato de ele ter sido enviado por médicos de um renomado hospital de Paris e publicado sem ser questionado, num período em que os médicos aceitavam o axioma de que alegações extraordinárias precisam ser embasadas por evidências extraordinárias. O bizarro evento foi divulgado por um cirurgião que se identificou apenas como *monsieur* Latour. O tom brincalhão de suas palavras não ajuda muito a reforçar a veracidade da história aos olhos dos leitores.

Gravidez tardia.

Acabou de ser internada na nossa Clínica da Escola de Medicina uma mulher de setenta anos, que está numa condição interessante — na verdade, interessante apenas para a equipe. Esta valente mulher vive em Garches.

Hoje, Garches faz parte dos subúrbios de Paris, mas na época era uma vila a algumas milhas a oeste da capital.

Ela é conhecida como a viúva T. Vigorosa defensora do princípio de que "o vinho é o leite das pessoas idosas", é uma alcoólatra inveterada. Cerca de seis meses atrás, voltando para casa após uma bebedeira mais prolongada do que o usual, deitou-se ao lado da estrada, com o intuito de esperar até se recobrar o suficiente para seguir seu caminho.

Esse é um nível heroico de bebedeira para alguém da idade dela.

Um jovem de 24 anos, que a conhecia, a encontrou naquele estado e se prontificou a acompanhá-la até sua casa. A viúva T. concordou. Como a noite caíra e a mata era insegura, ela ofereceu ao galante cavaleiro uma cama por uma noite. Contudo, não foi por apenas uma noite que ele permaneceu com ela, e sim quatro. Ao que tudo indica, a audácia do rapaz foi recompensada, e ele encontrou tesouros que havia muito acreditava terem se perdido. Em resumo, certo dia, para sua grande surpresa, a Vênus septuagenária se viu forçada a soltar a cinta.

O talento de *monsieur* Latour para eufemismos é notável. Ele deve ter sentido que seria pouco somente escrever que o jovem seduzira a senhora e que, após isso, ela terminou percebendo que sua barriga estava inchando.

Tanto a parteira a quem ela consultou quanto o médico de Garches, convocado até ela, puderam apenas confirmar o fato de que o outono — na verdade, quase o inverno — lhe trazia frutos que o verão havia negado.

Olha que metáfora bonita e poética o *monsieur* Latour foi capaz de parir!

Em resumo, a bela enamorada está internada na Clínica, onde vem sendo paparicada, ou protegida, porque seu caso é deveras curioso. Os habitantes de Garches aguardam ansiosamente o resultado. Eles estão dispostos, caso necessário, a contribuir com os custos do batismo e, quem sabe, até da cerimônia de casamento. Afinal, os cônjuges deveriam ser apropriadamente acertados.[16]

Essa frase final («*il faut des èpoux assortis*», no original) é difícil de traduzir, pois se trata de um antigo provérbio francês, utilizado como título em tiras satíricas, romances e pelo menos uma peça de teatro. A frase é uma citação que causaria riso entre os leitores daquela época.

Caso ela tenha dado à luz e fosse possível confirmar sua idade, certamente seria o caso da senhora mais idosa a se tornar mãe de que se tem registro. Na verdade, considerando apenas as mulheres que conceberam por meio de parto normal, desde a invenção da cesariana, inúmeras mães sexagenárias foram registradas, e, em 2009, na Índia, uma mulher pariu uma criança aos setenta anos.

Será, entretanto, que a viúva T. teve uma criança? Não pude encontrar nenhum outro registro, nem dela nem do bebê, o que é frustrante. É possível que isso seja um indício de que ela nunca esteve grávida. Os médicos podem ter se enganado, falhando ao diagnosticar uma condição que se assemelhava a uma gravidez. O artigo no jornal causou certo rebuliço na imprensa médica europeia da época, mas, misteriosamente, nada mais se falou sobre o caso após isso. Minha suspeita é a de que um silêncio desse tipo traz muitas respostas.

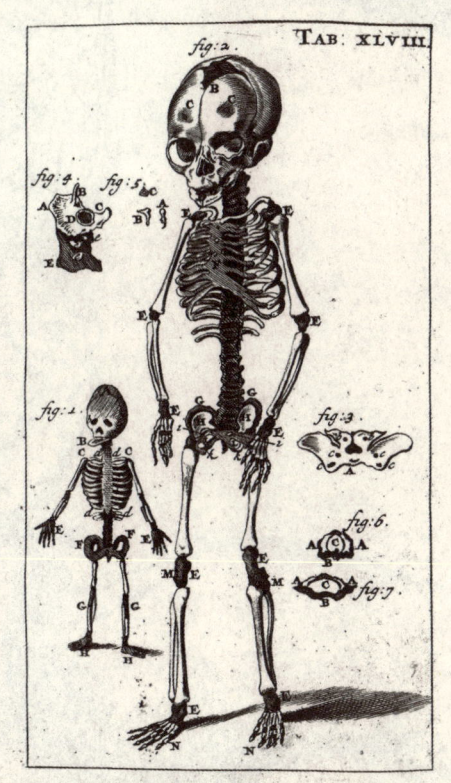

355

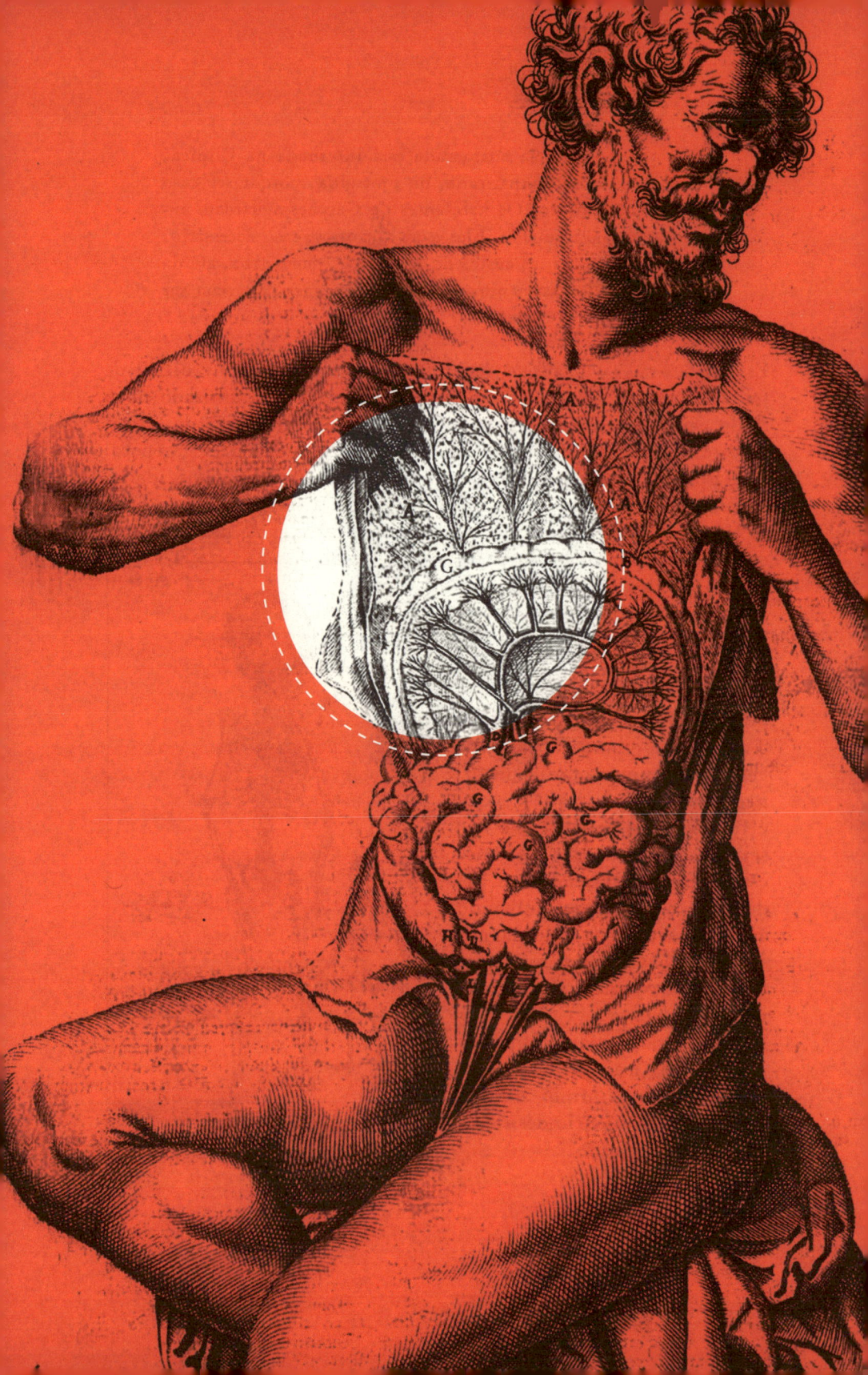

G.

SÉTIMA INCISÃO

7. PERIGOS ESCONDIDOS

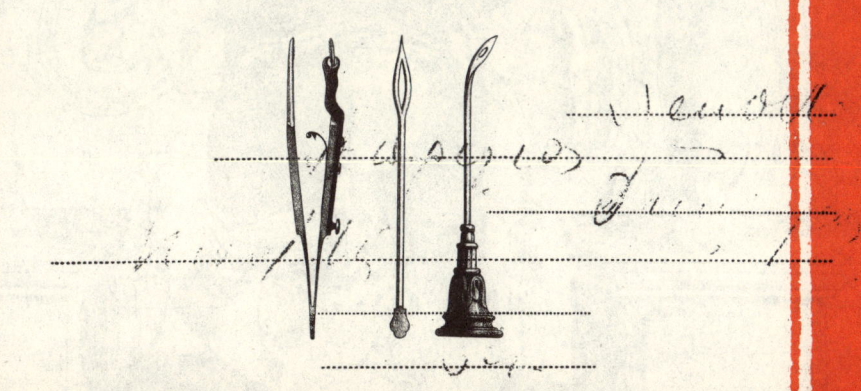

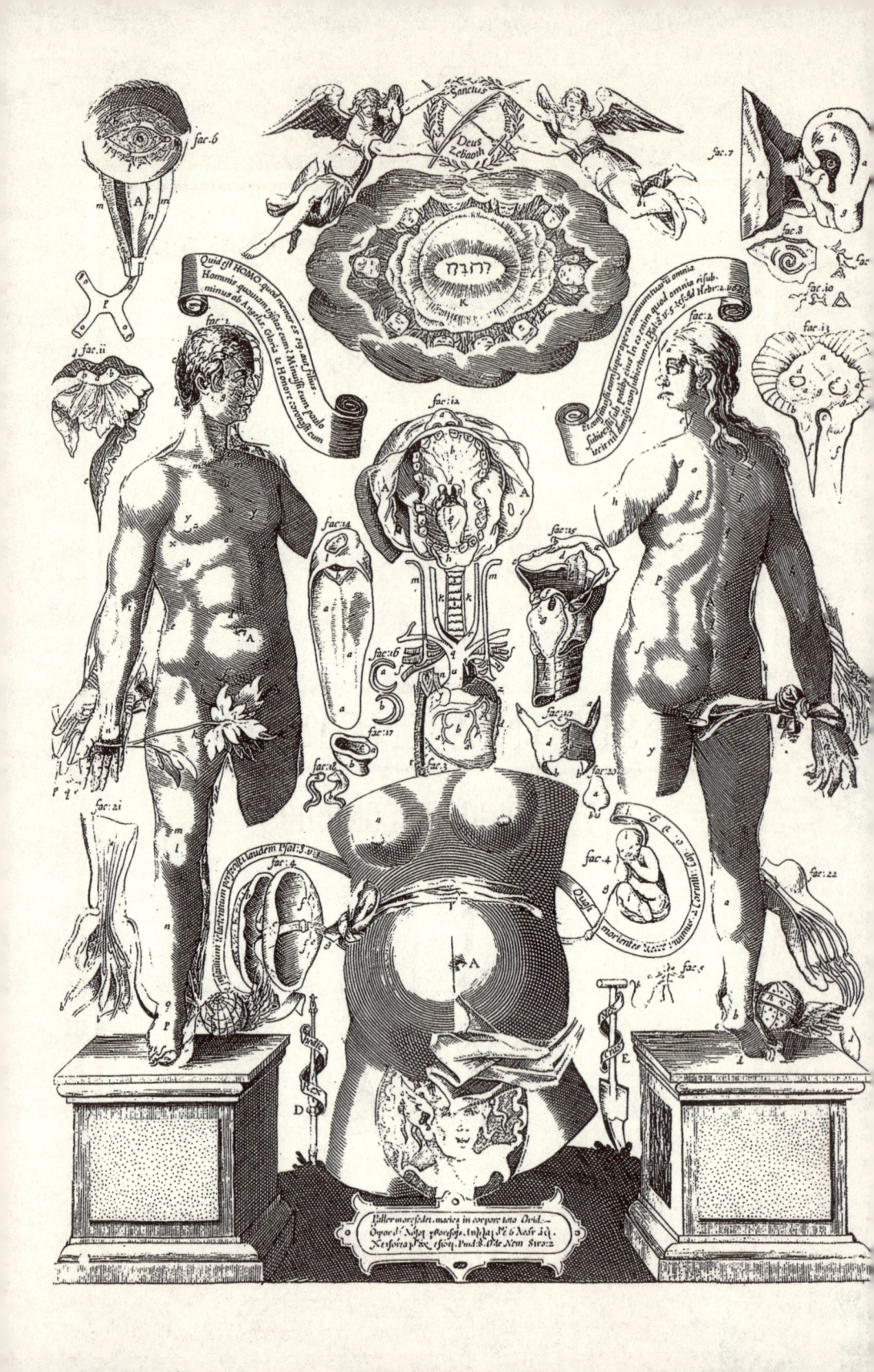

THOMAS MORRIS

MEDICINA MACABRA

PERIGOS ESCONDIDOS

O mundo é um lugar perigoso, cheio de ameaças escondidas nos lugares onde menos esperamos. Esportistas profissionais parecem ter um talento especial para encontrá-las. Em 1993, o goleiro do Chelsea Dave Beasant perdeu o início da temporada após derrubar um vidro de molho para salada sobre o dedão, enquanto Derek Pringle, um jogador inglês de críquete, certa vez lesionou as costas enquanto digitava uma carta. No entanto, esses exemplos estão longe de ser os perigos mais exóticos já registrados por escritores médicos. Dentaduras, anéis, cabides para chapéus e até os próprios chapéus são alguns dos objetos envolvidos em doenças e lesões descritos nas páginas a seguir.

Os médicos do século xix eram especialmente adeptos a procurar situações de vida ou morte em qualquer lugar para onde olhassem. Brincadeiras de crianças, esportes organizados ou mesmo o uso de uma caneta — em algum momento, todos esses hábitos já foram considerados um perigo para a saúde. Sendo justo com os médicos do passado, conseguir entender os riscos que nos circundam sempre foi, e continua sendo, um dos aspectos mais profundamente difíceis de lidar na medicina. Por exemplo, o cardiologista vitoriano que notou que diversos de seus pacientes eram ávidos ciclistas naturalmente teorizou que havia uma conexão entre doenças de coração e aquele novo *hobby*. E não só isso. Dentro da estrutura de referências daquela época, sua tese fazia pleno sentido.

Talvez, o risco mais exótico à saúde tenha sido identificado em 1830, quando uma alarmante nova doença se espalhou entre os padres dos Estados Unidos. Os médicos de todo país, da Califórnia a Nova Jérsei, descreveram um silêncio dos púlpitos, causado pelo fato de os sacerdotes da nação estarem sucumbindo a uma "perda de tom nos órgãos vocais", que causava rouquidão e incapacidade de falar em público. Relatou-se que muitos dos padres ("uma multidão de teólogos", de acordo com uma matéria da época publicada pela *Boston Medical and*

Surgical Journal [Revista Médica e Cirúrgica de Boston]) tiveram de se aposentar, após descobrirem que não tinham mais a capacidade de se dirigir às suas congregações ou mesmo de conduzir os ritos diários.

Qual poderia ser a causa dessa catástrofe eclesiástica? Um sábio observador citou o fato de que os padres de tempos mais antigos haviam pregado tanto quanto, se não mais, os sacerdotes daquela época, e que suas vozes "eram as últimas a fraquejar". O que teria mudado? O doutor Mauran, distinto médico de Providence, em Rhode Island, acreditou ter encontrado a resposta. Segundo ele, os clérigos do passado eram todos entusiastas do fumo; raramente seriam vistos sem um charuto ou cigarro nos lábios. O hábito de mastigar e fumar o tabaco, ele argumentou, "manteve a secreção na região da glote, o que é deveras favorável para as boas condições e o funcionamento saudável da caixa da voz" — como se demonstrava pelos hábitos de outra profissão:

> Os advogados falam por horas a fio, e, sempre que há uma pausa, muitos deles fumam. Via de regra, os melhores advogados são grandes fumantes. Ainda assim, quem já ouviu falar de um advogado que perdera a voz?[1]

Os clérigos, por outro lado, haviam deixado o tabaco de lado desde o surgimento do Movimento de Temperança, portanto estariam pagando o preço. O doutor Mauran fez uma forte recomendação aos padres que desejassem manter uma longa e saudável carreira: eles deveriam voltar a fumar charutos e cigarros, o mais rápido possível. Foi assim que uma revista médica conceituada acabou advertindo seus leitores sobre os perigos de *não* fumar.

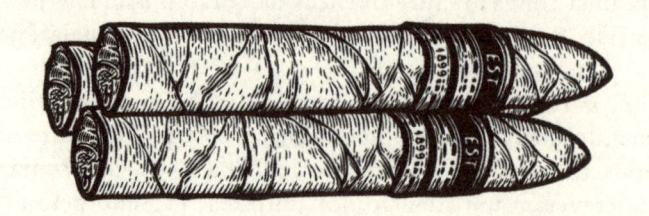

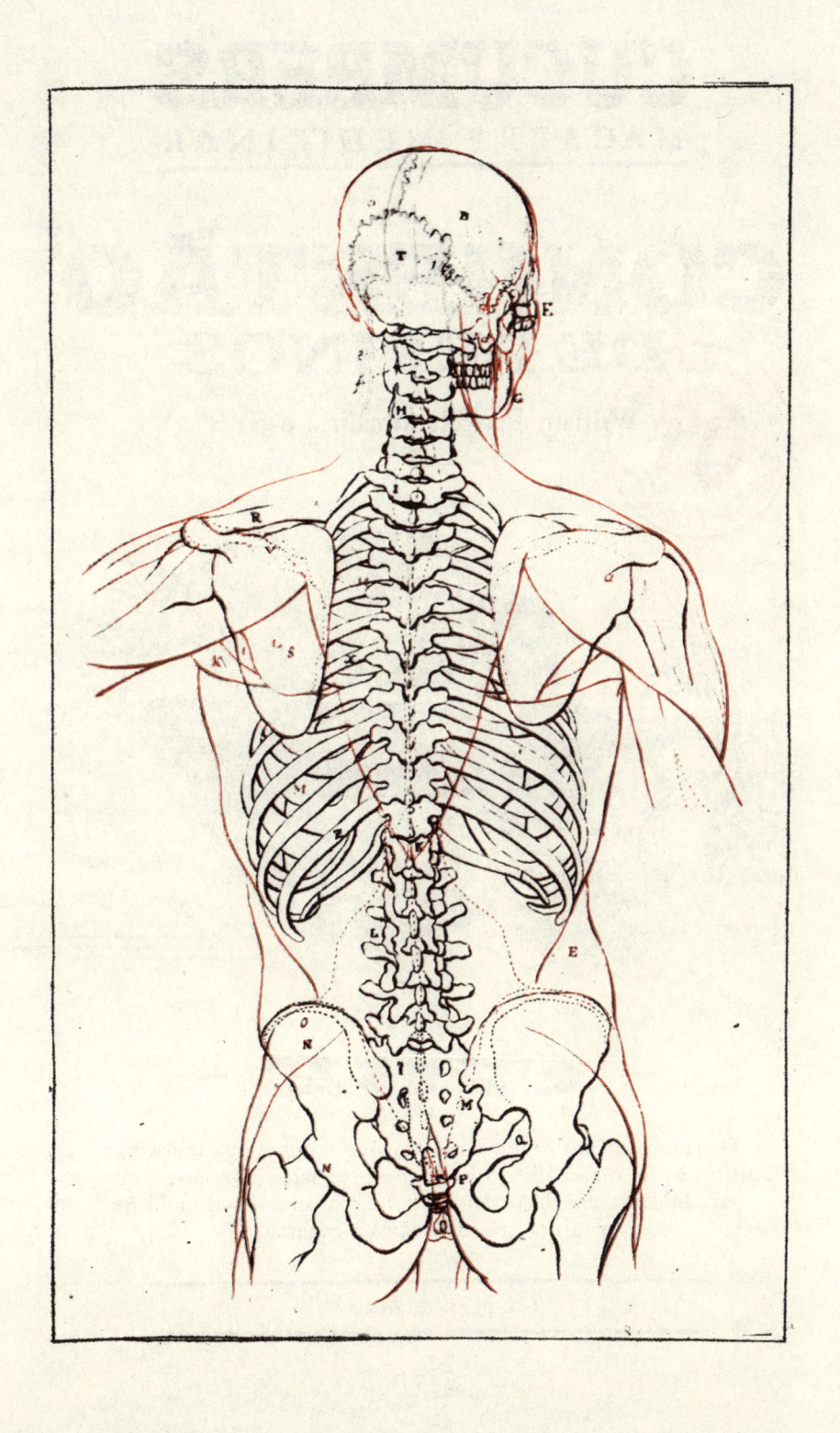

CUCUMBERS

MACABRE MEDICINAE

A

CONGESTÃO

DE PEPINOS

William Perfect, jornalista e poeta

Macabra Editio · 01 · DarkSide Books

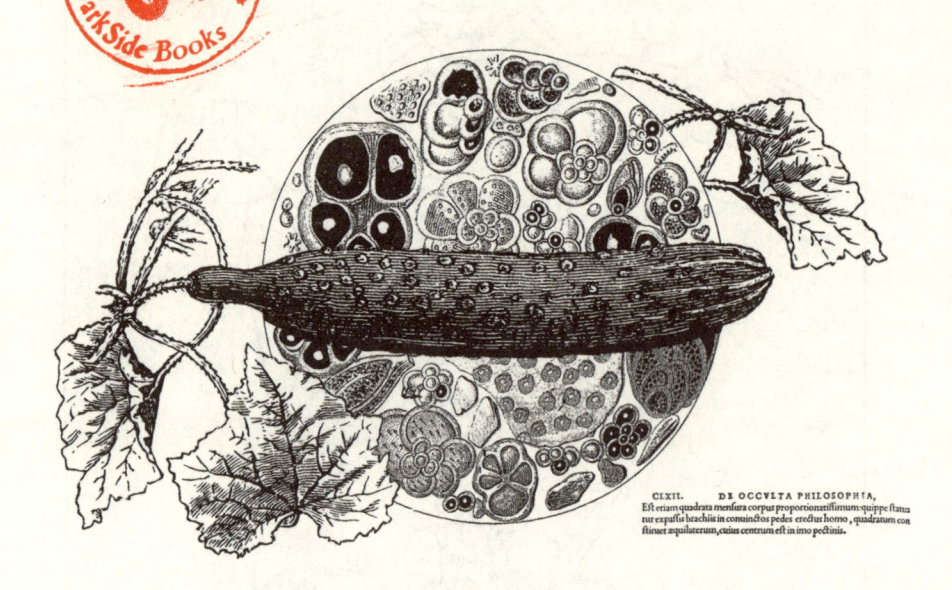

CLXII. DE OCCVLTA PHILOSOPHIA,
Eſt etiam quadrata menſura corpus proportionatiſſimum: quippe ſtatua tur expaſſis brachiis in comincſos pedes erecſus homo, quadratum conſtituet æquilaterum, cuius centrum eſt in imo pecſtinis.

- 1762 -

O pavoroso caso de uma mulher que apresentava todos os sintomas de uma cólica biliosa, do grau mais extremo, e que teria falecido em decorrência de um consumo exagerado de pepinos três dias após a ingestão.

The Medical Museum

CASO Nº 01

Em 1762, um médico de Malling, em Kent, na Inglaterra, enviou um estranho relatório para os editores da *Medical Museum* [Museu Médico] de Londres, no qual se identificava apenas como "W.P.". A Malling do século XVIII era um lugar pequeno, por isso não é difícil identificar o autor da carta como doutor William Perfect, filho do vigário da região. Ele também era um proeminente maçom, jornalista e, em suas próprias palavras, poeta de pouca estatura.* Perfect tinha a reputação de ser um especialista quando o assunto era a insanidade, tendo publicado livros sobre o tópico e, eventualmente, fundado um pequeno manicômio particular, uma espécie de retiro hospitalar para os doentes mentais.

Antes mesmo de abrir sua instituição, o doutor Perfect — conhecido como um bondoso e gentil cavalheiro — tinha o hábito de receber seus pacientes na casa de sua família. Considerando a natureza excepcional da morte registrada neste artigo, fica a dúvida se alguma doença mental serviu como fator nesses acontecimentos.

Descrição da abertura do corpo de uma mulher que faleceu no começo de agosto de 1762 após ingerir uma vasta quantidade de pepinos.

Talvez seja necessário ressaltar que essa triste mulher carregava todos os sintomas de uma cólica biliosa, do grau mais extremo, desde o momento de seu primeiro ataque até o instante de sua morte, que ocorreu três dias após a ingestão dos pepinos.

---

* Entre suas obras, inclui-se "Uma paródia de Hamlet, escrita enquanto estive enfermo e carregava dúvidas acerca da sangria", cujo começo é: "Sangrar ou não sangrar? Eis a questão." Fica difícil discordar do crítico da época que descreveu o trabalho literário de Perfect assim: "Acerca de seus versos, não se pode dizer que cheguem a alçar voos muito acima da mediocridade."

A suspeita do doutor Perfect era que a condição da mulher fora causada por um excesso de bílis no trato digestivo.

> Poucas horas após seu falecimento, abri seu corpo. Encontrei o estômago dilatado e inchado, do tamanho da cabeça de uma criança, mas com uma forma mais alongada, cuja aparência lembrava, tanto na forma quanto em sua tensão, uma grande bexiga cheia de vento — o lado externo do estômago, o revestimento membranoso, parecia rosado e inflamado. Ao realizar uma incisão por essa região e pelas membranas subjacentes, uma quantidade surpreendente de pepinos fatiados, um material porráceo...

"Porráceo", certamente uma palavra bem específica, significa "com a aparência e cheio de alho-poró".

> ... e vesículas preencheram o ar, vazando pela abertura.

A parte de cima do estômago estava quase toda inflamada, e o intestino delgado "muito inflado, tornando impossível que qualquer coisa passasse por ele".

> O cólon, o ceco e o reto não estavam tão inflamados quanto o intestino delgado. Contudo, o que era bastante extraordinário, este último apresentava suas partes mais baixas mortificadas por diversos centímetros. Os pulmões, especialmente uma parte do lóbulo esquerdo, tinham aparência de algo que fora fervido, pontilhados por diversas manchas lívidas. O fígado, o baço e o útero eram os únicos órgãos que preservavam sua compleição natural. O pâncreas, a pleura e o mediastino estavam inflamados. Havia uma grande quantidade de água no pericárdio — os rins estavam inflamados, e a bexiga se encontrava num estado bastante flácido, sem nenhuma urina. Antes de sua morte, a paciente, fui informado, sentira diversos indícios de que precisava urinar, mas não conseguiu expelir uma gota sequer.[2]

Essas observações sugerem que o excesso de consumo de pepinos não foi, nem de longe, a única condição com a qual a mulher vinha sofrendo. A "água" encontrada no pericárdio — a membrana ao redor do coração —, em especial, foi uma descoberta bem séria, com diversas causas possíveis. Se uma quantidade suficiente de fluido se acumulasse nessa região, isso poderia causar uma parada cardíaca.

Ao que tudo indica, trata-se de um caso isolado. Ainda que a literatura mais recente inclua relatos de envenenamento bacteriano e químico causados por consumo de pepinos, não há nenhum registro de alguém mais que tenha morrido por exagerar ao se alimentar de uma deliciosa salada cheia desse fruto.

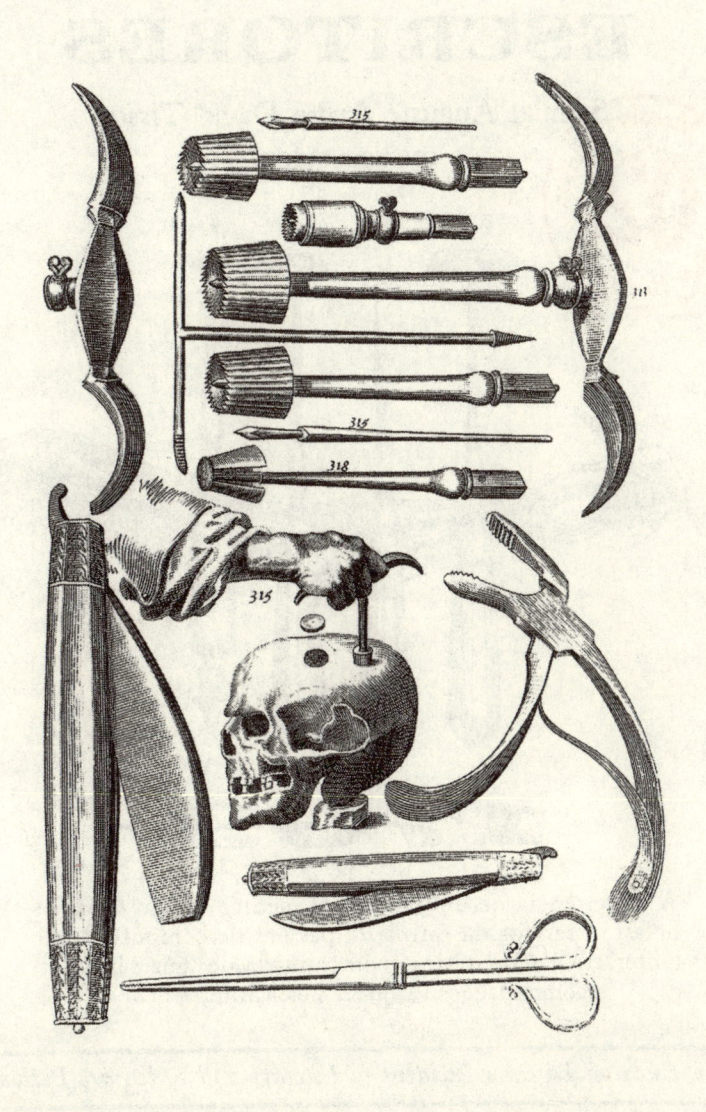

MAD WRITER

MACABRE MEDICINAE

OS
ILUMINADOS
ESCRITORES

Samuel Auguste André David Tissot,
médico suíço

Macabra Edition
02
DarkSide Books

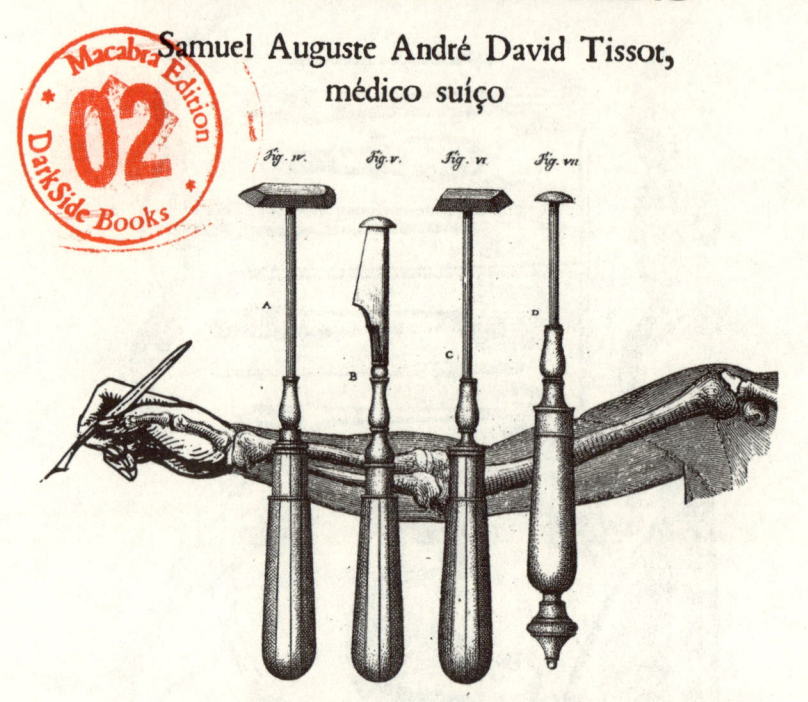

- 1769 -

A advertência de um renomado médico antigo sobre os
nefastos perigos da rotina de pessoas de comportamento
literário e sedentário, acompanhada de uma série de
recomendações (a quem possa interessar...).

An Essay on Diseases Incident to Literary and Sedentary Persons

CASO N° 02

Num dos capítulos anteriores, encontramos o médico suíço do século XVIII Samuel Auguste André David Tissot, um dos maiores especialistas sobre os perigos da masturbação. É uma vergonha que ele seja mais lembrado por seu trabalho relacionado a esse assunto, *L'Onanisme* [O onanismo], de 1760, porque, em outros assuntos, ele se revelava um clínico criativo, humano e sensível. Ele escreveu um influente livro sobre neurologia, no qual há uma rigorosa discussão sobre dores de cabeça, considerada um clássico mesmo nos dias de hoje. Tissot foi também um precursor da defesa da inoculação contra a varíola e se opôs a algumas das medidas mais radicais utilizadas no tratamento dessa doença, como as drásticas sangrias. Reconhecido por suas campanhas em nome da melhoria da saúde pública entre os membros mais pobres da sociedade, sua clínica se tornou um destino da moda entre os aristocratas europeus.[3]

Nove anos após a impressão de seu famoso estudo sobre o "vício solitário", Tissot publicou um livro a respeito dos perigos de outra ocupação geralmente realizada na privacidade do lar. *An Essay on Diseases Incident to Literary and Sedentary Persons* [Um ensaio sobre as doenças incidentes nas pessoas de comportamento literário e sedentário], de 1769, é um catálogo de diversas condições que afligem estudiosos, escritores e todos aqueles que passam tempo demais sobre os livros. Diga-se de passagem, os perigos descritos na obra são formidáveis.

> *Um ensaio sobre doenças incidentes em pessoas de comportamento literário e sedentário, com regras apropriadas para evitar as consequências fatais, além de instruções para sua cura. Por S. A. Tissot, doutor de medicina. Professor de Anatomia em Berné, na França.*

A tese de Tissot é bem simples:

> Há tempos, tem-se observado que uma devota assiduidade aos estudos é prejudicial à saúde.

Muitos aspectos da tese dele são difíceis de negar, especialmente quando sugere que um estilo de vida sedentário pode não ser a melhor maneira de ter uma vida longa e saudável.

> As doenças às quais os estudiosos estão particularmente expostos são provindas de duas causas principais: o perpétuo labor da mente e a constante inação do corpo.

Tissot acreditava que a inatividade não era a única a causar danos. Segundo ele, o exagerado esforço do cérebro também poderia trazer graves consequências.

> A fim de que entendamos a influência que o funcionamento da mente exerce sobre a saúde do corpo, precisamos apenas recordar, em primeiro lugar, o fato de que o cérebro está em ação durante o tempo no qual está pensando. Em segundo, deve-se considerar que toda parte do corpo que se encontra em ação se torna cansada. Além do mais, lembremos que, se o esforço prossegue por certo período, as funções da parte do organismo a realizá-lo ficam perturbadas.

Tissot ressalta que o cérebro se liga ao resto do corpo por meio de uma vasta rede de nervos, que exercem um papel vital no regulamento e no exercício das nossas atividades. A fadiga mental, portanto, afetaria todo o organismo.

> Tais evidentes princípios estando estabelecidos, deveria ficar claro para todos que a exaustão do cérebro causada pela ação da alma termina prejudicando os nervos. Em consequência disso, a saúde ficará em risco, e, com o tempo, a constituição será destruída sem nenhuma outra causa aparente.

Acima de tudo, Tissot era um médico de natureza prática, que, ao contrário de alguns de seus contemporâneos, acreditava que uma argumentação teórica não tinha nenhum valor se não fosse sustentada por evidências empíricas. Ele cita a sinistra história de *monsieur* le Chevalier d'Épernay:

> Após se dedicar assiduamente aos estudos por quatro meses, sem quaisquer sintomas de doença, sua barba, seus cílios, suas sobrancelhas, em resumo, todo o cabelo e pelo de sua cabeça caiu.

Hoje em dia, chamamos essa condição de alopecia idiopática: queda de cabelo espontânea, causada por causas desconhecidas.

> Tal fenômeno, certamente, ocorreu porque os pequenos bulbos, que são as raízes do cabelo, deixaram de receber nutrientes.

Os "pequenos bulbos" são os folículos. Tissot sugere que sua repentina inanição poderia ter três causas possíveis: irritação estomacal, problemas com os nervos ou "aquele tipo de febre baixa à qual os letrados estão sujeitos" — uma condição que, aparentemente, faz com que os folículos entrem num "estado de desgaste e queda".

> Tal febre, de maneira geral, surge em decorrência da irritação a que se submete o coração durante a aplicação por demais devotada da mente, fazendo com que suas pulsações se tornem menos frequentes.

Eu próprio sou um escritor e quase completamente careca. Então, vendo por esse lado, a hipótese do *monsieur* Tissot é verdadeira, ao menos quando se trata de minha pessoa. No entanto, ainda mais preocupantes foram os sintomas psicológicos apresentados por outro estudioso:

> Gaspar Barloeus, orador, poeta e médico, conhecia tais riscos e constantemente alertava seu amigo Hughens acerca deles. Ainda assim, ele próprio, esquecendo-se de si mesmo, enfraqueceu tanto seu cérebro com o estudo excessivo que chegou a cogitar que seu corpo fosse constituído de manteiga.

Isso mesmo: a leitura de livros (e a escrita também) não só causaria a queda de cabelo, como também poderia criar a ilusão de que seu corpo se transformara num delicioso derivado do leite. No caso de Barloeus, sua moléstia se mostrou fatal, pois, depois de se convencer da iminência de que iria derreter, ele

> passou a evitar a proximidade do fogo. Até que, por fim, desgastado pelas contínuas preocupações, terminou se jogando num poço.

Tissot deixa evidente que testemunhou outro caso bastante similar: um colega médico, dotado de uma mente brilhante, que todos acreditavam ter um destino de grande sucesso pela frente. No entanto, esse amigo ficou tão obcecado pelo trabalho que passou dias e noites na biblioteca, realizando experimentos — uma decisão que lhe trouxe terríveis consequências.

A princípio, ele perdeu o sono. A seguir, foi tomado por ataques transitórios de loucura. Com o tempo, ficou bastante ensandecido, a ponto de tornar a preservação da própria vida um sacrifício. Conheci outros homens de letras que começaram a agir como maníacos e depois, após um período, se tornaram completos idiotas.

O próximo exemplo de Tissot é um erudito cujo nome seria bastante familiar aos leitores da época, um padre francês muito conhecido por suas opiniões polêmicas e comportamento agressivo.

Fui informado por um homem de confiança de que Pierre Jurieu, tão reconhecido por suas disputas teológicas, por seus textos controversos e por seus comentários sobre o Livro do Apocalipse, feriu seu cérebro a tal ponto que, ainda que seu julgamento permaneça preservado em algumas instâncias, ele próprio chega a afirmar que suas cólicas frequentes são causadas pelos embates de sete cavaleiros presos em suas vísceras.

E se você já estiver pensando que o relato parece algo digno de Monty Python,* a próxima frase poderia ter saído diretamente de um dos roteiros da trupe.

Alguns estudiosos chegaram a imaginar que haviam se tornado lanternas; outros, por sua vez, se tornaram conhecidos por serem sufocados pela suposição de que teriam perdido as coxas.

Para aqueles que estiverem embarcando numa carreira literária, mas que desejarem evitar a perda (imaginária) das próprias coxas, o doutor Tissot traz alguns conselhos valiosos:

O relaxamento da mente é a primeira defesa. Sem uma mente relaxada, nenhuma outra forma de tratamento é eficaz.

Após explicar que pessoas eruditas tendem a estar em negação sobre o estado da própria saúde, Tissot sugere que amigos e familiares dos estudiosos deveriam forçá-los a levantar da cadeira e se exercitar. Sua descrição de como proceder soa bastante como a prática contemporânea

---

* Monty Python é um grupo de comédia britânico que se tornou reconhecido mundialmente pelo humor satírico e surreal. Dizer que o grupo tinha uma fixação por tirar sarro de figuras de autoridade e/ou religiosas seria um eufemismo. E agora, algo completamente diferente...

conhecida como intervenção, quando um viciado é abertamente confrontado sobre as consequências destrutivas de seu vício.

> A única forma de agir é ser rígido com eles, forçá-los a sair de seus aposentos e obrigá-los a participar de atividades de recreação e descanso, que apaziguarão suas moléstias e restaurarão a saúde. Além do mais, o tempo que eles passarem fora de seus aposentos não estará sendo perdido, e eles retornarão aos seus trabalhos com um vigor recuperado. Alguns poucos momentos por dia de lazer serão recompensados amplamente com melhoras na saúde, que prolongará o curso de seus estudos.

Quem poderia discordar disso? Os exercícios físicos, segundo Tissot, são

> uma das melhores formas de preservar e recuperar a saúde dos letrados.

E não é só praticar exercícios físicos, não. É preciso passar um tempo ao ar livre, fora de casa.

> Da combinação desses dois poderes salutares, recebemos descanso, a circulação se torna facilitada, a perspiração é encorajada, a ação dos nervos é reanimada e os membros são fortalecidos. Todo homem que esteve confinado em seus estudos por alguns dias sente a cabeça pesada, os olhos inflamados, seus lábios e boca secos; ele reclama de desconfortos no peito, de uma tensão na boca do estômago, tornando-se mais disposto a sentir melancolia do que rejúbilo; seu sono é menos relaxante, seus membros ficam pesados e adormecidos. Uma caminhada por duas ou três horas, ao ar livre, dissipa todos esses sintomas, trazendo de volta a serenidade, o frescor e a força.[4]

Nunca houve um médico capaz de escrever algo mais verdadeiro. Isso é tudo que vou dizer sobre o assunto. E, por algum motivo, estou sentindo uma vontade urgente de sair correndo.

HEADS UP

MACABRE MEDICINAE

CRIANÇAS
NÃO DEVEM
USAR CHAPÉUS

Bernhard Christoph Faust,
médico na Baixa Saxônia

Macabra Edition
03
DarkSide Books

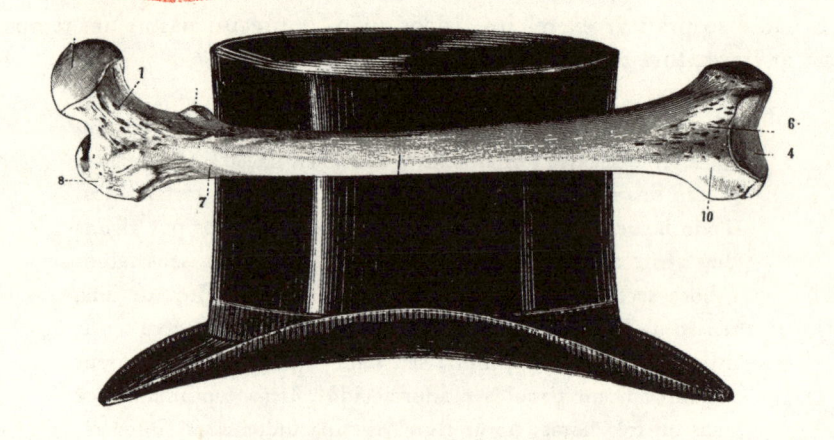

- 1794 -

Um médico bastante religioso propõe ilógicas teorias acerca do vestuário mais adequado à saúde das crianças – e, principalmente, a recomendação de nunca, nunca mesmo, sob nenhuma circunstância, fazê-las usar chapéus.

Catechism of Health

CASO N° 03

A maioria dos artigos incluídos neste livro foi escrita por médicos, para médicos, e está carregada do jargão profissional dos médicos. O próximo texto, no entanto, é um raro exemplo de um profissional da saúde do século XVIII que escreveu para as crianças, retirado de um livro cativante e excêntrico, publicado na Alemanha em 1792. Seu autor, Bernhard Christoph Faust, foi o médico pessoal da condessa Juliane de Hesse-Philippsthal, uma regente aristocrática de um pequeno principado na Baixa Saxônia. Faust foi um incansável defensor da higiene pública e uma voz importante a favor da vacinação contra a varíola. Mesmo assim, seu grande sucesso foi *Catechism of Health* [Catecismo da saúde], um livro curto que emprega a forma de perguntas e repostas do catecismo cristão para ensinar às crianças sobre seus corpos e a se manterem saudáveis. Suas crenças eram evangélicas — algumas delas, bem estranhas —, e sua intenção claramente era que seu livro fosse usado em todas as escolas da Alemanha. Ele começa com um prefácio, no qual se dirige aos professores:

> Este livro ensina, a partir da infância, como um homem deve viver para gozar de uma saúde perfeita, que, como Eclesiástico* dizia, é mais valiosa do que o ouro. Portanto, espero que vocês consigam, com prazer, instruir seus preciosos pupilos em seus princípios. Na posição de homens habilitados e experientes, convencidos de que só decorar as respostas não traz vantagens às crianças, vocês não se oporão à instrução delas de acordo com o método a seguir. O capítulo escolhido para a instrução deve ser lido primeiramente pelo mestre e depois por duas crianças de leitura perfeita e distinta, uma delas lendo as perguntas e a outra, as respostas, de forma regular e em ordem, até o fim

---

* Um dos livros Sagrados da Bíblia Católica, ausente do cânone das tradições judaica e protestante. Também está presente nos Apócrifos da Bíblia do Rei Tiago (King James). O capítulo 30, versículo 5, diz: "Possuir um bom estado de saúde e de corpo está acima do ouro, e um corpo são está acima da riqueza infinita."

do capítulo. O mestre, compreendendo inteiramente o que foi lido, deverá explicar sua importância universal.

Os professores deveriam também testar as crianças em intervalos regulares, para colocar à prova a compreensão delas sobre as lições.

Ao menos uma hora, duas vezes por semana, devem ser devotadas a tais instruções, e assim todo o *Cathecism of Health* será lido inteiramente duas vezes por ano, marcando as mentes das crianças com o verdadeiro espírito de sua doutrina.

Duas horas por semana era uma expectativa otimista. Mas não podemos dizer que a ambição do doutor Faust não deu certo, já que o livro vendeu 80 mil cópias nos primeiros dois anos e logo foi traduzido para diversas línguas. Faust chegou a enviar uma cópia para George Washington, com uma carta de apresentação cheia de adulação, recomendando o uso do livro nas escolas recém-fundadas dos Estados Unidos:

Considero tais livros dignos de serem dispostos perante vós e, por intermédio de vós, diante de toda a nação dos Estados Unidos.

Uma edição norte-americana se seguiu, com direito a uma introdução de Benjamin Rush, um dos pais fundadores do país e um de seus principais médicos. O *Catechism*, na verdade, tem muitos conselhos sensatos, por isso dá para entender os motivos para os arquitetos dos Estados Unidos terem sido atraídos pelo livro. A obra encoraja a autoconfiança, a virtude e a abstinência, exatamente os valores que uma jovem nação buscaria ensinar às suas crianças. Algumas das opiniões de Faust eram certamente progressistas — ele é enfático na defesa da educação igualitária para ambos os sexos e condena espartilhos e outras formas de vestuário feminino que causem constrição dos órgãos internos.

Por outro lado, o doutor Faust tinha alguns assuntos favoritos, e há trechos do livro que se tornaram bem engraçados para um leitor contemporâneo. Provavelmente, o exemplo mais evidente de suas opiniões idiossincráticas é o capítulo que fala sobre vestuário:

VI. *Sobre roupas apropriadas para o uso por crianças do início do terceiro ano até o fim do sétimo ou oitavo ano, ou até que em cada parte da mandíbula os quatro frágeis dentes de leite da frente sejam trocados por quatro fortes dentes permanentes.*

Questão. Por quais meios um homem preserva, especialmente durante a infância, a agradável temperatura do corpo?

Resposta. Pelo consumo de comidas saudáveis e com a prática de exercícios físicos.

Q. É necessário manter as crianças aquecidas e protegê-las das inclemências do tempo por meio do uso de muitos trajes?

R. Não.

Q. Por que não?

R. Para que o corpo cresça saudável e forte, tornando-se menos disposto a contrair doenças.

Q. Como devem ser mantidas as cabeças das crianças?

R. Limpas e frescas.

Q. Seria bom cobrir as cabeças das crianças com bonés e chapéus, para mantê-las quentes?

R. Não, isso é muito ruim. O cabelo é proteção suficiente contra o frio.

Q. Essas coberturas artificiais são perigosas e danosas?

R. Sim. Em função delas, as crianças se tornam simples e estúpidas, criam vermes, ficam com caspa, desenvolvem temperamentos e são perturbadas por dores na cabeça, nas orelhas e nos dentes.

Q. Quais tipos de bonés, portanto, são os mais perigosos?

R. Os bonés de lã, de algodão e de couro.

Q. De que forma, então, devem ser mantidas as cabeças das crianças?

R. Tanto os garotos quanto as garotas devem ter a cabeça descoberta, tanto no verão quanto no inverno, de dia e de noite.

A Baixa Saxônia tem um clima ameno, e a temperatura raramente desce a níveis congelantes no inverno. No entanto, é de imaginar qual era a reação das crianças de regiões mais frias da Europa e dos Estados Unidos a esses conselhos.

Q. Qual é a forma como crianças, tanto garotos quanto garotas, devem se vestir desde o início do terceiro ano até o fim do sétimo ou do oitavo ano?

R. Cabeça e pescoço devem estar livres e descobertos; o corpo, vestido com uma camisa larga e uma túnica, de mangas curtas; os pés devem estar cobertos apenas por um par de meias, para serem usadas dentro dos sapatos; os sapatos não devem ter saltos e precisam estar bem ajustados aos pés.

Q. Quais são os benefícios de tais vestimentas?

R. O corpo se tornará saudável, forte, alto e mais belo. As crianças demonstrarão os melhores e mais graciosos comportamentos, além de se sentirem bem e felizes por estarem vestidas em tais roupas simples e livres.

O doutor Faust tinha a veemente opinião de que uma túnica era a melhor forma de vestir meninos e meninas, mas sua subsequente campanha para proibir a calça, infelizmente, não obteve sucesso. Ainda que seus pontos de vista sobre vestuário fossem bem peculiares, há um aspecto desse assunto no qual ele se provou inequivocamente correto:

Espartilhos e jaquetas rígidos são criações da mais perniciosa natureza. Eles deformam a bela e justa forma de uma mulher, e, ao invés de torná-la reta, como era supostamente, elas ficam com as costas tortas. Tais vestimentas ferem os seios e as entranhas, obstruem a respiração e a digestão, machucam tanto seios e mamilos que muitas mães não podem amamentar os filhos. Em função dessas roupas, muitas mulheres desenvolvem cânceres e, por fim, perdem a saúde e a vida. De forma geral, tais vestimentas destroem a saúde e tornam o parto difícil e perigoso, tanto para as mães quanto para as crianças. Portanto, é o dever dos pais, sobretudo das mães, banir de suas casas e famílias o uso de espartilhos e jaquetas.[5]

É um sábio conselho. Se os pais da Era Vitoriana tivessem aprendido...

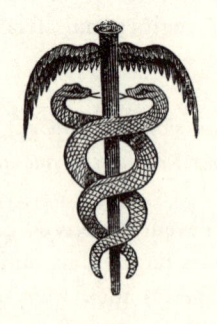

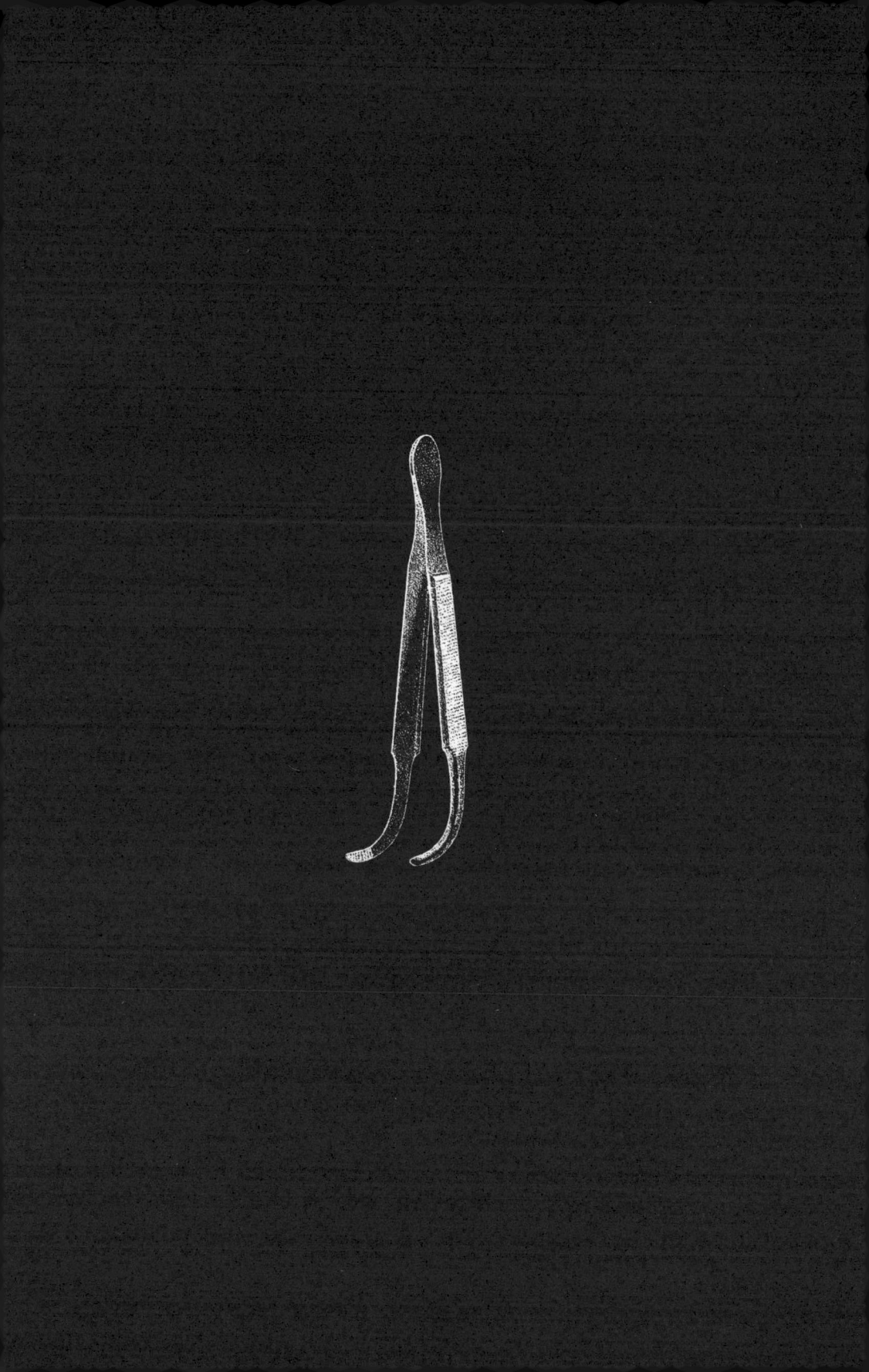

LOST TEETH
MACABRE MEDICINAE

MORTO POR DENTES FALSOS

William Guest Carpenter, cirurgião inglês

Macabra
04
DarkSide Books

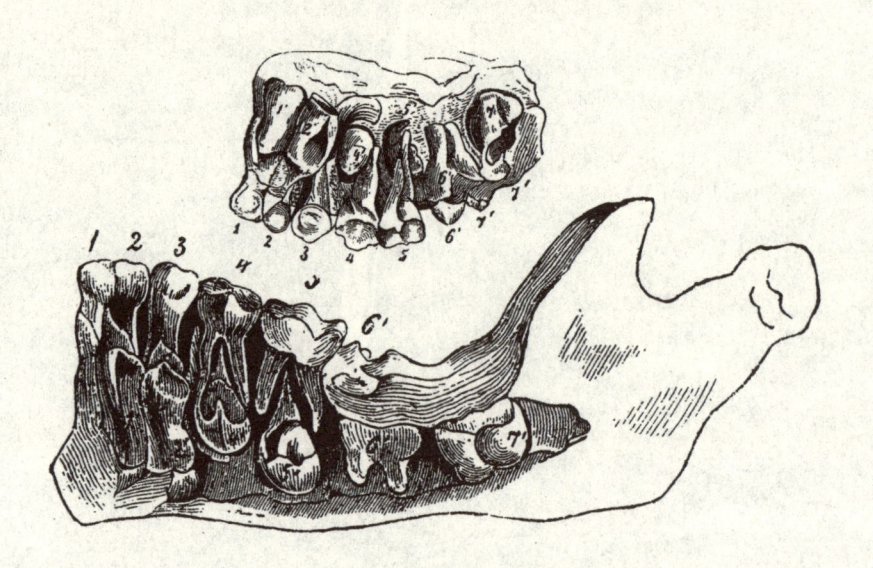

- 1842 -

Uma inesperada morte em decorrência de uma infeção pulmonar causada pela ingestão de preciosos dentes de marfim de uma antiga dentadura, tendo tal incidente determinante ocorrido 13 anos antes do óbito.

Guy's Hospital Reports

William Guest Carpenter não foi um cirurgião famoso nem bem-su-cedido. Ele passou muitos anos atuando como médico nas prisões de Pentonville, Clerkenwell e Millbank, na Inglaterra, e depois passou pela humilhação de se tornar ele próprio um prisioneiro. Foi preso em 1861, após não conseguir pagar suas dívidas — um tremendo azar, pois em poucos anos uma reforma judiciária reduziria radicalmente o núme-ro de pessoas encarceradas por dívida.

Seria triste se o doutor Carpenter fosse lembrado apenas pelo tem-po que passou como convidado de sua majestade. Felizmente, houve um caso que serviu para trazer algo de excepcional a uma carreira que quase não fora digna de nota. Ainda que não fosse ligado a nenhum hospital, ele era membro de uma das mais antigas sociedades médicas de Londres, a Guy's Hospital Physical Society [Sociedade de Médicos de Guy's Hospital], e, durante uma das reuniões de 1842, Carpenter descreveu uma estranha história sobre um par perdido de dentaduras:

Caso de pleurite fatal, aparentemente em consequência da presença na pleura direita de uma peça de marfim, a qual consistia em quatro dentes artificiais que foram engolidos treze anos antes.

O senhor H., de 35 anos, o sujeito do presente caso, era um assistente do senhor Watts, um químico na rua Edgware, com quem ele residira por mais de oito anos. O senhor H. sofria desde a infância de bronquite asmática. Ao que parece, diver-sos membros de sua família faleceram em decorrência de doen-ças pleuríticas, pulmonares ou traqueais.

De maneira geral, o senhor H. e seus parentes sofriam de doenças res-piratórias: as que afetam as vias aéreas, os pulmões ou a membrana ao redor deles.

Com exceção de um eventual ataque de aumento da dificuldade de respirar, nada digno de nota parece ter ocorrido durante o período inicial de residência com seu último empregador.
Entretanto, tendo em vista os fatos curiosos descobertos durante a autópsia, considero que ele deve ter estado doente por alguns anos. Seu comportamento alegre e a devoção com que se
dedicava aos negócios provavelmente eram meios de distraí-lo
do próprio estado de saúde. Eu o conheci no início do inverno
passado. Nunca o vi sem febre. Seu pulso estava sempre acima
de 100, sua pele era quente, e havia outros sintomas de ação
inflamatória em seu organismo.

O paciente pediu que fosse medicado, mas o doutor Carpenter se recusou. Tratava-se de uma questão de cortesia profissional, pois outro médico já fora consultado. A prescrição do outro médico, contudo, não
funcionou, e seus sintomas persistiram por todo o inverno. Alguns meses depois, o paciente ficou ainda pior:

> Em 13 de abril, uma sexta-feira, recebi um recado de sua par-
> te requisitando minha presença, pois ele estava sentindo dores
> na lateral e no peito, as quais, naquela noite, haviam se torna-
> do tão agudas que fizeram com que fosse praticamente impossí-
> vel para ele tossir, falar ou mesmo respirar. Imediatamente, eu
> o visitei. Ele reclamou de fortes dores do lado direito do peito,
> que chegavam à clavícula e que pioravam quando ele inspirava
> fundo. Sua respiração estava curta e apressada; seu pulso, em
> 140 e bastante seco; sua pele, quente e desidratada; sua lín-
> gua estava peluda na base e nas margens, vermelha no centro;
> seus intestinos estavam fechados; sua tosse era preocupante.

Após escutar o peito do paciente, o médico chegou à conclusão de que
havia uma infecção no pulmão direito — os sons de respiração estavam
inaudíveis daquele lado.

> Considerando ser um caso de inflamação ativa, realizei uma
> sangria de 240 ml em seu braço direito, sem induzir sinco-
> pe,* o que diminuiu as dores. Ele pôde então respirar com
> mais liberdade, afirmando que a sangria sempre o beneficiara.

---

* Desmaio.

Recomendei-lhe um pouco de calomelano, antimônio e extrato composto de colocíntida, a ser ingerido antes de dormir.

O trio de drogas prescritas para o pobre paciente formavam uma mistura potente de laxativos bem desagradáveis. Colocíntida, também conhecido como pepino amargo ou maçã amarga, era bem desagradável, chegando a ser descrito por um autor da época como um "purgativo drástico, causador de inflamação nas membranas mucosas do intestino, que resulta em dores, vômitos e evacuações com sangue".

Após três dias, apesar de uma variedade de tratamentos e de remédios, não houve nenhuma melhora nas condições do paciente. O doutor Carpenter procurou a segunda opinião de um colega. O resultado foi a proposta de um novo tratamento, completamente oposto ao que ocorrera antes. Ao invés de esvaziar violentamente os intestinos, eles decidiram enchê-los de volta:

Administrou-se imediatamente um enema de mingau de aveia e azeite de oliva. A dieta passou a ser mais generosa: um pouco de vinho do Porto no decorrer do dia, um bom caldo de carne.

Uns dias depois, o caso chegou ao fim.

Eu preparara os instrumentos para administrar um enema, a fim de aliviar o abdômen e permitir aos músculos mais liberdade para agirem. Deixei-o por apenas alguns segundos, com o intuito de buscar um pouco de vinho, que ele poderia beber para ajudá-lo durante a operação, quando fui convocado de volta ao seu quarto, pois ele se tornara bastante inquieto. Corri aos seus aposentos, mas cheguei lá apenas a tempo de vê-lo soltar o último suspiro.

No dia seguinte, o doutor Carpenter e seu colega realizaram uma autópsia. Eles abriram o peito do homem para analisar seus pulmões.

Tão logo passei o bisturi pela pleura direita, uma efusão de um gás desagradável escapou. A cavidade pleural desse lado continha aproximadamente 3 L de fluido seropurulento.

Em outras palavras, pus amarelado. Tente imaginar 3 L de um fluido assim, seu apelo visual, seu cheiro inesquecível. Ambos os pulmões tinham sinais evidentes de doença, mas havia outra anomalia bem óbvia, um buraco na superfície do pulmão direito «grande o suficiente para caber a ponta de meu dedo mindinho». Um pouco depois, o doutor Carpenter descobriu o que causara a abertura:

> Após completar o exame, estava removendo o fluido remanescente e o coágulo de sangue que escapara dos vasos pulmonares, a fim de devolver o pulmão, quando encontrei uma substância irregular, a qual, sob minucioso exame, para nossa grande surpresa, se revelou um pedaço de marfim talhado na forma de quatro dentes frontais artificiais, cobertos por uma camada marrom, com uma peça pontuda de prata rebitada na parte superior dos dentes, cuja função evidentemente era ajudar a fixá-la na parte superior da mandíbula.

Os dentes falsos não estavam no estômago ou nos intestinos, e sim na cavidade torácica! De que forma aquilo havia chegado lá? O cirurgião perguntou ao pai do falecido se ele sabia de alguma coisa:

> Imediatamente, o homem bradou que o filho engolira os dentes treze anos antes, numa crise de tosse, durante seu período de aprendiz. Então, voltei a examinar o esôfago, e nos convencemos de que não havia nenhum ferimento recente ou uma cicatriz. A única abertura pela qual o objeto poderia ter escapado para a pleura da cavidade torácica direita, onde fora encontrado, deve ter sido o buraco fistuloso[†] no pulmão correspondente.

O médico percebeu que a presença de um conjunto de dentes falsos alojados no pulmão deveria ser bem dolorosa, por isso inquiriu se a vítima demonstrara muita aflição na época do incidente. Mas, ao que tudo indica, a resposta fora negativa.

> Na manhã após o ocorrido, ele mencionou as circunstâncias para o senhor Champley, seu mestre, que o aconselhou a tomar um purgante, supondo que os dentes deveriam ter passado para o estômago. Após isso, considerou-se que os dentes deveriam ter passado pelos intestinos, sem serem notados, e gradualmente o acontecimento foi esquecido.

---

†   Anômalo.

O doutor Carpenter supôs que o paciente, de alguma forma, inalara a dentadura, que adentrara o pulmão e, de alguma forma, penetrara pela parede do órgão antes de se alojar na pleura, a membrana ao redor dele. Ele mencionou que um dos dentes falsos ainda estava bem afiado — afiado o bastante, ele pensou, para causar a abertura que fora observada. A explicação do doutor Carpenter soa bastante improvável — seria de esperar que um ferimento dessa natureza tivesse causado uma imensa hemorragia, entre outros sintomas mais dramáticos —, mas, de qualquer maneira, é difícil explicar o caso. O mais impressionante sobre tudo isso é que os dentes permaneceram no local por *treze anos* antes da morte do paciente.

O relatório termina com um adendo que parece dedicado especialmente para aqueles dotados de curiosidade mórbida:

> Os dentes se encontram em possessão do senhor Carpenter, na rua West, em Finsbury Circus.[6]

Certamente, o item atraiu uma fila infindável de curiosos só sorrisos para comtemplá-lo.

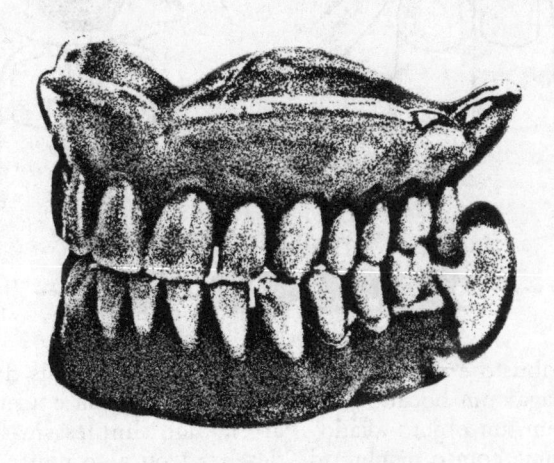

PEGGED OUT

MACABRE MEDICINAE

UM CORPO
ESTRANHO
EM ÓRBITA

Robert Brudenell Carter,
médico de Gloucester

Macabra Edition · 05 · DarkSide Books

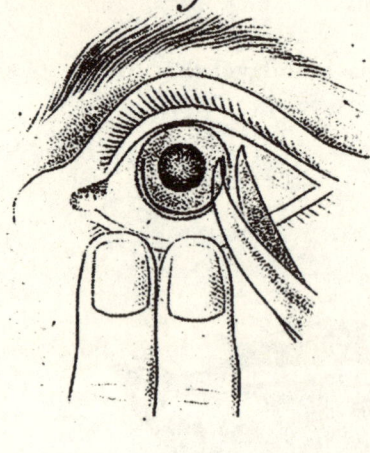
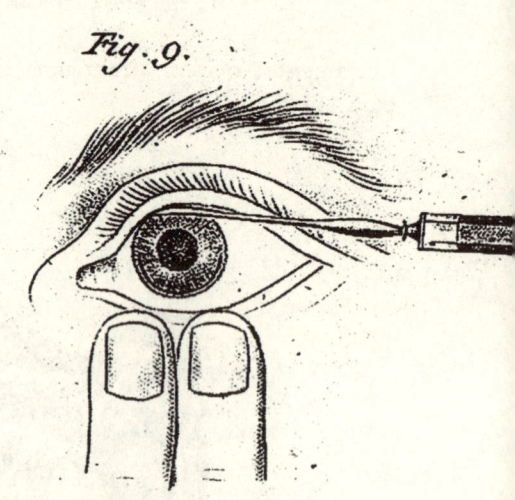

Fig. 11.

Fig. 9.

- 1864 -

Um robusto e vigoroso senhor de 73 anos, depois de se
embriagar um bocado, escorregou na escadaria e acertou
o rosto em um objeto afiado. Parecia algo simples, mas a sua
negligência com o machucado desencadeou algo muito pior.

Ophthalmic Review

THOMAS MORRIS
MEDICINA MACABRA

CASO N°05

Em 1864, Robert Brudenell Carter, um médico de Gloucester, na Inglaterra, enviou uma série de relatórios de casos para serem publicados pela *Ophthalmic Review* [Notícias Oftálmicas]. Em suas próprias palavras, o médico de 36 anos era "um notoriamente malsucedido médico geral do interior", mas em alguns anos sua carreira floresceu, provando o adágio de que, para alguns, a vida só começa aos quarenta. Carter foi uma pessoa muito bem realizada, com conquistas que vão além do campo da cirurgia. Ele serviu com distinção como cirurgião do Exército na Crimeia, e seus despachos do *front* foram publicados pelo *The Times*.

Carter fundou hospitais oftalmológicos em Nottingham e Gloucester, mas eventualmente se desiludiu com a vida médica provinciana. Ao se mudar de volta para Londres, em 1868, buscou emprego nos jornais, e não nos hospitais. O *Times* o contratou como membro da equipe, assim como o *Lancet*. No ano seguinte, Carter retomou a carreira como cirurgião no Royal Eye Hospital [Hospital Real Oftalmológico], em Southwark. Durante o resto da vida, levou uma carreira dupla, de cirurgião renomado e proeminente membro da rua Fleet.* No *Times*, foi celebrado como o primeiro jornalista a utilizar uma máquina de escrever, e por fazê-lo enquanto usava dois pares de óculos ao mesmo tempo.

Este inusitado relatório de caso dá indicações de suas habilidades literárias:

Corpo estranho encaixado na órbita do olho.

G. W., um robusto e vigoroso senhor que fez 73 anos, caiu de uma escadaria no escuro, embriagado, em algum momento dos últimos dias de maio. Ele não perdeu a consciência em decorrência da queda. G. W. feriu o lado nasal do olho direito e sangrou bastante pelo machucado. Ainda assim, não procurou

---

*   A rua Fleet foi a grande sede da imprensa britânica até os anos 1980.

assistência médica até 1º de junho, quando foi até o senhor Clarke, que encontrou uma ferida conjuntival irregular e bastante inchaço das pálpebras, por isso preparou um curativo simples.

Nada muito fora do comum — ou, pelo menos, era o que parecia até ali. Havia indicações de que o senhor caíra num objeto afiado, que ralara a superfície de seu olho direito e causara um pequeno machucado entre a órbita e o nariz.

O paciente se apresentou em intervalos até o dia 6 de junho, quando o senhor Clarke descobriu a presença de um corpo estranho no ferimento, mas o médico postergou a remoção do objeto até o dia seguinte, quando visitou o homem em sua casa. O doutor, então, sentiu a extremidade de um pedaço de ferro, que ele prendeu com um fórceps e tentou extrair. Usando uma força considerável e após certo tempo, o médico removeu uma haste inteira de um cabide de chapéus de ferro, que tinha 8,4 cm de comprimento e pesava 25 escrúpulos.

Esse é um baita objeto para encontrar totalmente escondido dentro de uma ferida no olho. Um escrúpulo era uma unidade de peso usada por boticários e farmacêuticos, que valia $\frac{1}{24}$ de uma onça. Imagine só: essa haste pesava mais de 32 g.

Ao inquirir mais profundamente, o senhor Clarke descobriu que o porta-chapéus em questão era um de uma sequência, parafusados numa parede próxima ao fim da escadaria. Portanto, o homem deve ter caído sobre a haste, seu impulso deve tê-la quebrado, e então ela ficara totalmente enterrada dentro de sua órbita.

Gosto de acreditar que sou uma pessoa forte, mas dei uma estremecida aqui.

A cavilha na base do porta-chapéus ainda estava em seu lugar, na fila das hastes na parede, apresentando uma superfície recentemente fraturada que se encaixava perfeitamente com o pedaço de metal removido do paciente.

Ninguém notara que o porta-chapéus estava quebrado, o que é compreensível. O mais surpreendente é que o paciente não tenha percebido o metal de 8 cm de comprimento dentro de sua cavidade ocular.

Quando surgiu a pergunta acerca do momento exato em que o impacto ocorrera, ninguém soube responder. O paciente passou sete dias em observação médica, mas não conseguia precisar em qual dia da semana havia caído; tudo que disse foi que deve ter sido quatro ou cinco dias antes de procurar o médico. Quatro ou cinco, para um homem iletrado, significa simplesmente x; pode-se presumir, entretanto, que o impacto ocorrera de fato de dez a vinte dias antes. O paciente se recuperou sem nenhum sintoma desfavorável.

Eis um homem de sorte. Mas resta uma pergunta final: como foi possível que uma haste de metal de 8 cm tenha entrado na cavidade ocular do paciente sem causar perda de visão, danos cerebrais ou mesmo sua morte?

O senhor Clarke precisou utilizar uma força considerável para remover a haste do porta-chapéus. Para conseguir extrai-la, ele teve tanto de movê-la lateralmente, com o intuito de causar afrouxamento, quanto puxar com força para trás. Considerando esse esforço e os movimentos que teve de fazer, e em parte pelas proporções da haste, tornou-se difícil para ele precisar a direção na qual o metal entrara na cavidade ocular. No entanto, o senhor Clarke acredita que a ponta da haste deve ter penetrado o seio paranasal do lado oposto.[7]

A teoria de que a haste invadira o vestíbulo do nariz do paciente faz algum sentido, ainda assim não se pode descartar a possibilidade, apontada por Robert Brudenell Carter, de que ela poderia ter penetrado no cérebro. Cerca de quarenta anos após o incidente, os cirurgiões poderiam tirar um raio-X e acabar de vez com as dúvidas. Em 1864, no entanto, um caso dessa natureza era um jogo de adivinhação.

CAST-IRON STOVE

MACABRE MEDICINAE

QUENTE
COMO UM
FORNO

Monsieur Carret, médico do
Hospital de Dieu de Chambery

★ Macabra Edition ★
06
DarkSide Books

PLATE XVIII.

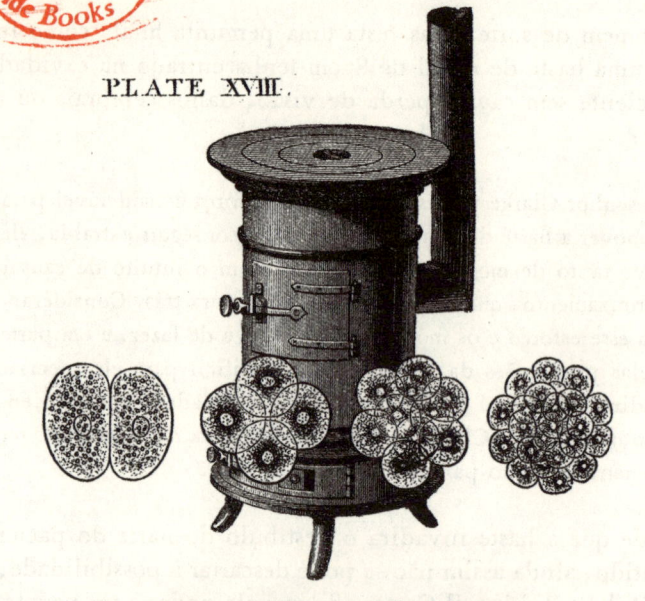

- 1868 -

Um médico francês se mostra muitíssimo preocupado com
o constante uso de fornos de ferro fundido ao correlacionar
o equipamento com a disseminação de doenças infecciosas,
dentre elas, a febre tifoide.

The Lancet

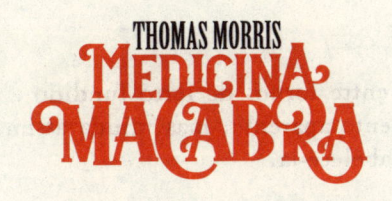

CASO Nº06

No fim dos anos 1860, uma nova moda começou a se proliferar pela literatura médica tal como bactérias numa placa de Petri: a "teoria dos germes". Os cientistas estavam discutindo havia décadas acerca dos meios de transmissão de doenças. Durante a primeira metade do século XIX, a perspectiva ortodoxa defendia que as epidemias de doenças como a febre tifoide e a cólera eram causadas pelo ar contaminado, conhecido como miasma, que seria emitido pela matéria orgânica ao apodrecer ou gerado espontaneamente em ambientes malventilados ou sujos. Alguns visionários, entretanto, acreditavam que pequenas partículas, invisíveis ao olho nu, eram as verdadeiras responsáveis — essa "teoria dos germes", no entanto, só ganhou notoriedade após os experimentos de Louis Pasteur sobre fermentação, no início dos anos 1860, que o levaram a concluir de uma vez por todas que eram os micro-organismos que causavam doenças.

Ainda que o termo "teoria dos germes" tenha sido usado numa revista médica britânica pela primeira vez em 1863, essa hipótese só foi amplamente aceita bem depois. Por um tempo, muitos pesquisadores continuaram insistindo que as epidemias tinham outras causas — um deles, inclusive, chegou a postular que a poeira agia como "balsas" transportando "venenos atmosféricos" entre as vítimas. Havia outras teorias ainda mais estranhas, entre elas esta, que foi impressa no *Lancet* em 1868:

Fornos de ferro fundido causam doenças.

Quando *monsieur* Carret, um dos médicos do Hospital de Dieu de Chambery, na França, tentou alertar a Academia de Ciências de Paris acerca das possíveis consequências maléficas do uso de fornos de ferro fundido, pouca atenção lhe foi concedida.

A possível conexão entre fornos de ferro fundido e doenças infecciosas não é imediatamente aparente, mas, ainda assim, o doutor Carret estava focado em estabelecê-la.

O *monsieur* Carret não hesita em estabelecer com firmeza que os fornos de ferro fundido são uma fonte de perigo para aqueles que fazem uso deles no dia a dia. No curso de uma epidemia em Savoia, na França, sobre a qual *monsieur* Carret não fornece muitos detalhes, ele observou que todos os habitantes a caírem adoecidos faziam uso de fornos de ferro fundido, um item que vinha sendo importado pelo país havia pouco tempo, enquanto os cidadão que empregavam outras formas de cozinhar, ou outros tipos de fornos, passaram imunes pela doença. Acerca de uma epidemia de febre tifoide, que se espalhou pouco tempo depois no Liceu de Chambéry, o autor também chegou à conclusão de que houvera a influência de um grande forno de ferro fundido, presente nos dormitórios infantis.

À primeira vista, esse caso parece um exemplo clássico do erro de confundir correlação com causa. Mas qual era a evidência que Carret citava? Bom, ele usava como referência os experimentos de dois de seus colegas: os senhores Trorst e Deville.

Esses hábeis pesquisadores estabeleceram que tanto o ferro quanto o ferro fundido, ao serem aquecidos até certa temperatura, se tornam permeáveis à passagem de gás. Eles puderam calcular a quantidade de óxido de carbono que pode, segundo sua suposição, transudar* por meio de determinada superfície de metal, além de demonstrar que o ar ao redor de um forno de ferro fundido se torna saturado com hidrogênio e óxido de carbono. A partir daí, eles concluem que fornos de ferro fundido, ao serem suficientemente aquecidos, passam a absorver o oxigênio e a expulsar ácido carbônico.

Eis uma afirmação duvidosa. Não fica evidente qual seria a ligação entre o ácido carbônico (dióxido de carbono) e a febre tifoide, mas isso parece não importar.

---

* Vazar.

O general Morin relatou alguns experimentos comparativos, que foram conduzidos por *monsieur* Carret e corroboram sua teoria. Determinou-se que, após permanecer por uma hora dentro de um local aquecido até 40°C por meio de um forno de chapa de ferro, *monsieur* Carret transpirou abundantemente e ficou com bastante apetite, sem se sentir debilitado. Os mesmos resultados foram estabelecidos com um fogão de argila. Todavia, ao ser exposto por meia hora a um forno de ferro fundido, ele foi invadido por intensas dores de cabeça e enjoo.

A pergunta principal, ainda assim, deveria ser: ele acabou pegando febre tifoide? Mas o doutor Carret acaba não respondendo a essa fervorosa indagação.

Deville, também presente na mesma reunião da Academia, defendeu tais afirmações de modo consideravelmente acalorado.

O que não é de surpreender, caso ele tenha passado tanto tempo quanto o *monsieur* Carret sentado ao lado de um forno aquecido.

Os perigos trazidos pela utilização de fornos de ferro fundido, segundo ele, eram imensos, verdadeiramente formidáveis. Ele instalara dois sinos elétricos em sua sala de aulas na Sorbonne, os quais disparavam tão logo houvesse difusão de hidrogênio ou de óxido de carbono no ambiente. Veja bem, no decorrer de sua última palestra, constavam na sala dois fornos de ferro fundido, que, tão logo foram acesos, causaram o disparo dos alarmes.

Dessa vez, todavia, algum dos alunos ou o professor contratiu febre tifoide? Novamente, ficamos sem uma resposta.

Tais fatos são estarrecedores se considerarmos a reputação de segurança creditada pela população a esses artigos de uso doméstico. Especialmente na França, as moradias das classes mais baixas, os barracões de soldados, os estúdios de artistas, as salas de aula das maiores escolas etc. são comumente aquecidos por fornos desse tipo.[8]

Não é possível que eu seja o único a achar que o doutor Carret não estabeleceu de forma convincente uma relação causal entre os fornos de ferro fundido e a febre tifoide. Ainda assim, a tese dele foi considerada tão preocupante pela Academia Francesa de Ciências que eles decidiram conduzir uma investigação ainda mais profunda e criaram um comitê de cientistas pesos-pesados para cuidar dela, liderado pelo fisiologista Claude Bernard, um dos maiores cientistas do país naquela época. O relatório do comitê, finalizado após cinco anos de trabalho, é um testemunto do característico rigor científico de Bernard. Após uma série de exaustivos experimentos, concluiu-se que [...] os fornos de ferro fundido *eram de fato* muito perigosos, mas por outros motivos, diferentes daqueles sugeridos por Carret. Bernard descobriu que eles emitiam quantidades perigosas de monóxido de carbono, um gás que já era conhecido como altamente tóxico. No fim, foi uma descoberta relevante, que causou importantes mudanças no *design* e na instalação dos fornos.

O que, porém, o relatório falava sobre a suposição de que os fornos estavam causando febre tifoide? O documento tem quase cinquenta páginas, mas a reinvindicação do doutor Carret é rejeitada numa só frase:

> Os fatos citados por esse doutor para sustentar sua opinião não são suficientemente bem fundamentados para justificar as conclusões a que chegou.[9]

No mundo da ciência, é assim que eles fazem quando querem humilhar alguém.

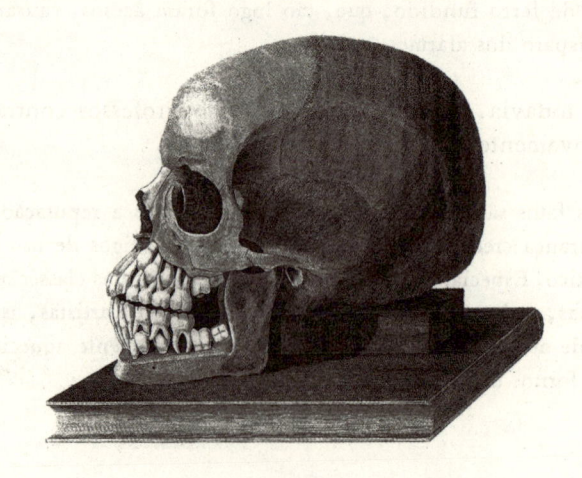

RAINING SPITS

MACABRE MEDICINAE

GUARDA
A CHUVA
MAS NÃO PROTEGE

H.G. Croly, médico irlandês

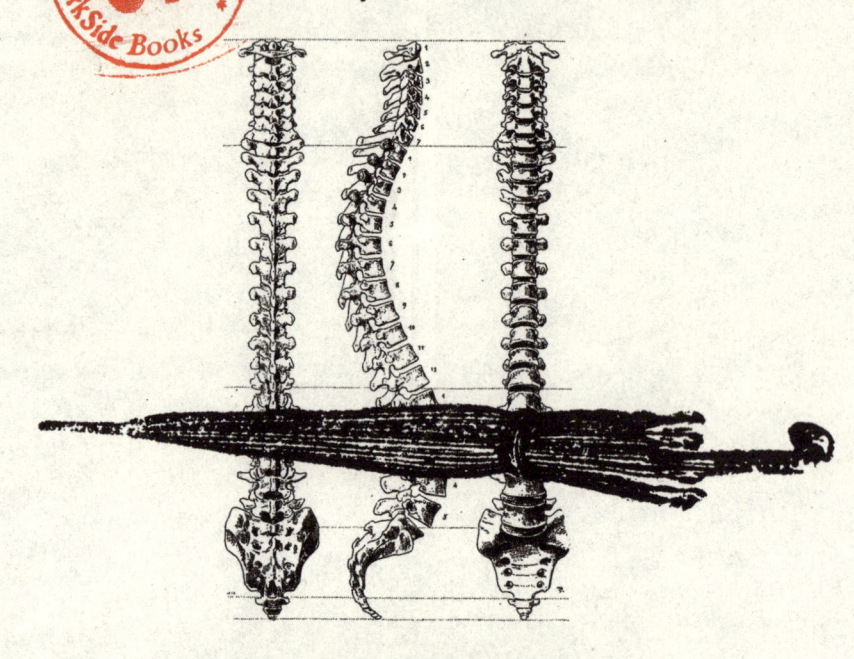

- 1873 -

Durante uma inocente brincadeira, um garoto perfurou
o fundo de sua garganta com a haste de metal de um guarda-
chuva. Não se tratava, entretanto, de uma ferida superficial:
o garoto atingira a sua medula espinhal.

Medical Press and Circular

CASO Nº 07

Na minha época de escola, um de meus colegas sofreu uma lesão bem infeliz. Enquanto estava se abaixando para pegar algo, um amigo achou que seria engraçado cutucá-lo nas nádegas com um guarda-chuva. Infelizmente, o brincalhão calculou mal a própria força e causou um machucado no outro garoto, que precisou visitar o médico da escola. O traseiro ferido foi diagnosticado com uma fissura anal, um pequeno rompimento na parede muscular do ânus — nada muito sério, mas inconveniente o bastante para fazer o garoto ferido ter dificuldades ao se sentar nos próximos dias. De alguma forma, essa fofoca escolar foi descoberta por um dos tabloides — provavelmente algum aluno mais esperto ainda ganhou uns trocados —, que publicou a história com o título de "Guarda-chuva da dor".*

Foi um pequeno incidente escolar, algo trivial, mas me lembrei desse ocorrido quando deparei com um caso bem mais sério, registrado em 1873 por um médico irlandês chamado H.G. Croly:

Lesão do cordão espinhal

Um garoto chamado Patrick Donohoe, de oito anos, foi internado no Hospital da Cidade de Dublin, na Irlanda, no dia 12 de fevereiro, sob os cuidados do senhor Croly. Três dias antes de sua entrada no hospital, o garoto estava brincando com a estrutura de aço de um guarda-chuva, colocando uma das pontas do objeto dentro da boca. Ele estava sobre sua cama e terminou caindo no chão, sobre o guarda-chuva. Uma das

---

* No original, "BROLLY PAINFUL", um trocadilho com um jeito informal britânico de falar sobre um guarda-chuva (no qual "umbrella" é chamado de "brolly") e a pronúncia de "provavelmente" ("probably"); "painful" significa "doloroso". Os tabloides britânicos são conhecidos no mundo todo por publicarem fofocas, matérias impróprias e notícias falsas. Ainda assim, o autor tem um aviso para os autores da matéria: "Sim, roubei o título da manchete. Lidem com isso."

pontas dos metais do objeto entrou até o fundo de sua faringe, e a própria criança o puxou para fora da boca.

Ele estava brincando com o "esqueleto" do guarda-chuva. Uma das pontas das hastes, que sustentam o tecido do guarda-chuva, acabou entrando na boca do garoto. Mas a haste de metal não desceu para o estômago do menino e terminou perfurando o fundo de sua garganta.

Cerca de duas ou três horas depois, a mãe do garoto chegou em casa e o encontrou apoiado sobre a estante em cima da chaminé. Ele estava sentindo enjoos, além de ter sangrado tanto pela boca quanto pelo nariz. A princípio, sua mãe pensou que o menino estivesse fumando, por isso lhe deu uma surra antes de perguntar os motivos de sua condição.

É uma tremenda injustiça! Mas, sejamos sinceros, se ela suspeitou que o filho havia roubado um cigarro, o garoto não devia ser um santo.

Uma irmã do garoto, entretanto, narrou para a mãe o ocorrido. Ela, então, olhou dentro da boca do filho e encontrou uma ferida no fundo da garganta do menino. Naquela noite, o garoto teve delírios, e na manhã seguinte, como não apresentava sinais de melhora, a mãe levou a criança até o senhor Croly. Ela afirmou ao médico que, além dos sintomas de febre, o filho estava com visão dupla. Havia um vestido, de uma das crianças, pendurado num varal do outro lado da sala, e ele dissera à mãe que estava vendo dois vestidos.

Deve ter sido um tremendo choque para a pobre mulher, até porque a primeira coisa que ela fez foi dar uma surra no moleque. Quando o médico examinou o jovem Patrick, encontrou uma perfuração bem evidente no fundo da garganta. O garoto, a essa altura, havia ficado estrábico e não aguentava ficar com os olhos abertos quando via uma luz muito clara. Mas o mais preocupante é que ele não conseguia ficar de pé sem cambalear.

Pela observação de tais sintomas, o senhor Croly concluiu que a haste do guarda-chuva penetrara o cordão espinhal pela primeira e pela segunda vértebras cervicais, chegando a essa conclusão tanto pelo histórico do caso quanto pelos sintomas de paralisia. Ele ordenou que raspassem o cabelo do garoto, aplicou sanguessugas dos dois lados da espinha e administrou calomelano e pó de James.

Calomelano era um laxativo forte, feito de mercúrio. Já o pó de James era um remédio contra a febre, inventado em 1746 pelo médico Robert James, e se tratava de um dos fármacos patenteados com mais partidários de seu uso. Sabe-se lá os motivos da popularidade desse pó, já que um de seus ingredientes era um elemento altamente tóxico, o antimônio, que provoca vômitos.

O garoto apresentava dificuldades para engolir. Sua temperatura foi medida, e se descobriu que ela subira de 36,6° C, no dia 14 de fevereiro, para 38,8° C e 40,5° C. Ele sussurrava, guinchava, sua fronte estava fechada e sua cabeça pendia para trás. Tais sintomas alcançaram níveis preocupantes, a ponto de se tornar necessário mantê-lo dentro de um quarto com a luz baixa. Persistiu-se no tratamento com mercúrio e pó de James, passando também a aplicar-se gelo em sua cabeça. Por fim, os sintomas desapareceram e a criança, de fato, estava restabelecida.

Sua recuperação foi tão abrupta que o médico não pôde compreender o que ocorrera. O doutor ficou tão intrigado pelo acontecimento que decidiu testar a hipótese de que o garoto havia ferido a medula espinhal. Para isso, ele foi até o necrotério do hospital, encontrou um cadáver adequado para seu fim e atravessou um ferro afiado pelo fundo de sua garganta, no mesmo ponto onde o menino havia se machucado:

Ele determinou então que o arame penetrou entre a primeira e a segunda vértebras cervicais, atingindo o cordão espinhal. Com isso, chegou à conclusão de que se tratava de um caso único.[10]

Se a análise do senhor Croly estiver certa, foi mesmo um caso ímpar. Lesões entre as duas primeiras vértebras do pescoço, conhecidas como C_1 e C_2, estão entre as mais perigosas para a medula espinhal. Se a medula espinhal for totalmente rompida, o resultado mais provável é a morte, ou ao menos a paralisia completa, que pode incluir a interrupção da respiração. Não foi, claro, isso o que aconteceu, de modo que a haste metálica deve ter apenas raspado contra a medula. De qualquer modo, não é todo dia que alguém consegue ferir a medula espinhal com um guarda-chuva.

MATCHBOX

MACABRE MEDICINAE

UM
INCÔMODO
ARDENTE

George Beatson, cirurgião da Era Vitoriana

Modern Edition
08
DarkSide Books

Figura · II

- 1886 -

Os incendiários casos dos pacientes cujas sórdidas eructações
se provaram inflamáveis e causaram acidentes terríveis.
Um exame atento dos casos, que se comparam ao que acontece
quando se aproxima um pouco de pólvora do fogo, revela
a causa por trás dessa ardente condição.

British Medical Journal

CASO N°08

No oeste da Escócia, o nome de *sir* George Beatson é sinônimo de tratamento e prevenção de câncer. Tanto o maior hospital de câncer de Glasgow quanto um instituto de pesquisa e uma organização médica de caridade dedicados à doença foram nomeados em homenagem a esse cirurgião da Era Vitoriana, que inventou um dos primeiros tratamentos efetivos contra o câncer dos seios. Ele deduziu que o progresso da doença poderia ser atrasado se os ovários das pacientes fossem removidos. Essa operação, conhecida como ooforectomia, permaneceu como o procedimento padrão por mais de um século.

Em 1886, esse pioneiro da oncologia fez uma chocante descoberta sobre os perigos do fumo. Não era nada relacionado ao câncer de pulmão — apenas nos anos 1950 é que a ligação entre os dois seria comprovada de vez. Na verdade, o artigo que Beatson enviou à *British Medical Journal* em fevereiro daquele ano tinha como assunto o importante tópico dos arrotos explosivos:

Um caso ímpar de queimaduras na face

Considerei ser o correto registrar o seguinte caso, pois me parece algo raro e de alguma importância sob uma perspectiva médico-legal. Não me é possível descrever os fatos melhor do que nas próprias palavras do paciente, que o descreveu para mim por carta. Seu relato é o seguinte:

"Algo bastante estranho ocorreu comigo há cerca de uma semana. Por um mês, mais ou menos, fui incomodado por constantes e sórdidas eructações".

"Eructação" é o termo médico (e educado) para arroto.

"Eu não sentia dores, mas o odor dos gases provenientes de meu estômago me causava bastante desconforto, além de incomodar aqueles que estivessem na mesma sala. Há cerca de uma semana, levantei-me pela manhã, acendi um fósforo para checar a hora e, ao aproximar a flama dos meus lábios para apagá-la, meu hálito pegou fogo e estalou com um barulho alto, como o de uma pistola. O incidente queimou meus lábios, que ainda estão um tanto feridos. Foi um imenso susto, tanto para mim quanto para minha mulher, que despertara com o ruído da explosão."

Não sei precisar o que seria mais assustador: acordar com o som de uma explosão ou testemunhar o marido arrotando fogo como um dragão sofrendo de má digestão. A conclusão do senhor Beatson foi que a halitose, geralmente uma mera inconveniência para quem tem a condição e para aqueles ao seu redor, também "poderia se tornar uma condição perigosa".

> Nessa conjetura, os efeitos gasosos dos alimentos maldigeridos formaram um arranjo de carbono e hidrogênio que deu origem à presença de hidrogênio carburado [...]

"Hidrogênio carburado" é um termo antiquado para metano. O verbo "carburar" significa "reagir ou misturar com carbono". O carburador do motor de um carro é a parte que mistura hidrocarbonetos — nesse caso, o petróleo — com o ar, para torná-los mais explosivos.

> [...] as características inflamáveis e explosivas se apresentaram quando misturadas com a proporção necessária de ar atmosférico, na presença do fogo desprotegido de um fósforo aceso."

É bem plausível que seja isso mesmo que tenha ocorrido, ainda que a explosão possa ter envolvido hidrogênio e metano. Esses dois gases são gerados em volumes relativamente grandes — cerca de 200 ml por dia — no trato digestivo humano. A maior parte dessa produção, no entanto, acontece no intestino grosso, o que faz com que seja difícil explicar os motivos para esses gases terem saído pela boca.

O curto artigo do doutor Beatson gerou um fluxo de correspondências para o periódico. Algumas semanas após a publicação, Robert Saundby, um médico de Birmingham, na Inglaterra, redigiu uma carta acadêmica que apresentava análises químicas de gases inflamáveis arrotados por outros pacientes. A potência dessa carta, entretanto, foi eclipsada por um relato enviado por outro médico de Glasgow, o doutor R. Scott

Orr, que descreveu uma anedota que lhe fora enviada por um "senhor de cerca de setenta anos que terminou falecendo de apoplexia":

> "Há cerca de cinco ou seis anos, eu sofria com muita acidez e indigestão. Então, encontrei algum alívio com a mistura de pó de Gregory e bismuto, e por um bom tempo tive conforto."

O pó de Gregory era uma mistura de ruibarbo, gengibre e carbonato de magnésio, um remédio patenteado quase sempre usado para tratar problemas digestivos.

> "No entanto, de um ou dois anos para cá, ou mesmo antes, tenho sido acometido por muita flatulência, um inchaço generalizado após o jantar e durante a noite, causando uma dor considerável na boca do estômago. Não sou perturbado por muita azia ou acidez, mas por eructações de vento ou gases, tendo estes um cheiro tão torpe a ponto de me deixar totalmente desconfortável, de fato entristecido, assim como aqueles na minha companhia ou nas proximidades. Ultimamente, a dor se tornou tão severa, ou melhor, opressiva, que está impossível cair no sono."

Se já não era ruim o suficiente cheirar como um curtume,* o pobre-coitado acabou desenvolvendo mais um hábito bem antissocial.

> "Há uns quatro ou cinco meses, durante a noite, ao acender meu charuto, acabei exalando uma dessas eructações involuntárias enquanto segurava o fósforo contra meu charuto. O gás expelido pegou fogo, queimou meu bigode e meus lábios, além de me causar um belo susto. Foi uma explosão ou lufada de tal proporção que se compara ao que acontece quando se aproxima um pouco de pólvora do fogo."

Como diria Clarice Lispector em seu clássico *A hora da estrela*: "EXPLOSÃO".

---

* Curtume, ou fábrica de curtume, é onde se processa o couro animal. Se você não conhece a atmosfera agradável de um curtume, recomendo uma visita à instalação mais próxima, onde será recebido(a) por um aroma que nunca mais vai abandoná-lo. [NT]

"Meu filho H., que estava sentado lendo ao meu lado, imediatamente olhou para mim, espantado. Ele testemunhou a mesma coisa ocorrendo duas ou três vezes, sendo que isso já aconteceu comigo cinco ou seis. Venho testando todos os tipos de dietas diferentes, mas de nada adiantou."[12]

Os leitores que estivessem esperando uma explicação para essa habilidade excêntrica de cuspir fogo dos pacientes sairam dos relatos desapontados, pois a expulsão de gás inflamável do estômago foi considerada só um efeito colateral de um tipo incomum de indigestão. No entanto, dali a quatro anos, tudo seria explicado, quando o doutor Games McNaught registrou outra ocorrência desse fenômeno. Seu paciente era um operário de 24 anos:

Sua profissão requer que ele se levante logo cedo. Certa vez, ao acender um fósforo para checar o horário, enquanto segurava a chama perto da boca, ocorreu uma eructação de gás vinda do estômago. Para seu pavor, o gás pegou fogo, queimando consideravelmente sua face e seus lábios, além de chamuscar seu bigode.

O doutor McNaught percebeu que o abdômen do paciente estava inchado e tenso demais. Por curiosidade, colocou um tubo dentro do estômago e pegou um pouco dos conteúdos do órgão para investigar. Eles eram constituídos por

um material que parecia uma sopa, cujo cheiro era exatamente igual ao de fermento azedo. Ao deixar o tubo repousar, formou-se uma camada de algo espumoso no topo, com pouco mais de 1 cm de grossura, que parecia levedura suja. A mistura era cheia de bolhas de gás, que podiam ser vistas formando e estourando dentro do frasco.[13]

O doutor McNaught percebeu que um processo de fermentação estava ocorrendo, o qual produzia um gás inflamável. Esse processo geralmente acontecia na parte de baixo dos intestinos. Seu paciente tinha uma obstrução no trato digestivo que não deixava o conteúdo do estômago chegar ao intestino delgado. Como esse material estava preso no estômago por muito mais tempo do que o usual, ele estava fermentando e liberando grandes quantidades de hidrogênio e metano, que só tinham uma forma de sair: pela boca.

A conexão entre arrotos inflamáveis e obstrução gástrica foi confirmada por um número de casos similares nos primeiros anos do século **xx**. Entre eles, há este belo truque para ser realizado em festas, de autoria de um homem que tentou acender um cigarro enquanto jogava uma tranquila partida de cartas:

> Assim que se inclinou para acender o cigarro, ele sentiu uma necessidade incontrolável de arrotar. No entanto, estando na presença de conhecidos, tentou liberar o gás de forma discreta, por meio do nariz. Foi então que seus companheiros de jogo foram apavorados pela projeção de duas chamas na forma de leques que se projetavam de suas narinas.[14]

O que poderia ser mais discreto do que arrotar chamas pelo nariz?

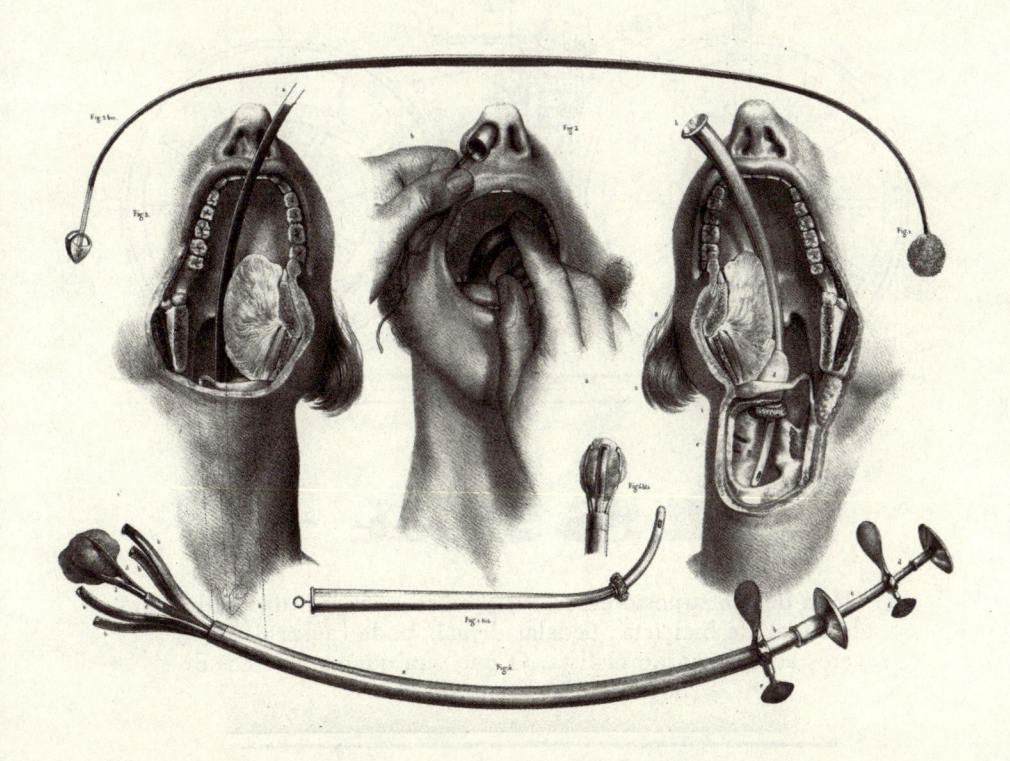

BIKES & HEARTS

MACABRE MEDICINAE

AS
PERVERSAS
BICICLETAS

George Herschell, especialista de Londres

Macabra Edition 09 · DarkSide Books

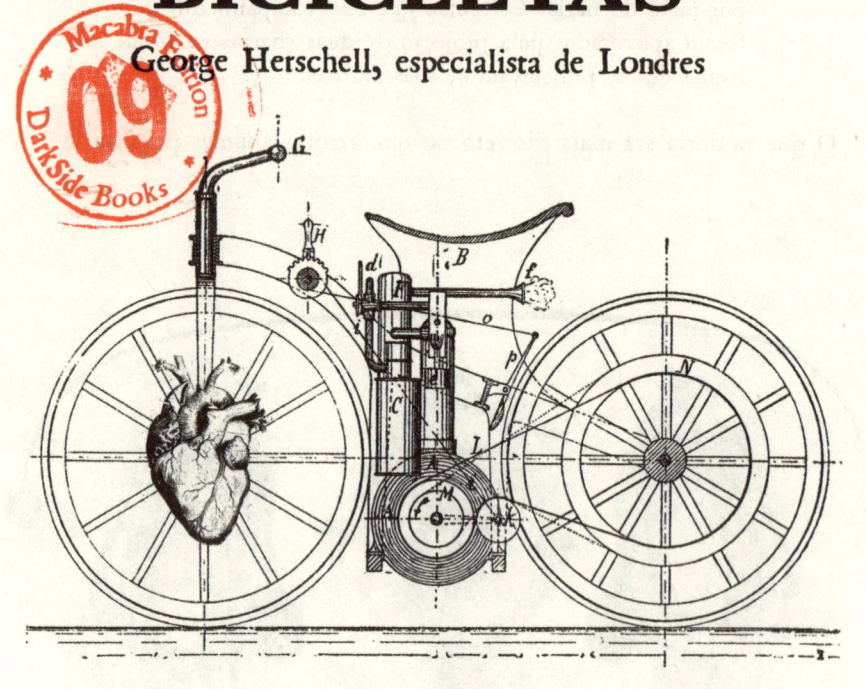

- 1894 -

O alerta de um suposto especialista sobre o excesso da prática de andar de bicicleta : pedalar demais pode causar danos severos ao coração do ciclista. O que será que os médicos de hoje em dia diriam disso ?

Jelentés az 1894

CASO Nº 09

Em setembro de 1894, vários dos mais renomados cientistas do mundo chegaram a Budapeste, na Hungria, para o VIII Congresso Internacional de Higiene e Demografia. Foi um evento imenso: mais de setecentos artigos de pesquisa foram apresentados no decorrer de nove dias, com a participação de 2.500 participantes. A hospitalidade dos húngaros se provou exuberante, tanto que uma publicação descreveu o evento como "uma agradável excursão para a qual o trabalho científico serviu principalmente de pretexto".

Os tópicos abordados durante o congresso incluíram desde a gestão de epidemias de difteria até os benefícios para a saúde do banho com água fria. No dia 5 de setembro, uma quarta-feira, uma breve sessão foi dedicada à "higiene do esporte". E. P. Léon-Petit, um médico de Paris, apresentou uma palestra intitulada "Mulheres e a bicicleta", na qual discursou sobre a tediosa questão acerca da segurança dessa nova invenção para tais delicadas e pobres criaturas. Os perigos haviam sido exagerados, ele sugeriu, e os potenciais benefícios para a saúde eram significantes. Léon-Petit chegou a citar que ele descobrira que o ato de andar de bicicleta melhorara as condições de mulheres com anemia e constipação.*

O doutor era, ele próprio, um hábil membro de um clube de ciclistas, assim como o palestrante que lhe sucedeu. George Herschell, um especialista de Londres, no entanto, tinha outra mensagem bem mais sinistra para divulgar:

3. Sobre o ciclismo como uma causa de doenças cardíacas.

---

* Apesar de suas audaciosas e progressivas conclusões, o doutor Léon-Petit não estava além de se posicionar de acordo com o velho machismo da Era Vitoriana. Antes de se sentar, ele proferiu a seguinte opinião: "É necessário apenas testemunhar o repulsivo espetáculo chamado de corrida feminina para compreender o que pode ocorrer com a ciclista que venha a exceder suas capacidades e, portanto, tenha exposto a si mesma a acidentes."

O ciclismo, praticado de forma racional, é uma das maneiras mais saudáveis de se divertir. Todavia, caso praticado em excesso ou sob as condições inadequadas, torna-se uma prática das mais perniciosas. Fui levado a escolher este assunto para minha dissertação em razão de minha posição na equipe de um hospital especial devotado ao tratamento de doenças do coração, a qual me concedeu uma rara oportunidade de estudar o assunto. Além do mais, trata-se de um tema de grande interesse para mim, haja vista que sou também um ciclista. É com grande pesar que digo: nos últimos anos, chegou até mim um considerável número de casos de doenças do coração que foram indubitavelmente provocadas pela prática da bicicleta.

Se, entretanto, andar de bicicleta é um exercício físico, e os vitorianos eram tão fervorosos defensores de exercícios, qual poderia ser o problema? O doutor Herschell explica:

O grande perigo de andar de bicicleta, ou, ainda, o principal motivo para essa prática ser mais perigosa do que outras formas de exercício, é a probabilidade de alguém que esteja pedalando sozinho ser conduzido a um nocivo excesso de esforço, assim como a provável certeza de que o mesmo ocorrerá quando se está pedalando em grupo, especialmente com um clube.

Um "nocivo excesso de esforço" é uma bela frase, que pretendo utilizar da próxima vez que me sentir preguiçoso demais para sair de casa para correr.

Em primeiro lugar, contemplemos o ciclista solitário. Ele está muito mais suscetível a praticar mais exercícios do que tem consciência antes de reconhecer que o fez.

Nem passa pela cabeça do doutor Herschell que seu "ciclista solitário" possa ser uma *mulher*.

Ele começa a pedalar pela manhã, estimulado e vigoroso, tendo antes mapeado seu curso. Não é infrequente que, no horário de sua refeição do meio-dia, algum imprevisto o tenha atrasado e que ele ainda tenha alguns quilômetros a percorrer antes do almoço. É possível que ele tenha calculado mal a própria capacidade, imaginando-se capaz de estar mais à frente àquela altura do dia, ou que as condições da estrada tenham tornado impossível que sua viagem seguisse o ritmo ditado por seus cálculos. No entanto, ele está com fome, por isso dobra seus esforços para chegar ao local determinado. Ao chegar, entretanto, está exausto e perdeu o apetite.

"Aquela pedalada toda me deixou tão exausto que não consegui comer um bom almoço" — uma frase que eu, pessoalmente, nunca disse e espero nunca dizer.

Novamente, as estradas estão boas, o vento está a favor, o ciclista se sente. A máquina corre facilmente. Tendo pedalado por cerca de meio dia até ali, o ciclista inicia seu retorno. Tudo agora, todavia, está invertido. O ciclista está cansado, o vento está contra ele. Além do mais, entusiasmado pela facilidade da jornada para o interior, terminou indo mais longe do que planejara inicialmente. Portanto, ao chegar em casa, para usar o vernáculo dos ciclistas, está "assado"[†].

Para os ciclistas britânicos de 1890, a gíria "assado" significava "extremamente cansado", algo bem diferente do que a palavra veio a significar para os tipos surfistas falantes do inglês, que está mais para "intoxicado por drogas", para ser sutil. Dito isso, talvez os recentes escândalos no mundo do ciclismo sirvam para ilustrar que a associação entre a prática da bicicleta e o uso de drogas não seja assim tão distante.

A forma mais comum de um ciclista se ferir, todavia, é subindo morros. Ele está se aproximando do topo da colina, seu coração está dilatado em função do esforço criado pelo aumento da tensão arterial. Caso o ciclista parasse agora para descansar, nenhum dano ocorreria. Mas, em muitos casos, ele não se dá ao luxo de descansar. Faltam poucas voltas da roda para carregá-lo até o topo. Por isso, ele duplica seu esforço e coloca mais tensão em seu coração, que está operando nos limites de suas capacidades. Nesses poucos momentos, entretanto, causam-se danos ao coração que talvez nunca serão revertidos.

---

†   No original em inglês, "baked". [NT]

O doutor Herschell explica que sua principal preocupação é com ciclistas ocasionais, e não tanto com os que praticam a atividade constantemente. Ainda assim, os especialistas não estariam isentos de perigo, pois tendem a "deliberadamente sacrificar sua saúde futura com o intuito de ganhar alguns prêmios".

> Outra perversidade é aquilo que se conhece como "competição de subida de encosta". Caso alguém tivesse a intenção deliberada de criar o método de praticar ciclismo da forma mais danosa possível, seria difícil inventar algo pior do que esse tipo de competição. Colinas de gradientes íngremes são escolhidas de propósito, e os competidores têm de subi-las contra o tempo. Não há nada de mais suicida, ou com mais chances de produzir doenças cardíacas.

Imagine a reação dele ao Tour de France, com seu percurso que passa por diversas subidas de montanhas? Num só dia, na competição de 2017 (Estágio 9), os competidores atravessaram 180 quilômetros pela cordilheira do Jura, chegando a subir 4.600 metros. Durante a subida do Grand Colombier, exatamente no meio do estágio, tiveram de escalar de bicicleta enfrentando um gradiente de 22% por mais de três quilômetros.

O doutor Herschell lista, então, as precauções que sugere para o ciclista eventual, com o intuito de "prevenir que esse fascinante esporte termine por nos ferir":

> (1) O uso de uma marcha baixa.
> (2) Manter-se sentado numa posição ereta. A postura encurvada afeta em demasia o ciclista moderno, por contrair o peito, prevenindo a expansão apropriada dos pulmões e interferindo na oxigenação do sangue, acelerando a condição de falta de fôlego.
> (3) Consumir uma alimentação adequada durante a prática e evitar venenos para os músculos, como o caldo de carne.
> (4) O ciclista deve evitar as tão propagandeadas preparações de cola e coca. Tais bebidas entorpecem a sensação de cansaço, incentivam um danoso excesso de esforço, tudo isso praticamente sem o conhecimento do ciclista.

A noz de cola contém cafeína e é relativamente inócua, mas as folhas de coca são usadas para fazer cocaína, cujo consumo geralmente é condenável nos esportes competitivos.‡

> (5) Sob nenhuma circunstância deve o ciclista prosseguir pedalando após começar a sentir falta de fôlego, ou quando sentir o menor desconforto no peito.[15]

Prestou atenção às dicas? Qualquer clube de ciclistas que seguisse os conselhos do doutor Herschell à risca estaria deixando de aproveitar os maiores benefícios de seu *hobby*. Aumentar a frequência cardíaca e ficar sem fôlego é o objetivo principal dos exercícios aeróbicos. Isso ajuda a fortalecer o músculo cardíaco e melhora a circulação, ou seja, dentro do razoável, é algo inquestionavelmente bom. Hoje em dia, andar de bicicleta é recomendado até para os pacientes com problemas crônicos do coração, com o intuito de melhorar as funções cardíacas.

Apesar de sua posição como especialista num hospital de coração, o doutor Herschell publicou pouca coisa sobre doenças cardíacas. Ele era considerado um grande especialista em problemas do trato digestivo, e seu compêndio sobre esse assunto teve várias edições. Ele teve a consideração de incluir um pequeno capítulo de receitas para aqueles com estômagos delicados, o qual, poucos anos após sua morte, foi republicado sozinho num pequeno volume chamado *Cookery for Dyspeptics* [Culinária para indigestos]. Honestamente, não sei se já houve um livro de receitas com um título melhor, mas esse com certeza é meu favorito.

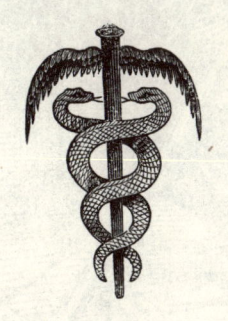

Se existe algo em absoluto a objetar
no estado de doença e de fraqueza,
é que nele esmorece no homem
o verdadeiro instinto de cura, ou
seja, o instinto de defesa e ofensa.
Não se sabe nada rechaçar, de nada
se desvencilhar, de nada dar conta —
tudo fere. A proximidade de homem
e coisa molesta, as vivências calam
fundo demais, a lembrança é uma
ferida supurante. Estar doente é em si
uma forma de ressentimento.

Ecce Homo,
*FRIEDRICH
NIETZSCHE*

ATERALIS ΣΚΕΛΕΤΟ
NATIO.

οσ, κορυφὰς, sincipitis, verticis, Parietalis. Locus hic apud Aviceñā
ο exemplari falsus est.

ς autem κροταφῶν, temporum, Aurium: Singulorum βιλευσαδ᾽ον
sinalis et mamillaris, et ad os iugale processus, partes exislunt.

ιs, בהם עם etzem bametzab, Coronale: interdu ob protensam ad na
suturom, geminum apparet, quod nonnulli in omnibus mulieribus esse

TORY

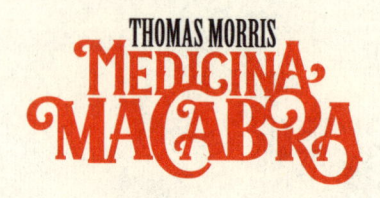

THOMAS MORRIS
MEDICINA MACABRA

NOTAS

INTRODUÇÃO

1. "Sudden protrusion of the whole of the intestines into the scrotum" [Repentina protrusão dos órgãos intestinais para o escroto]. London Medical Gazette 3, no. 72 (1829), p. 654.

2. Simpson, James Young. "General observations on the Roman medicine-stamps found in Great Britain" [Observações gerais sobre os selos medicinais romanos encontrados na Grã-Bretanha]. Monthly Journal of Medical Science 12, n. 16 (1851), p. 338-54.

1. VERGONHA ALHEIA

1. Payne, Robert. "An account of a fork put up the anus, that was afterwards drawn out through the buttock; communicated in a letter to the publisher, by Mr. Robert Payne, Surgeon at Lowestofft" [Um relato sobre um garfo enfiado no ânus, o qual mais tarde foi extraído pela nádega; narrado numa carta para o editor pelo sr. Robert Payne, cirurgião em Lowestoft]. Philosophical Transactions 33, n. 391 (1724), p. 408-09.

2. Marcet, Alexander. "Account of a man who lived ten years after having swallowed a number of clasp-knifes; with a description of the appearances of the body after death" [Relato de um homem que viveu por dez anos após ter engolido diversas facas dobráveis, com uma descrição do estado do cadáver após a morte]. Medico-Chirurgical Transactions 12, pt. 1 (1823), p. 52-63.

3. "Case of infibulation, followed by a schirrous affection of the prepuce" [Caso de infibulação, seguido por uma assombrosa infecção de prepúcio]. London Medical and Physical Journal 58, no. 345 (1827), p. 558-9.

4. Marx, M. "Chirurgie clinique de l'Hôtel-Dieu" [Cirurgia clínica de Hôtel-Dieu]. Repertoire general d'anatomie et de physiologie pathologiques, et de clinique chirurgicale 3 (1827), p. 108-09.

5. Davis, Thomas. "Singular case of a foreign body found in the heart of a boy" [Um caso singular de corpo estranho encontrado no coração de um garoto]. Transactions of the Provincial Medical and Surgical Association 2 (1834), p. 357-60

6. Dendy, Walter. "Discovery of a large egg-cup in the ileum of a man" [A descoberta de uma grande taça de ovo no íleo de um homem]. The Lancet 21, n. 543 (1834), p. 675-7.

7. Mitchell, Thomas. Materia Medica and Therapeutics. Filadélfia: J.B. Lipincott, 1857, p. 343.

8. Portal, Antoine. Observations sur les effects des vapeurs méphitiques dans l'homme, sur les noyés, sur les enfants qui paroissent morts en naissant et sur la rage. Paris: Imprimerie Royale, 1787, p.410-11. Traduzido em "Swallowing pins and needles". London Medical Gazette 23, n. 586, 1839, p. 799-800.

9. Burow, K. "On the removal of the larynx of a goose from that of a child by tracheotomy" [Sobre a remoção da laringe de um ganso da garganta de uma criança por meio de traqueotomia]. British and Foreign Medico-Chirurgical Review 9, 1850, p. 260-1.

10. Shipman, A.B. "Novel effects of potassium—foreign bodies in the urethra—catalepsy". Boston Medical and Surgical Journal 41, n. 2, 1849, p. 33-7.

11. Kirwan, Andrew Valentine. The Ports, Arsenals, and Dockyards of France. Londres: James Fraser, 1841, p. 138.

12. "Foreign body in the colon transversum" [Corpo estranho no cólon transverso]. Medical Times and Gazette 2, n. 596 (1861), p. 564.

2. INSÓLITA MEDICINA

1. Richardson, Benjamin Ward. "Vacation lectures on fibrinous deposition in the heart". British Medical Journal 1, n. 161, 1860, p. 65-8.

2. May, Edward. A Most Certaine and True Relation of a Strange Monster or Serpent, Found in the Left Ventricle of the Heart of John Pennant, Gentleman, of the Age of 21 Yeares [Uma descrição razoável e verdadeira sobre um estranho monstro ou serpente encontrado no ventrículo esquerdo do coração do cavalheiro John Pennant, de 21 anos]. Londres: impresso por George Miller, 1639.

3. Wollaston, Charlton. "Extract of a letter from Charlton Wollaston, M.D. F.R.S. to William Heberden, M.D. F.R.S. dated Bury St Edmund's April 13, 1762, relating to the case of mortification of limbs in a family at Wattisham in Suffolk" [Trecho de uma carta de Charlton Wollafton, doutor de medicina e membro da Sociedade Real de Medicina, para William Heberden, doutor de medicina e membro da Sociedade Real de Medicina, datada de 13 de abril de 1762, em Bury St. Edmunds, acerca do caso de mortificação de membros de uma família de Wattisham, em Suffolk, Inglaterra]. Philosophical Transactions 52. 1762, p. 523-6.

4. "The Copenhagen neddle patient" [A paciente de Copenhage e as agulhas]. Medico-Chirurgical Review 7, n. 22, 1825, p. 559-62.

5. "A singular case of somnambulism" [Um caso singular de sonambulismo]. The London Medical Repository 6, 1816, p. 475-8.

6. Atkinson, W.H. "Explosion of teeth with audible report" [Explosões dentárias com ocorrências sonoras]. Dental Cosmos 2, n. 6, 1861, p. 318-19.

7. Hibler, J. Phelps. Pathology and Therapeutics of Dentistry. St. Louis: James Hogan, 1874, p. 28.

8. Arnold, S.A. "Case of paruria erratica, or uroplania" [Caso de paruria erratia, ou uroplania]. New England Journal of Medicine and Surgery 14, n. 4, 1825, p. 337-58.

9. "A foetus vomited by a boy" [Feto regurgitado por um garoto]. London Medical and Surgical Journal 6, n. 151, 1835, p. 663.

10. "Foetus monstruex de Syra". Comptes rendus hebdomadaires des séances de l'Académie des Sciences 3, 1836, p. 52-3.

11. Yaacob, R.; et al. "The entrapped twin: a case of fetus-in-fetu". BMJ Case Reports, 2017, doi:10.1136/bcr-2017-220801.

12. "An extraordinary injury" [Um ferimento extraordinário]. Chicago Medical Journal and Examiner 56, n. 3, 1888, p. 182-3.

3. REMÉDIOS IRREMEDIÁVEIS

1. Vergil, Polydore (traduzido para o inglês por Thomas Langley). The Works of the Famous Antiquary, Polidore Virgil, Containing the Original of all Arts, Sciences, Mysteries, Orders, Rites, and Ceremones, both Ecclesiastical and Civil: a Work of Useful for all Divines, Historians, Lawyers, and all Artificers. Londres: impresso por Simon Miller, 1663, p. 59.

2. Ramsey, David. An Eulogium upon Benjamin Rush, M.D., Professor of the Institutes and Practice of Medicine and of Clinical Practice in the University of Pennsylvania. Filadélfia: Bradford & Inskeep, 1813, p. 39.

3. Culpeper, Nicolas. Pharmacopoeia Londinensis, or, the London Dispensatory. Londres: Sawbridge, 1683, p. 76-7.

4. Dewhurst, Kenneth. "Some letters of Doctor Charles Goodall (1642-1712), to Locke, Sloane, and Sir Thomas Millington". Journal of the History of Medicine and Allied Sciences 17, n. 4, 1962, p. 487-508.

5. "Anecdota Bodleiana: Unpublished Fragments from the Bodleian" [Anedota Bodleiana: fragmentos inéditos dos documentos da Biblioteca de Bodleian]. Provincial Medical and Surgical Journal 10, n. 5, 1846, p. 54-55.

6. Wesley; John; Tissot, Samuel Auguste David. Advices with Respect to Health. Extracted from a Late Author. Bristol: W. Pine, 1769, p. 150-3.

7. Brera, V.L. "On the exhibition of remedies externally by frictions with saliva" [Discurso acerca da forma de atuar sobre o corpo humano, por meio de fricções feitas com saliva]. Annals of Medicine 3, 1799, p. 190-3.

8. Renzi, Salvatore de. Storia della medicina italiana (5 vol.). Nápoles: Filiatre-Sebezio, 1847, vol. 5, p. 654-5.

9. Canstatt, Karl. Handbuch der medizinischen Klinik (5 vol.). Erlangen: Ferdinand Enke, 1843, vol. 3, p. 390.

10. "Ein sonderbares Mittel gegen die Eklampsie der Kinder" [Um estranho remédio contra a eclampsia de crianças]. Journal fur Kinderkrankheiten 16, n. 1-2, 1851, p. 159-60.

11. Weisse, J.F. "Ein Beitrag zu Doktor Blik's Mittheilung über die Taubensteisskur gegen Eklampsie der Kinder" [Uma contribuição para a carta do doutor Blik sobre o método do pombo contra a eclampsia de crianças]. Journal für Kinderkrankheiten 16, n 3-4, 1851, p. 381-3.

12. "Review XII". British and Foreign Medico-Chirurgical Review 22, 1858, p. 112-28.

13. "Digest of the journals". London Journal of Medicine 3, n. 33, 1851, 840-9.

14. Bownman, W.E. "Medicated cigarretes". Canada Lancet 1, n. 3, 1863, p. 19.

15. "Editorial correspondence". Medical and Surgical Reporter 9, n. 9, 1859, p. 430-3.

16. Myers, Alpheus. "Tape-worm Trap" [Armadilha de tênia]. US Patent n. 11942, 1854.

17. Wilkinson, A.G. "The tape-worm, and kousso as an anthelmintic". Medical and Surgical Reporter 8, n. 4, 1862, p. 82-6.

18. Williams, H. Llewellyn. "Port wine enemata as a substitute for transfusion of blood in cases of post partum haemorrhage" [Enema de vinho do Porto como um substituto para transfusões de sangue em casos de hemorragias pós-parto]. British Medical Journal 1, n. 88, 1858, p. 739.

19. Hastings, John. An Inquiry into the Medicinal Value of the Excreta of Reptiles. Londres: Longman, 1862.

20. "Reviews and notices". British Medical Journal 1, n. 63, 1862, p. 284-6.

21. "Reviews and notices of books". The Lancet 79, n. 2012, 1862, p. 305-07.

22. "Court of Queen's Bench: Ex parte Hastings". Justice of the Peace 26, n. 20, 1862, p. 310.

4. CIRURGIAS MACABRAS

1. Smollett, Tobias. The Adventures of Roderick Random. Oxford: Oxford University Press, 2008, p. 86.

2. Heister, Lorenz. A General System of Surgery in Three Parts. Londres: impresso para W. Innys, 1750, p. 24.

3. Bray, William (ed.). The Diary and Correspondence of John Evelyn, FRS (4 vol.). Londres: Bell and Daldy, 1870, vol. 1, p. 29-30.

4. Lakin, Daniel. A Miraculous Cure of the Prussian Swallow-Knife. Londres: I. Okes, 1642.

5. Barnes, Thomas. "Account of William Dempster, who swallowed a table-knife nine inches long; with a notice of a similar case in a Prussian knife-eater". Edinburgh Philosophical Journal 11, n. 22, 1824, p. 319-26.

6. Oliver, William. "A letter from doutor William Oliver to the publisher giving his remarks in a late journey into Denmark and Holland". Philosophical Transactions 23, 1703, p. 1400-10.

7. Copping, reverendo deão. FRS "Extracts of two letters from the Revd Dean Copping, FRS to the President, concerning the caesarian operation performed by an ignorant butcher; and concerning the extraordinary skeleton mentioned in the foregoing article" [Extratos de duas cartas do reverendo deão Copping, membro da Sociedade Real, para o presidente, acerca de uma operação de cesariana realizada por um ignorante açougueiro, e sobre o extraordinário esqueleto mencionado no artigo supracitado]. Philosophical Transactions 41, 1740, p. 814-19.

8. Rogozov, V.; Bermel, N. "Auto-appendectomy in the Antartic: case report". BMJ 339, 2009, b4965.

9. Llewellyn-Jones, Rosie. "Martin, Claude". Orxford Dictionary of National Biography. Ver em: https://doi.org/10.1093/ref:odnb/63526

10. Hill, Samuel Charles. The Life of Claud Martin, Major-General in the Army of the Honourable East India Company. Calcutá: Thacker, Spink & Co., 1901, p. 147.

11. "Col. Martin on destroying the stone in the bladder" [Coronel Martin, sobre destruir uma pedra na bexiga]. Medical and Physical Journal 1, n. 2, 1799, p. 120-4.

12. Crompton, Dickinson. "Reminiscences of provincial surgery under somewhat exceptional circumstances" [Reminiscências de um cirurgião provinciano sob circunstâncias um tanto excepcionais]. Guy's Hospital Reports 44, 1887, p. 137-66.

13. Richerand, Chevalier. "Case of excision of a portion of the ribs, and also of the pleura" [Caso de excisão de uma porção das costelas, e também da pleura]. Medico-Chirurgical Journal 1, n. 2, 1818, p. 184-6.

14. "Histoire d'une résection des côtes et de la pléure". Edinburgh Medical and Surgical Journal 14, n. 57, 1818, p. 647-52.

15. "The Chinese peasant Hoo Loo: his removal to England; operation performed on him at Guy's Hospital; remarks on the operation by Mr. W. Simpson, and by J. M. Titley, M.D.". The Chinese Repository 3, n. 11, 1835, p. 489-96.

16. "Guy's Hospital". The Lancet 16, n. 398, 1831, p. 86-9.

17. Simpson, W. "The operation on Hoo Loo". The Lancet 16, n. 399, 1831, p. 110-11.

18. Starbuck, Alexander. History of the American Whale Fishery from its Earliest Inception to the Year 1876. Washington: Government Printing Office, 1878, p. 466.

19. "Extraordinary operation on the subclavian vein, by the mate of a vessel; recovery" [Extraordinária operação na veia subclávia, por um tripulante de uma embarcação]. The Scalpel 6, n. 21, 1853, p. 311-13.

20. "Extraordinary surgical operation" [Extraordinária operação cirúrgica]. Medical and Surgical Reporter 11, n. 1, [1858], p. 25-8.

21. "Editor's table". San Francisco Medical Press 3, n. 12, 1862, p. 226-43.

5. CURAS EXTRAORDINÁRIAS

1. Maiden, William. An Account of a Case of Recovery After an Extraordinary Accident, by Which the Shaft of a Chaise Had Been Forced Through the Thorax. Londres: T. Bayley, 1812.

2. Fielding, Robert. "A brief narrative of the shot of doutor Robert Fielding with a musket-bullet, and its strange manner of coming out of his head, where it had lain near thirty years. Written by himself" [Uma breve narrativa do tiro com uma bala de mosquete no doutor Robert Fielding e a estranha maneira como ela saiu de sua cabeça, onde ficara alojada por cerca de trinta anos. Escrita pelo próprio]. Philosophical Transactions 26, n. 320, 1708, p. 317-19.

3. Belchier, John. "An account of the man whose arm with the shoulder-blade was torn off by a mill, the 15th of August 1737" [Um relato sobre o homem cujo braço com a escápula foi arrancado por um moinho]. Philosophical Transactions 40, n. 449, 1738, p. 313-16.

4. Carter, Henry Yates. "Case of a gun-shot wound of the head". Medical Facts and Observations 6, 1795, p. 91-5.

5. Barthélemy, Jean Baptiste. Notice biographique du Docteur Urbain Fardeau. Paris: Édouard Bautruche, 1846).

6. Fardeau, Urbain-Jean. "Observation sur une plaie de tête faite par une bayonette lancée par un boulet" [Observação sobre uma ferida na cabeça causada por uma baioneta disparada por uma bala de canhão]. Journal général de médecine, de chirurgie et de pharmacie 35, 1809, p. 287-91.

7. Chelius, J.M. (Trad. J. F. South). A System of Surgery (3 vol.). Filadélfia: Lea & Blanchard, 1847, vol. 1, p. 485-7.

8. Guthrie George. On Wounds and Injuries of the Chest. Londres: Henry Renshaw and John Churchill, 1848, p. 103.

9. Sewell, E.Q. "Lateral transfixture of the chest by a scythe blade followed by complete recovery, with remarks" [Transfixão lateral do peito pela lâmina de uma foice seguida de recuperação plena, com comentários]. British American Journal of Medical and Physical Science 4, n. 10, 1849, p. 270-2.

10. Brown, W. Mortimer. "Severe and extensive injury to the brain followed by recovery" [Lesão severa e extensa no cérebro seguida de recuperação]. New Jersey Medical Reporter 5, n. 10, 1852, p. 371-2.

11. Chamberlain, W.M. "Remarkable recovery from gunshot, sabre, bayonet, and shell wounds" [Notória recuperação após feridas causadas por tiro, espada, baioneta e projéteis]. Medical Record 10, 1875, p. 685.

12. "The courts: Making a false pension claim". New York Daily Herald, 6 de março de 1867, p. 4 .

13. "Personated a dead man". Brooklyn Daily Eagle, 22 de junho de 1890, p. 18.

14. "Singulier cas de suicide: un poignard dans le crâne produisant une plaie de cerveau sans symptômes". Journal de médecine et de chirurgie pratiques 52, 1881, p. 366-7.

6. HISTÓRIAS MACABRAS

1. Munro (primus), Alexander. "The preface". Medical Essays and Observations 1, 1733, I–XXIV.

2. Pickells, William. "Case of a young woman, who has discharged, and continues to discharge, from her stomach, a number of insects, in different stages of their existence". Transactions of the Association of Fellows and Licentiates of the King and Queen's College of Physicians in Ireland 4, 1824, p. 189-221.

3. Jackson, Rowland. A Physical Dissertation on Drowning. Londres: Jacob Robinson, 1746, p. 10-16.

4. Taylor, John. The Old, Old, Very Old Man. Londres: Henry Goffon, 1635.

5. Willis, Robert (ed.). The Works of William Harvey. Londres: Sydenham Society, 1847, p. 589-92.

6. Thomas, Keith. "Parr, Thomas". Oxford Dictionary of National Biography. Disponível em: https://doi.org/10.1093/ref:odnb/21403

7. Rolli, Paul. "An extract, by Mr. Paul Rolli, F.R.S. of an Italian treatise, written by the Reverend Joseph Bianchini, a prebend in the city of Verona; upon the death of the countess Cornelia Zangári & Bandi, of Ceséna. To which are subjoined accounts of the death of Jo. Hitchell, who was burned to death by lightning; and of Grace Pett at Ipswich, whose body was consumed to a coal" [Um compêndio, pelo senhor Paul Rolli, membro da Sociedade Real de Medicina por meio de um Tratado Italiano, escrito pelo reverendo Joseph Bianchini, prebendeiro na cidade de Verona, acerca da morte da condessa Cornelia Zangári & Bandi, à qual estão acrescentados os relatos sobre a morte de Jo. Hitchell, que foi queimado até a morte por um raio, e de Grace Pett de Ipswich, cujo corpo foi consumido até carbonizar]. Philosophical Transactions 43, n. 476, 1744, p. 447-65.

8. Chopart, François. Traité des maladies des voies urinaires (2 vol.). Paris: Rémont et fils, 1821, vol. 2, p. 114-18, traduzido em Poulet, Alfred. A Treatise on Foreign Bodies in Surgical Practice (2 vol.). Londres: Sampson Low, Marston, Searle & Rivington, 1881, vol. 2, p. 105-07.

9. "Robert H. Copeland". Southern Medical and Surgical Journal 3, n. 6, 1839, p. 381-2.

10. "Extraordinary case of adipocere" [Caso extraordinário de adipocere]. Western Medical Reformer 6, n. 11, 1847, p. 238.

11. "Human fat candles and soap". Scientific American 8, n. 7, 1852, p. 56.

12. Dickman, David. "Can the garden slug live in the human stomach?". The Lancet 74, n. 1883, 1859, p. 337.

13. Dalton, J.C. "Experimental investigations to determine whether the garden slug can live in the human stomach". American Journal of the Medical Sciences 49, n. 97, 1865, p. 334-8.

14. "Fish, frog or human!". Northern Ohio Journal 2, n. 39, 2 de abril 1873, p. 1.

15. "An amphibious infant" [Uma criança anfíbio]. Medical Notes and Queries 1, n. 1, 1873, p. 7.

16. "Variétés". Journal de médecine de Paris 1, n. 26, 1881, p. 715.

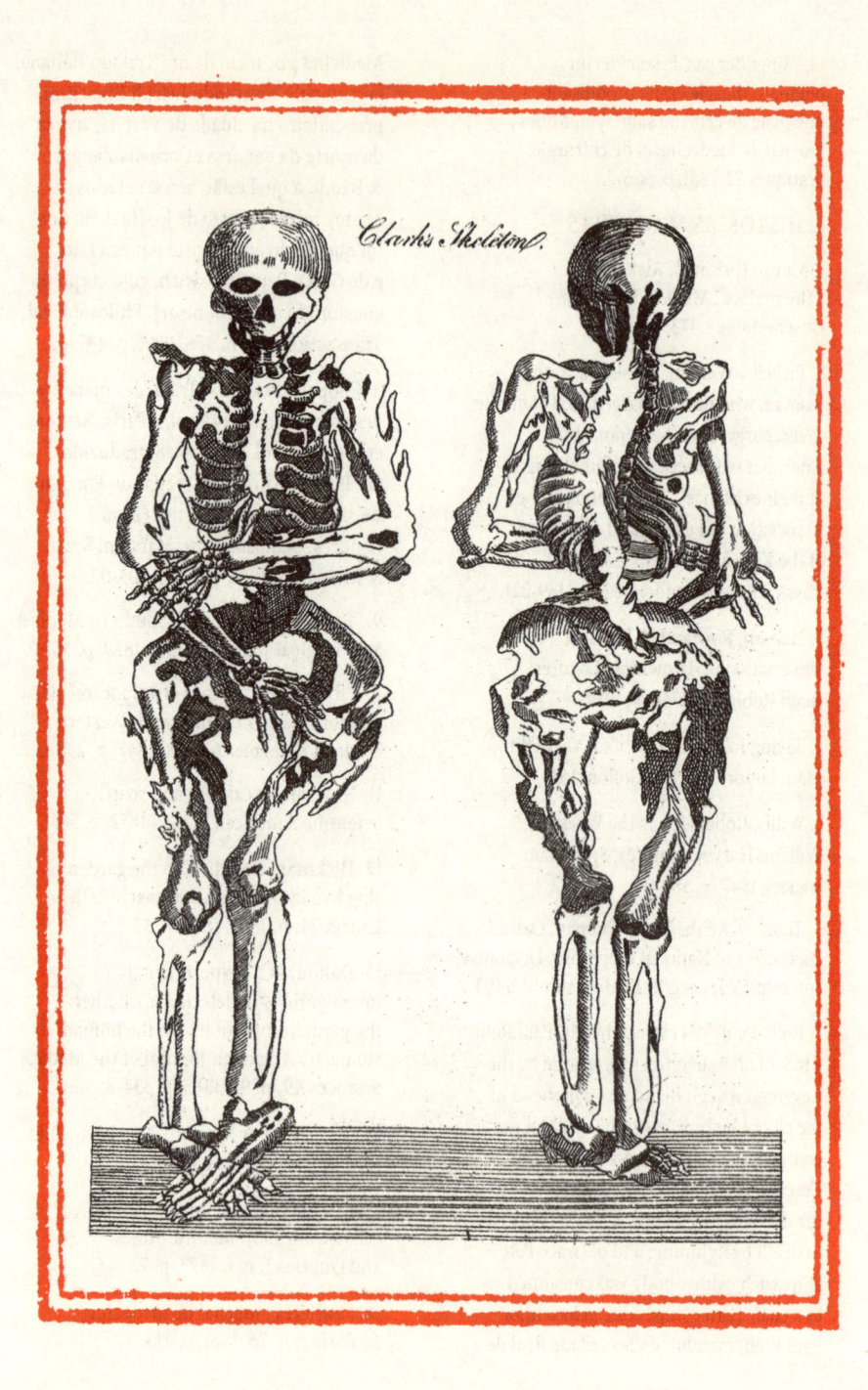

Clark's Skeleton.

7. PERIGOS ESCONDIDOS

1. "Impaired voice, in clergymen". Boston Medical and Surgical Journal 20, n. 7, 1839, p. 112–13.

2. Perfect, William. "Appearances on opening the body of a woman, who died the beginning of August 1762, after eating a large quantity of cucumbers" [Descrição da abertura do corpo de uma mulher, que faleceu no começo de agosto de 1762, após ingerir uma vasta quantidade de pepinos]. The Medical Museum 1, 1781, p. 212-13.

3. Jenkins, J.S. "Dr Samuel Auguste Tissot". Journal of Medical Biography 7, n. 4, 1999, p. 187-91.

4. Tissot, Samuel Auguste David. An Essay on Diseases Incident to Literary and Sedentary Persons. Londres: J. Nourse, 1769.

5. Faust, Bernhard Christoph (Trad. J. H. Basse). Catechism of Health, for the Use of Schools, and for Domestic Instruction. Londres: C. Dilly, 1794, p. 37-46.

6. Carpenter, W.G. "Case of fatal pleuritis, apparently the effect of the presence in the right pleura of a piece of ivory, consisting of four artificial teeth, which had been swallowed thirteen years before" [Caso de pleurite fatal, aparentemente em consequência da presença na pleura direita de uma peça de marfim, a qual consistia em quatro dentes artificiais, os quais foram engolidos treze anos antes]. Guy's Hospital Reports 7, 1842, p. 353-8.

7. Carter, Robert B. "Cases in practice". Ophthalmic Review 1, 1865, p. 335-43.

8. "Medical annotations". The Lancet 91, n. 2324, 1868, p. 354-8.

9. Morin, A.J. "Mémoire sur l'insalubrité des poêles en fonte ou en fer exposés à atteindre la température rouge". Mémoires de l'Académie des Sciences de l'Institut de France 38, 1873, p. 23-90.

10. "Transactions of societies". Medical Press and Circular 15, 1873, p. 249-59.

11. "Clinical memoranda". British Medical Journal 1, n. 1311, 1886, p. 294-6.

12. Orr, R. Scott. "Cases of inflammable expired air". British Medical Journal 1, n. 1313, 1886, p. 421.

13. McNaught, James. "A case of dilatation of the stomach accompanied by the eructation of inflammable gas". British Medical Journal 1, n. 1522, 1890, p. 470-2.

14. Galley, Archibald H. "Combustible gases generated in the alimentary tract and other hollow viscera and their relationship to explosions occurring during anaesthesia". British Journal of Anaesthesia 26, n. 3, 1954, p. 189-93.

15. Herschell, George. "On cycling as a cause of heart disease" [Sobre o ciclismo como uma causa de doenças cardíacas], em Gerlóczy, Zsigmond (ed.). Jelentés az 1894. Szeptember hó 1-töl 9-ig Budapesten Tartott VIII-ik Nemzetközi Közegészségi és Demografiai Congressusról és Annak Tudományos Munkálatairól (vol. 6). Budapeste: Pesti Könyvnyomda-Részvénytársaság, 1896, p. 9-17.

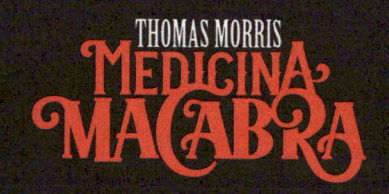

THOMAS MORRIS
MEDICINA MACABRA

ÍNDICE ONOMÁSTICO

A.

B.

C.

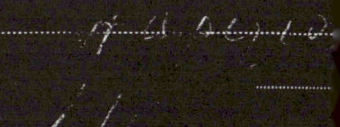

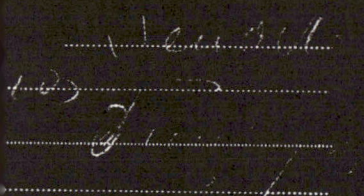

ÍNDICE ONOMÁSTICO

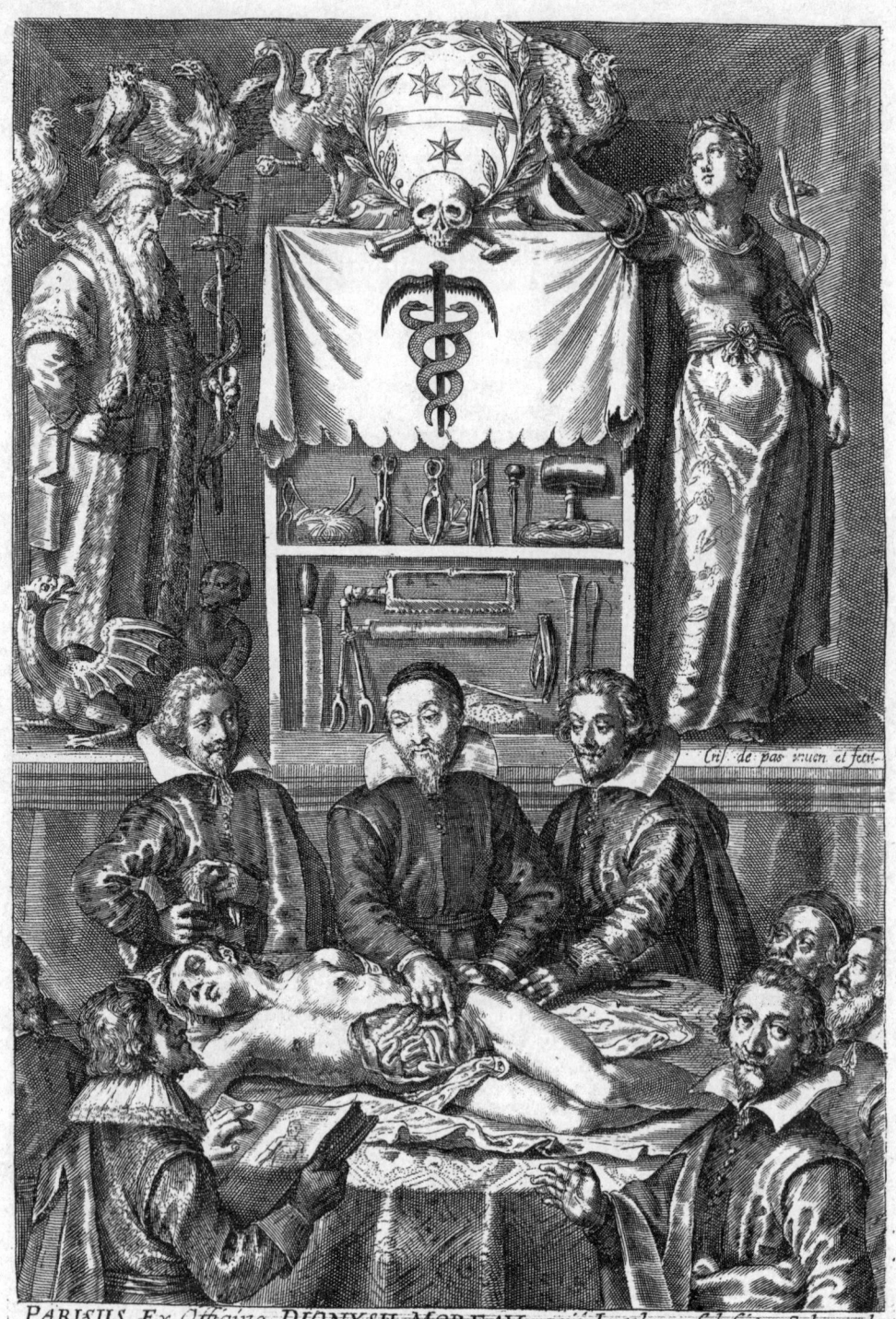

PARISIIS, *Ex Officina* DIONYSII MOREAV, *via Iacobæa, sub signo Salamandræ.*

Crl. de pas *inuen. et fecit.*

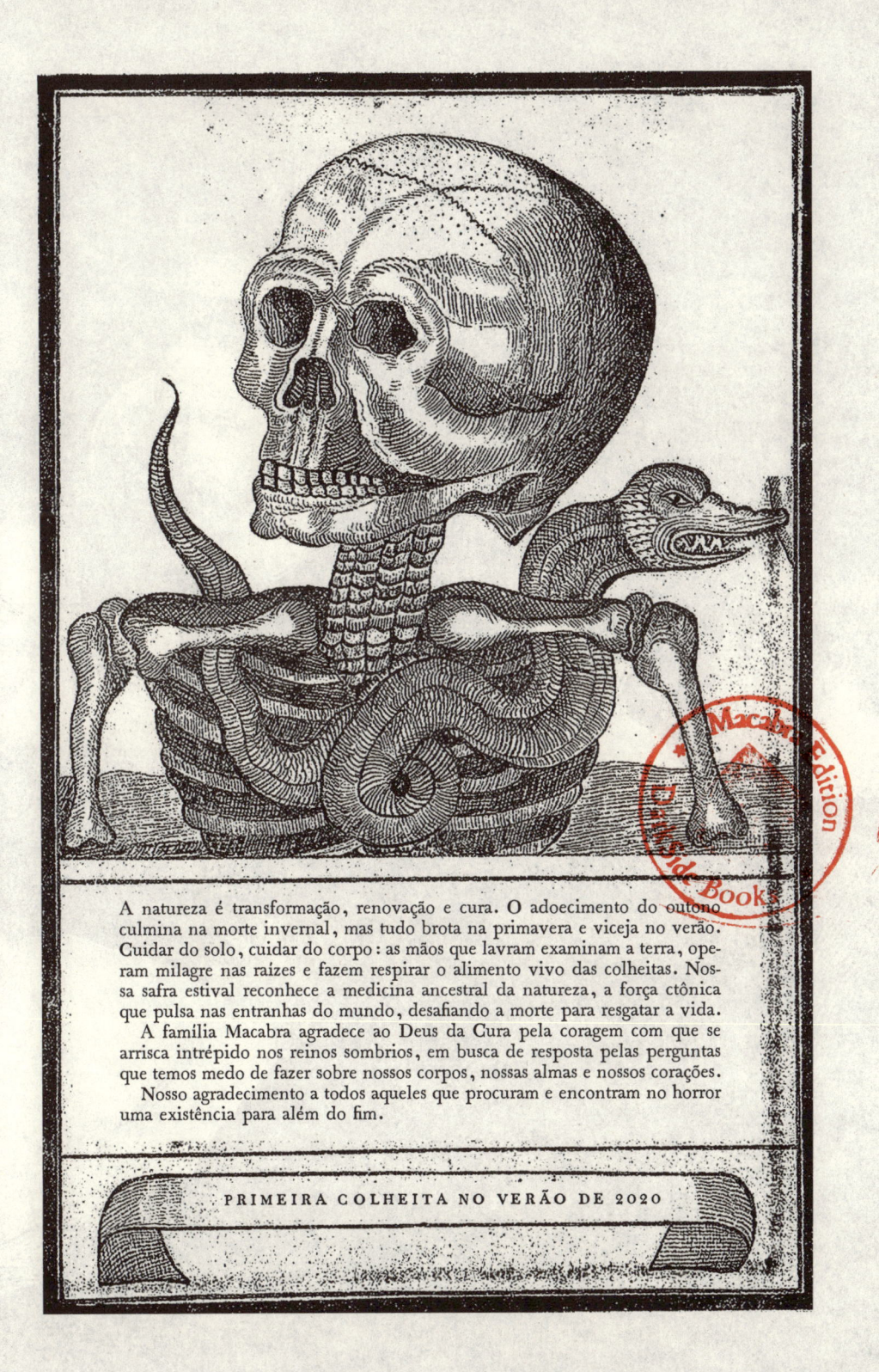

A natureza é transformação, renovação e cura. O adoecimento do outono culmina na morte invernal, mas tudo brota na primavera e viceja no verão. Cuidar do solo, cuidar do corpo: as mãos que lavram examinam a terra, operam milagre nas raízes e fazem respirar o alimento vivo das colheitas. Nossa safra estival reconhece a medicina ancestral da natureza, a força ctônica que pulsa nas entranhas do mundo, desafiando a morte para resgatar a vida.

A família Macabra agradece ao Deus da Cura pela coragem com que se arrisca intrépido nos reinos sombrios, em busca de resposta pelas perguntas que temos medo de fazer sobre nossos corpos, nossas almas e nossos corações.

Nosso agradecimento a todos aqueles que procuram e encontram no horror uma existência para além do fim.

PRIMEIRA COLHEITA NO VERÃO DE 2020

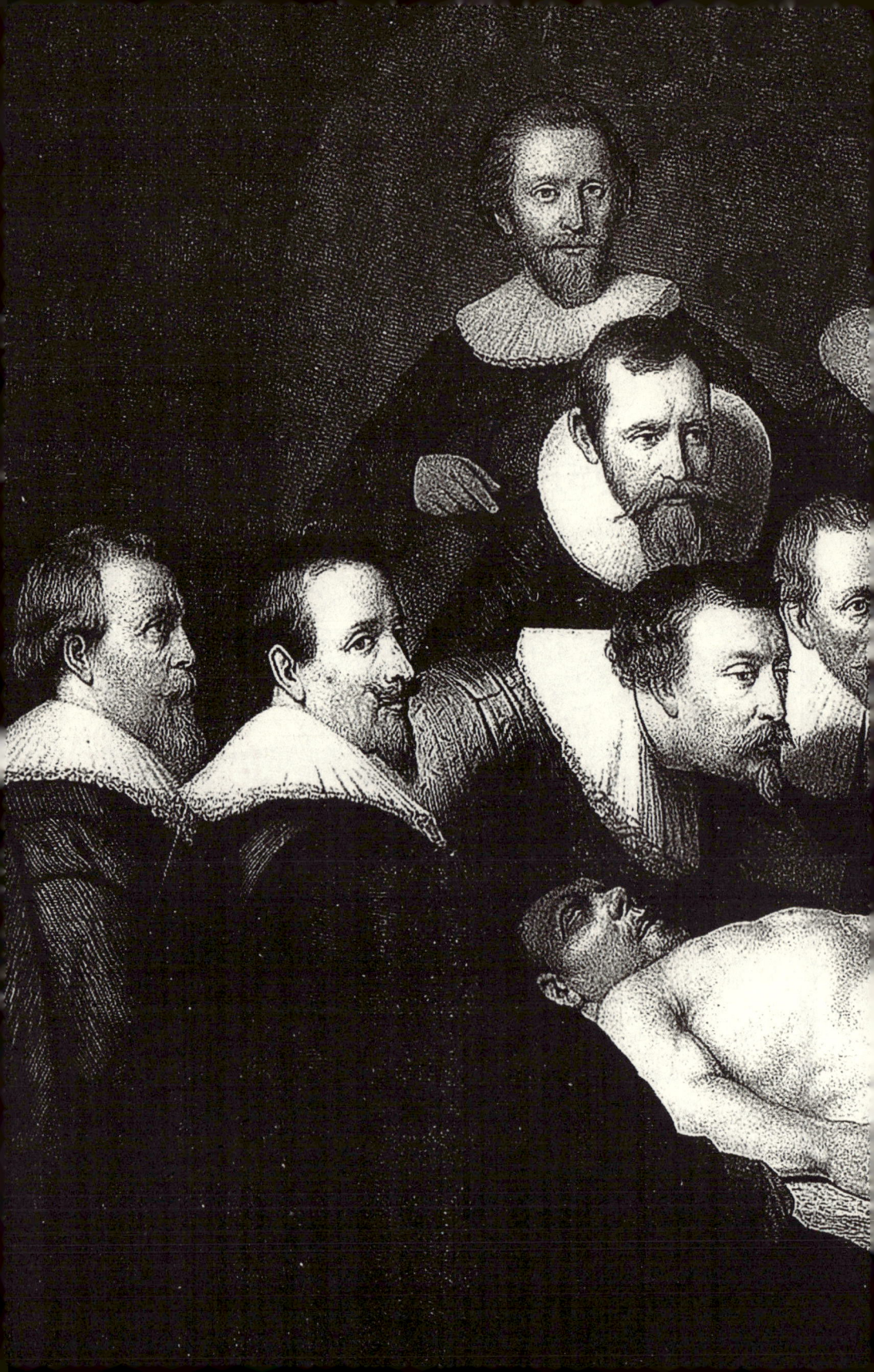

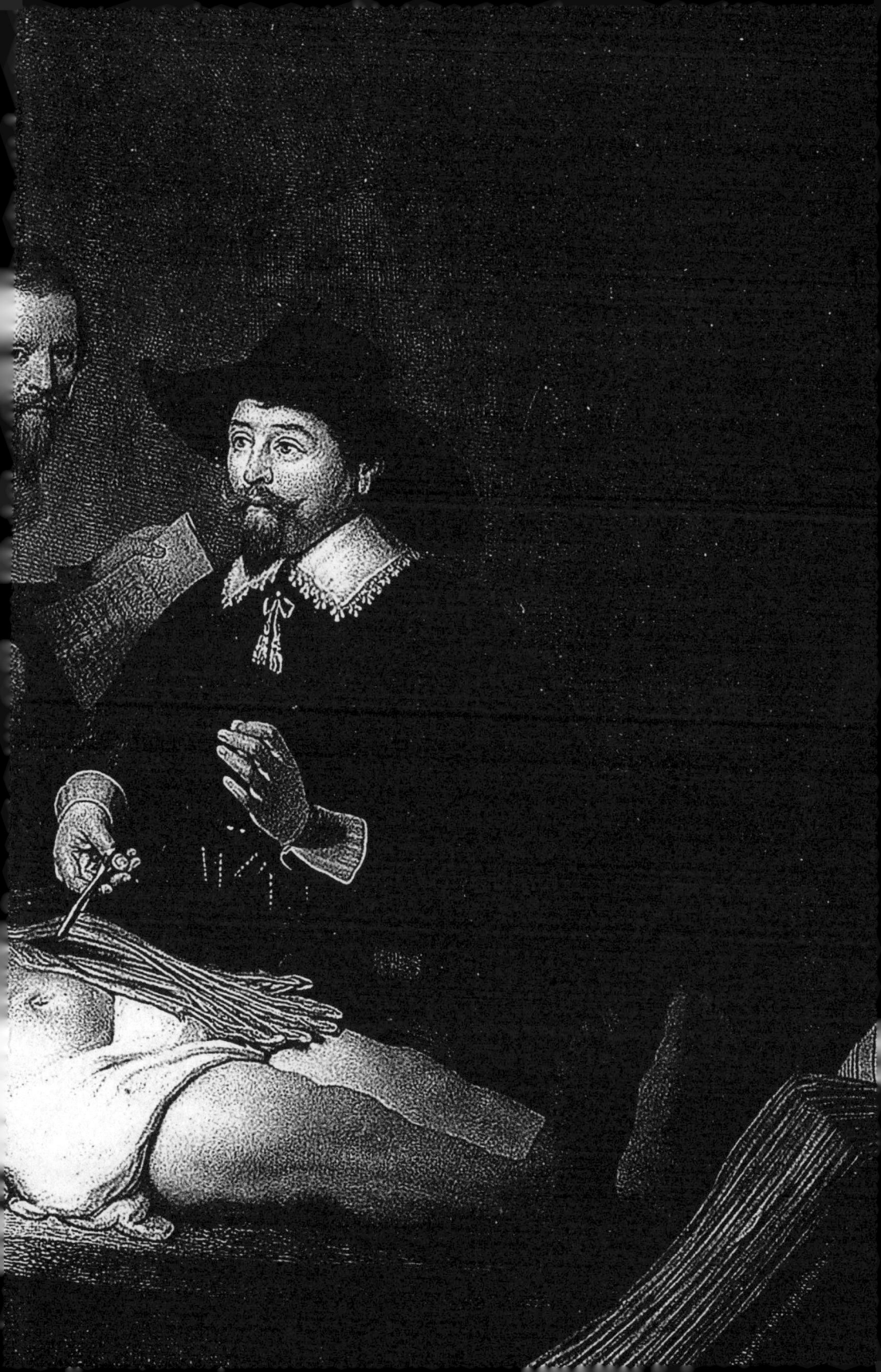

MACABRA™
DARKSIDE

life — ∿ — death

FEAR IS NATURAL ©MACABRA.TV DARKSIDEBOOKS.COM

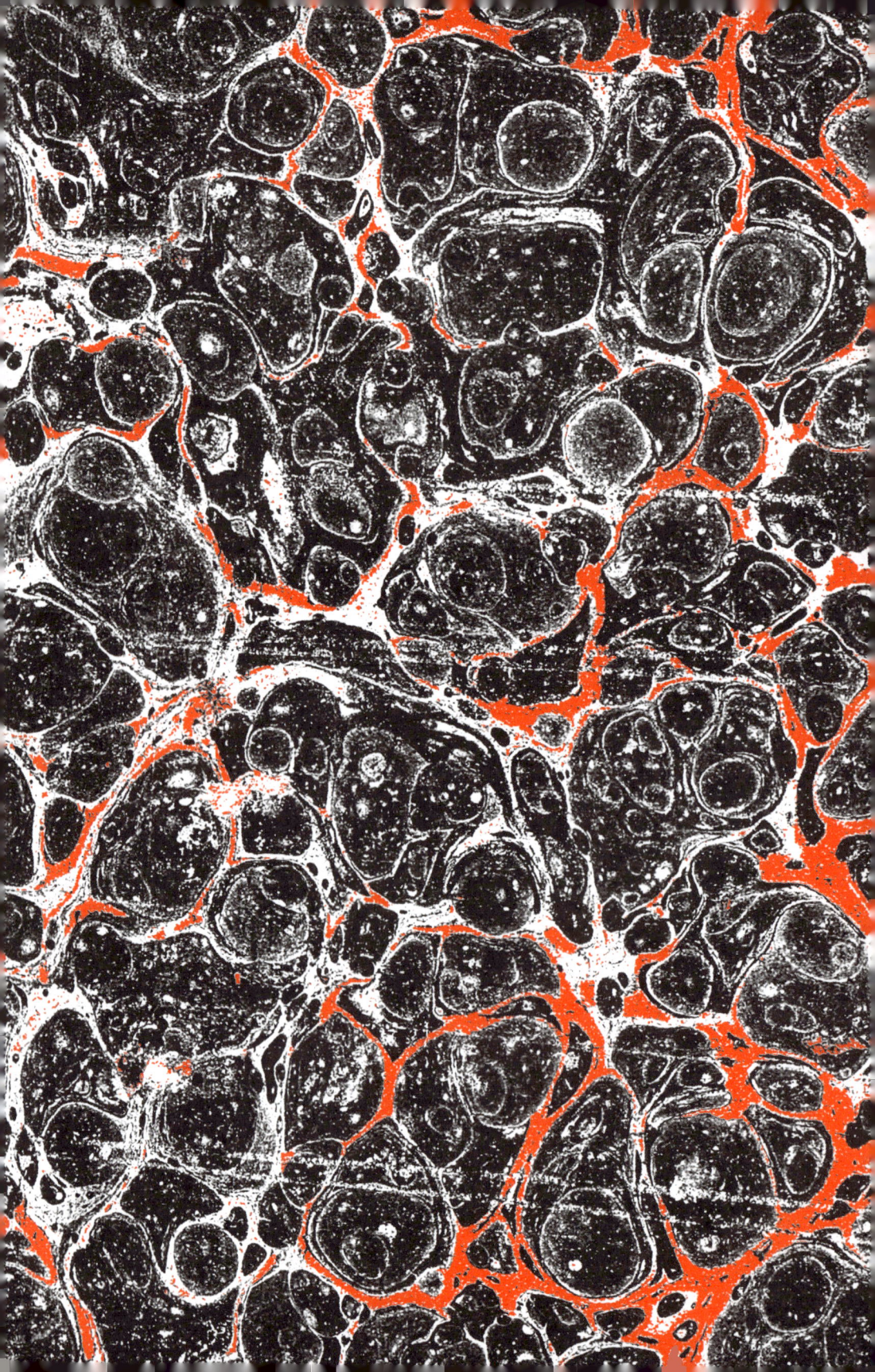